"十二五"国家重点图书出版规划项目
21世纪普通高等教育法学精品教材

法律文书

（第五版）

◆ 主　编　　潘庆云

◆ 副主编　　葛燕青

◆ 撰稿人　（以撰写章节先后为序）

潘庆云　葛燕青　安秀萍

奚小玮　史智勇　潘维嘉

中国政法大学出版社

2023·北京

图书在版编目（CIP）数据

法律文书/潘庆云主编. —5版. —北京：中国政法大学出版社，2023.5
ISBN 978-7-5764-0897-3

Ⅰ.①法…　Ⅱ.①潘…　Ⅲ.①法律文书－写作－中国　Ⅳ.①D926.13

中国版本图书馆CIP数据核字 (2023) 第088561号

出　版　者　中国政法大学出版社

地　　　址　北京市海淀区西土城路 25 号

邮　　　箱　fadapress@163.com

网　　　址　http://www.cuplpress.com (网络实名：中国政法大学出版社)

电　　　话　010-58908435(第一编辑部) 58908334(邮购部)

承　　　印　保定市中画美凯印刷有限公司

开　　　本　720mm×960mm　1/16

印　　　张　23

字　　　数　438 千字

版　　　次　2023 年 5 月第 5 版

印　　　次　2023 年 5 月第 1 次印刷

印　　　数　1～5000 册

定　　　价　69.00 元

潘庆云 华东政法大学法学教授,律师,中国法律语言研究会副会长、学术顾问,上海市法学会法律文书研究会副会长。著作有:《法律语言艺术》《法律修辞》《法律语体探索》《法律文书评论》《跨世纪的中国法律语言》《中国法律语言鉴衡》《法律语言学》等多部专著以及"十一五"国家级规划教材《法律文书学教程》《法律文书范例评析》(主编)等多部法律文书和法律语言学教材。

葛燕青 北京市政法管理干部学院教授,曾任全国司法与行政文书研究会常务理事、副秘书长,北京市第二中级人民法院特邀人民陪审员。著作有:《司法文书概论》、《公安刑事法律文书制作方法》(合编)、《法制文选评析》(副主编)等。

安秀萍 山西省政法管理干部学院副教授,中国法学会法律文书学研究会会员。著作有:法律考试系列丛书《大学语文》(副主编)、《法律文书范例评析》(合著)、《司法口才学教程》等。

奚小玮 上海政法学院教学质量管理办公室调研员,法律文书专职教师。著作有:《法律文书案例教程》(主编)、《法律文书学教程》(参编)、《中国裁判书》(参编)等。

史智勇 陕西省政法管理干部学院副教授,律师。著作有:《行政诉讼法学》(副主编)、《中国律师大辞典(代书)》(合编)等。

潘维嘉 上海市张江公证处主任助理,上海市公证服务标兵,法学硕士。

出版说明

　　"十二五"国家重点图书出版规划项目是由国家新闻出版总署组织出版的国家级重点图书。列入该规划项目的各类选题，是经严格审查选定的，代表了当今中国图书出版的最高水平。

　　中国政法大学出版社作为国家良好出版社，有幸入选承担规划项目中系列法学教材的出版，这是一项光荣而艰巨的时代任务。

　　本系列教材的出版，凝结了众多知名法学家多年来的理论研究成果，全面系统地反映了现今法学教学研究的最高水准。它以法学"基本概念、基本原理、基本知识"为主要内容，既注重本学科领域的基础理论和发展动态，又注重理论联系实际满足读者对象的多层次需要；既追求教材的理论深度与学术价值，又追求教材在体系、风格、逻辑上的一致性；它以灵活多样的体例形式阐释教材内容，既加强了法学教材的多样化发展，又加强了教材对读者学习方法与兴趣的正确引导。它的出版也是中国政法大学出版社多年来对法学教材深入研究与探索的职业体现。

　　中国政法大学出版社长期以来始终以法学教材的品质建设为首任，我们坚信"十二五"国家重点图书出版规划项目的出版，定能以其独具特色的高文化含量与创新性意识成为法学教材的权威品牌。

中国政法大学出版社

第五版说明

　　倏忽间，《法律文书》自2001年初版至今已逾20个年头，第四版至今也已过了6个年头。这20多年来，伟大祖国在中国共产党的坚强领导下，坚持改革开放，在全面依法治国、经济建设、文化建设、社会建设等方方面面都取得了历史性成就，使中国发生了历史性的巨变。

　　中共十八大以来，以习近平同志为核心的党中央积极发展社会主义民主政治，全面推进依法治国，中国特色社会主义法治体系不断健全，法治中国建设迈出坚实步伐，法治固根本、稳预期、利长远的保障作用进一步发挥。这就要求对科学立法、严格执法、公正司法、全民守法、保障社会公平正义做出重大部署和顶层设计。党的二十大报告又进一步强调今后5年要"坚持全面依法治国，推进法治中国建设"，要求"严格公正司法""加快建设公正高效权威的社会主义司法制度，努力让人民群众在每一个司法案件中感受到公平正义"。相应地，对法律教育和政法干部培养也提出了更高的要求。当然，作为法学教育主干学科之一的法律文书学也面临着新的挑战和发展良机。我们这本教材一版再版，20年中能有如今的第五版付梓，除了全体作者的努力撰稿以保证教材的高质，还有中政大出版社的领导和一茬茬编辑同志的重视和无私付出，其前提条件就是在国家全面推进依法治国、社会呼唤司法公正的语境下，青年学生和政法干部都对法律文书是实现司法公正与效率、社会公平与正义的有效载体和锐利"武器"这一正确理念的高度认同。

　　从本书第四版至今，时间不算很长，不过，在全面推进依法治国、科学立法、严格执法、公正司法的大环境下，第四版成稿付梓以来，一些重要的法律都已被修正，如《刑法》（2017年11月修正）、《刑事诉讼法》（2018年10月）、《行政诉讼法》（2017年6月）、《民事诉讼法》（2021年12月）、《仲裁法》（2017年9月）、《律师法》（2017年9月）、《公证法》（2017年9月）等。此外，2021年1月1日《民法典》正式施行，民事法律法典化有利于加强民事司法工作，提高办案质量。当然，各司法、执法机关和律所、公证、仲裁等法律机构对各自法律文书的求索研究、改革和优化始终不渝，从不懈怠。

　　20世纪90年代，中国法院确定了"公正与效率"的新世纪主题，"审判方式和裁判文书改革"是实现这一主题的重要保障举措。20多年来，裁判文书改革的决心和成效举世瞩目。近年来，裁判文书改革按原来确立的方针和重点正在深入进行。从2014年初开始，我国法院已经有自信、有底气在中国裁判文书网上公布各级法院除涉及国家秘密、个人隐私、未成年人、调解结案等4种情况外所有的裁判文书。近年来，全国法院系统开展了优秀裁判文书评比活动。据悉，2021年1月最高人民法院审判管理办公室主办，各省市高级人民法院选报的第二、三届（即2020届、2021届）"百篇优秀裁判文书"评选文书中刑事类50份，民事类106份，行政、赔偿类38份，执行类6份。以中国裁判文书网举办的评选活动为数据来源，共有496份文书进入复选阶段，其中刑事类115份，民事类263份，行政类97份，执行类19份；2021年进入复评的文书共有466份，其中刑事类82份，民事类292份，行政类9份，执行类16份，赔偿类67份。各项活动正在进行中[1]。

　　2020年5月，最高人民检察院印发《人民检察院工作文书格式样本》（2020年版）将检察业务应用系统原有的2882种检察工作文书（内部文书，不对外）修订精简为包含723种检察工作文书的格式样本。值得注意的是，遵循"捕诉一体""认罪认罚从宽"等改革要求，将原有的《审查逮捕意见书》和《公诉案件审查报告》整合为捕诉一体的《刑事案件审查报告》，即在审查逮捕和审查起诉阶段适用同一个审查报告。在《讯问/询问笔录》相应地方增加要求标明阅读起止时间。将羁押必要性审查的相关工作文书从原来的11种简化成1种，即《羁押必要性审查审批表》。

　　此次修订，按照刑事检察、民事检察、行政检察、公益诉讼检察加以分类，再加上通用文书以及检委会工作文书、案件管理工作文书、检察技术工作文书等综合业务文书，实现了对所有检察工作文书的统一规范，形成了比较完备、统一规范、科学合理的检察工作文书体系。检察工作文书的规范和科学，对于节约诉讼资源和进一步提高公开的检察法律文书的质量必然会产生深远的影响。

　　律师制度是我国社会主义法律制度的重要组成部分，在加强社会主义法治建设、全面推进依法治国伟业中，律师已经并将继续发挥积极作用。随着《民法典》的正式实施，以及《律师法》《刑法》和各类诉讼法的修订，律师的各项业务面临着新的挑战和发展机遇，整个律师群体正全力以赴适应时代的需要。据我所知，2021年在北京举办过《第六届全国十大无罪辩护经典案例评选》，很多省市也都有类似的活动，很多律师事务所都恢复了定时举办全员集中学习研讨律师业务（包括律师工作文书制作和运用）的优良传统。

---

〔1〕　来自中国裁判文书网，http://wenshu.court.gov.cn，访问日期：2021年8月15日。

仲裁活动具有双方自愿、独立仲裁、一裁终局等原则，并且具有非官方性、国际性等特点，它对于及时解决经济、商事纠纷，保护当事人的合法权益，具有不可或缺的重要作用。在疫情期间，各直辖市和省、自治区所在地的市所设立的仲裁委员会一如既往地忠于职守。早在 2020 年 4 月，中国国际经济贸易仲裁委员会（China International Economic and Trade Arbitration Commission，CIETAC）与国际商会（International Chamber of Commerce，ICC）等国际知名机构陆续发布关于新冠肺炎疫情期间有效推进仲裁程序的指引，认为仲裁庭有权在适当情况下决定以视频形式远程开庭审理案件。2021 年维也纳国际仲裁中心（Vienna International Arbitral Centre，VIAC）修订颁布了《维也纳国际仲裁中心仲裁与调解规则》。该新规则除纳入远程开庭的形式外，还涵盖了其他互联网技术持续发展可能带来的新的庭审形式。伦敦国际仲裁中心（London Court of International Arbitration，LCIA）等机构也明确规定庭审可以通过电话会议或者其他通信技术等虚拟方式进行[1]。凡此种种，都为仲裁规则的解释和适用留下了足够的空间和可能性，也必将影响和促进我国仲裁技术和仲裁法律文书的改革优化和发展。

公证文书作为一种具有极大的公信力和特殊法律效力的国家证明文书，对国家经济文化发展、社会稳定、规范国际交往颇具保驾护航作用。我国学界、司法机关对公证文书的优化改革始终在路上。司法部律师公证工作指导司于 2021 年 6 月发布并施行《公证书制作规范》（SF/T 0038—2021）。"新规范"对 2019 "旧规范"的结构、词语、证词表述进行了优化和改革，充分考虑到公证处的性质和特点，"新规范"对于公证书的用纸、版面设计、印章使用等都进行了调整和优化。这次改革优化，使公证书达到易读、易用、亲民的效果，同时也改变了"旧规范"套用《党政机关公文格式（2012）》的技术手段所导致的局限。

2021 年，是中共创建、确立初心、开天辟地宏伟事业肇始的 100 周年，也是我们这代法律和法律实务学人躬逢全面推进依法治国盛世的大好时光，本书编写者深受鼓舞，决心利用这次《法律文书》修订再版的机会，尽可能综观全局，把司法实践和这门学科的最新成果和面貌呈现给大家。首先，我们修订了课程和"附录"实例的过时法律条文，以适合众多法律修订后司法实践的需要。将检察、公证、仲裁等文书最新的改革优化思路与成果尽可能地反应在课程与实例评析内容中。法院裁判文书近年来在格式结构方面并无改易，但 20 世纪末开展的审判方式和裁判文书改革中所确定的改革思路与重点（加强事实和证据的阐述、理由论证）尚在持续深化改革。我们通过选择近年来的案例和优秀文书以加强法

---

〔1〕 参见王碧涵、赵健："《维也纳国际仲裁中心仲裁与调解规则（2021 版）》评析"，载《商事仲裁与调解》2021 年第 5 期。

院裁判文书方面的教学内容。本教材与同类教材相比较,有一些学术亮点:其一,总结了制作和评判法律文书质量的九大标准:①格式规范、②内容完备、③叙事明晰、④证据确凿、⑤论理充分、⑥结论公正、⑦语言准确、⑧表述准确、⑨技术完美(包括超语言的"视觉处理")。其二,本书使用较大的篇幅,对法律文书的语言和表述作了详尽、科学的研究和探讨,对法律文书制作质量的提高和法律文书学科的科学化具有积极的意义。其三,阐述了中国法律文书的历史沿革以及对法律文书的认知研究。其四,按照法律文书的使用情境及传播渠道对法律文书进行论辩型法律文书和非论辩型法律文书的两分法分类等。对上述学术亮点只是在文字上作一些修订和简化,让它们继续保留并进一步接受历史和司法实践的验证。

由于在"第四版说明"中已经阐述的原因,全书仍由主编潘庆云修订,潘维嘉协助修订第十二章公证文书。

本书在修订过程中,得到中国政法大学出版社艾文婷主任和责任编辑高露的大力支持和帮助。上海市张江公证处公证员段宇田承担了修订全书电子稿、校对等大量工作。在此,对他们表示诚挚谢忱并致以崇高敬意。

由于时间仓促,加上学术水平、司法实践有限,在第五版修订稿中错舛、疏漏之处肯定存在,盼望使用本教材的老师、同学,司法、法律机构的领导和专家批评指正,我们一定虚怀若谷、从善如流,不断改进和提高。

潘庆云
2023 年 2 月于上海华东政法大学(长宁校区)

第四版说明

  《法律文书》第三版面世至今已届五载。在这五年里，我国的社会、经济、文化和法治建设取得了丰硕的成果。2014 年 10 月，党的十八届四中全会通过了《关于全面推进依法治国若干重大问题的决定》。决定明确提出，全面推进依法治国的总目标是：建设中国特色社会主义法治体系，建设社会主义法治国家，并对这个总目标作出了科学、全面的阐述。其中，公正司法作为依法治国的重要环节受到特别的重视与关注。决定指出"公正是法治的生命线"。司法是法治的基石，只有把司法打造成一尘不染、秉承正义、公平公正的利器，才能为全面推进依法治国提供稳固的基础。

  我们这本教材以作为司法公正与效力、社会公平正义载体的法律文书为研究对象，必然要重点关注依法治国总体框架中公正司法建设对法律文书的制作和运用提出的新的更高的要求，以明确我们自己应当做什么和今后的努力方向。

  为了优化法律规范体系，从 2012 年开始，我国立法机关相继对《刑事诉讼法》《民事诉讼法》《行政诉讼法》等基本法律进行了修订，对涉及公安、检察、审判等司法活动的法律制度进行了一系列的建设和改革。所有这一切，都对司法干部和法律人提出了包括法律文书制作和运用在内的更高的要求。

  事实上，各个司法、执法机关和律师、公证、仲裁等法律人对法律文书的探索和研究、改革和优化，始终没有懈怠过。

  最高人民法院 2013～2014 年连续编纂出版《最高人民法院优秀裁判文书》第一辑、第二辑[1]，其中所辑录的刑事、民事、行政、执行等各类裁判文书都是由最高人民法院评选出的来自全国各地的优秀作品。迄今为止，最高人民法院一直组织力量对刑、民、行政等各类裁判文书的改革、优化进行调研，并奔赴各地广泛听取各级法院法官以及相关专家学者的意见与建议。全国各级法院有不少法官，在繁忙的审判工作之余，还孜孜不倦地探讨裁判文书的制作与运用，各级

---

[1] 最高人民法院审判管理办公室编：《最高人民法院优秀裁判文书》（第一辑），法律出版社 2013 年版；最高人民法院审判管理办公室编：《最高人民法院优秀裁判文书》（第二辑），法律出版社 2014 年版。

法院曾编印《优秀裁判文书选编》一类的作品选，出版相关论著，探讨裁判文书的改革思路和优化路径。[1]

在法院诉讼文书中，近年来行政诉讼文书改革力度很大。我国立法机关于2014年11月对沿用二十余载的《行政诉讼法》作了重大修订并于2015年施行（后又于2017年6月进行了小幅修正）。最高人民法院及时制定下发了《行政诉讼文书样式（试行）》，对包括裁判文书在内的原有的各种行政诉讼文书进行了优化、改革，还增加了若干必要的新文种。

最高人民法院改革裁判文书的另一项重大举措是于2016年6月28日制定下发了《关于印发〈人民法院民事裁判文书制作规范〉〈民事诉讼文书样式〉的通知》（自2016年8月1日起实施）。该规范对人民法院民事裁判文书的基本要素、标题、正文、落款、数字用法、标点符号用法、引用规范、印刷标准、其他等九个方面一一作了科学合理、翔实可行的规定，以确保民事裁判文书要素齐全、格式统一、逻辑严密、条理清晰、语言文字规范、繁简得当。同时公布的裁判文书样式共有568个，其中人民法院制作的民事诉讼文书样式463个，当事人参考诉讼文书样式105个，两者都包括22个组成部分，总体涵盖了民事诉讼及相关事宜的全过程、全方位。"规范"和"样式"的全面实施，正反映了人民法院让每一份裁判文书都做到内容客观、说理透彻、形式规范、裁判正确，让人民群众真真切切感受到司法公正的坚定决心。总之，最高人民法院的这一举措，将使民事裁判文书成为司法公正与效率有效的最后载体，并推动刑事、行政裁判文书以及所有法院诉讼文书的制作和运用质量迈上一个新台阶，以适应以审判为中心的诉讼制度改革的最后完成。

人民检察院具有法律监督和司法的双重职能，对法律文书的制作和运用始终十分重视。2002年开始施行的《人民检察院法律文书格式（样本）》规定了159种文书格式，后来随着国家赔偿制度的设定和发展，又制定下发了《刑事赔偿确认案件文书样式》等新文种。历年来，各级检察院集中力量对起诉书、不起诉决定书、刑事抗诉书等重点检察、法律监督文书进行了深入探讨与实践。最高人民检察院总结了各省、市、自治区的调研和改革成果，于2012年12月制定下发了起诉书、不起诉决定书和刑事抗诉书的新模板，在全国投入使用。在完善确保依法独立公正行使审判权和检察权的制度、加强人权司法保障、加强对司法活动的监督等保证公正司法的基础工作中，检察机关肩负着十分重要且他人无法替代的职责。事实上，检察文书的改革开拓方兴未艾，前景乐观。

---

[1] 如上海市徐汇区人民法院在《裁判文书制作新探》（王立人主编，上海社会科学院出版社2009年出版）的基础上，又参与编著了《基层法院民事判决书参考样式》一、二、三卷（郭伟清主编，人民法院出版社2014~2015年出版）。

这些年来，公安机关刑事法律文书的制作和运用也有长足的发展。沿用十年之久的《公安机关刑事法律文书格式（2002 版）》包括立案、破案；律师参与刑事诉讼；强制措施；讯问犯罪嫌疑人；调查取证；延长羁押期限；侦查终结；补充侦查；复议复核等 9 类 91 个文种，而 2012 年公布、2013 年 1 月 1 日起开始实施的《公安机关刑事法律文书式样（2012 版）》对前者进行了调整、充实和优化，包括立案、管辖、回避；律师参与刑事诉讼；强制措施；侦查取证；技术侦查；执行；刑事通用（告知书、卷宗封面目录等）；其他等 8 类 97 种文书。在这97 种文书中，有些是结合体文书，如《回避/驳回申请回避决定书》，有些是多联式文书，如《准予会见犯罪嫌疑人决定书/通知书》等，如果解析开来，就远远多于 97 种。况且 2012 年版目录所列文书，尚不能满足公安机关办案实际需要，各地公安机关在刑事执法实践中还酌情增加了一些合理的文种，如《在逃人员信息登记/撤销表》《逃犯移交、接收证明》《悬赏通告》等。还有一些通用文书，如《呈请……报告》《死亡通知书》等也列入统计，如此公安机关刑事法律文书就有 200 多种不同的文书（名称）。由于这类文书量大面广、使用频率极高，除了制作运用外，对其进行系统研究和科学筹划也十分必要。在这方面，聂能荣编著的《公安机关刑事法律文书制作精解和使用指南》（中国人民公安大学出版社 2013 年版）、王磊编著的《公安法律文书大全与制作详解》（中国法制出版社2014 年版）等著述都能结合刑事侦查和执法实践对公安机关刑事法律文书同时进行宏观考察和微观研究，对该文书的整体规律和每一文种的制作和运用进行了系统的梳理和阐述，并从写作学角度对刑事法律文书的材料、格式和结构、表达方式、语言运用进行了简要探讨。

隶属于司法行政管理系统的监狱作为国家的刑罚执行机关，对监狱执法文书的制作和运用高度重视，把它作为依法治监的一项重要任务来抓。这方面的教材和著述，近年来先后有严浩仁、应朝雄主编的《监狱文书制作与使用》（法律出版社 2010 年版），吴丙林、裴玉良主编的《监狱文书——制作原理与实务》（中国市场出版社 2012 年版），严庆芳编著的《监狱执法文书实训项目》（中国政法大学出版社 2015 年版），杨学武、李文静编著的《监狱执法文书实用写作》（中国政法大学出版社 2015 年版）等面世。其中，严庆芳的《监狱执法文书实训项目》把监狱执法文书制作运用和监狱执法管理结合得尤为密切，值得称道。

在党的十八届四中全会的"决定"中，"发展律师、公证等法律服务业"是作为"推进法治社会建设"的重要环节提出来的。事实上，随着改革开放的深化和依法治国方略的推进，律师已经与法院、检察院等司法机关形成了一个"法律共同体"，发挥着巨大的作用。与此相应，律师法律文书的理论与实践也在深化发展。首先，律师法律文书的文种已经突破了传统的代书文书（各类案件的书状和申请书、合同、遗嘱等）和律师工作文书（辩护词、代理词、法律意见书和律师见证书等）的范围。综观近几年面世的有关著述，以王小莹、周翔主编的《中国律师文书制作及范本指引》（中国民主法制出版社 2012 年版），栾兆安、张予宪所著的《律师文书写作技能与范例》（法律出版社 2013 年版），栾兆安、张清郎主编的《中国律师文书制作及范本指引》（中国民主法制出版社 2015 年版）为例，律师诉讼业务文书已在原来的刑事、民事、行政诉讼的基础上扩展了海事诉讼业务，且每类业务都涵盖了诉前准备、诉讼全过程和案件执行阶段为各方当事人维权的各种文书。律师的非诉讼文书的范围亦很广泛，包括律师调解与仲裁、劳动争议调解与仲裁、行政复议与国家赔偿业务、民事与商事业务（财产分割、继承等）、其他民事业务、房地产合同书、企业登记与破产、法律咨询等领域。此外，还有律师事务所的各类文书。尽管律师文书的文种数量浩繁，但最能体现律师职业良知和聪明才智的法律文书非辩护词、代理词之类实施法庭抗辩的论辩型法律文书莫属！在这方面，我阅读了李云龙所著的《中国名律师辩护词代理词精选（李云龙专辑第二辑)》（法律出版社 2012 年版）和李心鉴所著的《抗辩的艺术》（法律出版社 2014 年版）。李氏专辑中有辩护词和民事、行政案件代理词，但给人印象更深的是辩护词。他从 1984 年执业律师，至 2004 年之前，为死刑犯辩护，奇迹般地救下了 12 人的性命（参见李氏专辑第 285 页）。《抗辩的艺术》包括厚厚的三卷，分别是房地产诉讼选录、金融诉讼选录和商事诉讼选录，近 170 万字。作者潜心十年，苦心孤诣，精选了近二十年来的一些经典案例，每一案例都详实交代案件原委、双方博弈的经过、我方的诉讼策略、最后结局及其反思……展陈诉讼较量，展现诉讼智慧。作者的初心是把它作为案例教学教材、青年律师研修读物。无论如何，这套教材在国内还是首例，这种创新精神值得点赞。总之，律师文书范围的扩大和探索研究的深入，对律师业的发展以及律师在依法治国进程中作用的进一步发挥，有很大的保障和促进作用。

司法部早在 2000 年下发的《关于保全证据等三类公证书试行要素式格式的通知》中就规定了"试行工作要本着先学习、后试行，先试点、后推广，边总结、边完善的原则，积极、稳妥地全面推开"，到 2011 年司法部又公布了新的《定式公证书格式》，它包括三大类 35 式 49 种定式公证书和通用格式及参考样式。至此，公证文书改革分阶段、分步骤地实现了对要素式和定式公证书的全面覆盖，这是我国公证文书改革历史上的一大飞跃。

行政机关法律文书在全面推进依法治国的语境下，对于深入推进依法行政，加快建设法治政府，限制公权，保护公民、法人和其他组织的各项合法权利，具有十分重要的作用。实际上，各级行政机关（行政主体）在履行行政执法、司法或行政监察等各项职能时，正在广泛地制作和运用各种法律文书，而且相对人与行政主体之间的行政争议，很多都是由于行政主体文书制作运用不当，或者是各方对特定法律文书的性质和用途意见相左引发的。因此，我们认为各级行政机关很有必要对法律文书的统一和规范、制作与运用进行全面深入的研究。然而目前根据我们的查询，对各行政机关法律文书进行探讨的公开发行的著作虽已有若干册，但仅限于不多的几个行政机关。根据我们的不完全统计，探讨公安法律文书的著作有张先福、谷福生等编著的《治安管理处罚法律文书制作与使用》（中国法制出版社 2006 年版），张靖主编的《最新公安机关行政法律文书制作与使用全解》（中国人民公安大学出版社 2007 年版），王磊编著的《公安法律文书大全与制作详解》（中国法制出版社 2014 年版）第三、四编，张洁主编的《公安机关文书写作常见语言文字错误防范手册》（中国人民公安大学出版社 2015 年版）等；探讨工商行政管理法律文书的著作有甘应龙、谈湘兰所著的《工商行政管理执法办案与文书制作技巧》（中国工商出版社 2011 年版）等。

此外，仲裁制度也是我国一项重要的法律制度，它在解决民事主体之间合同或财产纠纷，促进经济发展方面有很大的作用和广阔的前景。仲裁文书作为一种具有法律效力或法律意义的非规范性法律文件虽然值得探讨和研究，但经查找，探讨仲裁文书的著述以及仲裁文书选编都还不十分多见。我们发现，《中国国际经济贸易仲裁委员会网上争议解决中心裁决书选编（上、下册）》（中国民主法制出版社 2010 年版）的内容是各种域名和网址争议。此前，该争议解决中心于 2003 年和 2005 年分别选编出版过《中国国际经济贸易仲裁委员会网上争议解决中心裁决书汇编》和《中国国际经济贸易仲裁委员会网上争议解决中心裁决书选编》。上述三本裁决书文集囊括了该中心 2001～2008 年期间的优秀裁决书。

目前，全社会和各司法、执法机关以及全体法律人对法律文书制作和运用高度重视，源于依法治国方略的推进和司法理念的嬗变。我们已从改革开放初期的法律文书"工具论"提升到承负司法公正和社会公平正义的"载体论"。司法机关和社会公众已经从正反两方面的经验认识到法律文书的要旨与真谛：恶法泛滥、法治无存往往与质量滥恶的法律语言、法律文书运用互为表里，而良法的制定实施，司法公正和社会公平正义的实现必须与完美无缺、无懈可击的法律语言、法律文书运用双向互动、相互支撑。法律文书真的不容小觑！

本书的编著者正是秉持这样一种理念，把法律文书当作凭借法律逻辑、法律思维，运用法律方法成功进行法律工作的利器和司法公正的有效载体，从 20 世纪 80 年代初开始坚守法律语言和法律文书这块阵地，目无旁骛，尽心尽力地做好教学、科研和教材的编写工作。

此次教材修订任务紧迫，初版时的作者群随着时间流逝，发生了一点变化（如岗位转换、健康欠佳等）。在修订开始前，征得大家同意后，由主编统一对全部书稿进行修订、增补和润色。

　　在修订中，对近年来改革力度较大的检察文书（部分）、民事裁判文书、行政裁判文书、公证文书诸章进行了重点修改，对其他各章也进行了检查与修订。对于"附录：主要法律文书的规定格式和实例评论"中共41种文书一一进行了修订，行政裁判文书等文种还换上了最新、最有代表性的文书实例。鉴于公证文书在法治建设和社会经济生活中的特殊作用，我们在附录部分增加了"要素式公证书"，具体包括保全证据、继承权和强制执行等三类公证书实例及文书评论。

　　在本次修订中，上海市长宁公证处公证员潘维嘉负责第十一章公证文书的修订、增补工作，并撰写附录中"要素式公证书"的3份公证书及其文书评论。

　　另外，本教材第三版及之前的体例都是在教材（上、中、下编）之后，另加"附录：主要法律文书的规定格式和实例评论"。两部分相加篇幅较大，我们听取了各校征订本书的反馈意见，第四版在更新全书内容的同时，尽量减少篇幅，决定通过添加二维码的形式达到这个目的。具体措施是把附录几十万字的内容以二维码形式置于正文之后，经扫描后，呈现出法律文书的法定（规定）格式、文书实例和文书评论。这样，不仅极大地缩减了篇幅，降低本书定价，同时，理论论述和实例阐释的结合也更为紧密。

　　本书在修订成书过程中，得到中国政法大学出版社编辑马旭老师的大力支持和无私帮助。成书过程中参阅了众多专家学者和多家司法机关的著述和调研论文及法律文书实例。在此，对他们一并表示由衷感谢并致以崇高敬意。

　　由于时间和学术水平、法律实践有限，在第四版修订稿中疏漏和错舛在所难免。切望使用本教材的老师、同学，特别是司法、法律部门的专家、领导和同仁不吝赐教，我们一定虚心听取，不断改进和提高。

潘庆云
2017 年 5 月于上海华东政法大学（长宁校区）

第三版说明

　　光阴似箭，《法律文书》初版至今已逾十载，二版问世也倏已五年。这些年来，随着国家经济建设和各项社会事业的长足进步，社会主义民主与法治理念更加深入人心，社会主义法律体系已经建立，这就对作为司法公正与效率、社会公平正义有效载体的法律文书的理论、实践与教学提出了更高的要求。

　　事实上，这些年来国家和各级司法领导机关，公、检、法、监狱、律师、公证、仲裁、政府执法部门等对法律文书的建设和运用继续高度重视，对法律文书积极改革、完善和创新。例如各级人民法院在以往审判方式与裁判文书的改革取得卓著成果的基础上，多年来对裁判文书的改革和优化工作锲而不舍，涌现了越来越多的优秀裁判文书，大大增强了作为司法公正最后载体的裁判文书的公信力，受到了案件当事人和全社会的好评。最高人民法院依据改革的精神并吸收各级法院的成功实践，自1992年《法院诉讼文书样式（试行）》问世以后，随着国家法治建设和审判实践的发展，相继公布了《法院刑事诉讼文书样式（试行）》、《民事简易程序诉讼文书样式（试行）》、《海事诉讼文书样式（试行）》、《民事审判监督简易程序裁判文书样式（试行）》、《民事申请再审案件诉讼文书样式（试行）》、《一审行政判决书样式（试行）》、《行政诉讼证据文书样式（试行）》、《国家赔偿案件文书样式（试行）》、《行政案件管辖司法文书样式（试行）》和《执行文书样式（试行）》等司法文件，对人民法院的诉讼文书，特别是裁判文书的制作水平的提升有很大的促进作用，并为裁判文书的改革、优化和规范提供了框架和导向。最高人民法院已将各类诉讼文书格式样本归类，汇编成书，即《法院诉讼文书格式样本（最新版）》，于2009年10月由人民出版社出版。同时，最高人民法院对当事人制作运用的《再审申请书》也作了补充与完善。对当事人常用的《民事起诉状》、《保全申请书》、《申请执行书》等法律文书都作了统一规范，在各级法院的立案大厅里免费向当事人提供各种文书样本。

　　作为法律监督机关的人民检察院对法律文书制作运用的改革与优化也十分重视。2002年开始施行的《人民检察院法律文书样式（样本）》规定了159种文书格式，近年来又制定和印发了《刑事赔偿确认案件文书样式》等新文种。多年来，各级检察院始终孜孜不倦地开展对起诉书、不起诉决定书、公诉意见书等关键检察文书的改革和优化。例如，上海市各级检察院经过多年的调研和实践，近一两年已制定起诉书的"新模版"，于2011年在检察业务中投入使用。该新模版针对2002版的起诉书格式存在的问题，在事实叙述、证据甄别，起诉理由论证乃至格式标识、印章等技术方面都进行了改革与优化。例如，鉴于2002格式在案件事实叙述方面，存在事实叙述过于笼统、粗陋，只有定罪事实、没有量刑事实，不写明法定、酌定量刑情节等问题，沪版2011格式强调对法律事实的认定要从证据出发，根据证据所示内容客观表述行为的过程，注意体现客观事实发展的逻辑，在叙述犯罪事实后另段叙写量刑事实，等等。在证据表述方面，一反过去仅以证据种类进行排列、证据与事实叙述缺乏对应性等缺点，2011格式要求做到：对证据按证明内容的不同进行分组排列，概要写明证据所证明的内容，在认定犯罪事实证据后，还要述明法定、酌定量刑情节的证据。叙写证据后再按照案件性质的不同，写明对全案证据的总体评判。同时，2011格式对起诉的理由和根据也作了重要的改革和优化。此外，上海各级检察院还对不起诉决定书，尤其是存疑不起诉的不起诉决定书的事实、理由进行了优化与细化。

司法部监狱管理司在2002年印发的《监狱执法文书格式（试行）》48种文书施行运用的基础上继续进行优化完善工作，近年来组织力量对已印发的文书进行调研和反复论证，深入探讨每种文书的适用范围及法律依据、文书的制作方法及注意事项，并提供文书制作范例。同时，对各省、自治区、直辖市监狱管理厅根据各类法规和本地区实际情况出台的地方性监狱文书，进行收集、整理，加以修订后进行编撰，供各监狱参考使用。他们这样做正是为了推进监狱法治建设。

司法部对公证文书、律师文书的改革力度也很大。司法部于2000年3月印发了《司法部关于保全证据等三类公证书试行要素式格式的通知》，在全国范围内推广保全证据等三类要素式公证书，2003年由司法部公证员协会印发了继承类强制执行类要素式公证书格式（试行），2008年12月司法部律师公证工作指导司在经试行取得经验的基础上印发了《关于印发继承类强制执行类要素式公证书和法律意见书格式的通知》，同时印发了继承类、强制执行类要素式公证书以及法律意见书的通用格式。此后，2011年3月司法部又对沿用多年的定式公证书样式（试行）进行了革新，公布了"民事法律行为"、"有法律意义的事实"、"有法律意义的文书"三大类35式49种定式公证书的通用格式及参考样式。目前，要素式公证书和定式公证书新格式已在全国普及使用，大大提高了公证文书和公证业务的水平和质量。随着国家经济和各项社会事业的发展，特别是依法治国力度的加强，律师队伍的壮大，律师业务的拓展，在司法部和全国律师协会的领导和协调下，律师法律文书也有较大发展与改观。传统的律师文书分为代书文书和律师工作文书两大块。近些年来，由于股权转让、收购、兼并各项经济事务的发展，国际贸易中的反倾销等类案件的频发，对传统的律师工作和律师工作文书也提出了更高的要求。法律的修订也推动着律师实务文书的发展与嬗变，如2007年对《民事诉讼法》民事审判法律监督程序的修订与完善，就促使了再审申请书这一代书文书的完善与改革。目前，随着此次《刑事诉讼法》修改后的实施，对律师工作和律师实务文书提出了一些新的要求，如案件侦查阶段刑事辩护工作的开展与相关文书的制作运用等都是值得探讨的新课题。

在法制日益健全，法治深入人心，作为司法公正有效载体的法律文书越来越受重视，且发展迅速并呈现多姿多彩态势的情况下，本书编写者不敢懈怠，在法律文书教学之余，密切关注司法和法律实践部门法律文书的使用情况及对相关文书的改革与优化的动态，并以之为促进本身教学和科研工作的动力。在这次对本教材的修订中，我们在保证体例基本稳定的前提下，尽可能地吸收新理念、新成果，把本门学科最新的面貌呈现给各位读者。

在"法律文书总论"部分，我们对法律文书的制作要求进行了增补与完善，形成了包括各个层面的完善机制，即一、格式规范，二、内容完备，三、叙事明晰（含证据确凿），四、论证充分，五、结论公正，六、语言准确，七、表述科学，八、技术完美。这样就能帮助学习者更全面，更有效地掌握制作法律文书的要领与技巧。另外，把原第二章"法律文书概述"修改为"法律文书和法律文书制作运用概述"，增补了第五节法律文书的运用。填补了多年以来，法律文书研究和教材中的一些空白点。在"分论"部分，我们对第四章至第十五章均作了认真修订，贯彻"与时俱进"的原则，遵循司法领导机构对各类文书的改革指导意见并吸收司法实践中取得的新成果。由于我国立法机关已对《刑事诉讼法》作了较大修改，且于2013年1月1日施行，所以本书中的相关刑事法律文书中所援用的《刑事诉讼法》条款我们都按该法的2012年新文本进行改动。对"附录"中的"主要法律文书的规定格式和实例评论"，我们也进行了认真修订。

在此次修订中，各位作者分工修改原来由其承担的章节，具体分工如下：

潘庆云修订原来承担撰写的总论（第一、二、三章），第四章第二节，第十章第一、二、三、四节，第六节之四、五，第十二章第六节，第十三章，全书的"附录：主要法律文书的规定格式和实例评论"；这次又增写了第二章第四节之八（技术完美），增写第二章第五节；重写第六章第三、四节的"首部"，重写第五节，重写第七章第四节，第五节首部，第六节之四，重写第十四章第二节。

葛燕青修订第四章，第六章，第八章。

安秀萍修订第五章，第十一章，第十二章，第十四章。

奚小玮修订第七章，第九章，第十章第五节，第六节之一、二、三部分。

全书由潘庆云负责全书策划和最后的改定、统稿润色工作。在本次修订过程中得到中国政法大学出版社领导和责任编辑孙明洁老师的指导、关心和各位作者的鼎力协助。在增补新编和修改原稿的电子版文字处理方面，再次得到我的宗亲祝健先生的热情帮助。上海市浦东新区人民检察院起诉科的潘莉检察官还向我介绍了上海市检察院系统对起诉书等检察文书的改革优化情况以及她和她的同事们的研究论文。在此，对他们一并表示由衷感谢并致以最崇高的敬礼。

　　由于时间紧迫，我们的学术素养和视野以及司法实践有限，第三版修订稿中错舛和疏漏之处在所难免。请采用本教材的老师和同学，特别是司法、法律实践部门的领导和同仁不吝赐教。我们一定虚心接受，不断改进。

潘庆云

2012 年 6 月于上海华东政法大学（长宁校区）

第二版说明

　　《法律文书》出版至今，已过去 6 个寒暑了。这些年来，我国社会主义的政治、经济形势发展很快，经济建设取得了前所未有的丰硕成果，社会主义民主与法治建设取得了巨大的进展。2002 年 11 月，党的十六大第一次明确提出了"推进司法体制改革"的任务，强调"社会主义司法制度必须保障在全社会实现公平和正义"。[1]

　　我国最高人民法院此前也庄重宣告"正义与效率"是 21 世纪人民法院工作的主题。[2]而司法、执法机关，各法律机构制作的法律文书，就是司法公正与效率、社会公平与正义的有效载体。

　　作为民主与法制系统工程组成部分之一的法律文书建设也受到党和国家、各司法领导机关的高度重视。这些年来，公、检、法、司领导机关依据修正或重新制定的各项法律和相关司法解释或者其他规范性文件的规定，在调查研究的基础上，对原有的各类法律文书的格式（包括内容要素）进行了较大的补充和修订，先后制定、下发了《公安机关刑事法律文书格式（2002 版）》、《人民检察院法律文书格式（样本）》、《法院刑事诉讼文书的补充样式》、《刑事诉讼中律师使用的文书样式（试行）》、《〈关于民事诉讼证据的若干规定〉诉讼文书样式（试行）》和《海事诉讼文书样式（试行）》、《监狱执法文书格式（试行）》、《要素式公证书格式（试行）》等，从而使已有的各类法律文书更趋完善和规范。另外，国家和各省市的法制部门在加强对行政法律法规实施和研究的同时，已开始研究和制定各类行政机关法律文书，如已经投入使用的行政处罚、行政许可等各类文书。这样就拓展了法律文书的范围，填补了法律文书整体的一大空白。

　　与此同时，人们对法律文书和法律文书学科的观念也发生了不小的变化。法律文书是人类文明的结晶，是法律文化的重要组成部分，然而长期以来在"法律

---

[1]　江泽民：《全面建设小康社会 开创中国特色社会主义事业新局面——在中国共产党第十六次代表大会上的报告（2002 年 11 月 8 日）》，人民出版社 2002 年版，第 35 页。

[2]　肖扬："最高人民法院工作报告（2001 年 3 月 10 日在第九届全国人民代表大会第四次会议上的报告）"，载《中华人民共和国最高人民法院公告》2001 年合订本，第 44 页。

文书工具论"（"实施法律或者从事法律活动的工具、手段和记录"）的主宰下，人们对它的认知研究大体停留在技术和操作层面，对理论的研究并没有给予足够的关注和重视。随着法治的深化和人民对社会主义民主政治的呼唤，包括人民法院审判方式和裁判文书改革在内的司法制度改革的深化，对原有的法律文书和法律文化观产生了强烈的冲击与震荡。目前"法律文书是司法公正与效率的载体，是社会公平与正义的标尺"的理念已逐步深入人心，"制作裁判文书乃至所有法律文书必须无懈可击"的标准已经得到普遍的认同。为了践行这些新颖理念，追求法律文书应有的价值目标，必然对法律文书研究和法律文书学科提出新的要求。从这本《法律文书》2002年初版本我们可看出，这门学科已包括理论和实践两个层面。目前，我们对理论部分的研究，已经更趋完善和科学。对实践部分的涉猎，也有较大的拓展与深化。

《法律文书》出版6年多来，已由多所法律院校采用，深受广大读者厚爱，但鉴于客观形势的变迁，法律文书和法律文书学科的已有发展，此次司法部法学教材编辑部和中国政法大学出版社组织我们对它进行修订和完善，是非常必要，也是非常有意义的一件工作。

在修订中，我们坚持这套教材的"职业性、实践性和岗位针对性"等特点，在尽量不多加篇幅的原则下，将一些新理念、新方法、新技术贯彻到整个教材中去。我们把对法律文书修改的情况反映到教程及后面的"主要法律文书的规定格式和实例评论"中去。另外，为了学习和日后就业的需要，我们还增写了一章"行政机关的法律文书"，格式与案例随附。司法部国家司法考试司已重新调整国家司法考试的科目，法律文书已被确定为19个必考科目之一。为了在司法考试中取得成功，为了日后更好地从事司法、法律工作，希望各位学员努力学好这门课程并对本教材多提批评、建议，以帮助我们日后进一步修订和完善这本书稿。

在此次修订中，各位作者的具体分工如下：

潘庆云撰写"内容提要"、"再版前言"、第十三章行政机关的法律文书、修订上编法律文书总论（第一章至第三章）；第十章律师实务文书第一、二、三、四节，第六节之四、五两部分；附录："主要法律文书的规定格式和实例评论"。增写每一章的"学习目的和要求"；重写第四章第二节、第十二章第六节。

葛燕青修订第四章公安机关的刑事法律文书，第六章人民法院刑事裁判文书，第八章人民法院行政裁判文书。

安秀萍修订第五章检察机关的法律文书，第十一章公证文书，第十二章仲裁文书，第十四章（原第十三章）笔录文书。

奚小玮修订第七章人民法院民事裁判文书;第九章狱政机关的法律文书;第十章律师实务文书第五节,第六节之一、二、三部分。

全书由潘庆云负责主编和统稿润色工作。

原书"主要法律文书的规定格式和实例评论"中的公安机关刑事法律文书和检察机关法律文书已经滞后,在这次修订中引用了潘庆云主编的《法律文书范例评析》(复旦大学出版社2006年版)若干案例。这两部分原来分别由安秀萍、刘金华两位老师承担。在此向他们表示感谢。

在本次修订过程中得到中国政法大学出版社各位老师的真诚帮助和各位作者的大力协助。在打印新稿和修改旧稿的电脑文字处理方面,得到我的宗亲祝健和上海波罗蜜多商务旅游咨询公司刘必红女士以及上海市长宁区公证处潘维嘉小姐的热情帮助。对他们一并表示由衷的感谢并致以崇高的敬礼。

潘庆云
2007年8月于上海

前　言

　　"法律文书"是一门新兴的应用性很强的法学分支学科。该学科具有综合性、实践性和技术性强等特点。作为教学用书的法律文书，更要针对教学对象的知识结构和具体专业的职业特点要求，确定其编写主导思想、编写体例及具体内容设计。

　　本教材的编写目标是为了让学生通过学习与训练，熟练掌握有关法律文书的基本知识和基础理论，正确、熟练地制作一些制作难度较高且常用的法律文书。教材总体结构分为：上编（总论）、中编（主要司法文书）、下编（其他法律文书）。上编包括法律文书学科概述，法律文书概述，法律文书的语言结构、表述结构。中编、下编包括目前司法机关及各法律机构的主干法律文书。各章之后有思考题及文书制作训练题。教材本体之后附有重要法律文书的规定格式和实例评论。整个教材贯穿了密切联系司法实践和法律职业，突破难点，掌握要点，兼及其余，从而通晓法律文书总体规律及制作技艺等指导思想和有效的学习方法，同时也克服、纠正了现行各类法律文书教材脱离司法实践，主要展示各类文书结构内容而忽略了对基本原理的探讨总结、前后内容重复等各种缺憾。在主要法律文书实例评论中尽量精选目前司法机关和法律机构制作的优秀法律文书，并力求多层次、多角度地评析总结各类文书的制作规律和制作技艺。对司法领导机关制定、下达的规定格式和内容要素中存在的疏漏和不完善之处，也实事求是地提出批评和修改意见。对正在改革但司法领导机关尚未制定出新格式的民事裁判文书等司法文书，我们也选用一些能反映比较成熟的改革思路的文书实例和改革成果，并加以评析。

　　我们试图通过本教材的上述编写体例及内容设计，同时体现和具备法律教学中应当涵盖并解决的基本原理、实践问题、实际训练和发展方向等层面的要求。本教材可以供法学专业的本科、专科等各类学习对象使用，也可以作为司法干部、法律工作者法律文书制作和业务进修的教材使用。

　　本教材在编写中，得到司法部法规教育司、中国政法大学出版社的大力支持和帮助。在编写中，参考了多本同类教材、著述。在统稿过程中，又得到上海政法学院院长金国华教授、洪莉萍副院长等各位领导的大力支持和关心帮助。成稿后，法律文书专家、中国政法大学顾克广教授对全书提出了许多中肯的意见，并作了具体修改。在此一并致谢。

本教材由潘庆云教授任主编、葛燕青教授任副主编，各撰稿人具体分工如下：

潘庆云　前言；上编第一章至三章；附录"主要法律文书的规定格式和实例评论"

葛燕青　公安机关刑事法律文书；人民法院刑事裁判文书；法院行政裁判文书

安秀萍　检察法律文书；公证文书；仲裁文书；笔录文书

奚小玮　人民法院民事裁判文书；监狱法律文书；律师实务文书（第五节、第六节之一、二、三）

史智勇　律师实务文书（第一节、第二节、第三节、第四节、第六节之四、五）

全书由潘庆云负责总体设计和统稿润色工作。

本教材的设计和撰写是一种探索和尝试，是否成功，还有待于通过教学实践来检验，也需要各位领导、专家、同仁不吝赐教。

编　者
2001 年 11 月

内容提要

　　这本《法律文书》是在 2017 年第四版的基础上精心、全面地修订而成的。本书在继续坚持"针对教学对象的特点，突出实用性，注意培养学生理论联系实际的能力"这一原则的同时，顺应《民法典》的正式施行和《刑事诉讼法》《民事诉讼法》《行政诉讼法》等多种基本法律的修订，充分吸纳了法律文书研究和改革的新成果，用全新的司法理念和法律文书理论指导法律文书的制作和运用，并按公、检、法、司等领导机关最新颁行的文书格式及其对法律文书的最新改革优化要求进行编写，因此具有理念和内容的新颖性。本教材主体由上编、中编和下编三大部分构成。上编共 3 章，主要阐明法律文书学科、法律文书和法律文书的制作运用以及法律文书的语言和表述，在第三版的基础上，更加全面地探讨了法律文书的各构成要素，科学地总结归纳了法律文书的制作要求和技艺，对法律文书制作质量的提高，对法律文书的进一步改革优化，使其臻于"无懈可击"的境界，有一定的指导作用。中编司法机关的主要法律文书和下编其他法律文书涵盖了 11 大类文书，共有 83 个具体文种，除了传统的公、检、法、狱政、律师、公证和仲裁等文书外，我们还顺应客观形势的要求，于第二版增写了"行政机关的法律文书"这一章。这一章的增设受到读者的欢迎并得到学界的好评。另外，教材把公证文书分为定式公证书、要素式公证书 2 个文种，其实按照司法部的规定，定式公证书包括 3 大类 35 式 49 种公证书样式，要素式公证书包括合同（协议）公证书等 5 类。在拓展研究领域，增强实用性的同时，仍然坚持简要性，用 83 个文种统领数以千计的法律文书，力求做到以简驭繁。本教材还特别注意紧密联系司法实践、法律职业，帮助每位学习者有效掌握法律文书的制作运用，为以后的司法或法律生涯打下坚实的基础。

　　本教材与司法、法律活动实践密切结合，对法律文书和法律文书学科的定位、法律文书的教学和研究方法、法律文书制作和运用的客观规律、制作和评判法律文书质量优劣的可操作客观标准及每种文书特点的阐述，以及对法律文书学科教学重点的把握，与国内同类教材相比，都具有新颖和独创的特点与优势。

　　再版前，我们对附在教材主体之后的"附录：主要法律文书的规定格式和实例评论"也作了精心修订。我们用最新的优秀文书实例替换旧案例，并对每一案例的"评论"都进行反复斟酌，力求深层次、多角度地诠释每一范例，使读者得到更多的收获。为了减省纸质本篇幅，我们将这一部分借助二维码融入教材，即在教材的附录中，借助二维码阅读教材中文书的格式、实例和评论。

潘庆云

2023 年 2 月

目　录

上编　法律文书总论

中编　司法机关的主要法律文书

下编　其他法律文书

上编　法律文书总论

第一章
法律文书学科概述

╋学习目的与要求

本章对当代法律文书学科，以及中国法律文书的历史沿革和人们对法律文书的认知、研究进行了概要性阐述。"法律文书"是一门新兴的应用性法学分支学科，具有综合性、应用性和技术性三大特点。它包含理论与实践两大学科视野，有其特定的学习要求和特有的、行之有效的学习方法。从历史角度看，中国古代法律文书经历了滥觞、形成、发达和成熟四个阶段，清末民初进入现代阶段。每一阶段的学人、治牍书吏等对法律文书的认真探讨和研究中所包含的真知灼见，至今尚有借鉴、参考价值。通过本章学习，要求对法律文书学科，法律文书发展沿革以及人们对法律文书的认知和探究有一个大致的了解。

第一节　法律文书学科的性质、特点及其任务

一、法律文书学科的性质

法律文书学科以诉讼和非诉讼法律事务中的一些重要法律文书的制作和运用作为其主要的教学内容和研究对象。当然，经过几代学人的努力，法律文书学科的范畴已经涵盖了有关法律文书的理论和实践两大部分。在理论方面，该学科对法律文书本体各个方面的研究、阐析，法律文书制作和运用要求的诠释、演绎，法律文书和司法公正与效率之间双向互动关系的探索、研究等这些在法律文书研究、制作和运用中亟待解决且不容回避的重要问题要予以回答和探讨。在实践方面，该学科当然要解决重要法律文书的制作和运用问题，并用重要文书带动一般文书的制作和运用。尽管如此，"各类法律文书是法律文书学科的主要教学和研

究对象"这一命题无疑是正确的。那么，什么是法律文书呢？法律文书是进行法律活动的依据和凭证，是推动法律活动逐步开展直至完成的工具和武器。总之，一句话，它以实施法律为己任。从历史的角度来看，它是随着法律制度的滥觞而产生，随着法律制度的沿革而发展的一个法学范畴。在当代，法律文书，是在诉讼活动和非诉讼法律事务中，由公安机关、检察机关、人民法院、司法行政机关、国家行政机关、法人或非法人组织、参加诉讼活动或非诉讼法律事务的自然人等法定主体，按照法定程序，就具体案件或法律事务适用法律而制作的具有法律效力或者法律意义的非规范性文件。这门学科在 20 世纪 70 年代末创立后，原来有不同的名称，但自 20 世纪 90 年代中期以来，这门学科已在全国范围内被统一为"法律文书（学）"，是全国高等院校法律专业的主干课程之一。既然法律文书学科以为实施法律服务的各类法律文书为教学和研究对象，而且有着理论和实践两大学术视野，这就决定了它是一门具有完整、独立的理论体系而且应用性很强的法学分支学科。事实上，我国最高教育行政领导机关教育部（原国家教委）曾把法律文书确定为法学这一大学科下面的二级学科。

二、法律文书学科的特点

法律文书学科要求学生在正确的学术理念指导下有效地学习和掌握法律文书制作和运用方面的知识和技巧，这门学科具有三个突出的特点，即综合性、应用性和技术性。兹分述如下：

1. 综合性。作为一门随着法律科学和司法实践的发展应运而生的新兴法学分支学科，法律文书课必然要汲取和运用法学各分支学科的成果与方法，成为一门带有综合性的学科。法律文书既要综合运用法学各分支学科的知识，又必须综合运用法学之外的其他相关学科的成果与方法。例如，我们制作刑事法律文书必须运用刑法、刑事诉讼法、证据学、犯罪学等方面的知识。制作看似简单的"讯问笔录"，如果不懂预审对策心理学就制作"现场勘查报告"，对刑事侦查学、法医学等若不甚了解，那是绝对无法胜任的。制作民事法律文书，则必须运用民事诉讼法、民法学、民法通则和婚姻法、继承法、合同法等单行民事法律、法规的知识；处理涉港、澳、台及涉外民事、经济案件，还要通晓有关的港、澳、台及国际法律、法规和司法惯例。这说明法律文书课必须综合运用几乎所有法律分支学科的知识。因此，在课程设置上，我们把法律文书课安排在一些主要的法律分支学科之后。

法律文书以语言为信息载体，以篇章为制作和运用单位，撰制时除了要求逻辑严密、论证有力之外，文字书写、语言表述、结构程式还要符合一定的体式和规格。因此，法律文书课必须综合运用语言文字学、语体修辞学、文章写作学、逻辑学等学科的成果与方法对法律文书进行研究、阐释，以求详尽地揭示法律文书内在的各种规律，进而总结制作规程与技艺。这说明法律文书学科具有"多学科性"，是一门带有综合性的法学专业学科。

2. 应用性。各类法律文书都是为司法实践服务的，具体运用于民事（含经济）、刑事和行政诉讼活动和各种非诉讼法律事务的各个阶段。实际上，制作法律文书本身就是整个司法实践工作中必不可少的重要环节，它贯穿于一切诉讼活动和非诉讼法律事务的始终。离开了司法实践，法律文书和法律文书学科也就完全失去了存在的意义和价值。我们学习法律文书和法律文书学科的基本知识与基础理论，学习法律文书的实际制作与运作，其终极目的只有一个，那就是应用，为司法实践服务，使其成为司法公正与效率的有效载体。因此，法律文书课的应用性十分显著，毋庸赘述。

3. 技术性。学校教学的课程有两类：一类着重于帮助学习者建立和确定一系列的思想、观念与方法乃至影响与确立其人生价值观念（如哲学、革命史、法制史、法律思想史等学科）；另一类则主要是帮助学习者获得某一方面的系统能力与技艺。法律文书学科是属于后一类的，它是一门对技术性要求很高的学科。技术性首先表现在每类法律文书都有特定的严格程式，从标题、编号、首部事项、正文、尾部及后尾部的附项都有特定的规程、内容要素和要求，不得颠倒、增易或作其他变动；文字语言、句法结构和句式、句类选择，超句的句群、段落乃至整体篇章结构，也都有一定的体式和规格；甚至对法律文书的纸张纸型、尺寸大小、天地页边、字体型号、字距行距等间隔、加盖骑缝章的印泥、书写用墨水乃至卷宗封面样式尺寸，都有明确、具体的要求。所以，对于学习和制作法律文书来说，不光是一个依据事实、适用法律、运用文字语言进行写作、表述的问题，其中还有许多技术操作问题，有待我们钻研、掌握和进一步革新、完善。所以，规范性文件和司法实践部门习惯于用"制作"这一术语与法律文书相匹配，这在客观上也反映了法律文书制作有别于一般"写作"，具有很强的技术性。

三、法律文书学科的学习要求

根据教学大纲的总体要求，并从这门学科的性质、特点出发，这门课的学习要求可以归结为两条，即熟练掌握关于法律文书的基本知识和基础理论，正确、熟练地制作主要刑事、民事、行政诉讼文书和非诉讼文书。

1. 熟练掌握关于法律文书的基本知识和基础理论。就目前法律文书教学内容而言，基本知识和基础理论大体上包括法律文书的概念、性质、特征、分类以及法律文书的作用，法律文书制作的基本要求，法律文书的语言、表述、程式结构规律等。还有一些重要法律文书的概念、适用范围、格式和内容、制作方法和应当注意的事项，也属于基本知识和基础理论的范畴。这些内容要在理解的基础上牢记，在牢记的前提下融会贯通、灵活运用；要求掌握重点和精神实质，切忌死记硬背、生吞活剥，因为死记硬背不仅苦不堪言，而且背了不会用，停留在纸上谈兵的状况，有悖这门学科应用性的本质特征。

2. 正确、熟练地制作主要刑事、民事、行政诉讼文书和非诉讼文书。以制作主体而论，法律文书学科的学习重点，即主要法律文书，包括一些比较重要的检察文书，人民法院的裁判文书以及一些主要的律师实务文书。就格式并结合形态而论，法律文书可以分为填空类、表格类、笔录类、文字叙述类等四类。制作法律文书的重点是文字叙述类。它要求"正确"，即运用正确的格式，叙述事实概括切实，说明情况客观、翔实，论证理由充分严密，适用法律准确贴切，得出的结论分毫不爽。还要求"熟练"，即通过反复操练，能在规定的时间内，在没有任何参考资料的情况下，根据所提供的有关案件材料制作一份指定的法律文书。正确、熟练地制作主要刑事、民事、行政诉讼文书和非诉讼文书的操作性要点及其要领掌握，就是在法律文书实际制作中必须掌握的一些关键问题。为了提高学习者的实际操作能力，在教学中，要求学习者完成一定数量的文书制作题。对文书作业总的要求是：认真制作、按时完成和独立完成。

在教学中，对法律文书制作的得失成败、质量优劣，大体可以从格式、事项、事实、证据、理由、处理结论、语言、表述、（超语言）制作技术等 9 个方面来考察与衡量。这几个方面也就是司法文书学科的操作性要点，我们将在以后的章节中具体阐明。

四、法律文书学科的学习方法

法律文书学科本身的性质、特点和要求已如上述，我们应该据此寻求和确立这门学科特殊的学习方法。这门课的学习方法大体上可以概括为：理论联系实际；重点突破，以点带面；引进新的科学方法论，进行系统研究。具体学习方法分叙如下：

1. 理论联系实际。理论联系实际是对所有学科的一般要求，这种要求对本身实践性很强的法律文书课来说具有更重要的意义。联系实际，一是要联系司法实践，二是要联系自己的制作实际。既能联系司法实践又能联系个人的实践当然更好，但有的学习者尚未参加司法实践，即便是从事司法工作或法律业务的学习者也往往需要较长时间从事某一项司法业务，而接触和亲手制作的文书种类有限，因而弥补的方法是多琢磨、多体会文书实例评论所提供的文书，权衡他人的利弊得失，引以为鉴。联系自己的制作实际，是指学习者要认真制作每章后布置的文书练习，教师批改后还要认真订正错误和弥补疏漏，并提高到理论高度来认识，以指导以后的实践。

2. 突破难点，掌握要点，以点带面，力求全面通晓。法律文书使用范围广泛，文种浩繁，我们择其要者归纳为 11 大类 83 种写入本教材，比其他教材简明。这83种文书都要求了解和掌握，为了提高效率，可以采用难点突破、以点带面的方法。例如，就（公安局）起诉意见书和（检察院）起诉书、不起诉决定书这一公诉文书系列而言，我们可以先掌握起诉书的制作要领，由于其他两种文书与起诉书格式内容大体相似，难度又在起诉书之下，只要比较分析它们与起诉书内容程序上的不同之处，难题自可迎刃而解。又如，学习刑事判决书，可以先重点突出一审有罪判决书，以此带动一审无罪判决书和二审、再审判决书。这样可以做到事半功倍。

3. 引进新的科学方法论，进行系统研究。有人认为："只要掌握事实与法律，就可以写好法律文书。"其实不然，在司法实践中由于认定事实不清或适用法律不当而造成办案质量低劣致使法律文书质量低劣的情况固然存在，但更多见的情况却是由于语言表达水平有限或是没有掌握法律文书特殊的语体规律和表述方法致使事实记叙有误或有理讲不清。由此可见，应当综合运用多学科方法，多层次、多角度地研究法律文书，仅仅了解它的法学方面的某些性质是远远不够的。为了真正了解法律文书，学好法律文书，必须改变旧观念，引进系统论、信息论、控制论等新思潮、新方法，对法律文书进行科学的研究考察。从系统论出发，把法律文书作为一个严整的结构体系来看待，而结构是分层次的，如法律文书的语言自成体系，由低到高可以分为词素、词、词组、句子、句群、段落、章和篇等层次，对它所有层次逐一考察学习，才能真正掌握法律文书语言的结构规律。另外，法律文书具有多结构性特点，它既是一个法学范畴，又是语体范畴和文章学范畴。所以，只有从法学、语体学、文章学等不同角度全面考察，才能揭示其全部规律。多角度、多层次地对客体进行全方位研究的方法已运用于多门现代科学，从而促使这些学科迅猛发展，我们也要把它引进法律文书课，以提高学习质量。

从信息论观点出发，制作法律文书是一种传递信息的过程，信息传递讲究经济、有效，尽量减少冗余信息，这就要求我们用最经济的语言材料负载最大的信息量，讲究语言的简明、准确、凝练。法律文书在信息的平面载体（纸张）上的格局如何有利于突出主要信息、增强文书的准确性，并给阅读者带来庄重朴实的心理印象也可以通过运用信息论原理得到解决。可见，运用信息论方法有助于将文书中语言表述及篇章格局等许多问题提高到科学的意义上加以认识、考虑，并予以通盘解决。

每篇文书都有它特定的内容、特定的题旨，特定的文书要在规定场合供一定的对象阅读聆听，这就是文书必须适应的情境。从控制论角度来看，文书的题旨、情境对整篇文书就是一种宏观控制，文书的遣词造句、谋章运篇、材料取舍都要受题旨、情境的控制与约束，与特定的题旨、情境相契合，否则这篇文书就走题，就"失控"，也就发挥不了其应有的功效。为什么辩护词与刑事判决书的格式、语言材料和修辞手法可以有那么大的差异？为什么同一案件的起诉书、公诉意见书语言风格很不相同？这些都可以从特定题旨、情境对文书的控制来解释，这样就可以增强我们熟练、得体地制作不同法律文书的自觉性。

五、法律文书教学与司法实践

法律文书与司法实践是鱼与水的关系。应用性即实践性极强的法律文书一旦脱离了司法实践即成为缘木之鱼、离林之鸟，完全失去了存在的价值与必要，这是人所尽知的常识。但目前法律文书教学与研究脱离实际、脱离司法实践的倾向颇为严重。例如，法律文书课程授课全部采用教师讲、学生听，"满堂灌"的陈旧方式；讲课中少用或不用案例，即使用也用一些"老掉牙"的旧案例；少做或不做练习，即使做练习，一些供制作文书的案件材料也老而又老，脱离当前的司法实践。写法律文书研究的文稿难发表是事实，但这恐怕与一些研究者着重讨论文书的格式、程序，不注重法律文书在诉讼和非诉讼活动中的动态运作和揭示法律文书的深层规律有关。

由于教学内容与方法的关系，学完这门课后，学生忙于背概念、记制作方法与要点，苦不堪言，这对文书的实际制作能力的提高却没有多大帮助，学生意见颇多。实际上这也有悖这门课的教学初衷。

为了改变这种脱离司法实践的现状，笔者以为，可以从下列各方面着手改革：

1. 首先要确立"以文书制作为主"的观念。法律文书的要领知识和理论是为文书制作和司法实践服务的，应以理解运用为主，不应要求死啃书本、强背硬记。

2. 多做文书练习，多深入实践，在公、检、法机关或在其他法律部门，在动态、真实的办案过程中制作法律文书，不仅收获更大，而且可以记忆持久。在学习这门课程的过程中，至少让学生下去做一篇文书，应该说还是办得到的。

3. 在强调多练、多实践的基础上试验"案例教学法"，用"接触案例——制作文书"的手段贯穿这门学科的始终，一些重要的理论和技巧在制作文书后通过课堂讨论让学生自己去探讨、归纳和总结。当然，这会影响原有的法律文书教材的体例和教学大纲，不要求一蹴而就，可以逐渐改革、稳步过渡。

4. 司法领导机关在制定新的文书格式和改革原有文书格式内容时，一有成熟的意见，应及时下达有关的政法院校和法律院系，使这些院校的法律文书教学不至于与司法实践部门的工作脱轨或相悖。当然，司法领导机关在确定或改革文书样式和内容时，亦应该深入实际，加强调研，这样才能保证文书格式和内容安排的科学性与可行性，避免、减少不必要的混乱与反复。

此外，司法领导机关举办的统一的业务考试或统一司法考试等，有较大的导向作用，应该注意命题和评分标准的科学性、内容分布的合理性。例如，律师资格考试制度自 1986 年实施至 1995 年年底已历经十载 7 届考试，其中 6 届考试的"律师实务"卷中均有法律文书制作题。历届考试中共有文书制作题 12 道，按案件性质分：刑事诉讼 4 道题，民事诉讼 7 道题，非讼法律事务 1 道题；按律师工作性质分：律师代书的诉状、申请书 7 道题，律师工作文书 5 道题（其中反映律师独立意志的辩护词或辩护要点等 4 道题，不完全反映律师意志的工作文书如民事诉讼代理词 1 道题）。文书制作题考分按 7 届考试算，占律师实务卷的 18%，按 8 届考试算，占 15.7%。综观上述数据，命题内容分布兼顾了各个层面和因素，应该说比较均衡、合理。但在命题中尚存在一些局部的纰漏，例如，1995 年文书命题是：①替原告写一份民事起诉状。命题很明确，但作为标准答案的格式与内容中漏了"证据和证据来源、证人姓名与住址"这一要素，有悖最高人民法院下达的《诉讼文书样式》（1993 年 1 月起试行）中的有关规定；②为被告写一份"代理答辩要点"。该命题包含了两种制作主体及格式内容均异的文书（"代理词"或"答辩状"），令考生无所适从，按标准答案统一一种文书界定正误，造成事实上的评分不公。另外，历届考试中评分标准有不尽合理之处。例如，1994 年的命题为"民事上诉状"，文书正文部分，即"上诉请求"和"上诉理由"，仅占 50% 的得分。其实，文书标题、当事人身份事项及尾部署名等相对简单，不应占太大的比重。这样做既不利于检验考生实际制作文书的能力，还容易产生死背文书格式、不重文书主体内容的误导。近 20 年来司法考试中已不含法律文书制作与运用方面的命题，这恐怕不很合理。笔者发现目前新一代司法干部和法律人在法律文书制作和运用方面的能力和水平，法律文书的制作质量和规范化程度比上一代人有所下降，这种现象应该引起重视。

第二节　中国法律文书的历史沿革以及对法律文书的认知研究

中国古代法律文书是随着法律制度的产生、发展而滥觞、沿革的。为了探寻中国法律文书的发展脉络，我们利用中国法制史的已有成果和某些史料，特别是古代法律文件，拨开几千年的历史烟云，通过考察、研究，试图勾画和再现中国法律文书的大体走向与轨迹。我们认为，中国古代法律文书以及对法律文书的认知研究大体上可以分为滥觞阶段（夏、商至春秋后期）、形成阶段（秦、汉）、发展阶段（唐、宋）、完善阶段（明、清）这样四个历史时期，最后发展为现代法律文书。以下，对这四个阶段法律文书的形态与特征以及人们对法律文书的认知研究试加阐述。

一、滥觞阶段（夏、商至春秋后期）

相传早在夏代我国已有了比较完善的刑律：夏刑，亦称"禹刑"。《尚书·大传》有"夏刑三千条"的记叙。[1]《左传·昭公十四年》引《夏书》说："昏、墨、贼、杀。[2]皋陶之刑也。"又说："己恶而掠美为昏，贪以败官为墨，杀人不忌为贼。"《礼记·王制》中有关于殷商时代诉讼程序、审判制度、执行刑杀、监禁羁押等的记载，这些在近代河南安阳小屯村殷代甲骨文中得到了印证。

周初词讼已繁，狱讼多有，[3]与之相应，西周已有一套完备的诉讼、审理制度。法律规定，除轻微案件可以口头陈述外，一般要具状告官。[4]在诉讼提起后，还要经过侦查、调查与勘验。《礼记·月令》曰："命理瞻伤、察创、视折、审断决，狱讼必端平……"可见，周代断案中已有验看伤害制度。在诉讼各阶段，一般都要制作相应的法律文书作为诉讼活动的记录、凭证和实施法律的重要手段，只是因为年代过于久远，很少流传至今罢了。1975 年，陕西出土的一件青铜器"匜"，其上铸有铭文一篇，称为《㑴匜（yìng yí）铭》，其中有一篇系西周晚期的判决书，[5]是当时一位名叫伯扬父的法官，对一个叫牧牛的人所作的判决，判词写明如何定刑科罪，本刑当如何，减轻后当如何，这是我国至今发现的最早的诉讼文书实物。判词最后一段译为现代汉语是这样的：按规定责罚，本该鞭打一千下、给你"黥劓"（当时一种较重的刑罚名称。——引者注），现在从轻责罚，还应打你一千下，免了你的黥蔑和黑屋之刑。现在更大赦你，鞭五百，罚铜三百锊。

春秋后期，随着封建制度的萌芽，法制比奴隶制社会更趋完备，一些诸侯国陆续制定和颁布成文法。公元前 536 年"郑人铸刑书"[6]把成文法铸于鼎上，公之于世，这是我国法制史上第一部公开的成文法典。随后，郑、晋等诸侯国纷纷效法。后来魏国丞相李悝（公元前 455 年~公元前 395 年）又集辑当时各国法律编成了中国历史上第一部完整、系统的法典著作《法经》。

总之，从夏商到春秋后期，随着法律制度的产生、发展，有了较为完备的诉讼制度，有了专职的司法官员，因此，不但有了我国最早的法律规范文书，还有了非规范性的诉讼文书（诉状、笔录、判词等）。因此，根据目前已有的史料，

---

〔1〕 据郑玄《周礼·秋官·司刑》注解，夏刑三千条是"大辟二百，膑辟三百，宫辟五百，劓、墨各千"。
〔2〕 皋陶是夏禹时代黄淮地区一些氏族部落的首领，长期担任"士"（司法官）的职务。
〔3〕 参见许同莘《公牍学史》第 12 页，河南人民出版社 2016 年出版。
〔4〕 周代原告诉状称为"剂"，法律笔录为"供"。
〔5〕 周代的判决叫做"劾（xiè）"，作成判决为"成劾"，判决书叫作"书"，宣布判决称"读书"。
〔6〕 参见《左传·昭公六年》。

我们认为这一时期为古代法律的滥觞时期。

二、形成阶段（秦、汉两代）

早在秦始皇统一六国之前，秦孝公任用商鞅（公元前 390 年～公元前 338 年）为左庶长，于公元前 356 年实行变法，采用李悝《法经》，对法律制度进行了重大变革，改"法"为"律"，为秦代封建法律的发展奠定了基础。

秦始皇三十四年，在丞相李斯（？～公元前 208 年）的主持下，"明法度，定律令"，原有的法律得以改进与完善，颁行全国。按秦律，司法官受理案件的途径有三种：原告起诉、官员检举、犯人自首，这就相应地产生了自诉状（"帖"）、公诉书（"纠举"）和自首书。在断案中，司法官既重口供（"供"）又重勘验（勘查笔录称为"爰"）。

1975 年，湖北省云梦县睡虎地秦代墓葬第 11 号墓出土的秦代竹简 1155 支和残片 80 块，内容多是法律规范文书的摘抄和阐释法律的文书以及法律文书，计有《秦律十八种》《秦律杂抄》《法律答问》《语书》《封诊式》等篇目。其中《封诊式》通过一些隐去真姓实名的案例，介绍、说明了一些诉讼活动的模式和一些文书制作的规格，即有关查封、勘验、调查的样式，故称"封诊式"。《封诊式》中《穴盗》《贼死》《经死》《出子》等刑事勘查法律文书的制作水平已达到相当高度。其中，"穴盗"是秦代一份盗窃案现场勘查笔录，从中不难窥见秦代法律文书之一斑。这篇笔录记叙委派县级司法人员去现场勘查一件失窃衣服小案的经过事实。这篇记录首先说明案件性质、来源，接着点明勘查者、被查现场的户主及现场环境，然后依先外后内、先静（态）后动（态）的次序写明房舍情况，接着又查验窃贼挖的墙洞和推究挖洞所用工具，并进一步叙写挖出的土和土上所留的痕迹（手迹、膝迹、履迹）。写痕迹时对履迹的描述颇为精当，分前掌、中段、后跟三部分叙写，与现代鞋印侦查的程序基本一致。这篇文书对于未能查明的处所也都一一记录在案，例如，"坏直中外，类足距之之迹，皆不可为广袤"和"小堂下及垣外地坚，不可迹。不智（知）盗人数及之所"。整篇笔录叙写勘查过程有条不紊，掌握勘查对象切中要害，讯问人证巨细不漏。时间、地点、人物及相互关系都确切明白，交代清楚。"穴盗"总的语言特征是简洁、平实、洗练与客观。《封诊式》中另几篇勘验笔录"贼死"（被杀）、"经死"（自杀）、"出子"（伤害堕胎）也具有同样的语言特点。这说明在秦代，作为一种具有独特语言特点系列的法律文书体裁已初步形成。

汉代实行州、郡、县三级司法体制，逐级上告。起诉后经过"鞫狱"（审讯）、"断狱"（判决）、"读鞫"（宣判）、"乞鞫"（上诉）等程序，均有相应的文书。但总的来说，先秦直至两汉、魏晋南北朝，完整保留下来的法律文书极少见。这恐怕和当时主流社会对各类应用文体的观念有关。南朝梁代刘勰《文心雕龙·书记》

云："虽艺文之末品，而政事之先务也。"意思是说：各类文书（包括法律文书）是处理政治事务所急需的、必不可少的，但从文学价值上看，又是属于末流的，因此，当时主流社会认为它并无多大的保留价值。根据现有资料，认为秦汉直至其后的魏晋南北朝是中国法律文书的形成阶段，大约还是比较客观的。

三、发达阶段（唐、宋两代）

唐代开国 30 多年，封建经济发展到了鼎盛时期。唐高宗李治于永徽初年命长孙无忌、李勣、于志宁等人，以原有的武德、贞观两律为基础，制定《永徽律》12 篇共计 502 条，于翌年颁行全国。后又命长孙无忌、李勣等人对永徽律逐条逐句作注，叫做"疏议"，于永徽四年颁行，附于律文之下，与律文具有同等法律效力。两者统称为"永徽律疏"，即后世所称的《唐律疏议》。唐律在世界法律发展史上曾大放异彩，占有重要的地位，它作为一种法律规范文书在推动古代法律文书的发展方面也起着不可忽视的作用。

由于法制的发展，各类诉讼文书也有了很大的进步。其中特别受重视的是"判"。所谓判，就是断案之语，古已有之，周代称为"敼"，初唐大兴科举，在"拔萃"一科中增加了"试判三则"的规定，统治者把"判"作为遴选官吏考试的主要内容之一，[1]规定"凡选人入选"，撰写判词必须"文理优长"。[2]由于统治者以判为贵，士大夫也就格外重视，对它"无不习熟"。判在官场和文苑的广泛流行，使它成为一种独立的文章体式——判体。唐、宋两代判体的兴盛，对中国法律文书的发展有很大的推进作用。唐代的判词，均为骈体，即所谓"语必骈俪，文必四六"，我们称之为骈体判。《文苑英华判》为现存收录唐判最多的集子。唐判中流传至今最有影响的代表性作品有张（字文成，号浮休子，盛唐时著名文学家）的《龙筋凤髓判》和白居易（公元 772 年～公元 846 年，字乐天，中晚唐时大诗人兼政治家，贞元十六年中进士）的《甲乙判》。《龙筋凤髓判》4卷，是我国现存判决书专著中最早的一部。全书共 100 篇，按职官比排，由内到外，从省台寺监百司到州县，条分缕析、组织严密。《甲乙判》见于《白氏长庆集》卷 49 和卷 50，凡 100 则。判中都用甲、乙、丙、丁等代替姓名，可见只是选举备考的"拟判"之作。这两本判词有不同的风格，后人的评价也不一致，但都"执法据理，参以人情"。

"白判"文字全用骈体，词语典雅简练，说理质实明畅。宋代洪迈《容斋续笔》称其判"不背人情，合于法意，援经引决，比喻甚明"。白居易《与元九书》也说道："日者又闻亲友间说，礼、吏部举选人，多以仆私试赋判为准的。"

---

〔1〕（明）徐师曾：《文体明辨序说》，"唐制选士判居其一"。
〔2〕（明）吴纳：《文章辨体·序说》。

可见时人对他的"判"是十分重视的。但后人指出这类骈体判的缺点在于"其文堆垛故事，不切于蔽（审判）罪；拈弄辞华，不归于律格"。[1]基于法律文书实施法律的特定功能，这种批语也是十分中肯的。

五代时的判牍，沿袭唐代骈体程式。

宋代也以判选人，科举试判之词，以"文采俪偶为工"，沿袭了唐判"骈四俪六"的体式。元符年间王回首先打破了骈体的束缚，开始用散体作判。徐师曾的《文体明辨序说》对此举的评价是："脱去四六（指骈体），纯用古文，庶乎能起二代之衰。"王回的判词摆脱了骈体的束缚，从文艺语体的桎梏中解放出来，语言平实简洁，适合断案需要，这无疑是古代法律文书发展史上的一件大事。其后散体判逐渐盛行，近年从日本发现而影印回国出版的宋本《名公书判清明集》，其中所收之判均为散体，每一书判均有具体时间、地点、当事人姓氏，书判反映的事实皆包括诉讼双方的诉求和官府的查证认定，最后援引法律，斟酌本案的实际情况及情理作出判决。可见，此时的判已经不再是唐代和北宋的拟判，而是确实存在过的案件实例。

不过，由于科举取士沿用唐人成式等原因，尽管散体判词在司法实践中显示了优越性，直到后世，骈体判仍有一定的市场。对此徐师曾在《文体明辨序说》中感慨道："而后人不能用（散体判），愚不知其何意也。"这也说明法律语言要彻底挣脱文艺语体的羁绊，必须经过长期曲折的过程。

后人将唐宋狱讼断案中实际常用的判词分为10类："科罪""评允""辩雪""番异""判留""驳正""驳审""末减""案寝""褒嘉"。这些实际使用的判词语言比较平实、简洁和严谨。虽然它们大都不用于科举，没有引起士大夫阶层的充分注意，但平心而论，这些倒正是唐宋判词和法律文书的主流。

从结构上看，唐宋判词一般分为两个部分：一是"原题"；二是"原判"。原题往往简要概括案件来源和案由，原判则叙写案件事实、判决所依据的法律、情理和判决结果。这说明唐宋判词已形成固定程式，而结构程式化正是法律语言的本质特征之一。

总之，唐宋以判为主要表现形式的法律文书的兴盛沿革，使准确、平实、有固定程式的法律文书语体特征更加显著，标志着这一时期的中国法律文书正处于发达阶段。

四、成熟阶段（明、清两代）

明代官场应试的判词仍沿袭骈体，但在实际运用中，多已克服"堆垛故事、拈弄辞华"的陈习，而是"精当为贵"。对后世影响颇深的李清（1602 年～1683

---

[1]　参见（明）吴纳：《文章辨体·判》。

年）《折狱新语》大抵根据他任宁波府推官时所审案狱文牍整理而成，分为婚姻、承袭、产业、诈伪、淫奸、贼情、钱粮、失误、重犯、冤犯 10 类，分别成卷。他的判牍运用散体，语言流畅明晰，间或采用若干骈偶文句，偶尔亦引用一二典故，但那是为了阐明事由、推究情理、作出判断，从而增强说服力，与前人判词拈弄辞华、哗众取宠显然有别。李清在判牍中首先使用一些程式化词语，如判首使用"审得"（审查到、追究到）。这类标志性术语的使用，是法律文书进一步程式化的需要。[1]

除判词外，明清还有诉状专集。明刻本《萧曹遗笔》4 卷中除诉状外，还有肖曹对诉状的精辟论述。他说，为了击败对手、取得诉讼胜利，要做到"字字超群，句句脱俗，款款合律，言语紧切，事理贯串"，为此，撰写诉状要把握十大要领（"十段锦"）：①"石朱书"（案由），"石朱"是"诛"的假借，要用最简练的词语概括案情，作出断语。②"缘由"（由来），要简要叙述事情的发生。③"期由"（时间），要按时间先后顺序叙述事实经过。④计由（犯罪发端），要很好斟酌，既不能烦琐，也不得空洞含混。⑤"成败"（犯罪的发展和构成），要瞻前顾后，经得起辩驳。这是攻势状子。⑥"得失"（讲究计谋），要详写，并留退路。这是守势状子。⑦"证由"（证据），在论述了"成败"或"得失"之后，要列举证据，加以说明。⑧"截语"（论断），必须句句紧扣法律，字字经过锤炼，如果状子中有此段，叫作"关门状"，这样官府容易决断；如果没有此段，叫作"开门状"，就使人犯有空子可钻，截语不易写。因此，一般状子不可以太关门，也不可以太开门，最好是半开半关，留有余地，不能说得太死。⑨"结尾"（要求），依照法律规定，要求解决什么，要明确、具体。⑩"事释"（目的），写在状子的最后面，用几个字说明告状的目的何在，例如，写"除害""安民""正俗"等。

清代判词的程式化程度更高。例如，卷首以"审得"开始写出案件事实，用"判道"表示判决部分开始，还有用"此判"结束判决部分和判词全文。清代著名的判牍专著有李渔的《资治新书》、蒯德模的《吴中判牍》等。清判已较彻底地改变了古判追求语言艺术化的倾向，对古判词中常用的积极修辞手法，如用典、比喻、夸张、双关、示现等均予以排斥，力求语言的准确、简练与严谨。

除了判牍外，清代还有"批发呈词"（官府批示诉状，晓谕各当事人的文告）、"详案"（事主或地保向官府报案的呈词）、"供"（办案官员呈给上司的案情报告中的事实部分）、"看"（地方官审案后，依法拟定的判断语）、"禀"（下级官员呈给上级官员辨析疑难案情或评述重大案件，拟具处理意见和请示的司法文书）、"驳案"（上司认为下级审案有错误，驳回重审的文书）、"详报"（下级

---

[1]　法律文书程式化的初步标志是篇章结构上分为几个特定的组成部分。

向上级呈报全案处理经过）等文书，这些文书都有严格的程式和格局单一而较长的句式、严谨的篇章组织结构，还有大量明确的单义法律术语。例如，清末杨乃武案的刑部（审结）《奏折》，是一份刑部案件审理终结报告，记叙了这一清末著名冤狱的事实以及从同治十二年十月十一日余杭县开始受理起，到光绪三年二月十六日刑部审结上奏止，前后历经 3 年 4 个月，中经县、府、省多次审讯及家属两次京控的过程，分析了冤案产生的原委，提出了处理意见。这样一件曲折跌宕、头绪纷繁的冤案，制作者叙写得眉目清晰、详略得当，全文语言准确、简练和严谨。语言的准确、严谨与法律术语的大量使用有密切的关系。这篇文书中的"信谳"（审实的案件）、"胡勘"（胡乱勘问）、"鸣保"（鸣告地保）、"呈词"（诉状）、"仵作"（旧时官署中检验死伤的吏役）、"质对"（对质）、"详请"（向上级陈报请示）、"察夺"（详审裁夺）、"督审"（主持审讯）、"诬服"（冤屈服罪）、"枷责"（枷号责罪，即用木枷枷在犯人颈上，标明罪状，号令示众）、"无干谕帖"（证明与案狱并无牵连的手谕帖子）、"混供"（胡乱供认）、"凌迟"（俗称"剐刑"始于五代）、"杖责"（杖刑）、"翻异"（翻案）、"勘题"（勘验题奏）、"串诬"（串通诬告）、"遣报"（委托抱着状子控告）、"咨解"（行咨文并解送）、"拟结"（拟罪结案）、"臬司"（即按察使，掌管一省刑狱）、"奏结"（奏报结案）、"骨殖"（蒸煮后的骸骨）、"刑求"（刑讯逼供）、"故勘故人"（勘问时即有存心而故意将轻罪判成重罪）、"查监御史"（检查牢狱的御史官）、"失人"（误将轻刑重判或将无罪判为有罪）、"徒役"（徒刑服劳役）、"罗织"（虚构罪名，陷害无辜）、"收赎"（以财物赎罪）、"辟"（大辟，死刑）、"不应重律"（不应为而为之者，事理重的打 80 大板）、"重科"（重行科罪）、"折责"（折算笞杖）、"饬饬递籍"（命令派当地人员到京押送回原籍）等都是有特定含义的法律术语。大量法律术语的运用，特定的句式及严格的程式，使法律文书语言不仅与非公文类的其他语言（如文艺语言）迥然有别，与公文类的其他语言（如行政公文语言）也大相径庭。这说明当时的法律文书语言已大体包括该语体的区别性特征。

清末宣统年间由奕劻、沈家本编纂的《考试法官必要》吸收了国外法律文书的经验，对刑事、民事判决书的结构内容作了统一的规定，主要内容如下：

刑事判决书须载明：①罪犯之姓名、籍贯、年龄、住所、职业；②犯罪之事实；③证明犯罪之理由；④援引法律某条；⑤援引法律之理由。

民事判决书须载明：①诉讼人之姓名、籍贯、年龄、住所、职业；②呈诉事项；③证明理由之缘由；④判之理由。

清代法律文书语言的完善还反映在当时人们对法律文书的论述中。如果说有的论述如《资治新书》的《慎狱刍言》只是在治狱过程中兼及法律文书，虽然有一些真知灼见，但还算不上法律文书专论的话，那么，王又槐《办案要略》

的不少章节则是当之无愧的有关治牍和运用法律文书语言的精辟论著。

古代法律文书语言到明清渐趋成熟后，又随着汉语的发展和规范，随着现代法律制度的产生和发展，逐渐演化为中国近现代法律文书。

五、民国时期的法律文书

民国基本沿袭清末法制革新时期的法律文书格式，并作了改进。例如，刑事判决书格式改为除记载审判庭的名称、推事姓名并标明年月日、法院押印外，其余各款如下：①被告人的姓名、籍贯、年龄、职业、住址；②辩护人的姓名；③案由和案件来源；④主文；⑤事实；⑥证据；⑦理由。

从写作技艺看，民国时期的法律文书颇有造诣，例如，《王治馨等枉法得赃一案判词》，共约 1.3 万字，选自《现行律令、判牍成案汇览》。该汇览收录了中央平政院、大理院及京外各级法庭"法理精醇、文笔雅洁"（参见该书序言）的判牍 525 篇，蔚为壮观，从中可以窥见民国时判词制作之大概。

民国对法律文书的制作、运用和研究非常重视，法律文书类的书籍很多，如《司法公牍》（魏易著，上海广益书局 1913 年版）、《司法公文式例解》（胡暇编，商务印书馆 1914 年版）、《司法案牍菁华》（天虚我生编）、《司法公牍类存》（张树声著，1922 年版）、《分类译解司法公文程式大全》（张虚白编，大东书局 1925 年版）、《名律师诉状百法》（襟霞阁主、秋痕成主同编，中央书局 1930 年版）、《民刑事裁判大全》（谢森等著，上海会文堂新记书局 1937 年版）、《民刑事裁判指误》（张敬修编，广东高等法院合作社 1947 年版）、《民刑事裁判书格式》（司法行政部，上海法学社 1948 年版）等。

民国时期司法公报体系是当时裁判文书（包括判决书、裁定书、决定书）以及其他法律公牍的载体，该体系包括中央和地方两个维度，涉及司法行政与审判两类机关。在中央，有不同司法行政机关出版的《司法公报》《司法行政公报》《司法院公报》，也有审判机关出版的《大理院公报》《最高法院公报》等。在地方则是以行政区划为基础的司法公报。民国的司法公报体系常常以公告形式刊登各类代表性案件的裁判文书（原件），以发挥判例的指导功能，促进审判质量的提高与国家司法的统一。这是我国近代裁判文书公开的主要形式。[1]

🔍 **思考与实践**

1. 请简述法律文书学科的性质、特点。

2. 学习法律文书应该掌握哪些学习方法？

---

〔1〕　聂鑫、何思萌："判例之外：民国裁判文书公开的复调叙事"，载《中外法学》2022 年第 6 期。

第二章

法律文书和法律文书制作运用概述

本章对法律文书的概念、特点与性质，法律文书的作用，法律文书的分类，法律文书制作和运用的基本要求与原则，进行了比较全面而概要的讨论研究。这些都是法律文书学科理论层面的重要内容，对法律文书和法律文书的学科建设以及法律的文书制作和运用有指导意义，要求理解并掌握。

第一节　法律文书的概念、特点与性质

一、法律文书的概念

法律文书，是适用于法律活动，带有法律专业属性的所有非规范性文件的总称，具体地说是指我国公安、国家安全机关，人民检察院，人民法院，监狱，国家行政机关，公证、仲裁机构、律师事务所等司法、执法机关和法律机构以及自然人、法人和其他组织，在诉讼和非诉讼的法律事务中按照法定程序，就具体案件或法律事务适用法律而制作的具有法律效力或者法律意义的非规范性法律文件的总称。这是当前较为完整，也较为公众普遍认同的法律文书的概念。从这一概念可以折射出法律文书具有以下五个主要特征：①法律文书的制作主体相当广泛，包括国家司法机关，国家行政机关，法律、法规授权的专门机构，涉讼、涉案的自然人、法人和其他组织，但是一定的法律文书必须由法定的主体制作和运用；②法律文书的适用范围为各类诉讼案件和非诉讼的法律事务；③法律文书必须依法制作，既要遵循程序法，又要依据实体法；④法律文书都具有法律效力或者法律意义；⑤相对于规范性的法律、法规的文本而言，法律文书属于非规范性的法律文件。

二、法律文书的主要特点

（一）法律文书必须由法定主体制作

法律文书的适用领域十分广阔，制作主体众多，法律文书的具体文种浩繁，

但是每一种法律文书都应当由特定的主体制作和运用。

我国的司法机关是法律文书的重要制作主体。狭义的司法机关，仅指审判机关和检察机关。广义的司法机关，除审判机关、检察机关之外，还包括侦查机关和司法行政机关。《中华人民共和国宪法》（以下简称《宪法》）和法律规定，人民法院行使司法审判权，检察机关行使对公诉案件的起诉权和对侦查、审判、监狱管理等项活动的法律监督权，公安和国家安全机关行使司法侦查权，司法行政机关行使对刑事罪犯的司法执行权。上述各司法机关行使各自的司法职能，制作和形成大量的法律文书，任何一份具体的法律文书都必须由特定的主体制作。例如，除法律规定的由检察机关直接受理侦查的反贪污贿赂与法纪检察等案件之外的刑事案件，公安机关的侦查人员在对接到的报案、控告、举报、自首的材料进行审查后，认为符合立案条件的，报请领导审批是否立案侦查，必须制作"呈请立案报告书"。其他任何机关、团体和个人均无权制作"呈请立案报告书"。国家行政机关，法律、法规授权的专门机构，涉讼、涉案的自然人、法人和其他组织，为了贯彻实施法律，维护特定主体的正当权益，所适用的法律文书也必须由法定主体制作。例如，公证书必须由承办该项公证事务的公证机构的公证员制作，仲裁裁决书必须由相关仲裁委员会的仲裁员制作，辩护词必须由相关的辩护人制作，民事起诉状必须由该民事案件的原告撰制，等等。

（二）法律文书必须依法制作

上述法律文书必须由法定主体制作，其实也是法律文书依法制作的一个方面。此外，法律文书依法制作还表现在以下两个方面：

1. 制作法律文书必须遵循法定的程序并且符合法定的条件。例如，公安机关在侦查阶段制作提请批准逮捕书，必须按照《中华人民共和国刑事诉讼法》（以下简称《刑事诉讼法》）第 87 条的规定，提请同级人民检察院审查批准逮捕，并且要符合《刑事诉讼法》第 81 条所规定的犯罪嫌疑人：①有证据证明有犯罪事实；②可能判处徒刑以上刑罚；③采取取保候审尚不足以防止发生社会危险性这三个条件。制作第一审民事判决书，必须依照我国《中华人民共和国民事诉讼法》（以下简称《民事诉讼法》）规定的第一审程序对民事（含经济）纠纷案件审理终结后，就案件的实体问题作出处理决定；而且判决书的内容与事项还必须具备《民事诉讼法》第 155 条所规定的：①案由、诉讼请求、争议的事实和理由；②判决认定的事实和理由、适用的法律和理由；③判决结果和诉讼费用的负担；④上诉期间和上诉的法院。此外还要有审判人员、书记员署名、人民法院印章等项目。又如民事起诉状，必须是民事权益受到侵害或与其他民事主体发生民事权益争议的自然人、法人或其他组织，作为民事原告，按照《民事诉讼法》的规定，向有管辖权的人民法院提起诉讼，要求依法裁判时制作，其主要的内容事项必须符合《民事诉讼法》第122条的规定。

2. 制作法律文书所依据的法律规范相当广泛。制作法律文书，除了必须严格遵循法定的程序，按照程序法规定的有关要求外，对实体问题，当然也要适用法律依法进行处理。因此，其所依据的法律、法规相当广泛，既包括普通法律中的实体法和程序法，还涉及行政法规、地方性法规、民族自治地方自治条例和其他单行条例。此外，还要参照有关的规章制度和司法领导机关作出的司法解释。

（三）法律文书的适用范围是诉讼和非诉讼法律事务

诉讼活动，包括刑事、民事（含经济）、行政诉讼，司法机关在案件诉讼的各个阶段，都要制作和运用相应的法律文书，以保证诉讼活动的顺利进行并最终作出公正的处理决定。各类案件的当事人及其他诉讼参与人（如鉴定人、证人、民事案件的代理人、刑事案件的辩护人），出于保护自身权益的需要或按照法律规定及司法机关的要求，也要制作、撰拟一系列法律文书，例如，刑事、民事、行政各类诉讼中的诉状、答辩状、申请书、鉴定报告、证人证言、亲笔供词等。

非诉讼的法律事务范围更广泛，包括公证机构、仲裁委员会的相关事务，行政机关进行的司法、执法等活动，律师事务所、狱政管理机构中的非诉讼活动。在这些非诉讼法律事务中也必须制作各种法律文书，把法律事务逐步向前推进，直至终结。各类公证文书、各类仲裁文书、律师制作的法律意见书和非讼调解书、行政法律文书和大量的狱政文书等，均属非诉讼法律事务文书。

（四）法律文书具有法律效力或者法律意义

制作法律文书的终极目的是贯彻、实施法律，处理诉讼案件和解决各种法律问题，实现司法公正与效率。因此，法律文书一旦制作完毕和投入使用，必然会产生法律上的实际效用。法律文书的法律实效性体现在两个方面：一是法律效力；二是法律意义。

1. 具有法律效力的法律文书：①国家司法机关行使司法职权，就具体案件和有关当事人适用法律而制作的生效后以国家强制力保证其执行的非规范性法律文件。例如，拘留证、逮捕证、不起诉决定书，人民法院的各种裁判文书等，均为具有法律效力的法律文书。②仲裁、公证机构、行政机关、诉讼参与人等制作的具有法律效力或证据力的法律文书。例如，仲裁裁定书于发出之日，即发生法律效力。仲裁裁决书、行政处罚决定书具有执行力，经公证机构有效公证的法律行为、法律事实、文件可以作为无须举证的司法认知事实，诉讼参与人的证人证言、鉴定结论等经司法机关认定有效，可以作证据使用。

2. 具有法律意义的法律文书：①司法机关制作的具有法律意义的法律文书，如人民法院制作的"司法建议书"等。②其他法律机构如仲裁机构、公证机构、行政机关、诉讼参与人制作的具有法定约束力或与诉讼相关、直接推动诉讼活动的法律文书。例如，仲裁协议书一旦制作生效，对双方当事人以后的仲裁活动有一定的约束力；起诉状、上诉状、答辩状、代理词、辩护词、行政机关送至法院的强制执行申请书等文书，一旦制作并递呈给司法机关，便具有约束司法机关或者引起诉讼活动、推动司法机关审理和裁决的作用，这些都是具有法律意义的法律文书。

（五）法律文书是非规范性的法律文件

非规范性的法律文件是与规范性的法律、法规文本相对而言，相比较而存在的。刑法、刑事诉讼法等法律和行政法规、地方性法规等法律文件都具有普遍的约束力，而法律文书则仅就具体的案件和当事人进行事实认定和证据甄别，并通过分析论断作出处理决定，只适用于该案件及其各当事人，并不具有普遍性的约束力。所以，法律文书都是非规范性的法律文件。

三、法律文书的性质

"性质"系指事物所具有的本质特点，亦即一事物得以与其他事物相区别的本质属性。人类社会现象，人类文明结晶，无不纷纭复杂，其结构的多元性必然使其具有多重属性。确定某一事物的性质应当在一定学科的视野中，抓住最重要的几个属性，这样才有利于促进研究的深入和学科的发展。对于法律文书的性质，从其跨学科性出发，我们可以从法律和语言表述这两个主要的方面加以探索和界定：①法律文书的制作和运用旨在记载和传递有关法律活动的信息。一定时代的法律文书是该时代诉讼制度及法律文化的产物，同时，它又要为特定的法律诉讼制度和传播该时代的法律文化服务。当代中国的法律文书，要为具有中国特色的社会主义法律制度服务，充分体现司法、执法的公正和效率。因此，法律文书属于法学和法律业务范畴中的由法定主体依法制作，表述法定内容并产生预期的法律效力或者法律意义的非规范性法律文件。②从语言运用和文章写作学的观点来看，它是一种应用性文体，必须适用各级语言材料，包括遣词、成句、谋章、运篇，以撰拟一篇具备一定法律效力或法律意义，能够用以为实施法律服务的法律文书。然而，形成一篇法律文书不仅仅是写作，对法律文书还有一系列技术上的特殊要求。因此，我们一般称之为"制作法律文书"。一份法律文书，不仅要符合特定的语言写作方面的要求，还要符合技术规范，同时要体现上述各项主要特征。可见，制作法律文书是一项十分严肃且要求很高的工作，掌握其制作技艺也不能一蹴而就。难怪古人云："才冠鸿笔，多疏尺牍。"意思是说一些学问高深的大学者，往往写不好一篇（包括法律文书在内的）应用文书。鉴于语言在法律中的特殊作用（西方有人云：语言构建了法律[1]），我们也完全可以把

---

[1] 参见［美］约翰·吉本斯：《法律语言学导论》，程朝阳等译，法律出版社2007年版，第2页。

法律文书定位为一种法律语言作品，当然是一种必须运用法学、法律业务、语言学、文章写作学等多种知识和技能去制作和运用的书面法律语言作品。

第二节　法律文书的作用

法律文书的作用，是指法律文书在法律活动和社会生活中的客观价值。法律文书是诉讼和非诉讼法律事务的产物，是对法律实施过程与结论的客观书面实录。因此，法律文书并非孤立存在，而是伴随着法律活动的进行而发挥作用，实现其客观价值的。法律文书的作用很多，概括起来，具体表现在以下六个方面：

一、法律文书是实施法律的有效工具

法律有赖于司法、执法机关等国家机器的运用，法律文书则是保障和体现法律实施的最直接的也是最终的表现形式。法律文书通过对具体案件和法律事务的处理实施法律。每份法律文书都是依据法律处理具体案件和法律事务的结果，既是适用法律的结果，也是法律调整特定法律关系的文字记录。法律文书作为实施法律的工具，是其他任何手段和载体都无法取代的。原因如下：①法律文书是司法、执法机关实现其职能的手段，司法与执法活动，无一不通过法律文书得到完整的实现。例如，人民法院履行国家赋予的审判职能，其实现审判职能的每一种行为，每一道程序，无一不凭借法律文书特别是裁判文书这个工具。②实施法律的工具很多，但在现代法治国家，法律文书这种工具却是不可或缺，也是无可替代的。在上古时代，我国曾有过神明裁判、语判（即不用法律文书，仅以言语来表述法律实施的过程和结果），国外也有过以图像表述裁判结果的现象，但那是特定历史条件下的产物。在现代法治社会，法律文书已成为法制和法律文化成熟的象征。因此，实现法律的工具作用是法律文书的一项基本作用。

二、法律文书是进行法律活动，明确当事人权利和义务的凭据

法律活动是否依法进行，司法工作是否公正、高效，法律活动的层层推进，当事人所享有的各项权利、义务，都要以法律文书作为依据和凭证。分述如下：

1. 法律文书能够作为司法、执法机关履行职责和完成职责的依据。例如，人民法院对刑事案件的审判，公诉案件必须以检察机关的起诉书为依据，自诉案件必须以自诉人呈递的刑事自诉状为依据。公安机关的侦查终结报告和起诉意见书是其完成侦查活动的凭证，判决书是人民法院完成审判职能的凭证。

2. 法律文书能够成为当事人依法享有权利或承担义务的凭证。自然人、法人和其他组织所享有的权利和义务，在法律的规定中是抽象的和概括的，这种权利的享有、义务的履行，只有在法律活动中通过法律文书才能得到具体的落实和实现。例如，法律规定各民事主体有参加诉讼和保护自身正当权益的权利，而这些正当权利的行使，必须通过民事起诉状、民事上诉状、民事答辩状、民事再审申请书、民事代理词等一系列法律文书的撰制和运用作为依据和凭证。经济合同当事人必须通过各相关类型的合同文书使双方的权利、义务关系具体化，作为双方在履行合同全过程享有权利和承担义务的凭证。

三、法律文书是法律活动的实录，具有历史档案作用

法律文书既是诉讼案件和非诉讼法律活动的必然产物，同时它又起到忠实、客观地记录这些活动的重要作用，特别是对于司法、执法机关来说，无论是诉讼案件，还是非诉讼案件，在审理和查处的过程中，相关主体都应当保存完整的法律文书。例如，行政执法机关在实施行政处罚的过程中，从立案、调查取证到作出决定，直到交付执行，最终结案，都离不开法律文书。所有这些文书都要完整保存、归档。

除各主要的办案环节中有重要的法律文书起着承上启下的作用外，在整个办案程序中还有各种笔录，反映和记载各项活动的情景和进程。所有这些文书既在案件的审查处理中起着推动法律活动步步深入的作用，同时又具有重要的历史档案作用，为日后总结经验、检验法律实施情况，不断地完善和修订法律及准确、公正地执法，也为后人考察某个时代的社会政治经济状况、法律在社会生活中的作用、法律文书本身的发展沿革等，提供重要的档案材料。

四、具有法制宣传、教育作用

凡属公开对外的法律文书都有明显的法制宣传、教育作用。法律文书通过对具体案件的裁处，形象、生动地宣传法律，说明哪些是人们不应该做的，哪些是违法行为，哪些构成犯罪。这种法制宣传，从一定意义上讲，是一种更有效的宣传。公开的法律文书对自然人、法人和其他组织来说，可以教育他们自觉遵守法律、法规，避免实施违法、违规的行为，启发他们学法、懂法、守法的自觉性。对司法、执法机关来说，通过制作法律文书，他们可以受到关于公正司法、执法方面的教育。对整个社会则可以起到营造法律氛围、推进依法治国方略实现的作用。各类法律文书的法制宣传、教育作用值得重视并应当进一步发挥。

五、具有对办案人员业务水平的考核作用，也是国家法治建设水准的一个标志

制作法律文书本身就是诉讼和非诉讼法律事务的有机组成部分和重要内容之一，而且也是综合评判办案人员业务水平和文化素养的一个重要标志。法律文书制作质量的高低，不仅反映了执法人员的业务水平和工作能力，而且还关系到法律能否正确贯彻实施和案件能否得到公正裁处，影响到国家司法、执法机关的整体形象。目前，公、检、法等司法以及行政机关都把法律文书制作作为一项重要的业务工作，作为对司法、执法人员考核的一项重要内容，这是十分必要的。例

如，最高人民法院在一份通知中明确地指出：法院诉讼文书，尤其是裁判文书，是司法公正的最后载体；制作裁判文书是各级人民法院的一项重要业务。对裁判文书的制作，要求做到无懈可击，真正体现我国人民法院司法公正的形象。目前，各级人民法院已把裁判文书制作优劣，作为考核审判人员业务水平的一项重要标准。例如，上海市高级人民法院曾对全市 2000 多名审判人员进行了裁判文书制作的考试。不合格者，拟另行补考，若再达不到要求，则调离审判工作岗位，其他司法机关也有类似的举措。法律文书制作质量的高低是衡量司法、执法人员是否称职、业务水平高低和考核司法、行政等机关业绩的一个重要尺度。

既然法律文书质量高低直接反映了办案质量和业务水平的高低，法律文书也就成了司法、执法工作质量的集中反映，也是国家法治建设和依法治国方略实施的水准和状况的一个标志。

六、法律文书是实现司法公正，维护社会公平、正义的有效载体

法（律）是由国家制定或认可，并以国家强制力保证其实施的行为规范的总和，法在世界各国语源中都有"公平""正直""正义"等含义，而所有这些，正是法律所追求的终极目标，人类法律文化的精髓。作为法律文化重要组成部分的法律文书，在实施法律、传承法律文化的同时，必然会成为实现司法公正，维护社会公平、正义的有效载体。作为司法公正，社会公平、正义的载体，法律文书既有记录、保存公正和正义的静态功能，还有推动、传播公正和正义的动态功能。从某种意义上讲，法律文书直接体现了公正和正义，成为司法公正、社会正义的一个组成部分。

第三节　法律文书的分类

为了学习和研究的方便，任何学科都要对它的学习对象进行分类。法律文书适用范围广泛，种类繁多，只有对它进行科学的分类，才能更好地从总体上把握、探究，从微观上制作和运用。科学地确定分类的标准是正确分类的前提。而分类的标准并不是单一的，由于分类的标准与目的不同，分类的结果当然也就不同。

一、按照法律文书的制作主体（机关）分类

按照制作主体（机关）的不同，法律文书可以分为公安机关的法律文书、检察机关的法律文书、人民法院（刑事、民事、行政等各类）的法律文书、监狱管理机关的法律文书、律师实务文书、公证文书、仲裁文书和行政机关的执法文书等。这种分类能使各类属的法律文书与各个司法、执法机关或法律机构的具体职责互相对应、融为一体。本教材大体上采用这一分类方法，只是没有把行政机关的执法法律文书编入本书。另外，笔录也是一种重要的法律文书，但它又是跨主体的（各个制作机关均要制作和运用），我们将其专门列为一章。

二、按照法律文书制作的格式及其所呈现的形态分类

按照这种标准，法律文书由简到繁可以分为填空式文书、表格式文书、笔录式文书和文字叙述式文书。这种分类方法有利于归纳各类文书的不同技术规范和制作要求，为文书制作练习和业务培训提供方便。目前，公安、检察机关和人民法院往往将这种分类作为他们各自法律文书的一种技术分类标准。

三、按照法律文书的适用范围和功能分类

按照这项标准，法律文书可以分为诉讼文书和非诉讼法律事务文书，前者包括公安、检察机关和人民法院的绝大部分法律文书（检察建议书、法院的司法建议书等少数文书除外），诉状、答辩状等律师代书文书和辩护词、代理词等工作文书；后者包括监狱管理机关的法律文书（监狱起诉意见书等除外）、公证文书、仲裁文书、授权委托书、经济合同、遗嘱等律师代书文书和法律意见书、律师见证书、纠纷调解书等律师工作文书以及行政机关的执法文书等。

四、按照法律文书的文种体裁结合文书功能分类

按照这项标准，法律文书可以分为表格类、笔录类、报告类、诉辩类、裁判类、决定类、通知信函类等各类文书。在诉讼和非诉讼法律事务中，这些不同类属的法律文书之间，往往存在相互依存或渊源关系。例如，笔录类、报告类文书往往是制作决定类、裁判类文书的依据，诉辩类文书往往对决定类、裁判类文书制作有参考价值。这种分类方法有利于从宏观上掌握法律文书各类属之间的依存关系，以及分门别类地洞察每类法律文书的制作规律和技艺。

五、按照法律文书的适用方式和传播渠道分类

法律文书大体上都是以文字书写表述，连同其格式和技术手段形成固定的文本进入运用阶段。但也有一部分法律文书，例如，检察机关的公诉意见书、出庭支持抗诉意见书，律师的辩护词、代理词等，在形成文书后，它们主要运用于法庭辩论阶段，必须通过人们的听觉发挥其法律功效。由于传播渠道的差异和论辩本身固有的随机性、应变性等特点，这类文书在拥有法律文书的共性的同时，在总体结构模式、格式事项、语言运用、表述结构等层面，与一般的法律文书均有一定程度的偏离。我们主张，按照法律文书的适用方式和传播渠道的差异，将法律文书分为论辩型法律文书和非论辩型法律文书两大类型。这种分类有利于我们正视和探索这两大类法律文书的异同和制作技巧，同时也有利于加深对法律文书全貌和总体规律的研究和认识。

还有其他一些分类方法。例如，可以按照刑事、民事、行政诉讼或各种非诉讼法律事务中，各司法机关、法律机构分工负责、互相配合、互相制约、共同完成诉讼或非诉法律事务的流程和实况分类编排法律文书；还可以从案件与法律事务种类的不同，对法律文书进行分类。不管按什么标准分类，都要标准划一、逻辑严密，使每一种文书都有一个确定的归类，这有利于总体的研究把握和具体法律文书的制作运用。

第四节　法律文书制作的基本要求

依据系统论的观点，任何客观事物都是一个分层次、多维度的结构体系。法律文书也不例外，它可以分为规定格式、内容要素、事实（含证据）表述、理由阐析、作出结论、语言和表述、（超语言）制作技术等层面。为了成功地制作优质和高效的法律文书，必须在上述各个方面狠下功夫，保证做到格式规范、内容完备、叙事（含证据）明晰、论理充分、结论公正、语言准确、表述科学、技术完美。其中，法律文书的语言和表述内容较多，我们将在第三章专门论述。达到这些基本要求，才能保证法律文书对司法公正和效率的有效负载功能。

一、格式规范

如上所述，法律文书属于程式化文书。规范格式是法律文书的外在形式，也是法律文书重要的构成要素。刑事、民事、行政各类诉讼性法律文书，公证、律师、仲裁、监狱等法律文书的格式，都由相应的最高司法机关或机构依法制定下发。法律文书的格式是否规范，往往反映了法律活动的程序是否正确、合法，关系到实体问题的裁处是否公正。对此，我们必须加以足够的重视。

法律文书的格式包括法定的行款、结构，某些法定的称谓和格式化用语等。具体地说，法律文书的格式规范主要表现在两个方面：一是结构的模式化；二是用语的固定化。

结构模式化表现为一份法律文书，特别是文字叙述式法律文书可以分为首部、正文、尾部三大组成部分。这三部分中各部分又有大致统一的内容事项。例如，人民法院第一审刑事判决书，首部包括标题、编号、公诉机关、被告人的基本情况、辩护人情况、案由、案件来源及审判经过，正文包括对控辩双方主张的表述、法院查明的事实及对证据的甄别分析、判决理由、判决结果等部分，尾部包括上诉事项以及合议庭署名、判决书签发日期、书记员署名和"本件与原本核对无异"的印戳以及院印。

用语固定化的倾向，反映在表格式文书中，是指大部分文字是事先统一印制的，包括单位、姓名、事实、理由和法律依据等，使用时根据案件的实际情况填写相应的内容即可。在文字叙述式文书中，对案由、案件来源等的表述，文书内部案件来源和事实、理由等部分之间的过渡，都有固定的词语。例如，人民检察院对本院侦查终结案件的起诉书，对案由、案件来源的表述为"被告人×××贪污一案，由本院依法侦查终结"。然后另行写上"经依法审查查明："转入正文部分的涉嫌犯罪事实、证据和起诉的根据和理由。理由阐述结束，以"根据《中华人民共和国刑事诉讼法》第176条的规定，提起公诉，请依法惩处"的固定化用语表述向人民法院提起公诉的决定。凡此种种，均反映了用语的固定化特点。

为了保证法律文书的格式规范，必须严格遵循法律文书结构模式化和用语固定化的特点，非经最高司法领导机关修订，不可以随意更改、增删、添加或疏漏。

二、内容完备

在严格遵循法定格式制作文书的同时，还要按格式规定的要求对所有的事项和要素，具体、明确、周全地予以写明，是内容完备之谓也。例如，案件事实部分要求写明事实发生的时间、地点、涉及的人物、事实发生的原因、过程（包括重要的细节等）、结果、当事人的态度和不同意见等，有的文书还要求写明足以证明关键事实的证据及这些证据的客观性、合法性、关联性以及证明内容。又如，理由论证部分要求写明认定或提供事实的理由和适用法律的理由，要依据事实和法律充分论证当事人的行为性质，应当承担的法律责任等，之后还要援引作为本案处理依据的法律条、款、项、目。最后，作为文书结论的裁处意见或请求、建议事项中，应指出具体、明确、完整的公正决定。此外，在当事人的基本情况方面，也应按格式规定，提供准确、齐全的事项要素，案由、案件来源和案件审理或调查处理过程也应客观、如实、科学、有序地反映法律活动的运作程序。总之，制作法律文书在格式规范的同时，一定要做到事项齐全、内容完备。文书的格式和内容是互为表里、密不可分的。

三、叙事明晰

案件事实是处理案件的基础，是判明是非曲直以及责任的有无、大小的主要依据，因此，写清案件事实至关重要。凡重要的法律文书都要求叙述事实客观真实、明晰清楚。具体要求如下：

（一）叙述事实简明有序

法律文书对叙述事实要求简明有序，一目了然。所以，法律文书叙事通常采用自然顺序法，即按案情发生、发展的自然顺序向前推进，排斥文学写作上常用的倒叙、插叙等方法。但对比较复杂的案件，则可以从实际需要出发，采用综合归纳、纵横交错等方法记叙事实。所谓综合归纳，是指对多起同类的案件，同类性质的法律事实、违法违章行为，以简洁的笔墨，求同存异地概括叙述。当然，采用这种方法是有条件的，那就是必须附以典型事件的具体记叙。纵横交错法，即按法律关系的产生、变更、发展、消亡而发生的每一法律事实的线索叙述事实。法律关系发生、变化、消亡的来龙去脉是"纵"，引起法律关系产生、变更、发展、消亡的法律事实发生是"横"。这种有纵有横、纵横组合进行的记叙方法多用于有法律关系存在的双方当事人之间产生的民事、经济纠纷案件的事实叙述，亦适用于某些行政处罚案件的记叙。例如，对一件合同纠纷案件事实的叙述，从合同的订立、履行直至发生纠纷诉至法院，这就是"纵"向的叙述；在叙述合同订立时，概要写合同的要约、赔偿责任，在双方发生纠纷后，交代各自的主张、争执的焦点，属于"横"向的叙述。与简明有序相应，叙事语言力求平实、朴素，排斥雕饰渲染。

（二）写清事实的基本要素

事实是由许多基本要素构成而成的。各类案件的要素除有共性外，还有个性区别。行政案件和民事案件的事实要素比较接近，大体包括：权益纠纷发生的时间、地点、涉及的人物（原告、被告、第三人），纠纷产生的原因、过程、结果，各方争执的意见和理由，以及必要的证据等。采信的证据必须具备证据的客观性、合法性和关联性特征。根据民事证据原则，对当事人的自认事实和司法认知事实，可以作为无须证明的直接认定事实。所谓自认事实，是基于民事诉讼当事人享有的充分处分权，如果某一方自己承认，则可以免除对方当事人的举证责任。所谓司法认知事实，是指众所周知的事实和自然规律及定理，人民法院生效判决所确定的事实、公证机构有效公证的事实等，这些均可以作为无须证明的基本事实。这些证据规则可以作为制作行政法律文书及行政执法文书的参考。这些要素通过语言文字连缀并显现出来，既能使人从中看清事实发展的过程，又能从有关的要素中判明是非正误、合法与违法等。

（三）重点写清关键情节

叙述案件，为达到法定要求必须重点写清关键情节。首先，要求写清法律责任的有无和大小，这样才能判明当事人是否违反行政管理秩序，是否应承担法律责任。其次，要求写明有关问题严重程度的事实情节，对行政处罚法律文书来说，这往往是判明行政违法行为法律责任大小及处罚轻重的依据。

（四）抓准、凸现争执焦点

在一起案件中，当事人之间，当事人与司法、执法机关之间，乃至于司法或执法机关之间，可能存在各种分歧与争执。对于各方的争执，在法律文书制作中，一要抓准，二要凸现。所谓抓准，是指抓住那些有关案件的实质性问题上的争执与分歧，不要舍本逐末，在一些枝节问题上纠缠不清。所谓凸现，是指要在保持"原意"的前提下，用精当的语言予以记述，使人一目了然，要避免叙述无关宏旨的细枝末节和过多引用芜杂的原话，以免湮灭其主干内容。

（五）因果联系交代明确

写清因果关系对表述法律行为的意义十分重要。特别是行为的目的、行为本身以及造成的后果之间的因果联系，在叙述法律行为事实时应当予以高度重视，如实、准确地记叙清楚。这样，有利于准确、客观地反映问题的性质，以及行为实施者的法律责任等问题。

四、证据确凿

法律文书所陈述的事实，指的是与案件结果有关联并有相关证据所佐证的法律事实。除了法律明确规定当事人无需举证证明的之外，法律文书中所涉及的一切事实均需以相关的确凿证据证明。为了做到证据确凿，首先要求证据表述必须反映证据的特征，即合法性、关联性和主客观统一性。其次要正确运用各种证据表述方式。证据的表述因主体、功效的不同可以分为三类：举证表述、质证表述和论证表述。举证表述，指的是诉（控）辩双方对自身所主张的事实进行举证，这类举证多用说明和描摹的方式。质证表述，则是指用分析辩驳的方式，力图击溃对方的证据。司法、执法等裁判主体制作的法律文书则要重点进行论证表述。要求论证科学、严实，首先就要客观概要地反映争议双方的举证、质证内容，还要在对举证、质证表述的基础上对证据认定进行科学、翔实、令人信服的分析甄别甚至进行多角度的论证。目前在各类法律文书的样式中，均将证据作为案件事实的一个组成部分来处理，因此我们也在"事实"这一框架中简要讨论证据和证据表述问题。

此外，还要注意对案件材料的甄别筛选。写入法律文书的事实，必须是与案件的定性裁处有关的。以民事、行政法律文书中的事实来说，除了上述自认事实和司法认知事实可以作为无须证明的直接认定事实外，其他的都必须是有相关证据佐证的事实。虚妄不实的、与案件无关的事实，则予以舍弃。文书中事实涉及财物的，要求记叙切当：一是名称、品牌、型号、规格要写得确切、明晰；二是数量，包括数目、计量、价格等，都应写明确凿数字。民事、行政及行政执法案件中涉及的财产纠纷、损害赔偿、遗产分割、财物馈赠、罚没财物等数量都要记叙清楚，否则就会造成认定事实不清，处理结论难以令人信服、难以执行和兑现的结果。

五、论理充分

理由是法律文书的灵魂。它是在事实部分取舍证据和认定事实的基础上，对案件的性质、法律责任和如何适用法律所发表的意见，是法律工作者从案件事实推导出案件结论的创造性思维的结果。法律文书说理充分、透彻是成功进行法律工作的必然要求，也是司法、执法公正和裁处决定公信力的体现。下面就论理充分提出四点具体要求：

（一）论据充足、论证充分

展示司法公信力的法律文书的说理要求十分严格。作为一个完整的论说，它是由论点、论据和论证这三个要素构成的。法律文书的说理特别要求论据的充足和论证过程的充分、完美。论据包括对已经确认的当事人之间的法律关系和本案事实的高度概括、相关的法学理论和法律条文、当事人的基本观点和举证质证情况等，在论证中均应充分利用，这就是论据充足。所谓论证充分，是指说理中围绕案件的核心问题或争论焦点，运用正确的论证方法充分展开，着力细化、强化说理，充分、细致地反映撰制者判断是非责任的思维过程。

（二）结构完整、逻辑严密

法律文书的说理，必须充分运用逻辑推理技巧，构建一个完美的三段论结构，使得出的结论完全符合法理和逻辑事理，论证层次分明、步步推进、丝丝入扣。为了追求论证结构的完整，民事、行政法律文书的理由部分应当具有下列各基本内容要求：①根据认定的事实与法律，说明当事人之间的法律关系。②明确当事人的权利、义务，明确放弃权利、不履行义务的法律后果。③说明当事人哪些方面违反了法律规范，明确是非责任、过错大小，指明行为与结果是否存在因果关系，以及存在何种因果关系。④讲明是否支持各方当事人的请求、主张和辩解及其理由，阐明确定何种归责原则，准确说明如何解决案件的实体问题；对于隐含法律（即成文法未具体、明确表述过，但法律精神仍是确定的法律内容）等的理解要阐释清楚。即使是在法律规定的责任幅度内行使自由裁量权的，也要充分阐明理由。对于一些主要刑事法律文书的理由部分，司法领导机关在制定文书格式时，已作了模式化的层次要素规定。应当按要求制作。⑤准确引用裁处所依据的法律、法规和规章的条、款、项、目。

（三）理由与事实证据及处理结果协调一致

理由是联系事实证据与处理结果的桥梁，理由必须与事实证据密切相连。理由应当紧紧围绕案件的关键问题展开，以图解决主要矛盾。理由还必须与其后的处理结果步调一致、高度统一。法律文书的理由与事实、结论相比，功能不同，内容要素和表述方式也迥异，但是理由必须与它们高度统一、协调一致。只有如此，才能共同展示司法、执法公正的形象。

（四）充分展示每起案件的"个性"

法律文书具有程式化的特点，但程式化不应当理解为公式化（目前，伴随着法律文书理由过于简单、不透彻，往往是"千案一面"、千篇一律，这也是法律文书公信力低下的原因之一）。在逐步解决上述三个问题的基础上，一些比较重要的法律文书应当强调理由，要写出每起案件的个性。这样才能更有效地增强法律文书的说服力，提高法律文书的公信力。

西方两大法系，尤其是普通法系一些著名法官对法律文书的制作，特别是对理由的阐述十分重视，他们所撰制的法律文书，不仅显示每起案件的个性，还形成了法官本身独特的风格。当然，这是更高层次的要求。

六、结论公正

法律文书的结论是对案件实体问题或程序问题作出的处理决定。处理结果应当合法、合理，充分体现司法、执法公正。为使结论公正，还要求明确、具体、完整地把经过对特定事实、证据进行认定和推理后得出的必然结果表述出来，并使之便于理解、执行，使具有法律强制性或法律约束力的决定事项得以最终具体落实。

七、语言准确

语言是人类传递信息、交流思想、组织群体活动、促进社会进步的最重要的手段与工具，因此准确通达，使人明白无误是人类交际活动对语言提出的普遍要求。而法律文书作为诉讼和非诉讼法律活动的最重要载体，其中的一字之差、一语之误往往会造成当事人在财产予夺、毁誉沉浮甚至生死存亡等方面的大相径庭。因此语言的各个使用领域，尤其是作为法律活动、实施法律重要手段的法律文书对语言的准确性提出了更为严格的要求。笔者在《中国法律语言鉴衡》一书曾指出，为了法律文书语言的准确，要做到：①用词精当贴切；②注意语词序次；③严格驾驭模糊词语；④正确使用标点符号。

八、表述科学

表述是一个与语言有关但却迥然有别的概念。简言之，它指的是通过对语言各层次材料和各相关非语言因素（如口语交际中的"身体语言"，书面语中的视觉手段）的组织、运用，来陈述事实证据或表达思想理念、说明各种情况等。笔者把法律文书的表述方式梳理为陈述、描摹和论证三大类，然后对他们分别进行简要探析，帮助学习者掌握科学的表述方法，以成功地制作优质法律文书（详见第三章法律文书的语言和表述）。

九、技术完美

法律文书，特别是大陆法系的法律文书程式化程度很高，相应地，对技术性的要求很严格。为了实现"让法律文书成为司法公正与效率的有效载体"这一构想，制作技术的完美无缺亦是其题中应有之义。

我们注意到，对于国家行政机关公文的制作，国务院早已制定《中华人民共和国国家标准（GB/T 9704－2012）党政机关公文格式》等规范性文件，对该类文书的纸张要求、印刷要求、公文中各要素排列顺序和标识规则都作了十分明细的可操作的技术规定。仅以公文用纸而言，该文件中就包括"公文用纸主要技术指标""公文用纸幅面尺寸"两大项内容，对于后者还有"公文用纸幅面尺寸""公文页边与版心尺寸"两项明细标准。

与国家领导机关对国家行政机关公文的技术要求相比，法律文书制作的全国统一技术性规范远未形成。目前，我国法律文书由公安部、最高人民检察院、最高人民法院、司法部等司法领导机关分头制定和下发，历年来，已几经改革，在文种、文书格式和内容要素的科学完善方面取得了很大成绩，但历次下发文书格式时，很少涉及文书制作的技术规范，更没有一个特定的机构从总体上对所有法律文书制定一个统一的技术规范。这种状况和法律文书的特定地位、作用，和法律文书的庄重性、权威性，特别是与我们所论及的法律文书作为司法公正与效率负载者的资格很不相称。

各类法律文书应当有统一的技术规范。司法领导机关完全可以援用国家行政机关公文的一些国家标准（GB/T 9704 – 2012）并根据法律文书的特点及制作主体的多元化作一些弹性规定。法律文书用纸主要技术指标，用纸幅面及版式尺寸，公文中图文的颜色，排版规格与印刷装订要求，文书中各要素标识规则、页码、表格，一些特定文种的格式，A4 型公文用纸页边及版心尺寸等式样均可参照施行并作适当调整。

例如在法律文书制作中过去有人提出过纸张纸型、字体型号、天地页边、印刷要求等方面的技术标准，今天我们应赋予这些事项以新的内涵。对此，可以参照上述行政机关公文的国家标准，并作必要调整与变通。

1. 纸张纸型。原来规定法律文书用 16 开横行纸拟制，并留出装订线。此标准已过时，且过简。可以采用如下技术指标：使用纸张定量为$60g/m2 \sim 80g/m2$的胶版印刷纸张复印纸。纸张白度为$85\% \sim 90\%$，横向耐折度≥ 15次，不透明度$\geq 85\%$，pH 值为$7.5 \sim 9.5$。公文用纸采用 GB/T 148 中规定的 A4 型纸，其成品幅面尺寸为$210mm \times 297mm$，尺寸的允许偏差见 GB/T 148。

2. 文书各部分字体型号及其布列规则。文书标题用 2 号小标宋体字。可分一行或两行居中排布；回行时要做到词义完整。排列对称，间距恰当。正文用 3 号仿宋体字。一般每页排 22 行，每行排 28 个字。文书如有附项，在正文下空一行，左空 2 个字，用 3 号仿宋体字标识"附项"，后标全角冒号和名称，附项如有序号使用阿拉伯数字。对主送机关、成文时间、发文印章等均要进行技术方面的统一和规范。

3. 天地页边。A4 型公文用纸页边及版心尺寸见图 2 – 1。

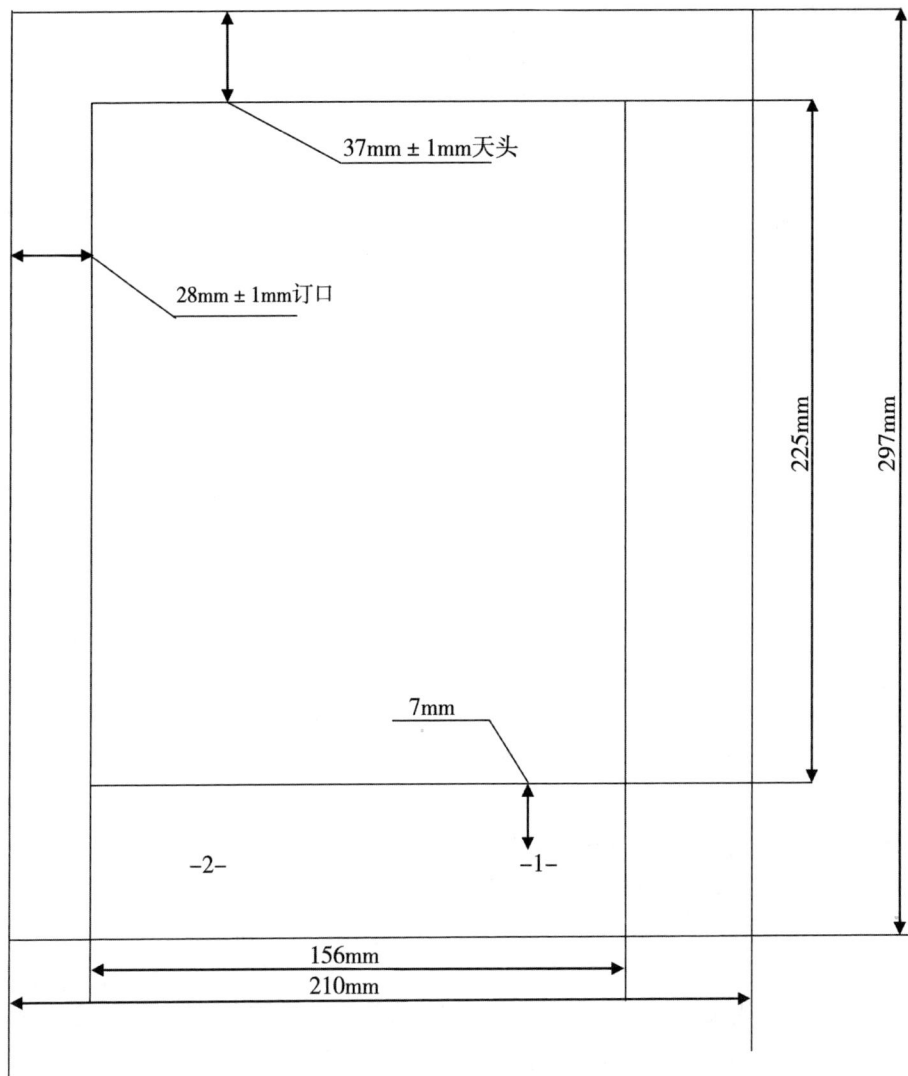

图2-1　A4型公文用纸页边及版心尺寸

4. 印刷要求。双面印刷：页码套正，两面误差不得超过2mm，黑色油墨应达到色谱所标BL100%，红色油墨应达到色谱所标Y80%、M80%。印品着墨实、均匀；字面不花、不白、无断划。

以上各项技术要求应当贯彻于各司法机关、法律机构、政府行政机关所制作和运用的一切法律文书。但对诉讼和法律事务当事人出具的各类书状（包括诉状、答辩状、申请书等）则又另当别论。目前，尚允许当事人手工书写各类书状，对这类书状当然不能用上述各项技术标准去衡量并加以臧否。但这类文书的制作亦必须遵循用钢笔或毛笔以黑、蓝两种颜色的墨水（墨汁）书写、格式基本正确、事项齐全、字迹工整等基本要求。

5. 视觉处理。语言交际中的非语言因素已引起人们的重视，不过对法律语言进行超语言手段考察的著述尚不多见。其实对法律语言交际，就法律文书而言，对其进行超语言的视觉手段方面的考察，是很有意义的。因为法律文书以纸张（中国古代曾用绢帛、欧洲曾用羊皮等材料）等为信息的平面载体，通过诉诸人们的视觉传递信息，实现交际功能，所以在运用斟酌词语、调配句子、谋章运篇等语言手段的同时，还必然会自觉或不自觉地调动某些视觉手段去补充、延伸语言手段。

我国法律文书语言篇章格局的视觉处理有其自身的特色。例如，现行法律文书在信息的平面载体（纸张）上按内容分项排列，有较多的间隙，眉目清晰。句子内部和句与句之间，强调标点符号的规范使用。这样的格局，使文书（篇）内部的章、节、句之间的界限分明。这样的格局没有我国古代司法文书或某些国外法律文书"囫囵一块"所造成的视觉上的紧张感。

为了突出文书的主要内容，法律文书也采用了一些视觉手段，如"民事判决书"首部的"案由、案件来源、审判组织、审理方式等"一项最后以"本案现已审理终结"结束，然后另起一行制作"事实部分"，使后一重要内容"突兀而起"，引起读者的注意与重视。"理由"部分结束时写上"判决如下："另起一段分项（一、二、三……）胪列判决主文，也是一种突出关键内容（判决结果）的视觉手段。此外，法律文书特别强调文字书写的准确、规范，除了注意不写错别字、不规范的异体字外，当前还要特别注意抵制繁体字的滥用。文字书写还包括数字书写的规范化，法律、法规条款项目的序数号，文书落款处的日期（年、月、日）一律用汉字书写，如"二○一二年五月八日"，不能写作"2012 年 5 月 8 日"。这也是为了确保准确庄重而运用的视觉手段。

在配置法律文书篇章总体格局时，除了考虑突出主要内容、增强文书的准确性外，还要适当兼顾整个文件布局，使其疏密相间而不失稳妥，错落参差又不失规整，使文书兼具活泼清新和庄重朴实的心理印象。这些都值得我们在进一步改革和优化法律文书内容与结构时加以考虑。

总之，在法律文书篇章的视觉处理上应考虑突出主体内容，确保其准确性，还要使整个文书庄重、朴实。我们应该认真研究并总结视觉手段及其规律，并利用这些规律来提高法律文书的制作质量。

此外，对法律文书的签署印章、成文时间、核对、装订、存档等均应有统一的技术要求。

第五节　法律文书的运用

对法律文书的研究包括理论和实践两个层面。而法律文书的实践包括法律文书总体中每一具体文书的制作和运用。制作和运用具有同等重要的作用，这是不言而喻的，但是事实上在学界和这门学科中，人们至今尚未对运用给予足够的重视。依据我国诉讼法等法律的原则和司法实践特别是法律文书的实践，法律文书运用应当遵循合法、适时、实事求是、中规中矩等原则。兹分述如下：

一、合法原则

我国的《刑事诉讼法》、《民事诉讼法》、《中华人民共和国行政诉讼法》（以下简称《行政诉讼法》）、《中华人民共和国公证法》（以下简称《公证法》）、《中华人民共和国仲裁法》（以下简称《仲裁法》）、《中华人民共和国治安管理处罚法》（以下简称《治安管理处罚法》）、《中华人民共和国行政处罚法》（以下简称《行政处罚法》）等法律、法规和相关的司法解释是制作同时也是运用各类法律文书的依据。例如《刑事诉讼法》第81条第1款规定犯罪嫌疑人必须具备"有证据证明有犯罪事实""可能判处徒刑以上刑罚""采取取保候审尚不足以防止发生下列社会危险性"这三个条件，"应当予以逮捕"。《刑事诉讼法》第87条规定，公安机关要求逮捕犯罪嫌疑人的时候，应当写出提请批准逮捕书，连同案卷材料、证据一并移送同级人民检察院审查批准。这些法律条文具体地界定了提请批准逮捕书运用的主体、对象、范围、具体条件以及移送机关、移送方法等，质言之，这种文书的运用必须完全符合所有这些规定。又如，最高人民法院1992年《法院诉讼文书样式（试行）》对第一审行政判决书判决结果之六——"单独判决行政赔偿的"的写法有明确规定，但1997年最高人民法院《关于审理行政赔偿案件若干问题的规定》第35条关于"人民法院对单独提起行政赔偿案件作出判决的法律文书的名称为行政赔偿判决书"的规定生效后，法院用"行政赔偿判决书"更替"行政判决书"，并沿用至今。这就是法律文书运用的合法原则。

二、适时原则

对法律文书的运用时间切忌随意。例如，公安机关拘留人的时候，根据《刑事诉讼法》第85条的规定，拘留后，除无法通知或可能有碍侦查的情况之外，应当在拘留24小时以内，通知被拘留人的家属。《公安机关办理刑事案件程序规定》第127条规定，除无法通知或者可能有碍侦查的情况以外，应当在拘留后24小时以内制作拘留通知书，通知被拘留人的家属。拘留通知书应当写明拘留原因和羁押处所。如果没有法定的原因，超过24小时未用上述文书通知被拘留人家属，均是法律所不允许的。又如检察院的公诉意见书固然可以在开庭前制作，但发表和运用则必须在庭审中的法庭调查之后、法庭辩论开始之前。事实上，所有的法律文书都必须在适当的时候运用，无一例外。

三、实事求是

一切法律文书的制作和运用都必须针对本案的具体情况并适用最适当的法律来进行。这是实事求是的第一层意思。此外，同一类文书运用中的某些规定或技术可因具体文种的特殊性而有所变异。例如刑事侦查文书一般采用存根加原本的方式，而通缉令要广泛使用，少则上百份，多则上万份，由领导在《呈请通缉报告书》批准后，确定印数，然后通过特定的发行渠道发布。因此，这种文书不设存根，而把领导批准的《呈请批准报告书》作为存档备查。又如在一般情况下，人民法院应当在立案之日起5日内将民事案件原告的起诉状副本发送被告，被告在收到之日起15日内提出答辩状。但是对于在中国境内没有住所的当事人送达起诉状，则视情况的不同，按《民事诉讼法》第274条的规定，有8种不同的送达方式；同法第275条规定，对此类被告，人民法院通知其在收到起诉状副本后30日内提出答辩状。对不同对象送达诉讼文书的方式及令其提出答辩的期间要依据对象的不同情况加以确定，这就是实事求是的原则。

四、中规中矩

对一些重要法律文书的运用，司法实践中有约定俗成的规定或有通过司法解释加以确定的规范，在法律文书使用中必须遵循这些规范，做到中规中矩，无懈可击。例如检察院起诉书投入使用时一般应当一式八份，每增加一名被告人，增加起诉书五份。单位犯罪案件适用的起诉书一般应当一式八份，每增加一个被告单位、被告人，增加起诉书五份。涉外法律文书的使用，还要符合国际惯例。例如发往境外使用的公证文书，一般要根据使用国的要求附相应的译文并办理外交认证。比如发往阿拉伯国家的要附阿拉伯文译文，发往西班牙和阿根廷、墨西哥等拉美国家的要附西班牙译文，发往法国、奥地利的要附法文译文等。这也是中规中矩的一个方面。

当代科技飞速发展，世界已进入网络时代。法律文书的制作和运用已经开始并将充分利用电子计算机技术等现代高新技术的成果，呈现一派全新的景象。目前国内已有不少法院利用互联网有重点地公布一些裁判文书，以电子邮件的方式向涉诉律师、当事人送达通知、传票、裁判文书等。这样不仅降低了诉讼成本，提高了司法效率，还提高了司法的公开度，以程序的公开透明促进公平、公正。当然，还可以电子文件与电子档案的方式管理和保存法律文书与司法档案。

对于归档文件整理规则和文书档案案卷格式，国家已分别制定了国家标准DA/T 22－2015和GB/T 9705－2008，司法行政机关可以参照使用，并按法律文书和司法档案的具体情况作相应调整。国外已开始试验借助电子技术的"网上法庭"模式。这种模式一旦推广普及势必改变传统司法审判的状况，亦会使法律文书的制作和运用呈现一种全新的面貌。因此，法律文书运用面临着改革和挑战，我们必须加强这方面的研究。

思考与实践

1. 什么叫作法律文书？它有哪些显著特点？
2. 根据不同的标准法律文书可以分为哪些类属？
3. 法律文书制作有哪些基本要求？如何达到这些要求？
4. 法律文书的运用应当遵循哪些基本原则？

第三章

法律文书的语言和表述

✢学习目的与要求

语言准确、表述科学是法律文书制作必须达到的基本要求。那么如何达到这两项要求呢? 本章从语言和表述两个层面分别进行探讨。本章在"语言"部分,从法律文书的词语,句法结构,句式、句类选择,篇章结构等层面进行了系统概要的阐述;在"表述"部分,从陈述、描摹、论述三个方面对法律文书的表述结构进行了探索和研究。对上述内容,要求理解、通晓,并用以促进、提高法律文书制作技艺和司法业务水平。

要成功地制作法律文书,除了洞悉和掌握文书的特定格式和事项及其技术方面的要求外,还特别要求叙事明确、证据确凿、论理透彻、结论公正。而要达到这些要求,离不开语言和表述。因此,语言和与语言密切相关的表述问题对法律文书质量的优劣关系甚大。既然法律由语言所构建,作为法律语言作品的法律文书离开了语言也就失去了依存的载体。因此,语言和与语言密切相关的表述是法律文书存在的前提和根本的构成要件,对法律文书的制作和运用具有至关重要的意义。根据调查,目前全国司法机关各类法律文书的制作质量良莠不齐,现状不容乐观,这与司法干部的语言修养以及对文书语言和表述的规律了解、掌握程度有直接的关系。我们认为,对法律文书语言结构和表述规律的学习、研究与探索,对提高法律文书的制作质量,实现司法公正与效率,具有很强的现实意义和实用价值。

第一节　法律文书的语言

一、法律文书的词语

为了实现文书的特定功能,就必须要求文书制作者根据特定文书的功能和要求,选择和使用最适合的语言材料和最妥帖的表述方法,调整和斟酌加工语辞,使法律文书充分、完善地体现其宗旨和传播特定的法律信息。词是语言的建筑材料,是能够独立运用的最小语言单位,当然也是法律文书语言的一个最基本单元,因此,要研究文书的语言结构,首先要考察词这一层次。事实上,法律文书语言运用的成功与否,在于能否准确、妥帖地使用词。法律文书中诸多的语言问题，也无不首先直接反映在词的选择运用方面。由于目前汉语研究中某些词与非词的界限一时难以划定，我们这里姑且将其称为"词语"。

（一）法律文书对词语的特殊要求

1. 文书特别要求词语的准确。词语是思维的物质外壳，为了确切、有效地传递信息和表达思想，一切语言使用领域都首先要求词语的准确。法律事务和刑狱诉讼的结果都会关涉到当事人的权利、义务，重则关涉到个人或一个群体的财产予夺乃至生死荣辱。古往今来，仅因一字之差、一语之误而使判决毫厘千里、阴差阳错的案件就不胜枚举。这不仅说明了法律文书语言的重要性，更说明法律文书语言要以准确为根本立足点。诚然，这种准确性是以对案件和法律事实体察的细致和深入、判断的周密和正确为条件的。但是，如果没有在词语的锤炼上下一番苦功，这种细致的体察和正确的判断无论如何都无法恰当地表达出来。

汉语的词汇十分丰富，同义、近义现象纷繁复杂，一个相同的事物或概念可以用几个、十几个甚至几十个词语表达。为了保证准确性，我们必须从司法文书特定的语境出发，选择最精当的词语，妥帖、准确无误地表达。为此，我们还必须在下列两个方面做出努力：

（1）选用词语时，首先必须注意分清词与词之间意义上的细微差别。例如，有一份"刑事自诉状"写道："被告人陈×是我的爱人。他与张×勾搭成奸后，经常借故对我毒打，百般虐待……二人又外逃以夫妻名义同居达1年之久。我爱人与张×的行为已构成重婚罪、虐待罪，恳请人民法院对他们依法惩处。""爱人"一词原意是情人，中华人民共和国成立后风靡各地，几乎涵盖了"丈夫""妻子""先生""太太"（"夫人"）这类传统称谓。目前，随着"先生""太太"这些称呼的复苏，不少人已开始摒弃"爱人"这一称呼。其实"爱人"这个词语用在这类法律文书中，一是不能准确地反映彼此间的法律关系，二是对这种感情破裂、反目为仇的夫妻来说，还使人啼笑皆非。因此，在法律事务中，使用"丈夫""妻子"才能准确界定彼此的法律关系，而在"诉状""判决书"之类的诉讼文书中，在民事案件中统一为"原告""被告"，在刑事案件中统称为"自诉人""被告人"等更能确切反映各自在本案中的诉讼地位。

（2）选用词语还必须区分其所指意义范围的大小。例如，某市中级人民法院在"渤海二号"钻井船因有关主管人员玩忽职守而发生翻沉事故后，对马××等4名被告人以渎职罪进行定罪量刑。由于渎职罪是一种类罪名，〔在《中华人民共和国刑法》（以下简称《刑法》）修订之前〕包括收受贿赂、泄露国家重要机密、玩忽职守、司法工作人员徇私舞弊等7种具体罪名。对此种类罪名无法定罪量刑，即使勉强作出结论，也无从认定其量刑是否准确。因此，本案判决书无论在理由部分还是主文部分，都应该以"玩忽职守罪"来指称。

其实在法律文书用语中所指意义范围不一的例子很多，例如，"刑事处罚"与"有期徒刑"，"代理人"与"法定（指定、委托）代理人"，"法律责任"与"民（刑）事责任"。只有所选词语表达的意义范围大小恰当，才能达到预期的表达效果。

2. 要求词语概念明晰。概念是反映事物本质属性的思维形式，它是人们通过实践，从对象的许多属性中，撇开非本质属性，抽出本质属性概括而成的。表达概念的语言形式是词或词组。法律文书，必然要包括众多的法律概念，法律的科学性和司法工作的严肃性决定了所有法律概念的明晰性。这就要求每个表示概念的词语具有精确、特定的内涵和外延。词语所反映的法律概念有两类，一类是专门用于诉讼和非讼法律事务范畴的，例如，"灭失""脱逃""标的"等，另一类是除法律活动外也用于其他社会活动领域，例如，"控告""委托""代理"等。当它们用于法律事务时，则拥有特定的法学意义上的内涵与外延。例如，"控告"原是由控和告两个词根融合而成的联合式合成词。控的含义有两个方面：一是据马瑞辰《通释》引《韩诗》诠释为：控，赴也；二是指走告、赴告，如《诗·鄘风·载驰》："控于大邦"。告的含义是告诉、告知。因此，控告这个词在普通场合是指一般的指控或上告，似乎与法律有点沾边，但没有明确、严格的内涵与外延。而作为法律概念的"控告"，内涵是指向司法机关揭发犯罪分子及其犯罪事实，并要求依法处理的行为。它具有两个特征：①控告人是直接受犯罪行为侵害的人或其法定代理人；②控告者为了保护自身的权益而要求对犯罪者依法处理。"控告"这个概念的外延是：凡是具有控告的法律本质属性的一切属性，即任何地区、任何个人或团体的一切控告行为都属之。作为法律概念，"控告"与一般宽泛意义上"控告"这一概念的内涵与外延显然是不一样的，前者具有特定的法学上的内涵与外延，从而通过"控告"这一词语显示了法律概念的明晰性。

（二）法律文书词语的分类

法律文书对词语的运用极其广泛，为了研究方便，我们将其分为法律术语、司法惯用语、文言词语和普通词语。对这几类词语分别进行梳理、探讨，有利于进一步揭示法律文书语言的词语结构规律。

1. 法律术语。法律术语又可以分为两类：一类是专门用于法律事务领域的，例如，"（证据）灭失""脱逃""标的""给付""羁押""训诫""诉讼保全""具结悔过"等。这类词语专用于法律范畴，在其他领域中不会出现。例如，"标的"一词，原意是箭靶子，后引申为目的、目标，"五四运动"前后尚作为普通词语使用，但目前已成为一个专用法律术语，意指法律行为所共同指向的对象，如民事案件中的"诉讼标的"，买卖合同中的"标的物"等。这类专用术语为数不多，且都有特定的确切含义和适用范围，经过一定的法律学习和司法实践一般都能掌握。另一类法律术语也兼用于其他社会事务，例如，"故意""错误""证明""没收""搜查""事实""识别""委托""代理"等，当它们用于法律活动时，有不同于这些词用于其他场合的准确内涵和特定的适用范围，不能随意引申或用其他词语取代。如"故意"一词，在一般场合作"有意识地"解释，而在法律上则指刑事案件中行为人在犯罪时的一种心理状态。"故意"又可以分为两种：直接故意和间接故意。"故意"在民法范畴中即指过错的一种形式，即债务人等明知其行为将侵害他人的权利而仍有意为之或听任损害的发生，即使没有具备刑事上的犯罪构成，仍应负赔偿的责任。

与普通词语相比，作为法律术语"故意"的词性也有转化：作为普通词语的"故意"，一般用作副词，在法律事务中则用作名词。因此，作为法律术语的"故意"，绝不能用"有意""蓄意""存心"等貌似相近的词语替代。这一类法律术语数量繁多，要注意认真学习和牢固掌握。在法律文书中，有些相关的法律术语，貌似类同，但是一旦错用，其后果往往比一般场合用错词语要严重得多。司法实践证明，在运用法律术语时特别要注意区分下列差异或界限：

（1）划清罪与非罪的界限。例如，"罪行"与"行为"、"前科"与"劣迹"、"逮捕"和"行政拘留"、"免除刑罚"与"无罪释放"，前者表示有罪或发现犯罪事实，后者则意味着无罪。

（2）区分不同的罪名或案由。例如，"盗窃"与"贪污"、"职务侵占"与"贪污"、"抢劫"与"抢夺"、"叛变"与"叛乱"、"强奸"与"奸污"、"故意杀人"与"故意伤害（致人死亡）"均构成不同的罪名或案由。

（3）区分不同性质的案件。例如，"辩护人"与"代理人"、"停止执行"与"执行终结"，前者用于刑事案件，后者一般用于民事案件；"裁决"与"判决"、"警告"与"训诫"，前者用于治安管理案件，后者用于刑事、民事、行政案件。

（4）区分不同的审级或法律程序。例如，"上诉"与"申诉"，"起诉状""上诉状"与"申诉状"，反映了审级的不同；"自诉"与"公诉"、"上诉"与"抗诉"，"判决""裁定"与"调解"，则反映了法律程序和裁处方式上的不同。

（5）区分不同的适用对象、范围或被侵犯的不同客体。例如，"询问"与"讯问"，"赡养""扶养"与"抚养"，可以区别不同的适用对象；"公约"、"条约"与"和约"则各有不同的适用范围；"违约""违法"与"犯罪"，则反映了被侵犯客体的差异。

（6）区分行为的方式与程度。例如，"投案""自首"与"坦白"，（共同犯罪中的）"共同"与"伙同"，"望风"与"接应"。

（7）区分侵权或犯罪行为影响的直接或间接。例如，"结果"与"后果"。"结果"指基于一定的原因最后达到的状态，"后果"指事件发生后产生的连锁反应，两者在一般的交际场合能够通用。但在法律文书中区分很严格：前者指侵权或犯罪行为造成的直接状态，后者指侵权或犯罪行为引起的连锁反应。

这类词语用混了不仅会妨碍法律语体的准确性，还会影响诉讼和法律事务的顺利开展。

2. 司法惯用语。除了法律术语的大量使用外，法律文书语言中还有许多司法活动中惯于使用的词语，称为司法惯用语。司法惯用语又可以分为四字词语、压缩语和某些文言词语。

（1）四字词语。四字词语，是由四个音节构成的词语，是汉语词语结构的一种特殊形式，它具有言简意赅、结构紧凑、音节整齐、铿锵有力、富于声韵等特点。四字词语的适当运用，能够增强语言的表达效果。按其构成性质来看，四字词语又可以分为两类：成语和非成语四字词语。

第一，成语是熟语的一种，是一种惯用固定词组，在汉语中一般都由四个字构成，组织多样，来源不一。有些可以字面理解，例如，"风平浪静""万紫千红"；有些要知道来源才能懂，例如，"守株待兔"出于《韩非子·五蠹》，"穷鸟入怀"（比喻投靠于人）出于《三国志·魏书·邴原传》。

法律文书语言中常用一些带有贬斥感情色彩的成语，对揭露犯罪恶意、表述情节手段和社会危害性、体现法律的尊严，具有特殊的表达效果，例如，"违法乱纪""用心险恶""居心不良""买空卖空""执迷不悟""有机可乘""造谣惑众""招摇撞骗""恬不知耻"等。

但法律文书语言中对用比喻、夸张以达到形象生动的成语及含义古奥、难于理解或可以作多种诠释的成语则是忌用的。例如，"桃红柳绿""春光明媚""秋高气爽""塞翁失马""君子好逑""火中取栗""城门失火""朝三暮四""邯郸学步""买椟还珠""煮鹤焚琴""狐假虎威""邹缨齐紫"（喻上行下效，事出《韩非子·外储说左上》）之类的成语若用于法律文书则会使文书的内容含义不清，不符合法律文书语言准确、庄重等特定语体风格标准。

第二，非成语的四字词语，按其性质来分，又可以是：①法律术语，例如，"侦查终结""变更之诉""数罪并罚""诉讼时效""监视居住""法庭辩论""法制宣传"等；②具有特定的法学含义或与诉讼和非诉讼法律事务关系密切，但尚不如法律术语那样稳固和融合的司法惯用四字词语，这类四字词语数量也很多。例如，"事实清楚""证据确凿""民愤极大""数额巨大""手段残忍""情节严重"等，属于具有特定法学含义，但结构不如法律术语那样稳定，有些可以更换其中某个词来表达不同的内容。例如，"证据确凿"——"证据确实"，"手段残忍"——"手段凶残","情节严重"——"情节恶劣"等。"足以认定""判决如下""供认不讳""聚众越狱""追捕归案""捏造事实"等属于与诉讼活动关系密切，但还不像法律术语那样融合、稳固的司法惯用四字词语。

成语和非成语四字词语的适当运用，在正确认定法律事实、论证法律责任，鞭笞犯罪行为、批驳无理要求、维护法制尊严等方面都能发挥一定的功效。

（2）压缩语。压缩语也称凝缩语或浓缩语，属于词语的凝缩结构。凝缩结构的使用，可以使语言精干练达，明晰利落，用较经济的语言材料，传递比较充分和完备的信息。例如：

"撬门行窃"语句为目的关系

"强奸未遂"语句为转折关系

"抢救脱险"语句为因果关系

"作案动机不明"语句为主谓关系

"医治无效死亡"语句为因果关系

"穿衣洗脸"语句为连贯关系

"相遇殴斗"语句为递进关系

诸如此类的压缩语在司法文书中颇为常见。压缩语字数并不固定，但以四字、六字为多。词与词结构紧凑，语意集中、语气庄重，内部有极强的凝聚力和逻辑性。这种凝缩而成的压缩语，是在长期的司法工作和法律文书制作实践中形成的司法惯用语，应该认真学习和充分掌握。

3. 文言词语。此外，运用一些文言词语，使语言简洁有力，气氛庄严肃穆，是司法惯用语的又一种形式，这种文言词语司法惯用语的使用方式大体有以下三种方式：

（1）用言简意赅、富有生命力的文言词语替代现代汉语的同义词语（或同义结构）。①用文言词替代现代汉语词组。例如，"被告人×××羁押于……"，其中"羁押"一词相当于"被关押"这一词组；"配偶""子女""父母"相当于"丈夫或妻子""儿子与女儿""爸爸与妈妈"。②单音节文言词代替双音节的现代汉语词语。例如，"念"——考虑，"生"（父母）——亲生，"养"（子女）——领养，"处"——判处，"因"——因为，"而"——但是，"故"——所以。③用文言虚词代替现代汉语介词、助词或代词等。例如，"于"——在，"为"——被，"将"——把，"其"——他（的）、她（的），"之"——的、他、她。

（2）用文言词作词素，构成新词。例如，"婚生""非婚生""非法""首要""尔后""予以"等。其中加"·"的词素均为文言词。

（3）利用文言词语组成特殊的结构形式。例如，"以量刑畸重为由""非法所得", 其中"以……为"即"用……作为"是一种复杂的述宾结构,"所得"指"得到的财物",相当于代词。

法律文书中文言词语的适当运用, 可以使语言形式简洁、含义丰富, 显得更庄重、练达, 与诉讼及非诉讼法律事务十分适合。但是古奥陈旧、难以理解的文言词语及同社会主义法制与道德相去甚远的一些恭词、谦词及称呼则必须忌用。例如, 旧时书状中沿用的"法官大人台鉴""淘属不当""饕飨不继""桑间濮上""令爱""令尊""鄙职""拙荆"等, 用在今天的法律文书中实属不当。另外有些文言词语的滥用反而造成语言累赘、含义不清、半文不白的文风, 损害了法律文书庄重、朴实的风格。例如,"对此判决不能甘服""讵料""彼等向原告方求偿", 改成相应的现代汉语词语"对此判决不服""谁料""他们要原告还债"反而语意准确, 表述练达。可见, 对文言词语的使用要注意适度、恰到好处, 切忌误用和滥用。

4. 普通词语。除了法律术语、司法惯用语之外, 法律文书当然也要大量使用普通词语。所谓普通词语, 是指各个语言使用领域普遍使用的词语。那么, 在法律文书语言中, 对普通词语的使用有哪些特点、规律和使用规范呢?

(1) 要重视法律文书的语境赋予某些普通词语特殊的法律含义。某些普通词语, 貌似平淡无奇, 但用在法律文书中, 受到特定语境的制约, 形成了决定罪与非罪、此罪与彼罪、情节轻重、量刑幅度或权利和义务的确认、财产予夺和毁誉荣辱的关键。例如:

被告人王××追求本厂女工林××, 遭林拒绝。后来被告人发现林××与男青年史××交友, 十分嫉恨, 当即扬言要对林"毁容"以"雪耻", 并携磨快的尖刀, 闯入林所在的车间, 将尖刀向林的面部刺去, 使林鲜血直流, 因在场工人奋力制止, 未造成更严重的后果。经法医鉴定: 林面部、嘴角三处受伤, 伤口最大处为 6.5 厘米×5 厘米。被告人的行为, 是"毁人容貌"还是"伤人容貌"?"毁"与"伤"虽然仅一字之差, 但影响到案件的定性与量刑。如果是"毁人容貌", 就应该按《刑法》第 234 条第 2 款的重伤罪处罚; 如果是"伤人容貌", 则根据本案实际结果, 只能按《刑法》第 234 条第 1 款的轻伤罪处罚。

在法庭辩论中, 辩护人与公诉人围绕"伤"与"毁"两个词语展开了激烈的论辩。辩护人认为, 毁人容貌, 应该是毁了容貌, 使其血肉模糊, 面目全非, 而本案林××被刺后, 只是受了轻伤。被告人的行为是伤人容貌而不是毁人容貌, 应按轻伤罪处罚。公诉人则诉称: 被告人在"我要用刀子破她的相, 使她终身受罪"的动机引发下, 用刀刺伤其脸部, 至今还留有一条 6.5 厘米×5 厘米的疤痕, 毁损了被害人的容貌。按《辞海》诠释,"毁"的含义是"破坏、毁坏"。

毁人容貌，不是单指"毁灭"人的容貌，同时也指面部的局部伤害。由于人的相貌对人的生活有重大的影响，毁容损害的不仅是人的健康，而且同时损害了人的名誉、自由和幸福。因此，把被告人的行为作为"毁人容貌"的重伤罪来处罚是合理、合法的。合议庭采纳了公诉方的意见。

本案中的"毁"与"伤"原本都是普通词语，其含义固然有异，但在一般交际场合用混了后果未必十分严重，而在本案的特殊语境中，它们被赋予法律含义，从而改变了原来的使用价值，成了对定罪量刑举足轻重的词语。其实这种状况自古已然。例如，历史上的"马驰伤人"与"驰马伤人"，"揭被夺镯"和"夺镯揭被"，看似相去不远，但恰恰是这一语言上的细微差别，造成刑狱诉讼结果的大相径庭。又如，张居翰在文书上改易一字而拯救千余无辜的史实也是一个典型例证。

在法律文书中，对这类改变了使用价值的普通词语，我们一定要从特定语境出发，反复斟酌、谨慎使用，绝对不可以掉以轻心。

（2）要划清词义范围。有些词的词义范围大小不同，有的指全体，有的指个别，有的指类属，有的指具体事物，要区别清楚、确切运用。例如，"被告人盗窃车辆两辆"和"被告人盗窃桑塔纳轿车两辆"，意思是不同的，前者是泛指，后者是特指，范围不同。

（3）要区分词义的褒贬色彩。有些近义词表示的概念或指称的事物相同或相近，但其褒贬意义不同，要正确区分使用。例如，"顽固"与"顽强"，对罪犯只能用前者；称人物量词有"名""位""个"等，若对罪犯用表示尊敬的褒义词"位"，则使感情色彩阴差阳错。

（4）要区分语义轻重。有些近义词，语义有轻、重之分，从而表达不同的意思。例如，"不好""很坏""恶劣"，其轻重就不同。又如，"轻"和"轻微"用以指伤势或犯罪情节，对于被告人定罪量刑、区分罪与非罪影响很大，前者构成犯罪，后者一般不认为是犯罪。

（5）要注意词语间的搭配。有些词含义虽然近，但语法功能不同，只能与特定词语搭配。"深刻反省"，不能写作"深入反省"；"美满婚姻"不能写作"美丽婚姻"。

二、法律文书语言的句子

（一）法律文书的句法结构

1. 多用并列结构。在法律文书语言的句子中，词与词并列、词组与词组并列可以充当句子的主语、宾语、状语、定语或兼语式谓语的"兼语"成分等，分句与分句并列构成并列式复句，以保证内容周遍，表述准确、严密。

【例1】　被告人张××、赵××、吉××、游××等13人，于1990

年12月下旬起，伙同潘××、朱××、杨××、朱××等（另案处理），结成抢劫、盗窃团伙，在虹口区国际电影院附近，以及梧州路、胡家木桥路等僻静处，大连新村、通州路等居民住宅区，持械上门抢劫4次，拦路抢劫24次，致1人死亡，2人受伤，劫得手表14只，毛衣7件，人民币670余元，还有阳伞、项链等物；并盗窃7次，窃得自行车5辆，以及方木、衣服等物。他们犯罪气焰嚣张，活动猖獗，为害一方，罪行、情节极为严重。

例1是一份《起诉书》中"犯罪事实"的总叙部分，其中"张××、赵××、吉××、游××等"，词语并列作主语，"潘××、朱××、杨××、朱××等"作状语，"抢劫、盗窃"作"团伙"的定语，"在虹口区国际电影院附近，以及……通州路等居民住宅区"并列成分作状语，"1人死亡，2人受伤"并列与前面动词"致"构成兼语式谓语，"手表14只……项链等物、自行车5辆……衣服等物"分别作"劫得"和"窃得"的宾语，"犯罪气焰嚣张……情节极为严重"这一词组并列作"他们"的谓语。"被告人张××等13人持械上门抢劫4次……"和"并盗窃7次……"两句则是分句与分句的并列。

【例2】　被告人陈×对领导怀恨在心，个人主义恶性发作，有预谋、有计划地在光天化日之下将杜××残杀致死。犯罪手段极其残忍，犯罪情节极其恶劣，民愤极大，影响极坏，实属罪大恶极（《××市中级人民法院刑事判决书》）。

从例2也可以看出词组、分句并列结构的普遍运用。在法律文书中，并列结构不仅用来叙述事实（例1），阐述理由（例2），还广泛用于列述证据，列述判决书、裁定书、仲裁裁决书的主文、结论等。

2. 复杂同位成分的普遍作用。在一般文体中，同位成分一般都与中心词相接并且结构不复杂。例如，我们的首都北京是一个美丽的城市。而法律文书的句子内部常用句、句组甚至更大的语言单位构成结构复杂的同位成分。有时，同位成分与中心词之间距离又甚远。这种牺牲"可读性"的句法结构方式在法律文书语言中颇为常见，这与法律文书语言表述的严密性和内容的周遍性很适合。例如：

……特作如下判决：

一、准予瞿××与万××离婚；

二、双方婚生之子瞿×由瞿××抚养；

三、学宫街63弄4号双方结婚用房归瞿××租赁居住；

四、万××已取走的床上用品及衣物归万××所有。大橱、床、桌子、床头柜、三人沙发各一张（口）、椅子一对归瞿××所有；

五、双方其余之诉不予支持（《××市××区人民法院民事判决书》）。

在上例中并列的五条主文是"特作判决如下"这句中的宾语"如下判决"的同位语。判决书的"判决如下"，其中"如"用作动词，"下"属方位词，用作名词，作宾语，并列的几条主文作为"下"的同位词。这种同位成分在其他文体中很难存在，但是在司法文书中为了表达得严密与准确，这种句法结构不但是合理的，而且是必需的。

（二）法律文书的句式选择

从不同的角度出发，汉语有长句和短句、主谓句和非主谓句、整句和散句、紧句和松句等句式。司法文书是怎样选择的呢？

1. 长句和短句，司法文书多用长句。长句和短句是相对而言的。一般来说，长句结构复杂、词语较多，结构层次也较复杂；短句的结构和层次较简单，词语较少。汉语用词序和虚词表示语法关系，句子一长，词语一多，词语的次序难以安排妥帖。因此，在一般情况下，多用短句明快、有力地把意思准确地表达出来。然而，长句可以把丰富的内容在一个单句或复句中表达出来，语气连贯，条理清楚，因此，人们在多用短句的同时也兼用长句，"长""短"交替使用。司法文书因为普遍使用并列结构和复杂的同位成分，复杂的附加、修饰成分，句子一般都较长。法律文书的某些特定部分，例如，各类判决书首部的案由、案件来源、审判组织、审理方式及当事人和诉讼参与人到庭参加诉讼事项等往往用长句规范地表述，判决书的判决主文和交代上诉权利、时限、上诉审法院各由一个长句构成。这种句式虽然很长，但都有固定的程式，只要照格式拟写，一般来说不会产生错误。而在叙述案件事实、说明情况、论述理由时，由于情况千变万化，运用长句无章可循，因此失误较多。常见的问题有疏漏主语、偷换主语和句子不连贯等情况，使词不达意，义有两歧。有一份民事调解书写道：

> 长期以来，男方对女方进行摧残和虐待，身心健康受到严重损害，长期不能上班，后来又提出离婚要求，最后精神失常。

这个长句由于中途缺主语和几次偷换主语，语义含混，使局外人不知所云。应改为："长期以来，男方对女方进行摧残和虐待，使女方身心健康受到严重损害，长期不能上班；男方提起离婚诉讼又导致女方精神失常。"在使用这类长句，特别是事关多人时，行为主体和行为对象均需写明，不可省略。当再次提及这些人、事时，行为主体及行为对象均需写明，不可省略，并且要写出全名（称）。

2. 主谓句和非主谓句。从句子的构成情况看，可以分为主谓句和非主谓句。主谓句由主谓词组构成。非主谓句由单个的词或非主谓词构成，又可以分为名词性非主谓句、动词性非主谓句、形容词性非主谓句和叹词句，司法文书的某些部分，因行为主体即制作文书机关不言自明，习惯上也用非主谓句，例如，起诉书中的"检察查明",判决书中的"审理查明""判决如下""撤销××人民法院（19××）×法刑初字第×号刑事判决",公证书的"兹证明"等。但用于诉讼文书的事实部分,公证书对证明事项的具体阐述,各种法律活动中对事实的追溯、陈述,又必须用主谓句,使事实清楚、法律责任或罪责分明,以杜绝一切歧义与混淆。

3. 整句和散句,法律文书一般用散句。"整"是整齐的意思,"散"是参差的意思。整句特点是句与句之间结构相同或相近,散句特点是句与句之间结构不同、长短不齐。整句有排比、对偶、相同位置出现某些相同词语等格式,这种句式有形式规整、音节匀称等特点,具有突出和强调语义的作用。一般情况下,多以散句为主,整、散结合使用,这样可以使语言生动活泼、气势贯通、节奏鲜明。司法文书有别于一般文体,它用于法律活动,不追求语言的艺术化,一般都用散句平实、准确地叙事达意。有的人在民事起诉状一类的司法文书中写进排比、对偶或"打油诗"一类的整句,不但不够严肃,也是有悖司法文书对句式的选择规律的。

4. 松句与紧句,文书多用紧句。句子的结构有舒缓与严紧之别。松句指结构舒缓的句式,紧句指结构严谨的句式。松句中一个或几个意思分几层说,或者反复地说,停顿较多,语势和缓。在紧句中,几个意思集中在一起说,这样,句中有长定语、长状语,或者句中成分结合得紧,停顿较少或者不停顿,语势紧迫。司法文书要求语言准确、严谨和庄重,因此,多用语势紧密的紧句。有的司法文书句式松散,不合乎司法文书的句式要求。例如,一份杀人案刑事判决书证据部分写道:

> 上述犯罪事实由凶器7寸匕首一把所证实,凶器上血迹的血型与被害人的血型一致,证人×××写上了书证,事实清楚,证据确凿。被告人对自己所犯罪行也作了交代。

这段"证据"在语法和内容上都没有错误,只是用来证明犯罪事实的各项证据（凶器、血痕鉴定、证人证言）各由一个分句来表述,各分句又结合得不够紧密,因而整段文字显得句式松散、内容琐碎。

这段"证据"改为紧句并将文字作局部调整就可以使语言庄重、严谨。

（三）法律文书的句类选择

因用途不同产生的句子类别差异称为句类。句子的用途又是因说话人的目的而转移的。说话的目的大体上有四种情况:①告诉对方一件事;②向他人提出问题;③向别人提出希望或请求;④表达自己某种强烈的感情。与此相应,就产生了四种不同用途的句类,那就是陈述句、疑问句、祈使句和感叹句。法律文书的特定功能和司法文书语言的语体特征决定了司法文书语言有其特殊的句类使用频率和选择规律。

1. 陈述句。陈述句，是以告诉别人一件事情为目的的句子。它是司法文书中使用频率最高的一种句子。司法文书中的陈述句用于下列各种情况：

（1）用于叙述、回溯案情或有关的法律事实。例如，"被告人陈××于1993年3月21日上午在其刑事拘留期间，在审讯室行凶殴打公安人员，夺门逃跑，被当场抓获"。

（2）说明案件的有关情况或证据情况。例如，一起房屋租赁纠纷案在叙述案件事实之前，先简要说明该房屋的坐落、规格、产权归属，为该案的认定、判断提供依据："本市毛家路317号砖木结构二层房系原告徐××在新中国成立前购置，该屋的二层厢房及楼下二间私房于社会主义改造时归公，其余部分仍属徐××所有。"

（3）界定法律属性或判断性质、情节及罪行轻重。例如，"李××身为国家工作人员，却利用职务之便，收受贿赂，其行为触犯了《中华人民共和国刑法》第三百八十五条的规定，构成受贿罪"。

（4）描摹人物形貌及案发现场、环境等。这种陈述句多在"通缉令"等文书中状摹案犯形貌，描摹刑事、民事案件中案发环境、现场痕迹及遗留物的性状、形态及产业坐落、规格等。例如，《××案现场勘查笔录》对案发现场所遗足迹的描摹："（现场有）布鞋足迹，足迹长26.5厘米，前宽9.5厘米，后宽7.8厘米……至墓地草坪处消失。"

从陈述句的交际目的出发，陈述句又可以分为表肯定，即陈述某种事实客观存在的陈述句，以及表否定，即陈述某种事实不存在的陈述句。在司法文书中，叙述事实，说明证据及案件审理情况和分析、认定案件性质、量刑幅度，多用表肯定的陈述句（有关例证如上述）。表否定的陈述句多用于上（申）诉状、抗诉书、辩护词、答辩状等申辩类文书对于原审判决或诉讼对方所持事实、理由部分不实之词的否定、驳斥，亦多用表否定陈述句。例如，某民事判决书的"被告辩称"部分写道：

父母所遗房屋早已拆除，现有房屋系由被告单独集资翻建，不同意分割房屋，愿意将父母所遗旧屋折价补偿原告。

一份刑事上诉状的"上诉理由"写道：

如上所述，李××被伤害抢救无效死亡，并非由于上诉人的故意和过失所致，上诉人主观上是没有罪过的，所以，不应负刑事责任。

2. 疑问句。疑问句，是向他人提出问题的句子。就其交际功能来分，又可以分有疑而问和无疑而问两类问句。所谓有疑而问，是指确有疑问，提出问题后要求对方回答。例如，"被告人张××，3月1日下午你在哪儿？"这种问句多用于公安预审、法庭审判之类的司法口语，一般不用于法律文书。

无疑而问，是指说话人并无疑问，只是为了加强某种表达效果，肯定或否定某种事实而采用疑问句的形式，这种疑问句并不需要对方回答。无疑而问又可以分为设问与反问两类。

设问一般用于承上启下，引起读者的注意。例如，"那么，本案的事实究竟是怎样的呢？"

反问又叫作反诘，所要表示的是明确的肯定或否定，实际上是用疑问句表示陈述，而比一般陈述句所表示的肯定或否定的语气要强得多。例如，"难道被告不知道拒不交付货款是违反合同的行为吗？"（表肯定）被上诉人谭××辩称："何××上述语句（指何××散发的书面材料中称谭××是'艺坛流氓''像旧社会的青红帮'），哪一处有'与人为善'、'惋惜规劝'之意？"（表否定）

按制作主体的不同，法律文书可以分为司法文书和其他法律文书。司法文书，是指公安、检察机关和人民法院以及司法行政机关制作的文书；律师、公证、涉讼当事人等制作的司法文书则属于其他法律文书。无论认定事实、阐明理由和得出结论，司法文书不使用设问与反问句，一般都用陈述句来表述，准确、严密之外还颇显庄重。设问句、反问句一般用于辩护词、代理词等律师工作文书，因为这种法律文书是律师进行法庭论辩的蓝本，需要用设问句的形式引起听众的注意，用疑问句表示比陈述句更强的肯定语气。诉讼当事人撰写的起诉状、上诉状、申诉书、答辩状等诉辩类文书亦可以用反问句加强语气，但设问句鲜见。此外，严格意义上的司法文书在引用当事人的原话时，例如，民事判决书在法院认定事实之前的"原告诉称""被告辩称""第三人述称"的行文中亦可以适当使用反问句。

若在司法文书中引述当事人原话之外的本体部分不适当地用上设问句、反问句，则违反了特定的语体规律。在其他法律文书中，设问句、反问句也只能偶一用之，不能像其他文体中那样普遍使用。

3. 祈使句。祈使句，是向别人提出要求、命令或劝阻的句子。它的功能有三项：①表示禁止。例如，"禁止溺婴、弃婴和其他残害婴儿的行为"〔《中华人民共和国婚姻法》（已失效）第21条第4款〕；"结婚年龄，男不得早于二十二周岁，女不得早于二十周岁"〔《中华人民共和国婚姻法》（已失效）第6条〕。这种祈使句一般用于禁止性规范的立法条款中，在法律文书中很少出现。②表示请求。例如，"请求法院判令被告返还原告货款11.2万元"（民事起诉状）；"要求上诉法院撤销原判决，另行公正判决"（刑事上诉状）；"根据《中华人民共和国刑事诉讼法》第一百七十二条的规定，特向你院提起公诉，请依法判决"（起诉书）。这种祈使句多用于诉讼当事人的起诉状、上诉状、申诉书的"请求事项"部分和"事实与理由"的结论部分，以及起诉意见书和起诉书等公诉文书"起诉的理由和法律依据"部分的最后结论中。公、检、法等司法机关的决定书、判决书、裁定书和调解书等具有法律效力、体现法制权威性的文书则不用表示请求的祈使句。③表示命令。例如，"被告何××应停止侵害，并在××市作家协会范围内，以书面形式向金××赔礼道歉，为金××恢复名誉，消除影响。此项在判决生效后十日内执行。"（某名誉纠纷案民事判决书主文）由于人民法院依照事实和法律作出的裁判文书具有绝对的权威性和生效后必须立即付诸执行的强制性，因此，其主文往往用表示命令的祈使句表述。而另一些法律文书，例如，律师制作的法律意见书和诉讼各方当事人撰拟的各类书状，则不宜使用表示命令的祈使句。

4. 感叹句。感叹句，是抒发说话人某种强烈感情的句子。按其表述的感情来分，大体可以分为四类：

（1）表愤怒、斥责，例如，"你太不争气！"

（2）表愉快、欢乐，例如，"上海人民的地铁梦终于实现啦！"

（3）表痛苦、惋惜，例如，"他死得太惨啦！"

（4）表惊讶、赞叹，例如，"他的琴弹得太棒了！"

由于法律文书以处理各种法律业务为主旨，重在达意，不在传情；重在以理服人，不在以情感人。所以，对蕴有较强感情色彩的感叹句是有比较严格的限制的，因而很少使用。有时诉讼当事人撰拟的书状为表示对违法犯罪行为或侵权行为给受害者或对方当事人带来的侵害表示反感、不满，偶一用之亦未尝不可。例如，"被告（身为处级干部，却与未婚女青年×××通奸，进而虐待、遗弃病妻及幼子）身上哪里还有一点国家干部和共产党员的味道！"（某离婚案答辩状）但是有的书状滥用感叹句，例如，某民事上诉状通篇充斥了对被上诉人及一审人民法院的指斥与责问："这简直是白日做梦！""法院太不公道、太令人失望！"如果上诉人确实有理，就应该通过摆事实、讲道理来阐明自己的观点。如果没有理由可说，用指斥与感慨来代替依事论理，则更是一种无理取闹的错误行为。

总之，法律文书有其特殊的句法结构、句式和句类选择标准。为了准确、熟练地制作各类法律文书，我们必须熟悉并掌握所有这些标准与规律。

三、法律文书语言的篇章结构

文书语言不仅在词语运用，句法结构和句式、句类的选择方面有别于其他文体，在篇章结构方面也有自己的特点。对法律文书语言篇章这一层次的研究，主要从其结构特点和结构方式两个方面进行，此外，对其超语言视觉手段也将进行初步考察。除了语言学、修辞学之外，我们还利用文章篇章学、信息论等学科的一些成果、方法与概念进行这一项研究。

（一）法律文书语言篇章结构特点

1. 结构完整，条分缕析。文书语言的篇章首先要求结构完整、脉络清楚、条分缕析。完整，指首尾圆合，线索连贯，过渡照应，没有主旨隐晦、缺头少尾、残缺不全的弊端；条分缕析，指脉络明晰、排列有序、前后层次联系紧密、安排精当，没有颠三倒四、顾此失彼、松懈零乱的缺点。

为了保证表述内容的合法、有效、完整，从而具备预期的法律效力或法律意义，司法文书对篇章结构的完整性和连贯性要求极为严格。例如，对一名被告（人）和单一案由的民事案件和刑事案件事实的叙述，要严格依时间序列进行。民事案件要依次陈述发生纠纷的时间、地点、原因、情节及经过，当事人争执的焦点和实质性分歧；刑事案件要依次陈述时间、地点、动机、目的、情节、手段、后果等要素。这些要素都是不可或缺的，在陈述中必须排斥和摒弃倒叙、截叙、跨叙等一些常见于其他文体的表述方式。另外，每一类法律文书都各有特定的结构要素及排列序次，每一结构成分又包括特定的事项，都各有特定的法律意义，不能遗漏或错位，使诉讼案件及法律事务的准确处理有具体依据和切实保证。凡此种种，都说明了法律文书超句结构具有结构完整、条分缕析的特点。

2. 结构严谨，详略得当。一般文体中当然也应避免出现不妥帖的章节和语词，但即便存在某些可有可无却并无错误的词或句，结构不太精纯也还无关宏旨。法律文书则不然，其特定功能决定它必须裁剪一切"浮辞杂采"，做到"句有可删，足见其疏；字不得减，乃知其密"。这不仅要求法律文书词句精粹，更要求结构严谨，每一词语，每一句子、章节在整个文书中准确妥帖、各得其所。

在拟写法律文书时，有的人常把一些与诉讼或法律事务无关的事项或细节写入。例如，在起诉书、判决书犯罪事实部分写进被告人的认识问题及一般缺点错误等不属于犯罪的事实；在诉辩文书中，论辩一方或双方的表述游离案件主旨，都会使文书内容芜杂，结构松弛。这是一种倾向。另一种倾向是片面强调结构严密、内容简要而盲目地苟简。有一份再审案刑事判决书只写申诉人"不服原判决向本院提出申诉"，没有具体、翔实的申诉理由，根本无法反映原判决是否合法、合理，接着判决书又在不陈述经查实认定的事实和证据的情况下写道，"本案原以反革命罪定性判刑不当"，并作出"撤销原判，宣告无罪"的判决。这种判决不符合法律规定，也难以使人信服。可见，司法文书在裁剪"浮辞杂采"使结构严密的同时，还得注意详略得当，该详尽说明的内容不能苟简，要在言简意赅方面下功夫。

3. 条理贯通，逻辑性强。许多案件或法律事务头绪纷杂、内容繁复，文书中组织超句结构时要紧扣主旨，对众多的材料作出合理的安排，使整个篇章结构前后连贯，语义进展符合逻辑顺序，首尾周密，无懈可击。

以有罪刑事判决书的主体部分来说，有罪刑事判决书包括事实、理由和判决主文三部分。事实是构成刑事犯罪的事实，事实陈述完毕，还要概括、科学地列述证据以证实这些事实的存在；理由部分要针对本案的事实，援用最适合的法理、事理和法律条款来论证被告人犯了何罪、情节轻重，是否有从重或从轻、减轻处罚的情节；主文就是对被告人的处罚结论，必须用明晰、具体的词语进行条陈。在制作判决书时，事实与证据之间，事实与理由之间，事实理由与主文之间要互相配合，即存在必然的逻辑关系，不能互相脱节，甚至彼此矛盾。唯有如此，判决书才能达到惩处犯罪，不偏不倚，维护法律尊严，教育挽救被告人等目的。其他法律文书亦如此。例如，律师的"辩护词"内容可分导论、正文（辩护理由）、结论三部分，各部分之间语义必须互相连贯、配合周密，才能使论辩有力，达到维护被告人合法权益的预期目的。

4. 程式稳定，不容更易。

（1）语言表述具有特定程式。一般文体语言表述灵便自由，虽然有一定的结构规律，但并没有固定的格式。司法文书却不然，它在长期的法律工作实践中逐步形成一整套严格而特殊的程式，并要求人们遵循这些规格，不允许随意变更、自由创造。因此，法律文书既反对在内容上因循守旧、千案一面，又要求表现出每起案件的个性，可是在表述程式上却要求"千篇一律、千人一面"。

以第一审民事判决书来说，标题、案号，首部的诉讼参加者（原告、被告、第三人、诉讼代理人等）的身份事项，案由、案件来源、审判组织和审判方式、当事人及诉讼参与人到庭参加诉讼的情况，正文部分的事实、理由和判决主文，尾部交代上诉期限和上诉审法院，判决书签发的日期、合议庭成员和书记员署名、加盖"本件与原本核对无异"章等都有特定的次序和严格的程式，稍有差错，便会影响判决书的法律效力和权威性。例如，漏盖"本件与原本核对无异"章，书记员署名移到制作判决书原本的日期之上，看似微不足道，然而却事关重大，因为正本不盖上述印章，就不具备与原本同等的法律效力，而把书记员署名上移与合议庭成员（审判长、审判员或陪审员）相连，则意味着书记员属于合议庭成员，这是违反法律规定的。此外，民事判决书许多部分还要使用特定的法律术语和固定句式，例如，首部案由、案件来源、审判组织和审理方式这几项内容，必须按格式的规定表述。

法律文书语言篇章的程式化不仅反映在案由、案件来源等格式化表述中，更重要的是反映在正文中"事实""理由""结论"等实体内容表述的程式化。例如，按最高人民法院2009年制定下发的《法院诉讼文书格式样本（最新版）》规定：一审公诉案刑事判决书"理由"部分，在"本院认为"之后，必须包括下列四个层次：①根据查证属实的事实、证据和有关法律规定，论证公诉机关指控的犯罪是否成立，被告人的行为是否构成犯罪，犯的什么罪；②是否从轻、减轻、免除处罚或者从重处罚；③对于控、辩双方关于适用法律方面的意见，应当有分析地表示是否予以采纳，并阐明理由；④"依照"之后写明判决所依据的法律条、款、项，阐明判决的法律依据。

其实，不仅是刑事、民事判决书，所有的法律文书语言都力求表述程式稳定，以保证内容要素完备，文书规范、合法有效。对此，最高人民法院、最高人民检察院等国家最高司法机关及公安部都曾对有关法律文书的内容要素、表述程式和格式规范作过统一的规定。有些重要的诉讼文书（如起诉书、刑事判决书、民事判决书等）的内容与表述程序还在有关程序法（如刑事诉讼法、民事诉讼法等）中以立法的形式加以统一与规范。

由于司法文书语言篇章具有严格的程式，在制作文书时不仅要注意正文部分各项内容的完备和表述的规范，即使对标题、案号、日期等看来很细小的项目，也要严格按照特定的规格撰述，不能有任何疏忽；法律语体口语表述也要遵循特定的规程与模式。例如，辩护词、代理词、公诉词等诸多法庭演说，都按"前言—正文—结论"的顺序进行，前言中还要依次交代与法律程序有关的特定事项。如果不遵循法律文书的程式化规律，则会妨碍法律活动的正常进行乃至损害司法机关的威信和法律的尊严。

（2）不得随意替换词语或改变句式。法律文书语言篇章表述程式稳定、不能更易还反映在每一种文书的某一内容要素往往用大致固定的词语或句式表述。

例如，在人民检察院起诉书中，在首部的"案由、案件来源、侦查经过"和正文的"指控的犯罪事实"之间，必须用"经依法审查查明"等词语过渡，"起诉的根据和理由"部分又用"本院认为"作为起始用语。民事判决书、民事裁定书的"判决理由""裁定理由"与判决、裁定"主文"之间必须用"判决如下"和"裁定如下"的固定词语过渡。再如，"案件审理终结"的"终结"，不能用"完结""了结""完毕"等词语更换。在法律文书中这类词语很普遍，随便更易既违反了表述的程式化，也会损害特定的法律含义。

在各类法律文书中，用固定的文言句式表示特定法律含义的情况也很普遍。例如，起诉书尾部附项的"被告人×××羁押于××看守所"，人民法院第二审判决书、裁定书尾部的"本判决为终审判决""本裁定为终审裁定"；人民法院刑事、民事判决书、裁定书、民事调解书、支付令等文书尾部的"本件与原本核对无异"等均属之，不能随意用其他句子替代。

（二）法律文书语言篇章结构方式

为了完成实施法律的特定功能，法律文书的语言具有庄重、严谨、准确、严密、朴实等风格特色，与此相适应，法律文书语言在篇章结构上具有一些特殊的手段。这里，我们借用文章篇章学的"头""身""尾"概念，探讨其安排照应上的一些特殊方式。

1. 开头提纲挈领，点明主旨。一些应用语体常在语段开端处用极简要的文句说明表达的目的或结论，以引起有关人员的注意和重视。

这种提纲挈领的开头方法在文书语段中运用得很普遍，例如，在调查案情的笔录中，调查人一开始向被调查者讲明调查的目的与宗旨；公诉词、辩护词、代理词等法庭讲演词，常常在一开始点明讲演者对本案的基本观点或主要看法。

各类法律文书运用这种方法开头的还很多。例如，诉状的"诉讼请求"事项处于文书的开头，是原告的目的和要求。而起诉书、判决书等程式更严格的法律文书，其首部的案由、案件来源及审理情况等事项是整篇文书的眉目和提要。凡此种种，用的都是提纲挈领开头法。

2. 周身接榫，铸为一体。"接榫"是指语义的过渡，司法文书语段的接榫有一定的特殊性。语义接榫，也叫作承接，若借用文章学的术语，一般语体中有正承、反承、顺承、逆承、断承、分承、总承、引承、原承等。司法文书多用顺承，也常用断承与引承。反承、逆承等安排法在司法文书中罕见。

所谓顺承，就是顺着上文的意思进行承接。

所谓断承，就是承接处即是论断处。这是司法文书非用不可的。这一方法的正确使用，可以使语言言简意赅、明朗决断。

所谓引承，就是在承接处引用他事或他文以得出自己的结论或引出自己的陈述。司法文书常常引用法律条文或法学理论进行论断阐释，因此，司法文书对引承也是非用不可的。

在法律文书中，断承和引承往往密切结合、相辅相成。在表述中，两者既各自分明，又融于一体。例如，××省人民检察院刑事抗诉书写道：

> 本院认为，被告人贾××的行为严重地侵犯了妇女的人身权利，构成强奸罪。一审判决和二审裁定认为属寻衅滋事、侮辱妇女、扰乱社会秩序的流氓犯罪，与本案事实不符，显系定性错误。根据《刑事诉讼法》第一百八十一条之规定、提出抗诉，请予重新审理。

所谓反承，就是反上段言语的意思进行承接。例如，鲁迅《不求甚解》中有一段话："文章一定要有注解，尤其是世界要人的文章。有些文学家自己做的文章还要自己来注释，觉得很麻烦。至于世界要人就不然，他们有的是秘书，或是私淑弟子，替他们来做注释的工作。然而另外有一种文章，却是注释不得的。"最后一句就是对上面话语的反承。

所谓逆承，就是在承接处用逆笔，宛若"逆水而上"。韩愈的《杂说·四》有一逆承传诵古今："世有伯乐，然后有千里马；千里马常有，而伯乐不常有。"

不难看出，恰当地运用顺承、断承和引承，可以使超句体前后连贯、意义明晰、铸为一体。而反承、逆承一类的接榫法，比较曲折、深奥，不宜用于力求简明、易懂的司法文书。

3. 结尾言止意尽，端庄有力。文艺语体话语的终结以言尽而意不尽、发人深思、回味无穷为追求目标。法律文书以准确为生命，必须做到言止意尽，不能有毫厘弦外之音。法律文书语段的结尾，往往是依照法律对案件事实所下的论断（如报告文书、起诉书的结论、判决书的主文均属之）或者是据事依法向司法部门提出的主张（如起诉状、抗诉书、辩护词和公诉词等），都必须明晰、干练、切忌冗长、拖沓、一语多解，更不能采用感叹、谩骂或嘲讽等口吻。例如，有一份离婚案民事诉状结尾写道："以上各节，请法庭详加审查并请法院早日秉公判决，以解决本人倒悬之苦，本人当永世不忘恩典，来世做牛做马也定当思恩图报。"这种结尾试图引起法院的好感和同情，但结果可能适得其反。其实写作"为此，特向贵院起诉，请依法判决"，因其言止意尽，反显得庄重有力、合理合法。

第二节　法律文书的表述

"表述"，是和"语言"有联系但又有区别的一个概念。所谓表述方法，是指在言语交际中，依据交际的题旨、情境、角色差异等诸多因素，选择和使用最妥帖的方法，充分、完美地传递信息，完成交际任务。法律文书的表述方式，是指在撰拟、制作法律文书中，充分、完善地传递法律信息，成功地进行诉讼和非诉讼法律事务的方法与手段。从法律语言交际和法律文书制作与运用的实际出发，运用现代语言学、言语交际学的知识与成果，本节拟从陈述、描摹和论证三个角度或方式探讨法律文书的表述（以往的著述，往往从叙述、证明、论证、描写、抒情五个方面来讨论表述问题。这种研究方法沿袭多年，属于语文写作中的一个传统观念，不太符合现代语言学的理念）。

一、陈述

陈述即叙述和回溯案情或有关的法律事实、说明情况、条陈法律规范。"以事实为根据，以法律为准绳"是处理各种案件和法律事务的准则。亚里士多德在其著作《修辞学》中指出："政治演讲针对将来，法律演讲着重往昔。"这些都说明叙述、回溯案情或有关事实、说明情况等在法律语言表述中至关重要。

（一）叙述事实

1. 叙述的特征。"以事实为根据"是社会主义法制的精粹，查明的事实也是准确运用法律的前提。因此，案情或法律事实叙述的成败直接关系到案件或法律事务的处理结论是否有扎实可靠的基础。为了准确地表述各种事实，首先必须探讨法律语言叙述的特征。

叙述有概括叙述（概述）和具体叙述（细述）之分。由于法律语言叙事的目的，不像文艺作品和一般叙事文体那样单纯地进行叙述或主要是进行叙述，并求生动、真实、形象地重现整个事件，法律语言的叙述总是伴随着论证或者说理而出现，叙事之后紧接着就事而论，依法分析，事、理、法互相交融，有机结合，因此，法律叙述多用概述。1937 年 12 月，日本军国主义入侵南京后，进行了长达两个星期的惨绝人寰的血腥屠杀，烧杀奸淫，无恶不作，罹难父老同胞达30 万。日寇的兽行罄竹难书。这段痛史用电影等文艺形式来表现可以长达数小时（如电影《南京大屠杀》），用调查报告或小说等文字形式来反映，也可以长达数十万乃至百万言，而在 1946 年 12 月 31 日当时中国政府审判战犯军事法庭对纵兵屠城的主要责任者、日军第三师团长、战犯谷寿夫的起诉书中，对日军在南京的兽行，兼及南京屠城前的种种罪行，只用了千余字，既十分概括，也相当清楚。[1]

总之，法律语言的叙述，旨在为断案科刑或为法律事务的了断提供确凿无疑的事实方面的依据，因此，必须概括精要，不追求繁丰生动。

2. 叙述的要素。一般的叙述必须包括五大要素，即人物、事件、时间、地点和为什么（原因、结果），新闻叙述中称之为"五个 W"（What—何事、Who—何人、When—何时、Where—何地、Why—何因），有时还要交代最后结果，那就是"How—如何"，五个 W 加一个 H，就是新闻叙述的"六要素"。

法律叙述除了概括之外当然还要求准确、切实，不可虚妄疏漏，因此，它具有严格的"要素性"。法律叙述的要素是由各类案件及法律事务本身的构成要素及特点决定的。以刑事案件来说，其构成要素有七项（习惯上称为"七何要素"或"侦查七项公式"）：何事（事件性质）、何时（犯罪行为从预谋到逐步实施的发展顺序和连续性，即犯罪的过程）、何地（犯罪实施的现场亦即犯罪的空间）、何物（犯罪人使用的凶器和其他犯罪工具）、何情（犯罪在何种状态下进行，包括犯罪各阶段的推进，活动的特点及方式）、何故（为何犯罪，即犯罪的动机、目的）、何人（侦查的终极目的就是揭露涉嫌者，破案后对其实施强制措施）。所以，刑事案件的法律文书，从立案阶段到破案前，其叙述要素与"七何要素"基本一致。破案后的各类法律文书（如提请批准逮捕书、侦查终结报告、起诉意见书、起诉书、判决书等）在已确定犯罪嫌疑人的前提下必须具备预谋和实施犯罪的时间、地点、动机、目的、手段、情节、结果七大要素，在必要时还要兼及犯罪行为带来的后果和犯罪嫌疑人、被告人犯罪后的下落和态度。

---

〔1〕 潘庆云：《中国法律语言鉴衡》，汉语大词典出版社实践 2004 年版，第 193～194 页。

刑事案件的起因是多样的。按照犯罪起因的不同结构，刑事案件的起因大致可以分为三种类型：①单一因果型。这类案件的动因单一、外显，一经观察便可以确定犯罪的动机、目的，例如，盗窃、抢劫、强奸一类案件。叙述这类案件，目的、动机可以略写，如系同一罪名罪行的重复犯罪，更不必每次一一交代目的、动机。②一果多因型。这种案件因果关系一般不明显，犯罪的起因往往内隐，同样的结果可能由不同的原因所形成。例如，纵火案中烧毁建筑、杀死人命的结果，可能由各种不同的动机引起。在叙述这种案件事实时，要写清目的、动机，言简意赅地揭示因果联系。③多因多果型。同一案件由多种原因造成多种结果，这种因果联系交错复杂。它主要发生在犯罪动机转化的案件中，犯罪动机的转化导致案件因果联系的转化。例如，第一犯罪动机为盗窃金融机构，嫌疑人潜入现场后被保安人员发现，这时犯罪动机有可能向良性转化，中止犯罪行为；也可能向恶性发展，实施抢劫并杀死当事人；抢劫杀人后为了毁灭罪证，犯罪动机可能由抢劫杀人转为纵火。这类案件的因果联系是动态的，在叙述时应注意准确把握与反映动机的转化过程和有关因果之间的内在联系。由此可见，"七大要素"完备是从总体上对刑事案件叙事的一般要求，案件性质是多种多样的，同一性质的案件（如杀人），情况也千变万化。因此，不同性质、不同情况案件的各种要素叙写时在轻重、详略方面都应有不同的侧重。

民事案件和刑事案件因性质和构成要素不同，叙事的要素也不一样。民事案件，以裁判文书来说，必须叙述当事人各方争议的事实以及法院所认定的事实，当事人争议的事实应择其要点，高度概括其本质，反映法院所认定的事实则包括对原告、被告的关系，发生纠纷的时间、地点、原因、情节及经过，当事人争执的焦点和实质性分歧的叙述。民事权益纠纷千差万别，在叙述时也应随案而异，采用与案情适合的方法（如离婚案必定要叙明婚前感情基础、婚后感情矛盾的由来与发展、目前感情是否破裂等），但前面提及的民事案件叙事的基本要素却是大体一致的。

总之，法律文书叙述在其结构要素上与其他语体（如新闻通讯）相比，具有显著的特色。在叙述中，其必备要素不能随意简省，也不能像调查报告、科研论文那样借助照片、图表等其他手段补充、辅助。

3. 叙述的方法。在叙述方法上，法律语言也有其特点。关于叙述的方式，清代刘熙载在《艺概·文概》中列举了18种："叙事有特叙、有类叙、有正叙、有带叙、有实叙、有借叙、有详叙、有约叙、有顺叙、有倒叙、有连叙、有截叙、有预叙、有补叙、有跨叙、有插叙、有原叙、有推叙，种种不同。"其实，最常用的叙述方式不外乎顺叙、倒叙、插叙、分叙等方式，而法律文书最常用的是顺叙和分叙。

顺叙，是按客观事物发生、发展的先后次序进行的叙述，是最基本、最常用的一种叙述方式。法律文书多用顺叙法，将案件的发生、发展过程、事件的原委顺次叙述出来，脉络分明，因果关系清楚。由于事物的运动、发展都要在一定的时间内进行，时间前后交替本身形成一种自然的序列。所以，叙事以时间为线索能够清楚地反映犯罪行为或民事权益纠纷的发展顺序和连续性，使法律事件的来龙去脉清楚、明晰。顺叙法既方便撰拟，又顺应阅读者顺次、系统地了解事实的心理规律。

在顺叙时，应注意时间的连贯性，防止各个时间因缺乏一贯性或者表达不准确而产生漏洞。例如，有一份"侦查终结报告"写道：

犯罪嫌疑人梁××于19××年10月13日9时许，从白湖劳改农场泅水外逃，……14日下午乘车到达合肥……当夜3时左右窜到陈×家。……约定陈×次日上午到胡××家会面。

其中，"当夜3时"应为"15日凌晨3时"，下面的"次日上午"则应改为"当天（15日）上午"。这样可以纠正由于时间表述不准确造成的事实不清。以时间为线索的叙事，在地点变换比较频繁的情况下，往往把时间和地点结合起来作为叙述的线索。请看××市海事法院一件涉外赔偿案民事判决书的事实部分：

1994年11月22日15时10分，被告（指巴拿马普罗的斯船务公司）所属阿加米能轮从上海港黄浦江34号～35号浮筒起锚，慢速驶向73号～74号浮筒。由于该轮拖锚航行，以致左锚将原告（上海供电局）敷设在72号～73号浮筒间的"南浦383号"水底过江电缆勾住，并于16时52分将电缆拉断，造成原告所属供电所、高压工区以及上海南市发电厂7号发电机组与电网解体，致使附近部分地区停电，14家工厂停产。11月25日晨，当该轮再次起锚驶向上海港白莲泾码头时，由于未清除锚具上的电缆，使"南浦383号"过江电缆又遭强力拖拉断损为三段。该电缆浦西、浦东两端的绝缘纸均呈纵向断裂……

上述事实叙述将时间推移（11月22日15时10分——16时52分——11月25日晨）和空间转移（黄浦江34号～35号浮筒——72号～73号浮筒——上海港白莲泾码头）结合起来作为组织材料的线索，把海事纠纷的产生、发展过程交代得很清楚。

遇到比上述案件持续时间更短而地点转变更迅速的案件，往往采用以地点为线索的顺叙法。例如，一份终审刑事判决书这样写道：

原审被告人姚××因未完成1981年12月调度指标，受到车队的处理。姚对此不满，于1982年1月10日上午10时许，擅自将停放在本车场的一辆'华沙'牌轿车（车号39-10945）开到天安门广场，竟不顾交通民警的阻拦，从纪念碑西侧，开足马力向广场旗杆西侧和金水桥前密集的人群冲撞，致5人死亡，19人受伤（其中11人重伤），金水桥西侧汉白玉栏杆被撞坏，汽车被撞毁。

文中从车场到天安门广场，从纪念碑西侧到广场旗杆两侧直至金水桥前，地点线索贯穿始终，虽然没有具体的时、分、秒，犯罪过程却交代得很清楚。

另有一种地点的转换，不是由此地到彼地的明显变化，而是途中的行进状态，以这种地点线索叙述的案情，其情节往往很紧张，变故骤然。例如，某交通肇事案刑事判决书"事实部分"写道：

被告人冀×于1989年2月8日早晨6时30分，驾驶由××至××庄的联运点的402路公共汽车，由西往东行至建华路南口，以每小时50多公里的速度，在交叉路口，向左打轮强行超越顺行的37路公共汽车时，发现前方有一个骑自行车的人，被告人为了绕行躲闪自行车，继续往左打轮，以致驶入逆行大型车分道线内。此时，又发现了由南往北横过马路的行人傅×江（男，66岁）及其妻李×云（67岁），被告人虽然紧急刹车往右躲闪，但因车速过快，停车不及，汽车左前部将傅×江撞出17.8米，李×云撞出24.6米，致傅、李二人严重颅脑损伤，颅内出血身亡。

把握这种车辆行进中地点急速转移、情况瞬息万变的交通肇事案或车祸案件的叙述要领，关键是叙清刹那间的突然变化中造成危害的态势及其所造成的结果。飞机、船只的交通肇事案或民事索赔案件的案情也要用类似的方法叙述。

除顺叙外，分叙法也常用于法律文书写作。分叙，就是按不同的人、不同的时间、地点或者事件的不同方面将事实材料分类排列的方法。这种分叙法适用于数罪并罚的案件、作案次数较多的案件、团伙犯罪或共同犯罪、经济合同纠纷和民事共同诉讼案件。这些案件都可以根据不同的案情，从不同的角度进行分叙，或者按不同的诉讼标的分叙。在分叙时，事实的分类要符合逻辑事理和法理，在分叙中对同一人或同一事的叙述也应兼顾时间和空间的顺序。

法律文书写作在必要时也用倒叙、插叙和补叙的方法。例如，有一份继承案的民事判决书先写"被继承人聂×英于1993年病故"，然后倒叙他生前的婚姻、子嗣、产业等情况。有的"破案报告"因线索纷杂，不用插叙法，某些情节难以讲清，而在叙述侦破过程时因为经过一段复杂的过程终于查出了犯罪分子，则往往要补叙其作案过程。

不过，司法文书的倒叙、插叙、补叙，绝不是为了造成悬念，扣人心弦，更不是故弄玄虚、哗众取宠，而仅仅是为了叙述的方便。总之，法律写作的叙述方法没有千篇一律的模式，要从不同案件的具体特点出发，采用最适当的叙述方式。

4. 叙述的角度。法律文书的叙述角度统一和变换也是一个值得讨论的问题。叙述角度包含下面的内容：①以什么作为出发点去讲，也即立足点问题；②用什么身份去讲，也即人称问题。

法律文书大多数以司法人员采取从旁叙述的角度，叙述人以第三者身份出现，每一篇文书的立足点也比较固定、单一，都是站在诉讼或法律事务某一特定阶段上来说的。所以，每篇法律文书的叙述从整体来说多用第三人称贯穿始终，立足点也是前后一致的。用第三人称叙述，可以不受时间和空间的限制，也不受作者生理、心理的约束。因而具有广阔的叙述余地，能客观、全面地叙述情节。但是，有些司法文书，例如，立案、侦查和审结阶段的报告文书有时用第一人称，把情节事实用第一人称通过"我"或"我们"告诉读者，自诉类文书（起诉状、上诉状、申诉书）也要采用第一人称叙述，这些文书应注意人称前后一致。辩护词、代理词等文书，导言部分用第一人称，正文用第三人称，结束语又用第一人称，变换人称要注意行文的过渡和衔接。

总之，法律叙述的立足点比较固定与单一，人称也比较固定，有些文书虽然有人称的变换，但这种变换并非为了达到感人、生动等表达效果，而仅仅是为了适应叙述身份的改变（如辩护词导言和结束语主要叙述"我"即"辩护人"所进行的诉讼活动和主张，正文部分的叙述成分中辩护人以第三人身份出现对被告人的行为采取从旁叙述的角度，所以，只能采取第三人称）。

（二）说明情况

法律文书用言简意赅的语言对客观事物或情况进行介绍、解释，使人了解事物的性质、特点、情况以及内在的规律性。例如：

> 现场位于黔桂铁路的深河车站东侧，下顶岩寨以北 1 公里处的山腰洞内。洞口茅草丛生，洞深 15 米，高不到 1 米。匍匐进至洞内 4 米处，发现一连接颈椎骨的人头骨，骨上附有少量软组织。脊骨和四肢骨分离，骨质发黑。洞深 7 米处又有一洞，洞内有脱落腐烂的碎肉片，一堆长 22 厘米的散乱头发，两根 52 厘米长的发辫，以及两个花布乳罩，两只黑色发夹，洞内有零乱的动物足迹。

这段文字平直、明了，真实、客观地说明了犯罪现场的勘查情况。

在各类文章中，说明使用很广泛。说明的方法也是多种多样的，有定义、解说、分类、举例、比较、引用、描摹、数字、图表等。这些说明方法，在广义的法律写作中普遍使用，而在法律规范文件（立法语言）和法律文书中常用解说、举例、引用、数字等方法。下面略加说明。

1. 解说。解说用于对事物的基本方面或主要特征，作出概括而又具体的阐述。解说在立法语言中常常用以解释概念，划定范围，在法律文书中常常用以说明当事人身份概况、案件来源等。下面举一个立法语言的例子。

　　本法所说的子女，包括婚生子女、非婚生子女、养子女和有扶养关系的继子女。本法所说的父母，包括生父母、养父母和有扶养关系的继父母。本法所说的兄弟姐妹，包括同父母的兄弟姐妹、同父异母或同母异父的兄弟姐妹、养兄弟姐妹、有扶养关系的继兄弟姐妹。（《中华人民共和国继承法》第 10 条第 3、4、5 款）

　　此例对"子女""父母""兄弟姐妹"的含义进行详细的解释，是为了避免有关法律在实施中产生误解，引起纠纷。

　　2. 举例。解说只能给人以较为概括的了解，要使人有一个清晰的感性认识，常常还要动用举例说明的方法。举例又可以分为列举性举例、比方性举例和典型性举例等。立法语言常用列举性举例，所举例子必须准确并为人们所熟悉，使法律条文表述严谨、详尽。例如，《中华人民共和国继承法》第 3 条规定，遗产是公民死亡时遗留的个人合法财产，它包括：①公民的收入；②公民的房屋、储蓄和生活用品；③公民的林木、牲畜和家禽；④公民的文物、图书资料；⑤法律允许公民所有的生产资料；⑥公民的著作权、专利权中的财产权利；⑦公民的其他合法财产。

　　3. 引用。说明事物，在必要时可以引用一些有关资料来充实说明的内容，或者作为说明的依据，使说明具有说服力和权威性。例如，在一份辩护词中，辩护人为了论证被告人的行为不构成强奸罪和抢劫罪，先对这两个罪的特征作了以下说明：

　　　　强奸罪，是指违背妇女意志，采用暴力、胁迫或者其他手段非法与妇女发生两性关系的行为。强奸罪具有两个特征：①违背妇女意志；②采用暴力、胁迫或其他手段。抢劫罪也具有两个特征：①使用暴力、胁迫或是其他方法；②将公私财物据为己有。两者缺一不可。

　　这里具体引用了《刑法》第 236 条和第 263 条关于强奸罪和抢劫罪的规定，说明就显得有理有据了。

　　在法律文书表述中，多引用有关法律条文和法学理论进行说明。

　　4. 数字。为了说明事物的特征与性质，法律文书往往可以运用一些数字和数据说明。法律语言中的数字说明事关重大，必须十分准确。例如，勘查报告中的数字准确与否关系到能否正确认定案件与破案，起诉书、判决书中的数字涉及罪与非罪、罪轻罪重的认定，因此，必须认真核实、一丝不苟。

　　法律文书中的说明不仅方法众多，而且用途广泛，在各类法律文书中都占很大的比重，起着十分重要的作用。例如，笔录类文书，以刑事案现场勘查笔录为例，首部的案件性质、报案人和报案时间、勘查人员姓名、勘查前现场保护情况以及勘查的见证人，正文的勘查起止时间和自然条件、现场地理环境和状况、现场提取物证名称数量等都用说明的方式表达。报告类文书中的案件性质、案件来源，发现、侦破或审理情况，被告人身份事项，定案证据等；公诉类文书的被告人身份事项、案由、拘留和逮捕时间、案件来源、附项的有关事项；辩护词、代理词、公诉词的导言；裁判类文书中原告（人）、被告（人）、辩护（代理）人、法定代表人、公诉人等的身份事项，案件来源、审判组织和审判方式、定案证据等，都要用说明的方式表达。

法律文书对实体事物的说明，不能用生动的描绘；对抽象事理的说明，千万不能夹杂不必要的议论。它要求撰写者排除主观的假设和见解，个人的感情和想象，严格按照案件或法律事务本身的情况和特点予以说明，正确无误、明晰如实地反映案件的本来面貌。因此，法律文书的说明必须具有客观翔实、简而得要、言之有序、科学周密的特点。

法律文书的说明反映司法人员对案件的认识，又是审理案件的重要依据，所以，客观、翔实是它的首要特征。刑事案件勘查笔录等文书对现场情况以及提取证物的说明都应当符合这些特点。如果违反了客观、详尽的原则，就会产生漏洞。例如，"东墙窗下放有 1 张三屉桌，桌子上放有书包 1 个、眼镜 1 副、前门烟 1 盒，右侧的抽屉打开 20 厘米，东墙下放有藤椅 1 把，缝纫机 1 架，南墙东侧放有 1 个小衣柜……"这一段说明中"东墙下放有藤椅 1 把"，因前面有"东墙窗下放有 1 张三屉桌"，显得方位不清，应写明藤椅在东墙下窗子的南侧还是北侧，还有"前门烟"应为"大前门烟"。

关于案件事实的动态说明比静态的现场勘查说明难度更大。特别是对于案情比较复杂的案件说明，更要客观、翔实，才能使有关的论证、结论有可靠的基础和科学的依据。例如：

上诉人的儿子夏×道与被上诉人的女儿汪×琴从 19×× 年初开始恋爱，于 19×× 年 7 月同居生活，并准备正式结婚。不料汪×琴被分配到 ×× 供销社 ×× 门市部担任营业员以后，思想发生变化，经常无理取闹，要与夏×道脱离关系。19×× 年 12 月 14 日，在双方争吵中，汪×琴扬言要用柴油烧掉房子，后来竟用一瓶开水向夏×道身上泼去，将夏腿部烫伤，致其治疗休息 16 日之久。同年 12 月 25 日又发生争吵，汪将衣被全部运回娘家后，再将余下的一条被子浇上柴油，准备放火。夏×道忍无可忍，在极度气愤的情况下，将汪×琴掐死，然后跳崖自杀。两人死后，遗下的房屋、家具、存款、现金等物的归属问题，先后由 ×× 公社和 ×× 公安派出所提出处理意见，因显失公平，上诉人拒绝接受，乃诉请 ×× 县人民法院解决。现该院判决认定夏×道、汪×琴属于事实上的婚姻关系，所以，将其遗物按家庭共有财产加以处理；并以"夏×道将汪×琴杀害，使汪×琴父母在经济上蒙受损失和生活上造成困难"为由，将房屋、家具等判归上诉人所有；将存款 700 元和现金××元、手表判归被上诉人所有。但对夏×道生前所负债务却避而不谈，对债权人夏×保（200 元）、夏×民、夏×清、秦××（各 100 元）的合法权益未予保护，致使他们向上诉人索债。

这是一份民事上诉状对纠纷由来和原审判决的说明。上诉案审判程序是由当事人以原审判决有错误为由提起上诉引起的，为了申述提起上诉的事实与理由，首先，要客观、翔实地说明上诉前的案情，否则上诉的"事实与理由"就无法叙写。其次，要做到简而得要，就是语言简练，道出要旨，法律文书的说明往往处在关键地位，对认定事实、分析案情有画龙点睛的作用，所以，要简而得要，千万不能无的放矢，不着边际。对于复杂问题的说明，更要注意简而得要，只有简而得要，才能把扑朔迷离、互相矛盾的情况理出头绪。

言之有序也是说明的重要特征。说明就是要讲究顺序，讲究条理，用语言的连贯秩序有条理、有步骤地揭示客观事物的本来面目。根据说明对象的不同，说明的条理或次序有下列安排方法：以空间为序、以时间为序、以主次轻重为序、以逻辑顺序。对几种互相之间都没有时间和程序的先后关系，更没有主次因果等关系的事物，可以按并列关系加以说明。总之，说明事物条理、层次的基本方法有多种。在说明时，可以选取其中一种方法，也可以多种方法交错使用。但不管怎样安排，必须遵循三项原则：①符合事物本身的条理；②符合事物的内在联系；③符合人们认识事物的规律。有一份辩护词的导语部分写道："我以××律师事务所接受被告人谭×全家属谭×风的委托，指派作为被告人谭×全的辩护人，参与诉讼活动。我查阅了本案的案卷材料，会见了被告人，通过法庭调查和刚才公诉人发表的公诉词，我认为谭×全伤害张×亚的基本事实是清楚的，已构成伤害罪，对此我没有异议。"

这里根据时间和诉讼活动的逻辑顺序，依次、简要地说明了辩护人接受委托、出庭前的准备工作、参加庭审和对本案的基本观点，为下面辩护理由的论证做好准备。对错综复杂的事物及过程，用言之有序的说明方法，才能顺应人们的思维规律，将内容表达得清楚、明晰。

要写好说明，还必须做到明白、周密。一般应用文体的说明和实际工作的开展有密切的关系，因此，必须写得明白无疑，以免产生歧解和误会，妨碍工作的正常进行。而只有说明时语言周密、严谨才能保证读者明白无误。法律文书的说明对定罪量刑、案件处理往往有举足轻重的作用，更要力求明白、周密，切忌粗疏、谬误。有一份侦查终结报告的"定案依据"部分这样说明凶器和血痕的检验结果：

　　1. 从现场提取凶器 20 厘米长钢钎一根；

　　2. 被告人被逮捕时，身上留有被害人的血迹。

有关人员读了这两条关于证据的说明后，必然会产生一些疑问：这根"钢钎"是"凶器"，是怎样认定的？被告人身上的血迹就是被害人的"血迹"，又是怎么得知的？所以，上面两条说明虽然比较简短，语法上也没有错误，但是表述上并不科学，用来作为定案依据，并不能做到明白无误。其实，这种说明应结合科学鉴定的手段，周密、严谨地进行表述：

　　1. 从现场提取 20 厘米长钢钎一根，经比对与被害人头部伤痕相吻合；

　　2. 上述钢钎上沾有血迹，经检验，与被害人血型相同（都是 A 型）；

　　3. 该钢钎经被告人辨认供称确系其杀人凶器无疑；

　　4. 被告人被捕时，衣服上留有血痕，经化验，其血型为 A 型，与被害人相同（被告人血型为 B 型）。

并在每一项后面注明有关鉴定报告、供词所在卷宗的卷号、页码。这样说明虽然篇幅比原来长，但能加强表述的科学性和准确性，再加上其他人证、书证、物证，形成一个完整而严密的"链条"，以达到证实犯罪的目的。可见，法律文书中说明的明白、周密是以科学性为基础的。

二、描摹

在语言交际中，少不了对环境、人物、事件的刻画与状摹。在文艺作品中，作家通过形象性描写和生动的叙述塑造形象。在法律语言中，不必动情兴感、栩栩如生地再现环境、人物，而要求如实刻画人物和事物的状貌、形态。这就要用描摹的方式进行交际。描摹亦作"描模"，原用于绘画，古已有之。周密《杏花天·赋昭君》词"丹青自是难描摸，不是当时画错"可证。

法律文书的描摹多用于刻画人物形貌、案发环境、现场状况、痕迹及遗留物的性状形态、尸体和伤痕的形态情况，状摹刑事、民事案件或仲裁等非诉讼事件勘验情况及结果。在勘查笔录、尸体检验报告、伤痕检验报告、凶器鉴定报告、通缉令等法律文书中，为了捕捉犯罪信息、再现犯罪过程、状摹犯罪嫌疑人体貌，都要用描摹的方式表述与传播信息。描摹的语言特点是翔实具体、客观周遍。例如，一份尸体检验报告如此表述：

　　经尸表检验：尸斑出现于尸体右侧，呈淡紫红色，眼角膜轻度混浊，瞳孔放大，结合膜轻度充血，并有少量出血点，唇、耳部、指甲轻度青紫，脸色苍白，口腔有大量的血液外溢，头顶部右侧有 1.6 厘米×0.6 厘米伤口，头顶正中至右侧有 3.6 厘米×0.2 厘米、0.3 厘米×0.2 厘米、4 厘米×0.1厘米伤口各一处，右额靠发际处有 0.3 厘米圆形伤口。右眼青肿，左眼眉角处有 0.3 厘米圆形伤口，颈部正中有 0.6 厘米印痕一处，呈斜形由左前部到右下颌消失，下腹部隆起（从尸表检验看，死者明显是被他人杀害）。

这份报告对尸体的各部特别是头部的伤痕，描摹得周详、具体，使死者他杀的结论具有说服力。

当然，在一些刑事案件的现场勘验笔录中，对现场环境、现场痕迹和尸体等的全面描摹则更为繁复与周详。

对人物的描摹，多用于通缉令、协查通知等文告中。例如，公安部转发的北京市公安局对某组织骨干的通缉令，对他们除了列述姓名、性别、年龄、民族、籍贯、身份等事项之外，即用描摹的方法，对其身高、体态、五官等进行刻画。例如：

> 吾×××，男，1968 年 2 月 17 日生，×族，新疆维吾尔自治区××县人，××大学××级学生。身高 1.74 米，留中分头，头发稍黄，长脸形，大眼睛，厚嘴唇，皮肤较白，说话声音较粗，讲汉语，经常穿绿色军裤。

这种描摹的特点是用简洁、平实的语言，准确、概要地状摹出各通缉对象构成特征系列的体态、状貌、声音、服饰特征。通缉令初稿播发时原有"地包天"（指瘪嘴，借喻格）等形象性描写，后在定稿中改换平实的刻画或干脆删除。这从侧面证明了法律语言交际的描摹忌用生动、形象语言，有别于动情兴感、塑造艺术形象的描写。

三、论说

论说也是一种很重要的表述方式。考其本义，"论"就是阐发理论，论证事理，"说"是说得中听，说服他人，即以理服人。究其渊源，"论"来自诸子百家的学术文章，"说"则源于战国策士的游说之辞；"论"偏重阐明理论，"说"却更要讲究服人的技巧。但两者的界限并不是泾渭分明，而是相互交融的。因此，在语言交际中可以把两者结合起来运用（法律文书当然也不例外）。到现代，"论说"也就成了由"论""说"两种意义相近、相关的词素组合而成的联合式合成词。

论说在法律语言交际中十分重要。在刑事、民事、行政等各类案件诉讼过程中，在立案、预审、公诉、审判、自诉、上诉、申诉、抗诉、辩护、代理等程序和工作中，在各种非诉讼法律事务中，都要依据案件事实及有关法律进行一系列论说，说服对方，弘扬正义。总之，司法机关实施法律，律师履行职责，法人和非法人的组织以及每位公民要维护自身的合法权益，都要用论说这一方式。

法律论说必须以措辞准确、结构严谨为准则，切忌冗长累赘、繁缛华丽。英国有一位律师查尔斯·菲利普斯在一起诽谤案的"开庭陈述"中这样说道：

> 谁能估算出这名誉的价值？——它怎么可以用金钱来计算呢？怎么可以用市场上的价格来衡量呢？人一旦失去了名誉，就将受到别人的轻慢、蔑

视、讥贬、遏抑、欺侮……

他用这连珠炮似的论说显示了他的"雄辩才能"。然而，这段论说含义很浅显，无非是说"名誉的价值无可估量"，但是他却用了一个设问句，两个同义重复的反问句，然后又堆砌了一大套同义词，显得辞藻枝碎、言之无物。由于该律师的论说一贯意浮言散，烦琐冗长，他赢得了一个"像园艺家修筑园林供人观赏一样地展览他的华丽辞藻"的评价。显然，这种挥霍语言、卖弄文才的论说是为语言交际特别是法律文书制作所不可取的。

当然，法律文书论说要求平实练达、不事夸饰，并不等于毫无生气或一览无余，在理清思路，使思想符合事理，又要按思路严密组织文辞，使论敌无隙可乘（《文心雕龙·论说》："心与理合，弥缝莫见其隙；辞共心密，敌人不知所乘"）的同时，也要调动众多语言手段以加强言辞的力量（"飞文敏以济辞"）。善于论说的司法官员、律师等都要努力使自己的言辞具有"诱人的魅力"，把所有交际对象的注意力都紧紧地吸引过来。因此，高明的法律文书论说，都是经过有关人员精雕细琢而拟定的看似简朴稳妥，实则言简意赅，字字击中要害。法律文书论说的功力和"艺术"也正在于此。

一个典型而完整的论说，总是由论点、论据和论证这三个要素构成的。论点就是作者对所论问题所持的见解和主张。在议论中，通常也叫作论题，它是作者需要解决的"要证明什么"的问题。论据用来证明论点的事实和道理，它是作者必须解决的"用什么来证明"的问题。论据可以是理论、事实或重要数据。论证就是运用论据证明论点的过程和方法，也就是运用论据严密地、合乎逻辑地证明论点的推理方法。它反映论点和论据之间的逻辑关系，是使论点和论据有机地统一起来的"桥梁"。任何论说都要注意论据充足、论证充分正确，从而推断出准确无误的论点。

论证的方式不外乎两种：一种是立论，另一种是驳论。立论，又叫证明；驳论，也叫反驳。

在法律文书中，论证是与叙述密切相关的。在用叙述客观、真实地反映事物后，只有通过论证，才能解决对客观事物的本质特点、发展规律的认识问题。因此，两者互相联系，不能分离。法律文书要用论证的方法对叙事所反映的事实进行评判，加以论断。如果是刑事案件，要按照犯罪构成理论正确地论述罪与非罪，此罪与彼罪，罪轻与罪重，以及适用法律给予处罚的原因和道理；如果是民事案件，则要按照民法原理，正确论述当事人的民事权益纠纷，分清是非，确定民事权利、义务关系，制裁民事违法行为。因此，论证在法律文书写作中占有很重要的地位。法律文书的论说，更要注意论据（包括对本案事实的高度概括、法学理论和法律条文）的充足性和论证的充分、完美（论证要注意层次清晰、结构完整），使案件的处理结论合法、合理、不纵、不枉，恰如其分。在法律文书议论中，立论和驳论应用都很广泛。下面分别从这两个方面进行讨论：

（一）立论

法律立论也是由论点、论据和论证三部分构成的。报告、诉辩和裁判类文书的论点就是对案件事实所作的断定和结论。公安局起诉意见书中认定犯罪嫌疑人的行为涉嫌犯罪并移交检察院审查起诉的内容；人民检察院起诉书中认定犯罪嫌疑人涉嫌犯罪因而提起公诉的内容；人民法院案件审理报告中对被告人的处理意见，刑事判决书对被告人的判决结果，民事判决书中关于解决当事人民事权益纠纷以及制裁民事违法行为的判决；民事调解书中达成的协议；等等，都是各文书的论点。

法律文书立论的论据，主要是案件事实及其证据、法律条文和法学理论。在立论中，作为论据的案件事实，必须根据论证的需要对事实加以概括，针对性极强地为立论服务。例如，×××市中级人民法院一份强奸杀人案的刑事判决书，犯罪事实这样写道：

> 被告人余××在外文出版社任翻译期间，道德败坏，玩弄妇女，于1958年二三月间以欺骗手段将该社保健员、有夫之妇吴×奸污，同年6月，又将该社翻译、有夫之妇徐××骗奸。组织上发现被告人上述行为后，曾多次对其进行教育，但被告人一再欺骗组织，坚持不悔改。1959年10月，被告人因徐××坚决与其断绝来往，即怀恨在心，萌生杀害徐××之歹念。遂于同年12月18日晚6时许，闯入徐××的宿舍，乘徐××不备之机，用其围巾将徐××勒死，又将尸体放置床上，进行奸尸，并从死者身上搜去人民币20元。事后，被告人恐其杀人罪行被发现，又给死者穿好衣服，盖好被子，并把写有徐××"死因"的纸条，放在徐的枕头下边，将门锁上，于当夜乘火车潜逃至保定，因自知难逃法网，曾卧轨自杀未遂，即被逮捕归案。

在判决理由部分的论证中，用作论据的事实是这样行文的：

> 本院认为，被告人余××流氓成性，一再欺奸妇女，破坏他人家庭，虽经组织上多次教育，不但毫不悔改，反而目无法纪，将被骗奸之妇女徐××杀死，嗣后又进行奸尸，实属罪大恶极。

可见，概括后作为论据的事实要文字简练，又不失具体。目前有一些司法文书，在理由部分的论证中，作为论据的案件事实，不是简单地重复已叙述过的事实，就是根本不提或语焉不详，这都是应该纠正的。

人们常常用"铁证如山"来形容断狱具有无可辩驳的说服力。若要铁证如山，就应该列述重要证据。缺乏具体的证据，只作一般论述，往往导致不正确的结论，产生错误的论点。例如，20世纪80年代××市中级人民法院一起继承案的一审民事判决书对关系人李×华、李×珍与被继承人聂×英的关系是这样论述的：

关系人李×华、李×珍是被告李×藩离婚的前夫女儿。根据《婚姻法》第三十六条的规定："父母与子女间的关系，不因父母离婚而消除。……"1957年，李×藩跟聂×英结婚将两关系人带来共同生活，共同生活中执行了《婚姻法》第36条第2款的规定，但两关系人与聂×英并无血亲关系，也不是聂×英的女儿。按《继承法》第10条的规定，关系人李×华、李×珍不是聂×英遗产的合法继承人，但考虑到与聂×英共同生活期间，在聂×英晚年期间和患病期间对其进行照顾，付出了一定的劳务，故应从聂×英遗产中酌情予以报酬。

并据此作出判决：

给付关系人李×华、李×珍各1万元作为照顾聂×英晚年生活和扶持到其病死的劳务报酬。

在二审判决中，由于考虑到一些新的证据，法院作出了与一审判决不同的论断：

查上诉人李×华、李×珍是李×藩与前夫所生女儿，但自幼随母与聂×英共同生活，虽无血亲关系却向来以父女相称相待，在户籍登记、本人自传、学籍证明等中都自愿申报为父女关系。聂×英对该两上诉人尽到了抚养教育的责任，李×华、李×珍在其家庭困难时期和聂×英的晚年及患病期间都尽到了赡养和扶助的义务。他们之间的养父母子女关系应当予以承认，其继承遗产的权利亦应受到保护。并据此作出李×华、李×珍与被继承人其他子女平均分配遗产的判决。

二审判决所提到的户籍登记、本人自传、学籍证明都是有力的证据。而一审判决因为没有这些有效的证据，没有认定他们之间的养父女关系，因而否定了李×珍、李×华的遗产继承权。从二审判决来看，这种否定是不正确的。

上述列举的是民事法律文书实例。刑事案件内部报告文书中有"定案依据"或"主要证据"一节，在裁判文书中，一般都在法院查明的事实和证据部分对相关证据进行分析、甄别。有的判决书只写"证据确凿"或"被告人供认在案"，显得空洞无力。在立论中，证据既然作为论据运用，一定要严谨、具体而又全面地表述。为了说明证据的写法，我们再把上述余××强奸杀人案刑事判决书的证据一节引述如下：

上述罪行，有被害人家属控告、证人证言、被告人犯罪后遗留在现场烟头的指纹、勒死徐××所用之围巾1条为证，并有现场勘查笔录和法医鉴定书予以证实，证据确凿。被告人对自己所犯罪行亦供认不讳。

这段文字虽然列述了证明余××犯有杀人罪的多种证据，而没有写上经笔迹鉴定，证明"死因"纸条是被告所写这一有力的证据，便使论据失去了一些应有的力量。

在审判实践中那些经得起时间考验，推不翻、驳不倒的案件，被人们称为"铁案"，其深厚的基础正在于充分发挥证据的作用。古代一些判词的作者，都很注意尽力取得并反映证据，以使论证有力。

立论就是运用证据证明论点的过程。立论的方法有多种，法律文书多用分析法。分析法也叫做因果论证法，这是一种从事物的因果关系角度进行论证的方法，一般是用原因来证明结果。分析法也就是根据事实和法律，深刻地讲清道理。有些法律文书说理不能令人信服，往往是因为在论证时缺乏必要的深刻分析。谢觉哉在八九十年前就讲过："呆板地引用'第几百几十条'，老百姓是不愿意听的。我意断案应根据条文，作判词时应很通俗地说明道理。状词上提到的应给以回答，没有提到的也应替他想到。务使判词出来，人人拍手！"谢觉哉强调的就是法律文书分析要中肯深入，以理服人。法律文书的论证分析必须就事而论，即针对特定的案件事实分析论证，有别于科学论文中的概念推理；依法说理，文字平实、简明，周密严谨、无懈可击，有别于政论文说理带鼓动性。在这一点上，当年陕甘宁高等法院对黄克功杀人案的判决书是一个典范，值得我们学习。[1]

目前有一些民事判决书、调解书说理苟简，公式化，千篇一律，不能反映各起案件的特殊性，当事人或群众看了不服，这和文书撰拟者没有掌握过硬的分析、论证本领有关。在这一方面，一些古代判词和老解放区的判决书值得我们学习与参考。例如，陕甘宁边区高等法院 1942 年有一份离婚案民事判决书的理由写得较好：

> 查侯丁×神经错乱，不识五以上之数，不知自己之年龄，更不知男女之乐及夫妇之情，且患有羊角疯病，既已当庭讯明，上诉人谓侯丁×年轻力壮，并无不治之症，显属遁词；而欲以丁×之侄与侯张氏为嗣子，亦何能弥侯张氏终身幸福之缺陷。侯张氏结婚以来苦恼 9 年，侯丁×病愈无望，自念青春瞬逝，前途悲观，要求离婚，实出诸不得已之衷心，更何得指为张×之唆使图财。原判依《边区婚姻条例》第十一条第二款、第八款之规定，判决侯张氏与侯丁×离婚，于法于情均无不合。

这一段判决理由在法律与常情密切结合、情理交融方面是十分成功的，值得体味与参考。当然，情理交融绝不意味着以常情断案，而是以法断案，辅之以情，使人心服口服。

（二）驳论

驳论，是以反驳为主的论说方法，这是一种论证对方的论点有错误，从而驳

---

〔1〕　潘庆云：《中国法律语言鉴衡》，汉语大词典出版社 2004 年版，第 226～227 页。

倒对方，树立自己正确论点的方法。驳论和立论一样，也是由论点、论据和论证三部分构成，论证分析时同样要求就事而论、依法说理、周密严谨。驳论有反驳论点、反驳论据、反驳论证等方法。

请看下面一份刑事上诉状，其三条上诉理由就是用驳论的方法表述的：

一、原审判决认定："被告人追至沟沿，朝李身影又打一枪，致李××中弹流血过多，于同日5时左右死亡。"认定上诉人"朝李身影又打一枪"是与事实不符的。因为：①上诉人根本没有看见李××；②最后一枪不是上诉人有意打的，而是枪走火；③枪内共装3发子弹，鸣枪示警，已打2发，剩下1发是上诉人留着自卫用的。事实真相是：当时凌晨天未亮，上诉人在房山头仿佛发现前方有个黑点闪动，上诉人直觉地意识到偷梨人在逃跑，当即鸣两枪示警，吆喝站住，就势往前追了几步，不料脚下一滑，身子和手部受震动（左手握枪，右手扣在扳机上），枪就响了。当时上诉人根本没有看见李××在什么地方，怎能朝她打枪呢？而且，枪内只剩1发子弹，上诉人是有意留下的，一旦盗窃分子对上诉人攻击时好做自卫之用。

二、原审判决认定："上诉人任意鸣枪，无视枪支管理规定。"这个认定更是违背事实，不讲道理。用民兵枪支护秋，是不是合乎规定，上诉人并不知道。上诉人是一名社员，只知道听从领导的指挥。大队领导鉴于盗窃分子多次结伙持匕首、火药枪抢盗劳动果实，为了维护集体财产，保护护秋人员安全，大队党支部书记文××亲自发给上诉人枪支弹药。作为护秋人员，发现有盗窃分子逃跑，鸣枪示警是履行护秋人员的职责，是完全正当的行为。怎么能说是上诉人任意鸣枪，无视枪支管理规定呢？

三、原审判决称："上述事实被告人在庭审中供认不讳，并有证人及现场勘验材料在卷佐证无疑。"这个论断是没有根据的。在侦查、起诉和审判中，上诉人的口供有真实的交代，也有违心的供述。当真实的交代不能被通过的时候，上诉人只是违心迎合讯问人的需要讲假话，企望得到宽大释放。这也是讯问人给上诉人讲的。至于本案原有3名证人，审判前公安司法人员先后向他们收集了20多份证言，审判时又传讯出庭作证，由于上诉人没有"朝李身影又打一枪"，所以，没有一个证人、一份证言证实上诉人"朝李身影又打一枪"。还有所谓的"勘验"，先后做过两次，第一次是在现场已被破坏的情况下做的；第二次所谓勘验，只不过是再次押上诉人赴现场"表演"罢了。所以，这两份勘验记录没有丝毫的事实和科学依据，当然不能作为上诉人犯罪的证据。

如上所述，对李××被伤害抢救无效死亡的事实，上诉人感到十分痛心。但这并非由于上诉人的故意和过失所致，上诉人主观上是没有罪过的，所以，不应负刑事责任，请予以重新审判。

上面的"上诉理由"，采用了反驳论据的方法。上诉人的目的是反驳原审判决对他构成"伤害（致死）罪"的认定，而判决书上构成伤害（致死）罪这一论点是用三个论据来证明的：①"被告人追至沟沿，朝李身影又打一枪，致李××腹部中弹流血过多……死亡"；②被告人"任意鸣枪，无视枪支管理规定"；③"上述事实被告人在庭审中供认不讳，并有证人及现场勘验材料"佐证。上诉状对这三条论据逐一用摆事实、讲道理的方法进行反驳，条理清楚、层次分明。驳倒了这些论据，判决书的结论便不能成立。在反驳判决书论点的基础上进一步建立本身的论点即其"上诉请求"："上诉人不应负刑事责任，请予以重新审判"。其实，上诉状还可以依据法律展开论证，证明这是一起意外事故并提出更鲜明的上诉请求："撤销原判，作无罪判决"。

法律论证的驳论，以反驳论据居多，直接反驳论点的少见。反驳论证也时有所见。反驳论据就是指出错误的论点在论证过程中与论据之间没有内在的逻辑联系。由于论点和论据之间没有必然联系，因此，对方就无法进行推理论证，而强行推导出来的论点肯定是站不住脚的。所以，从分析对方的推理入手，反驳论证，指出其论证过程的逻辑错误，实际上也就驳倒了对方的论点。在一份离婚案民事上诉状中，上诉人针对原审判决论点"双方婚姻由父母包办，并无感情基础……双方因家庭琐事不断争吵"，因此，"双方感情已完全破裂，无法和好……判决离婚"的论证方法，反驳道："父母做主，必然无情，这是形而上学，不能成立"并用"我与被上诉人的结婚，虽由双方父母做主，但订婚后，不断约见，彼此印象都很好。结婚时，被上诉人欢天喜地，绝无异议"，"婚后12年内，生了两个孩子，家庭和睦"的事实来印证。然后指出"因琐事而判决离婚，于法无据"，并用有关事实证明夫妻关系恶化，是因为"第三者"插足。最后，表示期待被上诉人"放弃错误思想、改善夫妻关系"。全文夹叙夹议、据法论理、词意恳切，因此，其"请求撤销原判，不准离婚"的上诉请求也合理、合法，有说服力。

由于驳论的目的是驳倒对方的论点，建立自己正确的论点，因此，驳论之后往往随着正面的立论，列举事实，据法论理。无论反驳论据还是反驳论证之后都是如此。

驳论广泛运用于辩护词、代理词、答辩状、抗诉书、上（申）诉状等诉辩文书中，目的都是指出诉讼对方或人民法院的错误或不当之处，要求人民法院作出或重新作出正确、合理的裁判，都应该在"以事实为根据，以法律为准绳"的原则下采取讲清事实、明辨是非的科学态度。对于原审裁判的错误一定要认准究竟是错在认定事实方面、适用法律方面，还是错在运用程序方面，这样才能抓准问题，驳得有力；如果无的放矢，泛泛而谈，则不能达到预期的效果。

有些成功的驳论，除了一般地运用多方面的、具体的事实和材料外，还用有关专业的具体数据和有关学科的科学原理，或采用科学实验的结果进行论证。例如，在曲××伤害案审理过程中，公诉人指控："被告人曲××拎镐追打王××，致王××左侧颧骨骨折，经法医鉴定为轻伤，其行为……已构成故意伤害罪。"辩护人根据曲××与王××互殴时，曲打王的部位和检验结果，即王×× "左胸肩背部可见数处面积不等的擦皮伤和皮下出血，总面积小于体表面积的5%"的事实，按最高人民法院等司法领导机关制定的《人体轻伤鉴定标准（试行）》（现已失效），不构成轻伤，仅属轻微伤，因此，曲××的行为不构成伤害罪。辩护人还对"致王××左颧骨骨折，构成故意伤害罪"的指控进行了辩驳。在辩驳中，辩护人除了依据有关供词从情理上进行分析、指出有关方面不进一步进行科学鉴定却采用行政手段作出不公正结论之外，还从四个方面，依据物理学、解剖学、医学等多门学科的原理和方法，进行深入、细致的分析探究，论证了王××颧弓骨上的裂纹不可能是十字镐打击所致，据拍片等结果看，王××是"颧弓骨骨折"，不是"颧骨骨折"，因此，不构成轻伤。

我们认为："起诉书"指控曲××打了王××的头，不符合事实，理由是：

1. 从使用的器械看，经我们测量分析：十字镐的重量是4公斤。铁镐长53厘米，一头刃宽5厘米，另一头尖1厘米。中间铁镐高6厘米，长8厘米，把长是93厘米。按物理原理，以等加速度运动着的器械作用于物体，其重量约有100公斤，可以刨开冻土，也可以刨裂水泥地。如果刨在人的头上，绝不仅仅是4厘米长的、平整的肉皮上的线状伤痕和颧弓骨上的裂纹，而会是更为严重的伤势。若用镐的尖头刨，至少打一个窟窿，若用镐刃一头刨，他的伤口也不仅仅是4厘米长，用镐的横断面打，也不仅仅是打上颧弓骨，而是整个颧骨。所以，"起诉书"的认定，不合乎科学道理。凡是科学都是可以反复实验的。试想，以十字镐用抡起来的速度打一个物体，看撞击力有多大，从而可以看出打在人的头上是什么后果。

2. 从头上的瘢痕看，王××头上左侧颧弓骨上端有一条平整直线状4厘米的皮痕，经过X线检查，下面颧弓骨有一条纵向的线纹。皮伤与骨线方向是不一致的。颧弓骨是一小块非常坚硬的骨头，肉皮上的伤痕很小，不大可能形成颧弓骨骨折。从人的骨骼结构说，人的颧弓骨与颧骨之间都有一条纵型生理线，线的位置有的较前有的稍后，因人而异，王××头上颧弓骨的纵型线是生理线还是骨折线，还不能确认，需进一步检验核实。

3. 从致伤的时间看，检验意见说是："陈旧性的骨折"。在医学上从受伤时起，21日后统称为陈旧性的骨折。王××头上的纵向线如是颧弓骨骨折的话，究竟是什么时候形成的，谁打的，用什么打的？这需要进一步检验确认。据了解（孔家疃村长孔×松讲），去年 4 月 16 日和 9 月 23 日，王××曾两次带领多人袭击孔家疃村办公楼，曾被人用石块打伤他的头。是否那时受的伤？这亦有可能。

4. 从 3 次检验拍片结果看，王××头上的伤是颧骨骨折，还是颧弓骨骨折，属于轻伤还是轻微伤？应该以科学的方法拍 X 光照片为准。根据实际拍的 X 光照片来看，是后者，而不是前者。第一次，6 月 27 日拍 X 光照片后，8 月 6 日××县人民检察院认为证据不足，将批捕材料发回县公安局要求补充侦查。第二次，8 月 9 日拍 X 光照片，颧弓骨有一道纹，认为是颧弓骨骨折。是否属于颧骨骨折，是否构成轻伤？对此公、检两机关认识不一致。第三次，8 月 21 日 X 光照片，是县检察院委托县人民医院拍的，也是有一道纹，意见仍有分歧。这样本应送上一级法医部门鉴定，但是准备将片子寄往上海鉴定时，未被批准。于是县主管政法领导，召开了三机关领导及法医参加的会议，采用行政手段，要求"统一认识"，定为颧骨骨折，是轻伤。我们认为这种做法本身是违反实事求是的科学鉴定原则的。拍的 X 光照片是客观存在的，不能用行政手段主观臆断。我们曾两次（1993 年 10 月 21 日和 10 月 29 日）走访县医院，向法医门诊主治医师孙大夫咨询，孙大夫查看 X 光照片，均认为是颧弓骨骨折，而不是颧骨骨折，没有功能障碍，不适用《人体轻伤鉴定标准（试行)》（现已失效）第 13 条。为了对国家法律负责，对一个青年负责，应该听听他的证言。

辩护中，由于列举了大量经查证的事实和确凿证据，并对某些现象和鉴定材料进行了多学科的分析论证，辩护人最后得出的结论是："曲××与王××互殴，致王××轻微伤，不构成轻伤，不具备刑法规定的伤害罪的构成要件，不属于追究刑事责任的范围，而是违反了《中华人民共和国治安管理处罚法》，应宣告无罪。"这一结论也就比较具有说服力。

思考与实践

1. 制作法律文书，如何从词语、句子、篇章结构等层面保证语言的准确、妥帖？

2. 法律文书有哪些表述方式？应该如何保证这些表述方式的准确严谨、无懈可击？

中编　司法机关的主要法律文书

第四章

公安机关的刑事法律文书

❖学习目的与要求

公安机关的刑事法律文书，是指公安机关在诉讼活动中制作、形成和使用的法律文书。本章首先概要介绍了公安刑事法律文书的概念、分类、制作和运用的基本要求，要求理解识记。继而讲述了呈请立案报告书、立案决定书、提请批准逮捕书、呈请破案报告书、起诉意见书、补充侦查报告书等重要文书，要求对这些文书的概念、功效、结构和主体内容在理解的基础上加以掌握。

第一节　概　　述

一、公安机关刑事法律文书的概念和功用

公安机关的法律文书是公安机关在刑事诉讼活动中依法制作或者认可的具有法律效力或法律意义的文书。国家安全机关所用法律文书与公安机关法律文书大体相同。

公安机关使用的法律文书包括两大部分，一部分是办理刑事案件的刑事诉讼文书，另一部分是办理治安案件的治安管理处罚文书。本章所要讲授的是公安机关在办理刑事案件时制作和运用的文书。

办理刑事案件所使用的文书，包括从立案开始到预审结束，直到最后将案件移送人民检察院审查或撤销案件这一整个办案阶段所使用的主要文书。它不仅包括公安机关制作的各种文书，而且包括公安机关认可的其他机关、团体和诉讼参与人依法制作的各种文书，如犯罪嫌疑人的亲笔供词、证人的亲笔证词等。

公安机关制作和使用的刑事法律文书是十分重要的法律文书，它是整个刑事

诉讼文书的一个重要组成部分，是人民检察院审查起诉和人民法院审判的基础和依据，它与人民检察院的刑事检察文书和人民法院的刑事裁判文书共同构成刑事诉讼文书的有机体系，充分体现了公、检、法三个机关分工负责、互相配合、互相制约的原则。因此，制作公安机关的刑事法律文书对保证严格执法、提高办案质量、研究犯罪活动规律、总结侦查工作经验和教训，都具有十分重要的意义。

二、公安机关刑事法律文书的分类

公安机关刑事法律文书的分类方法较多，可以从刑事法律文书的制作方式上划分，也可以从刑事法律文书的表现形式上划分，还可以从刑事诉讼程序上划分，即按照办案的程序编排分类。最后这种分类方法，基本上符合刑事诉讼的办案过程，并且使每种刑事诉讼文书的制作与办案程序融为一体，具有连贯性。因此，本章采用此种分类方法。根据《公安机关办理刑事案件程序规定》和《公安机关刑事法律文书式样》（2012 年版），公安机关的刑事法律文书可以分为以下八类，共计 97 种[1]：

1. 立案、管辖、回避文书：受案登记表、受案回执、立案决定书、不予立案通知书、不立案理由说明书、指定管辖决定书、移送案件通知书、回避/驳回申请回避决定书。

2. 律师参与刑事诉讼文书：提供法律援助通知书、会见犯罪嫌疑人申请表、准予会见犯罪嫌疑人决定书/通知书、不准予会见犯罪嫌疑人决定书。

3. 强制措施文书：拘传证、传讯通知书、取保候审决定书/执行通知书、收取保证金通知书、保存证件清单、退还保证金决定书/通知书、没收保证金决定书/通知书、对保证人罚款决定书/通知书、责令具结悔过通知书、解除取保候审决定书/通知书、监视居住决定书/执行通知书、指定居所监视居住通知书、解除监视居住决定书/通知书、拘留证、拘留通知书、延长羁押期限通知书、提请批准逮捕书、逮捕证、逮捕通知书、变更强制措施通知书、呈请不予释放/变更强制措施报告书、不予释放/变更强制措施通知书、提请批准延长侦查羁押期限报告书、提请批准延长侦查羁押期限意见书、延长侦查羁押期限通知书、呈请计算/重新计算侦查羁押期限报告书、计算/重新计算侦查羁押期限通知书、入所健康检查表、换押证、呈请释放报告书、释放通知书、释放证明书。

4. 侦查取证文书：呈请传唤报告书、传唤证、呈请通知证人/被害人询问报告书、询问通知书、提讯提解证、讯问/询问笔录、犯罪嫌疑人/被害人/勘验笔录、解剖尸体通知书、复验复查笔录、呈请侦查实验报告书、侦查实验笔录、调

---

[1]　因为有些文书拆开使用，在实际执法中，各地公安机关还增加了一些文书，目前公安文书已有一百多种。

取证据通知书/清单、搜查证/笔录、接受证据材料清单、查封决定书、协助/解除查封通知书、查封笔录、查封/解除查封清单、扣押决定书/清单/笔录、登记保存清单、发还清单、销毁清单、随案移送清单、扣押/解除扣押邮件/电报通知、协助查询财产通知书、协助冻结/解除冻结财产通知书、鉴定聘请书、鉴定意见通知书、辨认笔录、通缉令、关于撤销×字×号通缉令的通知、办案协作函、撤销案件/终止侦查决定书、起诉意见书、补充侦查报告书、没收违法所得意见书、违法所得清单、强制医疗意见书。

5. 技术侦查文书：采取/执行/延长/解除技术侦查措施决定书等文种。

6. 执行文书：减刑/假释建议书、假释证明书、暂予监外执行决定书、收监执行通知书、准许拘役罪犯回家决定书、刑满释放证明书等。

7. 刑事通用文书：呈请×××报告书、复议决定书、要求复议/提请复核意见书、死亡通知书等。

8. 其他：各类告知书（用以履行立案、破案、撤案、移送审查起诉等阶段法律规定的告知义务）、刑事侦查卷宗（封面），卷内文书目录等。

三、公安机关刑事法律文书制作与运用的基本要求

1. 内容要真实。内容客观、真实，是制作刑事法律文书最基本的要求，因为只有内容客观、真实，才能保证办案的顺利进行，如果内容虚假，主观臆造，必然会将办案活动引向歧途，影响刑事诉讼活动的顺利进行。为此，要做到：①文书中涉及的有关人员的基本情况必须内容客观、真实，如犯罪嫌疑人的姓名、性别、年龄、单位、职务、住址和简历都必须真实无误；②文书中所叙述的事实必须客观、真实，如犯罪嫌疑人的犯罪事实必须是经过查证属实的；③文书中列举的证据必须是合法、客观且与案件事实相关的。

2. 制作要及时。制作刑事法律文书，应做到时间上迅速、及时。在办案过程的每一阶段都要依法制作相应的刑事法律文书，有较强的时间性。因此，制作刑事法律文书时必须及时，尤其是那些时限性很强的文书，必须在法定时限内制作。例如，犯罪嫌疑人被拘捕之后的 24 小时之内必须进行第一次讯问，并且同时制作讯问笔录。

3. 手续要完备。制作刑事法律文书还应做到法律手续完备。在办案过程中依法制作的刑事法律文书，不仅是刑事诉讼的真实记录，而且是刑事诉讼的法律凭证。例如，讯问笔录经被讯问人核对无误后，应当让被讯问人在笔录末页写明"以上笔录经我看过（或向我宣读过），和我说的相符"，然后由被讯问人在笔录上逐页签名（盖章）或者捺指印。拒绝签名（盖章）、捺指印的，应当在笔录上加以注明。只有法律手续完备，该讯问笔录才具有法律效力，否则，就会影响笔录的证据作用。

第二节　呈请立案报告书

一、概念和功用

呈请立案报告书是公安机关侦查部门对报案、控告、举报、自首的材料经过审查，认为符合立案条件，且该案属于公安机关管辖案件，报请领导审查批准是否立案所制作的法律文书。

我国《刑事诉讼法》第 109 条规定："公安机关或者人民检察院发现犯罪事实或者犯罪嫌疑人，应当按照管辖范围，立案侦查。"且第 110 条第 1 款规定："任何单位和个人发现有犯罪事实或者犯罪嫌疑人，有权利也有义务向公安机关、人民检察院或者人民法院报案或者举报。"根据上述法律规定以及公安部规定的刑事案件具体立案标准，公安机关对受理的材料（包括报案、控告、举报和自首）以及自己在与犯罪斗争的过程中发现和查获的材料，应当及时进行审查，认为有犯罪事实需要追究刑事责任的时候，应当立案。根据《公安机关刑事法律文书式样》（2012 年版）的规定，刑事案件报告立案报告表和刑事立案报告书，均改称为呈请立案报告书。

呈请立案报告书的功用有两点：一是依法确认案件成立，是公安机关开展侦查工作的依据。二是呈请立案报告书对案情进行了一定的分析，并提出了侦查计划，对侦查工作具有指导意义。

二、结构、内容和制作方法

呈请立案报告书分为首部、正文、尾部三部分。

（一）首部

写清文书的名称和编号。如标题写"呈请对×××抢劫案的立案报告书"；编号，可写为"×公刑立字［××××］××号"。

（二）正文

正文包括五个部分：报告导语、接受案件的情况、立案的事实根据、立案理由和法律依据、侦查计划。

1. 报告导语。首先，简要说明案件来源，即案件是如何发现的，是报案、控告、举报，还是犯罪嫌疑人自首或是其他机关转来的或者是上级公安机关交办的。其次，写明接受案件后的初查、勘查、访问后获得的证据材料，得出已经有犯罪事实发生的结论，然后写明"现将有关情况报告如下："。

2. 接受案件的情况。根据接受案件的具体情况，简要写明时间、地点，报案、控告、举报人或者犯罪嫌疑人提供的情况以及抓获或者发现的经过。

3. 立案的事实根据。这是呈请立案报告书的重点内容，是案件成立的关键。它一般包括现场勘查情况、现场调查访问情况以及鉴定结论，搜集能够证明犯罪事实发生的证据以及犯罪造成的后果等。

（1）现场勘查情况。写明现场勘查的基本步骤，现场方位、现场状态、现场的变动和各种痕迹、物种的情况以及提取的痕迹、物证数量等。具体内容要和本案的"现场勘查笔录"的内容相吻合。

（2）现场调查访问情况。要把侦查人员通过深入细致的调查访问所获悉和搜集的案件情况和证人证言叙写清楚。被害人所提供的与案件有关的情况也要写清。

（3）鉴定结论。这部分内容并不要求每份报告都具备。鉴定结论主要指伤情鉴定、司法精神病鉴定、赃物估价等结论，这些鉴定结论直接关系到案件是否成立。

（4）犯罪造成的后果。包括人员死伤情况、财物损毁情况等。

4. 立案理由和法律依据。要说明犯罪事实已经发生，应当追究行为人的刑事责任。对属于自己管辖的案件，提出立案的建议。

首先说明在什么时间、什么地点发生了何种性质的刑事案件，并且收集到了一定的证据，证明案件事实确已发生；然后写明行为人的行为已经触犯了我国《刑法》，依法应当追究其刑事责任。最后用程式化语句结束该段内容："为此，根据《中华人民共和国刑事诉讼法》第112条之规定拟立为……案侦查。"

5. 侦查计划。要根据案件的实际情况和对案件的分析判断，制定切实可行的侦查计划。具体内容包括：①侦查的方向和侦查的范围以及主要任务。②侦查的措施、方法和步骤。③侦查力量的组织和分工。④需要有关方面配合的各个环节如何紧密衔接。⑤侦查的时间要求。预计各项任务完成时间，整个案件侦破的时间。

侦查计划应力求具体详细。案情简单的，侦查计划应简要一些。对情况复杂的特大刑事案件，需要较长时间侦查的，可将这一部分内容单独制作，写成一个全面详尽的侦查计划。

（三）尾部

写明下列内容：①结束语。通常写为："以上报告妥否，请批示"等。②写明承办案件的单位和侦查人员姓名、文书制作日期、制作单位并加盖公章。

三、制作与运用中应当注意的问题

1. 坚持立案条件，掌握立案标准。对有"犯罪事实发生需要追究刑事责任"，同时又达到公安部颁布的刑事案件立案标准的，就应当立案；反之，不符合法定立案条件，达不到立案标准的，就不予以立案。

2. 叙事要重点突出，脉络分明。特别是立案的事实依据，记叙要抓住关键、突出重点，做到详略得当。还要注意按一定的顺序组织材料，做到行文脉络分明，使人一目了然。

3. 分析要实事求是，推论要合乎逻辑。在制作立案报告书时，因为犯罪事实尚未全部查清，所以，只能在已有的材料上分析判断。分析一定要实事求是，推论要合乎逻辑，切忌主观臆断。

4. 呈请立案报告书经县级以上公安机关负责人批准后，作为制作《立案决定书》的依据。

第三节　立案决定书

一、概念和功用

立案决定书是公安机关对报案、举报、控告、自首的材料进行审查后，认为符合立案条件，制作呈请立案报告书，经报请县级以上公安机关负责人批准立案后制作的立案决定文书。

我国《刑事诉讼法》第 109 条规定："公安机关或者人民检察院发现犯罪事实或者犯罪嫌疑人，应当按照管辖范围，立案侦查。"第 112 条规定："人民法院、人民检察院或者公安机关对于报案、控告、举报和自首的材料，应当按照管辖范围，迅速进行审查，认为有犯罪事实需要追究刑事责任的时候，应当立案；……"

立案决定书的功用：立案决定书是确认案件成立，并对案件开展侦查活动的凭据。该文书存入诉讼卷。

二、格式、内容和制作方法

立案决定书是填空式文书，共有二联，一联为正本，存入侦查卷；一联为存根，由文书制作单位统一保管。

（一）正本

正本由首部、正文和尾部组成。

1. 首部。

（1）标题。分上下两行排列，上行为制作机关名称："×××公安局"，下行为文书名称："立案决定书"。

（2）编号。由制作文书的机关代字、办案部门的简称、年度和顺序号组成，如北京市朝阳区公安分局 2012 年决定立案侦查的第 10 号案件，其文书的编号为"朝公立字〔2012〕10 号"。

2. 正文。正文为一段填空式内容，其文字表述为："根据《中华人民共和国刑事诉讼法》第×××条之规定，决定对×××案立案侦查。"对空白之处填写时应注意：①法律依据。如果是公安机关自身在工作中发现的犯罪事实或者犯罪嫌疑人，则法律依据填写《刑事诉讼法》第109条；如果是公民报案、控告、举报和犯罪嫌疑人自首的，则法律依据填写《刑事诉讼法》第110条。②案件名称。如果立案时已确认犯罪嫌疑人的，则填写犯罪嫌疑人的姓名和涉嫌的罪名，如填写"王××盗窃"；如果立案时尚未认定犯罪嫌疑人，可用被害人姓名来命名，如"李××被杀"。也可以时间来命名，如"6·15枪支被盗"等。

3. 尾部。注明制作文书的时间，并在年月日上加盖公安机关公章。

（二）存根

存根由首部和正文组成。

1. 首部。文书标题和编号写法与正本相同。只是标题的下方有"（存根）"字样。

2. 正文。依次填写的项目有：案件名称、案件编号，犯罪嫌疑人姓名、性别、地址、职业或工作单位及职务，批准人、批准时间，办案负责人、办案单位，填发时间、填发人。

三、制作与运用中应当注意的问题

1. 立案决定书是填空式文书，要求填写的项目要逐项填写齐全，不可疏漏，填写的内容要准确清楚。

2. 立案决定书正本存入侦查卷，是公安机关开展侦查活动的依据。

第四节　提请批准逮捕书

一、概念和功用

提请批准逮捕书，是指公安机关对有证据证明有犯罪事实而且有逮捕必要的犯罪嫌疑人，提请同级人民检察院批准逮捕时制作的文书。

《刑事诉讼法》第81条第1款规定："对有证据证明有犯罪事实，可能判处徒刑以上刑罚的犯罪嫌疑人、被告人，采取取保候审尚不足以防止发生下列社会危险性的，应当予以逮捕：……"《刑事诉讼法》第87条规定："公安机关要求逮捕犯罪嫌疑人的时候，应当写出提请批准逮捕书，连同案卷材料、证据，一并移送同级人民检察院审查批准。……"提请批准逮捕书是人民检察院审查批准逮捕的基础和依据。人民检察院接到提请批准逮捕书，必须在法定的期限内对案件进行审查，并作出批准逮捕、不批准逮捕或者补充侦查的决定。

二、结构、内容和制作方法

提请批准逮捕书的结构包括首部、正文和尾部三部分。

（一）首部

1. 标题和编号。标题由文书制作机关名称和文书名称组成，分两行居中书写，上行写"×××公安局"，下行写"提请批准逮捕书"。编号由公安机关代字、办案部门和文书的简称、年度和顺序号组成，可写为"×公刑提捕字〔20××〕××号"。

2. 犯罪嫌疑人的基本情况、违法犯罪经历及因本案被采取措施情况。①犯罪嫌疑人的基本情况，依次写明其姓名（别名、曾用名、绰号等），性别，出生年月日，出生地，身份证号码，民族，文化程度，职业或工作单位及职务，住址，政治面貌（如是人大代表、政协委员，一并写明具体级、届代表、委员）；②违法犯罪经历，应如实写明犯罪嫌疑人历史上违法犯罪的概况；③因本案被采取强制措施的情况，应写明因本案已经被采取强制措施的概况。如有委托辩护律师，则要把辩护律师的基本情况写清楚。如果案件有多名犯罪嫌疑人，应逐一写明上述三方面情况。上述三方面情况的写法和写作要求，详见后面起诉意见书的相关部分。

（二）正文

1. 案由和案件来源。根据格式统一规定，应写明下列内容：

犯罪嫌疑人×××（姓名）涉嫌××（罪名）一案，由×××举报（控告、移送）至我局（写明案由和案件来源，具体为单位或者公民举报、控告、上级交办、有关部门移送、本局其他部门移交以及办案中发现等）。简要写明案件侦查过程中的各个法律程序开始的时间，如接受案件、立案的时间。具体写明犯罪嫌疑人归案情况。

2. 犯罪事实和证据。以"经依法侦查查明："为起始语，接着详细叙述经侦查认定的犯罪事实，并说明应当逮捕的理由。应当根据具体案件情况，围绕《刑事诉讼法》规定的逮捕条件，详细叙述。特别需要注意的是：法定的逮捕三条件是统一的整体，缺一不可，因此这一部分应写明符合法定三个逮捕条件的有关事实情况，这样检察机关才会批准逮捕。

对于只有一个犯罪嫌疑人的案件，犯罪嫌疑人实施多次犯罪的犯罪事实应逐一列举清楚；同时触犯数个罪名的犯罪嫌疑人的犯罪事实，应当按照主次顺序分别列举；对于共同犯罪的案件，写明犯罪嫌疑人的共同犯罪事实及各自在共同犯罪中的地位和作用后，按照犯罪嫌疑人的主次顺序，分别叙述各个犯罪嫌疑人的单独犯罪事实，要写得主次分明、罪责清楚。

这一部分应写明认定上述犯罪事实的有关证据，证明上述犯罪嫌疑人已具备法定逮捕的三个条件，理应逮捕。

3. 法律根据。这一段文字按照统一格式填写：①根据我国《刑法》条款为犯罪嫌疑人提出涉嫌的罪名；②援引我国《刑事诉讼法》第81条第1款和第87条规定，作为提请批准逮捕的法律根据；③向人民检察院提出要求，即"特提请批准逮捕"。

具体表述如下："综上所述，犯罪嫌疑人×××——（根据犯罪构成简要说明罪状），其行为已触犯《中华人民共和国刑法》第××条之规定，涉嫌×××罪，有逮捕必要，依据《中华人民共和国刑事诉讼法》第八十一条第一款、第八十七条之规定，特提请批准逮捕。"

（三）尾部

1. 写明文书致送的机关名称，即在文末分两行写明"此致""×××人民检察院"。

2. 发文时间和用印，在右下方加盖公安局局长印和公安局印，并注明年月日。

3. 附项，在年月日左下方，写明本案卷宗×卷×页。

三、制作与运用中应当注意的问题

1. 严格依法办事，正确掌握逮捕条件，防止漏捕和错捕，对符合法定逮捕条件的，制作提请批准逮捕书。

2. 共同犯罪案件，对所有犯罪嫌疑人可以合写一份提请批准逮捕书。在首部分别填写犯罪嫌疑人的基本情况时，可以按照各个犯罪嫌疑人在犯罪过程中的地位和作用（主犯、从犯、胁从犯）的顺序书写。在叙述犯罪事实时，先把他们的共同犯罪的主要事实叙述清楚，并客观反映每个犯罪嫌疑人在犯罪过程中所处的地位和所起的作用，分清主次，明确罪责。如果其中有的犯罪嫌疑人单独还有其他罪行，则在叙述共同的犯罪事实后予以说明。在共同犯罪案件中，如果有的犯罪嫌疑人要被采取取保候审或监视居住的强制措施，那么，在制作提请批准逮捕书时，就应注明他们被采取其他强制措施的情况。

3. 提请批准逮捕书一式三份，办案部门存档一份，其他两份连同案卷材料、证据一并移送人民检察院，作为提请批准逮捕的文字凭证，其中一份由人民检察院连同批准逮捕决定书或不批准逮捕决定书以及案卷材料、证据一起退回公安机关。该文书存入侦查卷（主卷）。

第五节　呈请破案报告书

一、概念和功用

呈请破案报告书，是指公安机关办案部门经过侦查，对于犯罪事实已经查明，且认定了犯罪嫌疑人，并取得了确凿证据的刑事案件，报请领导批准破案的一种文书。

一般刑事案件的侦破，只需填写刑事案件破案报告表，疑难、复杂、重大、特别重大案件的侦破才写刑事案件破案报告书。

呈请破案报告书是公安机关内部审批案件使用的书面报告，它对确保破案工作质量、指导下一步工作、总结破案工作经验教训、检查侦查破案工作，具有重要意义。

二、结构、内容和制作方法

依照《呈请×××报告书》格式行文，在文书标题上方有"领导批示"和"审核意见"栏，供负责人签署意见用。

呈请破案报告书由首部、正文和尾部三部分组成。

（一）首部

首部包括文书的标题和编号，标题写作《呈请破案报告书》，编号在标题右下方，写作"×公刑破字〔20××〕×号"。

（二）正文

正文包括以下内容：

1. 案件侦查的结果。这一部分要写明案件概况，即案件来源和案件发生、经过和结果等情况；后写侦查结果，即已查清犯罪嫌疑人的基本情况、主要犯罪事实和犯罪的证据。如果是共同犯罪，还应写明谁是主犯，谁是从犯，他们在共同犯罪活动中所处的地位和所起的作用，各人应负的罪责，除了共同犯罪外，各人分别还有什么罪行。

2. 破案的理由和根据。这部分要根据《公安机关办理刑事案件程序规定》第175条规定破案应当具备的条件：写明犯罪事实已经查清，并有证据证明犯罪事实是犯罪嫌疑人实施的；有证据证明发生了犯罪事实。

3. 破案的组织分工和方法步骤。这一部分应当写明原拟定的侦破计划及其实施破案的具体情况。例如，写明采取破案措施的组织领导、人员分工和具体破案的步骤方法和措施，从而确保破案工作有条不紊地顺利进行。

4. 其他破案措施以及下一步的工作意见。除了上述破案的组织分工和方法外，还应写明采取了哪些特殊破案措施，以及破案后怎样继续开展侦查活动，可提出具体的意见。例如，对抓获的犯罪嫌疑人由谁负责讯问及如何进行讯问；如何深入犯罪现场和知情人群中去调查访问、收集和核实证据；鉴定工作如何进行等。

（三）尾部

尾部的写作内容和写作方法与呈请立案报告书基本相同。

三、制作和运用中应当注意的问题

1. 案件侦查结果要具体写明犯罪嫌疑人的主要犯罪事实，还要写明犯罪的证据，包括证据的类别、件数等。对查明案件的过程，应当概括地写清楚，无关紧要的细节不必写。

2. 破案理由要充分、有力，援引法律根据要准确，阐明破案理由要通过对查明的案情进行分析、判断，讲清采取破案措施的必要性、正确性。

3. 破案的组织分工和方法步骤要如实说明情况，以便于领导审查。详略要根据具体案件的复杂与否而定。

4. 呈请破案报告书是公安机关内部审批案件使用的文书，只存入侦查工作卷（副卷），不存入侦查卷（主卷）。

第六节　起诉意见书

一、概念和功用

起诉意见书是公安机关对受理的案件侦查终结后，认为应当追究犯罪嫌疑人的刑事责任而向同级人民检察院移送审查起诉时制作的文书。

公安机关立案侦查的刑事案件，在侦查终结后，认为犯罪嫌疑人犯罪事实清楚，证据确实、充分，应当追究刑事责任，需要判处刑罚的，应根据我国《刑事诉讼法》第162条的规定，制作起诉意见书，连同案卷材料、证据一同移送同级人民检察院审查起诉。

起诉意见书在刑事诉讼活动中起着重要的作用。公安机关制作的起诉意见书，是对侦查终结案件的总结和结论，也是公安机关依法请求检察机关审查案件的法定文件，检察机关必须依法予以审查，并决定是否起诉；起诉意见书也是人民检察院审查案件的基础和依据，是人民检察院审查起诉的开始，并且体现了公、检、法三机关在刑事诉讼活动中分工负责、互相制约的原则。

二、结构、内容和制作方法

起诉意见书是文字叙述式文书，由首部、正文和尾部组成。

（一）首部

1. 标题和编号。标题分两行居中书写"×××公安局""起诉意见书"；编号由文书制作机关代字、办案部门简称、文书简称、年度和顺序号组成。例如，北京市公安局刑侦部门2012年侦查终结的26号案件，起诉意见书的编号可写为："京公刑诉字［2012］26号"。

2. 犯罪嫌疑人的基本情况、违法犯罪经历以及因本案被采取强制措施的情况。这部分包括以下内容：

（1）犯罪嫌疑人的基本情况。基本情况的事项可参照提请批准逮捕书，但要注意以下几点：①姓名应根据户口簿、身份证等有效证件书写，与犯罪有关的别名、曾用名、化名以及绰号等，在姓名后面加括号写明，与犯罪无关的别名等不用写。根据我国《刑事诉讼法》第160条第2款规定，犯罪嫌疑人不讲真实姓名、住址，身份不明的，对于犯罪事实清楚，证据确实、充分，确实无法查明其身份的，也可以按其自报的姓名起诉、审判。犯罪嫌疑人是外国人的，应根据其合法身份证件写明姓名，同时写明汉语译名。②出生地，写明省（自治区、直辖市）和市、县的名称即可。③文化程度，一般应以正规教育国家承认的学历毕业证书为准，不识字的，写文盲；通过自学达到一定文化水平的，可写"相当××文化"。④职业或职务，应和工作单位结合在一起写，如"××工厂厂长""××公司供销科科长"等；下岗人员，写无职业。⑤居住地，包括户籍所在地、经常居住地、暂住地。⑥政治面貌，参加党派组织的应写明某党派成员，无党派的写群众，如果是人大代表、政协委员，应具体写明是哪一级第几届的代表、委员。⑦另起一行写"辩护律师×××……"，如有辩护律师，写明其姓名，所属律师事务所或者法律援助机构名称、律师执业证编号。

（2）违法犯罪经历。犯罪嫌疑人历史上有违法犯罪经历的，应写明因何种违法犯罪行为，于何时受到什么机关的何种处分。受过治安处罚处分的，也写明有关情况。

（3）因本案被采取强制措施的情况。应写明因本案何时被采取何种强制措施，变更强制措施的，也应写明具体情况。

（4）单位犯罪的，应写明单位的名称，所在地址，法定代表人的姓名、性别和职务。

（二）正文

这是起诉意见书写作的重点部分，应写明以下几方面内容：

1. 案由和案件来源及侦查过程：①案由和案件来源。应根据犯罪事实和触犯的刑法条款来认定；案件来源，应写明是举报、控告、上级交办、有关部门移送或工作中发现的等。其文字表述为："犯罪嫌疑人×××涉嫌××一案，由×××举报（控告、移送）至我局。"②侦查过程。应简要写明案件侦查过程的各个法律程序开始的时间，如接受案件和立案的时间，犯罪嫌疑人归案的情况，以及侦查终结的时间等。最后写明"犯罪嫌疑人×××涉嫌××案，现已侦查终结"。

2. 查明的事实和证据。以"经依法侦查查明："为开头语，引出事实的叙述。这一部分应详细叙述经过侦查终结认定的案件事实，包括涉嫌犯罪的时间、地点、经过、手段、目的、动机、危害后果及认罪态度等。

对于共同犯罪的案件，写明犯罪嫌疑人共同犯罪的事实以及各自在共同犯罪中的地位和作用后，按照犯罪嫌疑人的主次顺序，分别叙写各个犯罪嫌疑人的单独犯罪事实。

犯罪事实写完之后，以"认定上述事实的证据如下："引出各证据的名称。要列举主要、最有证明力的证据，以证明犯罪事实是犯罪嫌疑人实施的。然后另起一段写明"上述犯罪事实清楚，证据确实、充分，足以认定"。有关量刑的情节这一部分，应根据案情，具体写明犯罪嫌疑人是否有累犯、自首、立功等影响量刑的从重、从轻、减轻等犯罪情节。

3. 提出起诉意见的理由和法律依据。这一部分，以"综上所述"为开头语，写明以下两项内容：①提出起诉意见的理由。写明犯罪嫌疑人的行为触犯了我国《刑法》的具体条款和涉嫌的罪名。②移送审查起诉的法律根据。可表述为："依照《中华人民共和国刑事诉讼法》第162条之规定，现将此案移送审查起诉。"

（三）尾部

1. 文书送达用语和致送机关，分两行写明"此致""×××人民检察院"。

2. 在右下方加盖公安局局长印，并在年月上加盖公安局印。

3. 附项：①本案卷宗×卷×页。②随案移交扣押物品×件。③被害人×××已提出附带民事诉讼。

三、制作与运用中应当注意的问题

1. 严格区分罪与非罪的界限，不能把非罪材料写入起诉意见书。犯罪嫌疑人历史上有劣迹，受过党纪、政纪的处分，可以在经历中加以说明，但不要写入犯罪事实中。

2. 被害人在侦查期间提出附带民事诉讼的，应当在起诉意见书中加以说明，在向检察院提出起诉意见时，一并提出附带民事诉讼的意见。

3. 起诉意见书制作一式三份，一份由公安机关存入侦查工作卷（副卷），另两份随侦查案卷、证据一并移送同级人民检察院审查起诉。

4. 案件移送起诉后，发现不应当起诉的，或者经人民检察院退回补充侦查，经侦查后认为本案不应当移送起诉的，需要及时撤回起诉意见书。

5. 公安机关将侦查终结的案件移送同级人民检察院审查决定，应同时将案件移送情况告知犯罪嫌疑人及其辩护律师。

第七节　补充侦查报告书

一、概念和功用

补充侦查报告书，是公安机关根据人民检察院作出的补充侦查决定，对案件中需要查明的问题，经过调查核实，将查明的情况向人民检察院报告时制作的法律文书。

我国《刑事诉讼法》第 90 条规定，人民检察院对于公安机关提请批准逮捕的案件进行审查后，"对于不批准逮捕的，人民检察院应当说明理由，需要补充侦查的，应当同时通知公安机关"。第 175 条第 2 款规定，"人民检察院审查案件，对于需要补充侦查的，可以退回公安机关补充侦查，也可以自行侦查。"公安机关根据人民检察院的意见，对退回的案件补充侦查后，制作补充侦查报告书，将案件查明的情况报告人民检察院。

补充侦查报告书有利于进一步查明案件情况，准确、有力地惩治犯罪，防止冤假错案，提高办案质量。

二、结构、内容和制作方法

（一）首部

1. 标题和编号。其写法可参照起诉意见书。

2. 受文单位名称。顶格写明"×××人民检察院"。

（二）正文

正文包括案由、补充侦查结果和附项。

1. 案由的一段固定文字如下："你院于××××年××月××日以×字［××××］×号补充侦查决定书退回的×××一案，已经补充侦查完毕。结果如下："。应填写来文日期、文号和案件名称（犯罪嫌疑人姓名和涉嫌罪名）。

2. 补充侦查的结果。应当针对人民检察院补充决定中提出需要补充侦查的问题，逐个写明查明的情况。对每个问题都要写明补充侦查的方式、查证的结果以及获得的有关证据材料等；对经过最大努力，没有查清或者无法查清的问题，要把查证经过情况和查不清的原因叙述清楚。

3. 附项。另起一段说明所附该案卷宗册数和补充侦查的证据页数以及随案移送的物证情况。

（三）尾部

写明制作文书的年、月、日并加盖公章。

三、制作与运用中应当注意的问题

1. 我国《刑事诉讼法》第 175 条第 3 款规定："对于补充侦查的案件，应当在一个月以内补充侦查完毕。补充侦查以二次为限。……"根据上述规定，补充侦查报告应当在法定期限内制作完毕，送人民检察院审查。如果因案情比较复杂，需要查明的问题比较多，在 1 个月内不能侦查完毕，可提请批准对犯罪嫌疑人进行第二次补充侦查。

2. 要针对人民检察院提出需要侦查的问题，有的放矢地叙写补充侦查的结果。应注意行文要重点突出，主次分明，脉络清晰，结构严谨。

3. 如果在补充侦查时发现并已查清了一些新问题，这些新问题虽然不是人民检察院要求补充侦查的，但是对查清整个案情有帮助，也应当在报告中写明。

4. 补充侦查报告书制作完毕，经县级以上公安机关负责人审批后，连同案卷材料一并送人民检察院审查。

思考与实践

1. 什么是公安机关刑事法律文书？它的功用是什么？

2. 什么是呈请立案报告书？其格式有什么规定？主要写哪些内容？

3. 什么是立案决定书？其正文部分应写明哪些内容？

4. 什么是提请批准逮捕书？其正文部分应写明哪些内容？

5. 什么是呈请破案报告书？主要写哪些内容？

6. 什么是起诉意见书？它的功用有哪些？其正文部分应写明哪些内容？

7. 根据下列案情材料，制作一份起诉意见书。

犯罪嫌疑人陈××，系××省××县人，初中毕业后务农3年，后经人介绍到××市××公司当勤杂工。陈××在工作期间马马虎虎，责任心不强，自由散漫，经常违反纪律，不遵守规章制度，多次受到公司经理许××等领导的批评教育。2017年8月，因打骂一起工作的勤杂工年××，受到了行政警告处分；2018年9月，因偷拿公司职工香烟8包、衬衫1件和250元等财物，受到记过处分。2019年2月，公司发2018年度奖金，陈××因有偷摸行为未拿到奖金，因而对公司领导尤其是对许经理怀恨在心，蓄谋报复杀人。2019年5月10日，犯罪嫌疑人陈××上班后，四处寻找作案工具，先到公司厨房想偷拿菜刀行凶，见厨房人多不便下手，就走了；后窜到公司木工房，见只有木工小朱在干活，就上前与其闲聊，并谎称要修理桌椅，想从木工房借几件工具，用完后一定归还，于是经朱××同意，从木工房拿羊角锤1把、木工凿1把，后藏于宿舍床下，中午12时许，陈××混进办公楼一层值班室，伺机报复领导。下午1时许，许经理进入三层办公室午休（333室），1时30分，陈××窜到三楼轻轻推开333室房门，见许经理在办公室套间里午睡，而办公室外沙发上经理秘书侯××正在休息，于是轻轻推醒侯××，将其叫到门外，谎称有一重要事情需要单独向许经理报告，请侯××回避一下，另找地方休息。侯××走后，陈××进入333办公室，先将房门反锁上，后窜入里间，趁许经理在床上熟睡之机，取出藏匿在身的凶器羊角锤和木工凿，用羊角锤朝许经理的头部猛击二三十下，后又对着许××的面部、颈部和胸部使劲用羊角锤敲打木工凿十余下，致使许经理颅骨粉碎性骨折，脑组织外溢，面部、颈部和胸部的伤口流血不止，当即死亡。

陈××杀人后逃离现场，先逃到××市长途汽车站，企图乘车逃回老家，后又到××火车站，企图坐火车逃往上海、杭州等地，因形迹可疑，当日晚8时许被公安人员抓获归案。

犯罪嫌疑人陈××的行为涉嫌故意杀人罪，其行为违反了我国《刑法》第232条规定，应追究其刑事责任。根据我国《刑事诉讼法》第160条规定，特将本案移送××市人民检察院审查，请依法起诉。

上述犯罪事实，有现场勘察笔录、法医鉴定结论以及作案工具为证，犯罪嫌疑人陈××亦供认不讳。

陈××，男，1988年6月4日生。××省××县人。汉族。××市××公司勤杂工。住××公司平房3排13号。2019年5月10日被刑事拘留，经××市人民检察院批准，5月13日由××公安局执行逮捕。现押于××看守所。

第五章

检察机关的法律文书

✤学习目的与要求

检察机关的法律文书，是检察机关依法履行职责、进行诉讼活动的重要工具。通过本章的学习，要求了解检察法律文书的概念、特征和分类，掌握常用的检察法律文书的结构内容和制作方法，能按要求制作质量较高的常用检察法律文书，如起诉书、不起诉决定书、刑事抗诉书、民事（行政）抗诉书、公诉意见书等。由于起诉书在刑事诉讼中具有承上启下的不可替代的重要作用，更应重点掌握和熟练制作。

第一节 概　　述

一、检察机关法律文书的概念和功用

检察机关法律文书，是检察机关履行法定职责，依法行使检察权，根据有关法律规定制作的具有法律效力的法律公文。

《宪法》第134条规定，"中华人民共和国人民检察院是国家的法律监督机关"；《刑事诉讼法》第8条规定，"人民检察院依法对刑事诉讼实行法律监督"；《民事诉讼法》规定，"人民检察院有权对民事诉讼实行法律监督"；《行政诉讼法》规定，人民检察院有权对行政诉讼实行法律监督。《中华人民共和国人民检察院组织法》第20条对人民检察院行使的职权作了明确的规定，内容包括：①依照法律规定对有关刑事案件行使侦查权；②对刑事案件进行审查，批准或者决定是否逮捕犯罪嫌疑人；③对刑事案件进行审查，决定是否提起公诉，对决定提起公诉的案件支持公诉；④依照法律规定提起公益诉讼；⑤对诉讼活动实行法律监督；⑥对判决、裁定等生效法律文书的执行工作实行法律监督；⑦对监狱、看守所的执法活动实行法律监督；⑧法律规定的其他职权。

人民检察院在行使上述职权过程中，依法制作的起诉书和各种决定书、通知书、意见书、笔录等都属于检察法律文书。检察法律文书，是人民检察院进行诉讼活动和保证法律正确实施的重要工具，是人民检察院依法办案的客观记录，是

办案质量的集中反映，也是行使检察、法律监督等职权的重要文字凭证。因此，从严要求，准确制作检察法律文书，对于打击犯罪、惩治犯罪、保护人民、进行法制宣传教育、维护法治秩序都具有重要的意义。

二、检察法律文书的分类

（一）人民检察院工作文书

2020 年，最高人民检察院印发《人民检察院工作文书格式样本（2020 年版）》，将检察业务应用系统原有的 2882 种检察工作文书修订精简为 723 种检察工作文书的格式样本，并要求全国各级检察机关进一步规范司法行为，严格认真执行。此格式样本包括：

1. 刑事检察工作文书格式样本，分为刑事检察工作文书、刑事执行检察文书，两个类别共 305 个具体文种，包括提请立案报告，侦查终结报告，提请减刑、假释案件审查报告等。

2. 民事检察工作文书格式样本，分为民事诉讼监督类文书、工作类文书，两个类别共 71 个文种，包括民事抗诉书、提请抗诉报告书、指令出庭通知书等。

3. 行政检察工作文书格式样本，分为 64 个具体文种，包括行政抗诉书、审查终结报告等。

4. 公益诉讼检察工作文书，分为 46 个具体文种，包括报请移送案件线索意见书、立案决定书、终结审查决定书等。

5. 通用文书及其他文书，分为 237 个具体文种。

（二）人民检察院诉讼法律文书

1. 人民检察院刑事诉讼文书。2020 年，最高人民检察院印发了《人民检察院刑事诉讼法律文书格式样本（2020 年版）》，该样本包括 12 个类别 333 个具体文书。

（1）立案、管辖文书（18 种）：立案决定书、补充立案决定书、不立案通知书（移送线索）、不立案通知书（控告/举报）、指定管辖决定书、提请批准直接受理书等。

（2）回避文书（2 种）：回避决定书、回避复议决定书。

（3）辩护与代理文书（16 种）：侦查阶段委托辩护人/申请法律援助告知书、提供法律援助通知书、值班律师提供法律帮助通知书、批准律师以外的辩护人与犯罪嫌疑人会见和通信决定书等。

（4）证据文书（4 种）：纠正非法取证意见书、排除非法证据调查结论告知书、提供证据收集合法性说明通知书、提请有关人员出庭意见书。

（5）强制措施文书（27 种）：拘传证，取保候审决定书，执行通知书，被取保候审人义务告知书、保证书，解除取保候审决定书、通知书，退还保证金决定书，没收保证金决定书等。

（6）侦查文书（61 种）：传唤证，传唤通知书，提讯、提解证，犯罪嫌疑人诉讼权利义务告知书（侦查阶段），被害人诉讼权利义务告知书，证人诉讼权利义务告知书，询问通知书，调取证据通知书，调取证据清单，勘查证，勘验检查笔录，解剖尸体通知书，侦查实验笔录（普通），侦查实验笔录（技术），搜查证等。

（7）捕诉文书（88 种）：犯罪嫌疑人诉讼权利义务告知书（审查逮捕阶段）、被害人诉讼权利义务告知书（审查逮捕阶段）、批准逮捕决定书、批准逮捕决定书（不捕复议）、批准逮捕决定书（不捕复核）、批准逮捕决定书（不捕申诉）、逮捕案件继续侦查提纲、逮捕决定书（自侦案件）、逮捕决定书（监察案件）、逮捕决定书（追捕）、应当逮捕犯罪嫌疑人建议书、不批准逮捕决定书、不批准逮捕决定书（不构成犯罪不捕）等。

（8）执行监督文书（13 种）：停止执行死刑建议书、撤销停止执行死刑建议通知书、提请暂予监外执行检察意见书、对法院暂予监外执行征求意见回复函、提请减刑检察意见书等。

（9）特别程序文书（21 种）：和解协议书、最高人民检察院核准提起公诉决定书（缺席审判案件适用）、最高人民检察院不予核准提起公诉决定书（缺席审判案件适用）、补充证据通知书（犯罪嫌疑人、被告人逃匿、死亡案件违法所得的没收程序适用）等。

（10）控告、申诉文书（7 种）：刑事申诉审查结果通知书、刑事申诉复查决定书、刑事申诉复查通知书、申诉事项说明理由通知书等。

（11）未检专用文书（51 种）：①诉讼权利义务告知文书（11 种）：未成年犯罪嫌疑人诉讼权利义务告知书（审查逮捕阶段适用）、未成年犯罪嫌疑人法定代理人诉讼权利义务告知书（审查逮捕阶段适用）、未成年被害人诉讼权利义务告知书（审查逮捕阶段适用）、未成年被害人法定代理人诉讼权利义务告知书（审查逮捕阶段）等。②特殊检察制度文书（17 种）：委托辩护人/申请法律援助告知书、委托诉讼代理人/申请法律援助告知书、提供法律援助通知书（未成年犯罪嫌疑人适用）、提供法律援助通知书（未成年被害人适用）、社会调查委托函、社会调查报告等。③未检讯问、询问文书（2 种）：传唤证（未成年嫌疑人适用）、询问通知书（未成年人适用）。④未检捕诉文书（21 种）：批准逮捕决定书（未检专用）、不批准逮捕决定书（未检专用）、不起诉决定书（法定不起诉适用）（未检专用）、不起诉决定书（相对不起诉适用）（未检专用）、不起诉决定书（存疑不起诉适用）（未检专用）等。

（12）通用或其他文书（25 种）：社会调查委托函（认罪认罚案件）、换押证、变更羁押期限通知书、补正决定书、复议决定书、复核决定书等。

2. 人民检察院民事、行政诉讼法律文书。包括民事（行政）案件申诉书、民事行政检察立案决定书、民事抗诉书、行政抗诉书、民事行政检察撤回抗诉决定书、民事行政检察出庭通知等。

3. 人民检察院公益诉讼法律文书。包括民事公益诉讼起诉书、刑事附带民事公益诉讼起诉书、民事公益诉讼上诉书、行政公益诉讼起诉书、行政公益诉讼上诉书等。

（三）通用法律文书

通用法律文书包括通知书、信函、意见书、（提供证据材料等）收据、补正决定书、复议决定书、驳回申请决定书、建议书、更换办案人员建议书、换押证等。

三、检察法律文书制作和运用的基本要求

1. 格式要规范统一。为了要正确实施法律，检察法律文书格式的统一、规范是必不可少的重要要求之一。因此，制作检察法律文书必须按照规定格式，统一总体结构和具体的事项要素，把每一部分都制作得十分规范和完美。

2. 事实要客观真实。写进检察法律文书的事实要力求材料的客观真实，并有确凿充分的证据予以佐证。人民检察院在制作法律文书时，要以客观事实为基础，如实反映客观事实。制作人员应当围绕犯罪构成要件及犯罪事实的基本要素，一一交代清楚，而且要详略得当。力戒夸大、缩小、编造虚构，也不能掺杂个人的分析、见解和臆断。

3. 论证要充分有力。检察法律文书既具有强制性，又具有法制教育作用。制作检察法律文书时要阐明理由，不能只作决定，不讲道理。论证也要"以事实为根据，以法律为准绳"，对案件事实高度概括后再援用最贴切的法律作为论证的依据，使案件性质更加明确；指控犯罪要对危害后果透彻分析，显现其严重程度，有针对性地引用法条，对犯罪行为准确定性，作出正确结论。为使检察法律文书论证透彻、有力，还要注意事情的前因后果、来龙去脉，做到层次分明，环环相扣，顺理成章，无懈可击。

4. 制作要合法及时。合法，是指人民检察院制作的各种法律文书必须严格依法制作，做到程序合法，内容也合法。及时，是指人民检察院办理各类案件时，必须严格遵循法律规定的时间办案，保证在法定的办案期限内结案。如果制作法律文书不及时，超出法定期限，就不能起到及时打击犯罪、制裁犯罪和保障法律实施的作用。

第二节　立案决定书

一、概念和功用

立案决定书，是指人民检察院对本院管辖范围内的案件线索，经过审查认为有犯罪事实需要追究刑事责任，决定予以立案侦查时制作的法律文书。

《刑事诉讼法》第 109 条规定："公安机关或者人民检察院发现犯罪事实或者犯罪嫌疑人，应当按照管辖范围，立案侦查。"《刑事诉讼法》第 112 条规定："人民法院、人民检察院或者公安机关对于报案、控告、举报和自首的材料，应当按照管辖范围，迅速进行审查，认为有犯罪事实需要追究刑事责任的时候，应当立案……"《刑事诉讼法》第 19 条第 2 款规定："……对于公安机关管辖的国家机关工作人员利用职权实施的重大犯罪案件，需要由人民检察院直接受理的时候，经省级以上人民检察院决定，可以由人民检察院立案侦查。"《人民检察院刑事诉讼规则》第 171 条第 1 款规定："人民检察院对于直接受理的案件，经审查认为有犯罪事实需要追究刑事责任的，应当制作立案报告书，经检察长批准后予以立案。……"这些都是制作立案决定书的法律依据。

立案决定书，是人民检察院依法对案件进行侦查，对犯罪嫌疑人采取各种侦查措施和强制措施的前提依据。制作立案决定书有利于从程序上保障公民的人身权利和民主权利，提高办案质量。立案决定书，是审查起诉阶段前的一种重要检察文书。

二、结构、内容和制作方法

立案决定书是两联填充式文书，第一联为存根，第二联为正本。

（一）存根

存根，即第一联，与其他存根联统一保存备查。存根联也由首部、正文、尾部三部分组成。

1. 首部。文书标题和文书编号的写法与正本相同。与正本不同的是，在文书标题下标明"（存根）"字样。

2. 正文。正文包括两项内容：案由（即涉嫌罪名）和犯罪嫌疑人的基本情况（包括姓名，性别，年龄，工作单位，住址，身份证号码，是否为人民代表大会代表、政协委员），在空白处依次填写。

3. 尾部。由批准人、承办人和填发人署名，最后注明填发日期。

在第一联的下方，印有"第一联统一保存"字样。

（二）正本

正本，即第二联，由制作文书的人民检察院附卷。正本由首部、正文、尾部三部分组成。

1. 首部。首部写明两项内容：标题和编号。

（1）标题。居中分两行写明制作文书的人民检察院名称和文书名称：第一行写"×××人民检察院"，第二行写"立案决定书"。

（2）编号。在标题右下方写"×检×立［××××］××号"。编号中的"×"号，依次填写人民检察院代字、具体办案部门代字、年度和顺序号。例如，北京市人民检察院法纪科 2011 年制作的第 21 号立案决定书，可写为"京检法立［2011］21 号"。

2. 正文。正文要写明法律依据和决定事项两项内容。

（1）法律依据。应根据案件的不同来源，准确写明不同的法律条款。这部分内容分为三种情况：①对于人民检察院自行发现或者公安机关等其他机关移送的案件，空白处应当填写我国《刑事诉讼法》第 109 条；②对单位或者个人报案、控告、举报或者犯罪嫌疑人自首的案件，空白处应当填写我国《刑事诉讼法》第 110 条；③对于国家机关工作人员利用职权实施的非法拘禁、刑讯逼供、非法搜查等侵犯公民人身权利的犯罪以及侵犯公民财产权利的犯罪的案件，在空白处填写《刑事诉讼法》第 19 条第 2 款、第 110 条；如果是经省级以上人民检察院决定，对国家机关工作人员利用职权实施的其他重大的犯罪案件直接受理，空白处填写我国《刑事诉讼法》第 19 条第 2 款、第 109 条、第 112 条。

（2）决定事项。即决定对案件立案侦查，写明犯罪嫌疑人的姓名及所涉嫌的罪名（不写"罪"字）。共同犯罪的案件，应当填写参与共同犯罪的所有犯罪嫌疑人的姓名。

正文为填空式，具体表述为："根据《中华人民共和国刑事诉讼法》第一百零九条（或者第一百一十二条、第十九条第二款）的规定，本院决定对犯罪嫌疑人×××涉嫌××（罪名）一案立案侦查。"

3. 尾部。尾部写明两项内容：检察长签名或盖章；制作文书的年月日并加盖立案的人民检察院印章。

在第二联的下方，印有"第二联附卷"字样。

三、制作与运用中应当注意的问题

1. 注意制作的程序和制作的时间。立案决定书只有在检察长或者检察委员会批准立案时才能由承办人制作，未经检察长或者检察委员会批准立案，任何人不得擅自制作。立案决定书的制作时间，关系到人民检察院的侦查活动是否合法，填写时应当如实填写，不得模糊、涂改。

2. 注意制作的份数和送达归卷的要求。立案决定书以案件为单位制作，即每一起案件制作一份立案决定书。在制作时，要一书两联，两联之间的编号应与文书编号一致，两联之间不用盖章。存根联与本文书的其他存根联按编号顺序保存，正本联由制作文书的人民检察院附检察卷。

第三节　起诉书

一、概念和功用

起诉书是人民检察院依法对公安机关、国家安全机关移送审查起诉的案件进行审查后，或者对直接受理侦查的案件侦查终结后，认为犯罪嫌疑人的犯罪事实已经查清，证据确实、充分，应当追究刑事责任的，代表国家对被告人向人民法院提起公诉时制作的法律文书。简言之，起诉书是人民检察院向人民法院公诉被告人时所制作的作为提起公诉凭据的法律文书。

《刑事诉讼法》第 3 条第 1 款规定："……检察、批准逮捕、检察机关直接受理的案件的侦查、提起公诉，由人民检察院负责。……"《刑事诉讼法》第 168 条规定："人民检察院侦查终结的案件，应当作出提起公诉、不起诉或者撤销案件的决定。"《刑事诉讼法》第 169 条规定："凡需要提起公诉的案件，一律由人民检察院审查决定。"《刑事诉讼法》第 176 条第 1 款规定："人民检察院认为犯罪嫌疑人的犯罪事实已经查清，证据确实、充分，依法应当追究刑事责任的，应当作出起诉决定，按照审判管辖的规定，向人民法院提起公诉，并将案卷材料、证据移送人民法院。""将案卷材料、证据移送人民法院"这一句是《刑事诉讼法》2012 年修订时新增加的内容，应当注意。《人民检察院刑事诉讼规则》第 358 条规定，"人民检察院决定起诉的，应当制作起诉书"。以上诸条法律，是制作起诉书的法律依据。

起诉书是检察机关代表国家将被告人交付人民法院进行审判的重要法律凭证，也是公诉人出庭支持公诉、发表公诉意见、进行法庭辩论的基础；对审判机关而言，起诉书可以引起第一审程序的刑事审判活动，是法庭审理的基本内容；对被告人而言，起诉书是告知被告人已将其提交人民法院审判的通知，是公开指控被告人犯罪行为的法定文件；对辩护人而言，起诉书是其接受委托，开展辩护活动、充分保护被告人合法权益的重要依据。起诉书在刑事诉讼法中具有承上启下的不可替代的重要作用，是一种十分重要的刑事法律文书。

二、结构、内容和制作方法

最高人民检察院制发的《人民检察院法律文书格式（样本）》（2012 年版），规定了起诉书的格式有三种：①自然人犯罪案件适用的起诉书；②单位犯罪案件适用的起诉书；③刑事附带民事起诉书。

自然人犯罪案件适用的起诉书，适用于被告人为自然人的一审刑事案件。该类案件可以是公安机关等其他机关侦查的案件，也可以是人民检察院直接立案侦查的案件。

单位犯罪案件适用的起诉书，是指人民检察院对于单位犯罪的刑事案件，在提起公诉时制作的指控被告人犯罪行为的法律文书。我国《刑法》第30条规定："公司、企业、事业单位、机关、团体实施的危害社会的行为，法律规定为单位犯罪的，应当负刑事责任。"第31条规定："单位犯罪的，对单位判处罚金，并对其直接负责的主管人员和其他直接责任人员判处刑罚。……"

刑事附带民事起诉书，是指人民检察院对于被告人的犯罪行为致使国家财产、集体财产遭受损失的，在提起公诉的时候，提起附带民事诉讼时所制作的起诉书。

我国《刑事诉讼法》第101条规定，被害人由于被告人的犯罪行为而遭受物质损失的，在刑事诉讼过程中，有权提起附带民事诉讼。被害人死亡或者丧失行为能力的，被害人的法定代理人、近亲属有权提起附带民事诉讼。如果是国家财产、集体财产遭受损失的，人民检察院在提起公诉的时候，可以提起附带民事诉讼。

刑事附带民事起诉书的制作要求和自然人犯罪案件适用、单位犯罪案件适用的起诉书有所不同，需要注意，在"刑事附带民事起诉书"的标题之下，其编号是"检刑附民诉〔　〕号"。首部被告人事项写完后，另起一段写明"被害单位……（写明单位名称，所有制性质，住所地，法定代表人姓名、职务）"正文部分首先要写"诉讼请求：……（写明具体的诉讼请求）"，"事实证据和理由"部分必须写明检察机关审查认定的导致国家、集体财产损失的犯罪事实及有关证据。"起诉的要求和根据"部分，在"本院认为"之后概述被告人应承担民事责任的理由，并引用被告人应承担民事责任的法律条款，论证其应承担的赔偿责任，此后交代被告人的上述行为构成何罪，依法应当追究刑事责任以及已向法院提起公诉的情况，最后引用《刑事诉讼法》第101条，提起附带民事诉讼，请求依法裁判。尾部致送法院名称，检察员署名、院印、年月日等与其他类型起诉书相同，但附注仅包括：①刑事附带民事起诉书一式×份；②其他需要附注的事项。

刑事附带民事起诉书的特殊要求如上述。为了讲述的方便，我们把这前两种情况的起诉书综合起来讲解。起诉书的结构可分为三个部分：首部、正文和尾部。

（一）首部

首部要分别写明：标题、编号、被告人（被告单位）的基本情况、案由和案件的审查过程等。

1. 标题。分行居中写明检察机关名称和文书名称："××××人民检察院"，对涉外案件提起公诉时，各级检察院标准名称前均应冠以"中华人民共和国"字样。标题之后，另起一行居中写"起诉书"。

2. 编号。在标题下方右端写"×检刑诉［××××］××号"，编号上下各空一行，写法同"立案决定书"。

3. 被告人（被告单位）的基本情况。

（1）自然人犯罪案件适用的起诉书，要分别依次写明被告人的姓名，性别，出生年月日，身份证号码，民族，文化程度，职业或者工作单位及职务（国家工作人员利用职权实施的犯罪，应当写明犯罪期间在何单位任何职务），住址，曾受到的行政处罚、刑事处罚，因本案采取强制措施的情况和羁押处所。

填写被告人一栏时应当注意：被告人的姓名，应当写被告人正在使用的正式姓名，即户口簿、身份证等法定文件中使用的姓名；如果被告人有与案情有关的别名、化名、绰号的，则应在其姓名后加括号写明。性别，写明是"男"是"女"即可；如果被告人进行过变性手术，应当写明具体变化情况。被告人出生的年、月、日，应按公历叙写；除未成年人外，如果确实查不出其出生的确切日期，也可以注明年龄。如果被告人是聋哑人或盲人的，由于法律规定可以从轻、减轻或免除处罚，应当在被告人身份证后写明这一特点，例如，"是又聋又哑的人""是盲人"。被告人是外国人的，应当在其中文姓名或者译名后用括号注明其外文姓名，还应注明国籍、护照号码、国外居住地。民族，要写全称。文化程度，一般写明学历及受教育情况，例如，"大学文化""高中文化"。职业或工作单位及职务，应当写得具体、明确。对一般主体，写明何种职业；没有正当职业的，写"无业"。被告人的住址，应写其经常居住地；如果经常居住地与户籍所在地不一致，则须在其后注明户籍所在地。被告人是否受过行政处罚或刑事处罚，行政处罚限于与定罪有关的情况。一般应写受到行政处罚的情况，再写受到刑事处罚的情况。叙写行政处罚时，应注明处罚的时间、种类、处罚单位；叙写刑事处罚时，应当注明处罚的时间、原因、种类、判决机关、释放时间。对采取强制措施情况的叙写，必须注明原因、种类、批准或者决定的机关和时间、执行的机关和时间。被采取过多种强制措施的，应按照执行时间的先后分别叙写。同案被告人有2人以上的，按照主从关系的顺序叙写。

（2）单位犯罪案件适用的起诉书，要依次写明被告单位、诉讼代表人、被告人的基本情况。

被告单位的情况。要写明被告单位名称、住所地、法定代表人姓名、职务等。被告单位住所地是其主要机构所在地。

诉讼代表人的基本情况。由于被告单位是法律上虚拟的人格主体，因此被告单位必须由诉讼代表人代表其参加诉讼。所以，在单位犯罪案件适用的起诉书中，叙述完被告单位的基本情况后，要叙述清楚诉讼代表人的基本情况，包括诉讼代表人的姓名、性别、年龄、工作单位、职务等情况。

被告人的基本情况。这里的被告人，是指单位犯罪中直接负责的主管人员和其他责任人员。所需写明的事项与普通程序案件被告人相同。

4. 案由和案件的审查过程。要根据案件的不同情况，分别依照格式的要求叙写。这部分内容主要包括以下四点内容：

（1）侦查机关、案由和移送审查起诉时间。可以表述为："本案由××市公安局侦查终结，以被告人×××涉嫌××罪，于20××年×月×日向本院移送审查起诉。"对于公安机关等侦查机关移送审查起诉后有管辖变更情况的，可以表述为："本案由××市公安局侦查终结，以被告人×××涉嫌××罪，于20××年×月×日向××市人民检察院移送审查起诉。××市人民检察院于20××年×月×日转至本院审查起诉。"对于本院侦查终结并审查起诉的案件，可以表述为："被告人×××涉嫌受贿罪一案，由本院侦查终结，20××年×月×日，本案进入审查起诉阶段。"对于其他人民检察院侦查终结转至本院的，可以表述为："本案由××市人民检察院侦查终结，以被告人×××涉嫌挪用公款罪，于20××年×月×日移送本院审查起诉。"

（2）依法告知的情况。根据我国《刑事诉讼法》的规定，人民检察院受理审查起诉案件后，应当在3日以内告知犯罪嫌疑人有权委托辩护人，告知被害人及其法定代理人或者近亲属、附带民事诉讼的当事人及其法定代理人有权委托诉讼代理人。我国《刑事诉讼法》第173条第1款规定："人民检察院审查案件，应当讯问犯罪嫌疑人，听取辩护人或者值班律师、被害人及其诉讼代理人的意见，并记录在案。辩护人或者值班律师、被害人及其诉讼代理人提出书面意见的，应当附卷。"起诉书应当对上述情况予以交代，可以接前表述为："本院受理后（本院侦查起诉的案件不用'受理后'字样），于20××年×月×日已告知被告人×××有权委托辩护人，20××年×月×日已告知被害人×××（或者其法定代理人、近亲属中的一人）、附带民事诉讼当事人×××（或者其法定代理人）有权委托诉讼代理人。"

（3）办理审查起诉的主要情况。可以接前表述为："依法讯问了被告人×××，听取了被害人×××委托的诉讼代理人×××和被告人×××的辩护人×××的意见，审查了全部案件材料……"

（4）其他有关情况。如有退回补充侦查的情况，要写明退回补充侦查的时间和重新移送侦查起诉的时间；如有延长审查起诉期限的情况等，都要写明实际情况。

（二）正文

正文是起诉书的核心。要写明两方面的内容：案件的事实和证据，起诉的根据和理由以及决定事项。

1. 案件事实和证据。这是起诉书的主体，是指控犯罪的基础，应当精心制作。

（1）案件事实。具体叙述时，要单起一段在"经依法审查查明："之后，概括叙述经侦查认定的案件事实。自然人犯罪的，要写明被告人作案的时间、地点、动机、目的、手段、情节、危害后果等有关定罪量刑的事实要素，重点围绕刑法规定的该罪构成要件特别是犯罪特征来叙写；单位犯罪的，起诉书要根据单位犯罪的特点，叙述清楚单位犯罪的事实和其他责任人员构成犯罪的事实。

起诉书指控的犯罪事实要客观、准确，所写内容必须是经过检察机关查证核实的事实。要避免将没有证据证明或者证据不足以及与定罪量刑无关的事实写入起诉书。

叙述犯罪事实，要力求客观、准确。叙述时，要层次分明，条理清晰，简明具体，布局合理。要因案而异，不拘一格，选用最恰当的、适合本案特点的表述和结构方式。在司法实践中，通常有以下六种叙写方法：

第一，自然顺叙法。这是刑事法律文书中最常见、最基本的叙述方法，即按照时间先后叙述被告人作案的过程，按行为的起因、作案的准备、实施犯罪的情节、采取的手段、造成的后果这一顺序来写。

自然顺叙法适用于一人一次犯罪和多人一次犯罪的案件。对于一人多次犯罪，触犯同一罪名，每次犯罪都有较完整情节的，也可以用这种方法把每次作案的时间、地点、情节、结果等基本犯罪事实按时间的先后顺序一一叙清。

第二，综合归纳法。一人多次犯罪，触犯同一罪名，而且作案情节大致相同的案件，可以用简洁、精练的文字把同类罪行概括归纳。综合归纳法适用于一人多次犯一罪且作案情节又大致相同的案件。但不宜在一份文书中全部使用综合归纳法，而应与其他方法特别是自然顺叙法配合使用，先自然顺叙，再综合归纳。

第三，突出主罪法。根据被告人所犯数罪的主次轻重不同，把情节恶劣、危害性大的罪行放在前面详细叙写，把情节较轻、危害性较小的罪行放在后面酌情略写。突出主罪法适用于一人多罪多次犯罪、多人多罪多次犯罪的案件。在叙述时，首先以顺序号标明主罪的罪名，再另起一段写主罪，然后以顺序号标明其他罪行的罪名，之后写明其他罪名的具体罪行。例如，"一、强奸罪；二、盗窃罪……"这样先主罪后次罪，主罪详细写，次罪简略写，重点突出，主次分明。这种记叙方法，在叙述全部犯罪事实的结构上，打破了每次犯罪的时间顺序，但是指控被告人的犯罪事实主罪清楚，重罪突出，数罪分明，效果良好。当然，用突出主罪方法叙述，在具体叙述每一次的罪行时，仍需运用自然顺叙法。

第四，突出主犯法。这种方法适用于多人一次一罪、多人多次一罪的案件。对共同犯罪案件的多个被告人，应分清主犯、从犯，围绕主犯的犯罪活动安排叙述层次，同时兼叙从犯参与犯罪的情况。

第五，先总后分法。这种方法适用于较大的集团犯罪案件。对于较大的集团犯罪案件，如果作案人数多、作案次数多，案情复杂，在叙述犯罪事实时，应先将共同犯罪的多名被告人交叉结伙作案多次的犯罪事实加以综合叙述，再按主犯、从犯的顺序，分别叙述每一个被告人各自的罪行。这样多个被告人罪责分明，案件事实也一目了然。

第六，罪名标题法。这种方法适用于一人多次多罪的案件。例如，被告人所犯罪行触犯了多个罪名，在叙写犯罪事实时应根据罪名的不同，加上序号列出标题，再按突出主罪的方法，逐罪分段叙述被告人的犯罪事实。例如，"一、故意杀人罪；二、敲诈勒索罪；三、非法拘禁罪"。如果是共同犯罪的案件，多个被告人除了有共同犯罪的事实外，还有单独犯罪的事实，也可以用罪名标题法分别列出标题，例如，"一、共同犯罪；二、单独犯罪"，分别叙述共同犯罪和单独犯罪的事实。

总之，上述几种方法虽然各有特点，但均以自然顺叙法为基础。在实际应用时应当根据案情灵活选用，不要机械照搬。

（2）证据。所谓证据，就是"可以用于证明案件事实的材料"（见《刑事诉讼法》第50条）。在叙述清楚犯罪事实后，另起一段以"认定上述事实的证据如下："引出对证据的列举。列举时，针对上述犯罪事实，分列相关证据即可。

《刑事诉讼法》第186条规定："人民法院对提起公诉的案件进行审查后，对于起诉书中有明确的指控犯罪事实的，应当决定开庭审判。"

《刑事诉讼法》第176条规定："人民检察院认为……，应当作出起诉决定，按照审判管辖的规定，向人民法院提起公诉，并将案卷材料、证据移送人民法院。"这就要求在起诉书中写明主要证据的名称、种类。因此，起诉书不必详细分析论证证据与事实、证据与证据之间的关系，只需在叙述事实中指明主要证据的名称和种类即可。但不能简单叙述为"有书证、物证、证人证言、被告人供述、鉴定结论、视听资料等证据证实"，而应具体化，即什么书证、物证，证人×××的证言等。对于鉴定结论、勘验检查笔录、物证、书证等类证据的制作、出具的机关名称应当写明，如"×××人民医院对被害人×××所作的伤情鉴定""×××公安局刑侦大队制作的现场勘验笔录"。这样叙写，有利于说明收集证据的主体合法性。

证据种类的叙写顺序可根据具体案情灵活决定。例如，杀人、伤害案等普通刑事犯罪，可根据破案的自然经过，按现场勘查、被害人陈述、证人证言、作案工具等物证、刑事科学技术鉴定、法医鉴定和被告人供述等大致顺序排列；对贪污、受贿等职务犯罪，可根据主客观要件内容，按主体身份证明其利用职务之便谋利的证据、行贿人证言、账单等书证、扣押清单和被告人供述等大致顺序排列。具体表述方法有：①一事一证。即在每一起案件事实后，写明据以认定的主要证据。②一罪一证。对于多次一罪的案件，不必事无巨细地指出每一起案件事实的证据，而应该"一罪一证"，在该种犯罪之后，概括写明主要证据的种类。

2. 起诉的根据和理由以及决定事项。这部分是起诉书的重点，要针对案情特点，运用法律规定的犯罪构成要件，分析被告人的行为实质，论证起诉的根据和理由以及决定事项。

在具体制作时，一般以"本院认为"开头，接着从四个方面进行分析论证：

（1）概括案件事实，突出本案特点。概括说明被告人的行为特征，写出既符合本罪特征又反映本案特有情况的结论性意见，包括主观恶性程度、行为性质、情节的轻重。

（2）认定被告人犯罪行为触犯的刑法条文和涉嫌的罪名。这是定罪和追究被告人刑事责任的法律依据。要根据被告人犯罪的行为性质、危害程度、情节轻重，结合犯罪的构成要件进行概括性的表述，语言要精练准确。对法律条文的引用，要准确、完整、具体，精确到条、款、项。可以表述为："本院认为，被告人×××（姓名）利用职务之便，向×××（姓名）索取贿赂 30 万元，其行为已触犯《中华人民共和国刑法》第××条第×款之规定，犯罪事实清楚，证据确实、充分，应当以××（罪名）罪追究其刑事责任。"

（3）对罪行轻重不同的法定量刑情节，要予以分别认定，并要写出相应的量刑法律根据和倾向性意见。

（4）提起公诉的程序法上的法律依据和决定事项。依次写明提起公诉的必要性、提起公诉的法律依据、提起公诉的决定。可以接前表述为："本院为严肃法纪，惩治犯罪，维护社会秩序，依照《中华人民共和国刑事诉讼法》第一百七十六条的规定，提起公诉，请依法判处。"要写好这部分，应当从本案的行为性质、危害程度、情节轻重出发，结合犯罪的构成要件进行概括性的表述，突出本罪的特征，写出个性来，切忌盲目套用公式，"千案一面"。对法律条文的引用，首先要准确、完整、具体，写明具体的条、款、项；其次要按一定的条理排列有序：先引罪状法定刑条文，再引量刑条文，最后引从重、从轻、减轻的条文。在引用罪状法定刑时，先引用主罪的条文，再引用从罪条文。

（三）尾部

尾部写明四项内容：主送的人民法院名称；起诉案件检察人员的职务和姓

名；检察长签发起诉书的日期（加盖院印）；附注。

1. 主送的人民法院名称。在正文下居中写送达用语"此致"，再另起一行顶格写"×××人民法院"。

2. 起诉案件检察人员的职务和姓名。起诉案件检察人员的法律职务即检察长、副检察长、检察员、代理检察员等，署名时在法院名称的右下方写法律职务和姓名，例如"检察员×××"。

3. 检察长签发起诉书的日期。写检察长签发起诉书的具体日期，要在检察人员署名的下方，用汉字小写写明年月日并加盖院印。

4. 附注。附注事项一般包括下列各项：①被告人现在处所，具体包括在押被告人的羁押场所或监视居住、取保候审的处所；②案卷材料和证据；③证人、鉴定人、需要出庭的有专门知识的人的名单，需要保护的被害人、证人、鉴定人的名单；④有关涉案款物情况；⑤被害人（单位）提起附带民事诉讼的情况；⑥其他需要附注的事项。

三、制作与运用中应当注意的问题

1. 不要遗漏案件事实。起诉书所指控的犯罪事实，无论是一人一罪、多人多罪还是一人多罪，都必须将所有的犯罪事实逐一列写，不能遗漏。

2. 妥善处理特殊情节。起诉书中的犯罪事实，如果遇到下列特殊情节，要特别注意掌握分寸，妥善处理：①涉及党和国家重大机密的情节不写，非写不可的，尽力作笼统抽象的表述；②有伤风化的情节不写细节，如果不写这一情节不足以揭露犯罪，应概括叙写；③如果有共同犯罪成员另案处理或在逃的，应在其姓名后用括号注明"另案处理"等。

3. 不要遗漏附卷内容。《刑事诉讼法》第 173 条规定："人民检察院审查案件，应当讯问犯罪嫌疑人，听取辩护人或者值班律师、被害人及其诉讼代理人的意见，并记录在案。辩护人或者值班律师、被害人及其诉讼代理人提出书面意见的，应当附卷。"

4. 规范使用数字。在法律文书的长期运用中，各类文书中引用法规中的章、节、条、款、项、目的时候，按照原法规中所用的数字，原来用汉字的，就用汉字，原来用阿拉伯数码的，就用阿拉伯数码。根据这一规定，起诉书使用数字时，除文书编号、顺序号、正文中的年月日、身份证号、机械型号、百分比、材料目录、医疗鉴定和其他使用阿拉伯数码比较适宜外，一般用汉字书写。在一个起诉书中，数字的使用前后应当一致，引用法律条、款、项数字时，也应当用汉字书写。

5. 起诉书送达后，在人民法院开庭审理前发现遗漏重要罪行，或者抓获同案在逃犯应当一并起诉的以及对起诉书需要做补充修改的，应当撤回起诉书，使用原文号重新制作起诉书，不宜采用补充起诉的方式。

第四节　不起诉决定书

一、概念和功用

不起诉决定书，是指人民检察院对各类移送案件和自侦案件，经审查以后认为犯罪嫌疑人的行为不符合起诉条件或者依照刑法规定不需要判处刑罚或者免除刑罚的案件，作出不起诉决定时制作的法律文书。

《刑事诉讼法》第175条第4款规定："对于二次补充侦查的案件，人民检察院仍然认为证据不足，不符合起诉条件的，应当作出不起诉的决定。"《刑事诉讼法》第177条第1款、第2款规定："犯罪嫌疑人没有犯罪事实，或者有本法第十六条规定的情形之一的，人民检察院应当作出不起诉决定。对于犯罪情节轻微，依照刑法规定不需要判处刑罚或者免除刑罚的，人民检察院可以作出不起诉决定。"这些法律规定是制作不起诉决定书的法律依据。

据此，我们可将检察机关不起诉的决定分为三类：①绝对不起诉，即法定不起诉，是依照《刑事诉讼法》第177条第1款和《刑事诉讼法》第16条的规定作出的不起诉决定；②相对不起诉，即微罪不起诉，酌定不起诉，是依照《刑事诉讼法》第177条第2款作出的不起诉决定；③存疑不起诉，即证据不足不起诉，是依照《刑事诉讼法》第175条第4款规定作出的不起诉决定。由于三种不起诉的法律依据不同，制作内容也各有特点。本节将在"结构、内容和制作方法"中分别加以介绍。

不起诉决定书，是指人民检察院在作出绝对不起诉、相对不起诉或者存疑不起诉决定时制作的文书，它具有终止刑事诉讼的法律效力，是人民检察院不将案件提交审判的法律依据。不起诉决定书一经送达，被不起诉人被羁押的，应当立即释放。

二、结构、内容和制作方法

不起诉决定书由首部、正文、尾部三部分组成。

（一）首部

首部要依次写明五项内容：标题、编号、被不起诉人的基本情况、辩护人的基本情况、案由和案件来源。

1. 标题。写明作出不起诉决定的人民检察院名称和文书名称：第一行居中写"×××人民检察院"，另起一行居中写"不起诉决定书"。

2. 编号。包括院名、部门、文书代字、年度、文书序号，在标题右下方写"×检刑不诉［××××］××号"。

3. 被不起诉人的基本情况。此一栏与起诉书的项目要求相似，包括被不起诉人的姓名、性别、出生年月日、身份证号码、民族、文化程度、职业或工作单位及职务（国家工作人员利用职权实施犯罪的，应当写明犯罪期间在何单位任何职）、住所、是否受过刑事处罚，拘留、逮捕的年月日和关押处所等。在本案中被采取其他强制措施的，也应写明。但一般不写被不起诉人曾受过的行政处罚。对不起诉的对象，应统一称为"被不起诉人"。

被不起诉的如果是单位，则应写明被不起诉单位的名称、住所地等，称谓亦为"被不起诉人"。

4. 辩护人的基本情况。案件在移送审查起诉中，如果被不起诉人已经明确了自己的辩护人的，可以写明辩护人的姓名、单位。

5. 案由和案件来源。这一项主要说明办案程序的合法性。案由，是指移送案件起诉或侦查终结时认定的行为性质，如"盗窃""强奸"等。案件来源，包括公安机关、国家安全机关移送，本院侦查终结，其他人民检察院移送等情况。具体叙写时，应当依次写明被不起诉人的姓名、案由、案件移送的情况等。如果是公安机关、国家安全机关侦查终结的案件，则应这样表述："本案由×××（侦查机关名称）侦查终结，以被不起诉人×××涉嫌××罪，于×年×月×日移送本院审查起诉"；如果是自侦案件，此处写："被不起诉人×××涉嫌××一案，由本院侦查终结，于×年×月×日移送审查起诉或不起诉"；如果案件是其他人民检察院移送的，此处应当将指定管辖、移送单位以及移送审查及本院受理时间等写清楚；如果案件曾经退回补充侦查，应当写明退回补充侦查的日期、次数以及再次移送审查起诉及本院受理的时间。

（二）正文

正文以"经本院依法审查查明："开头，依次写明三个方面的内容：案件事实，不起诉理由、法律依据和决定事项，告知事项。

1. 案件事实。这部分可以根据三种不起诉的性质、内容和特点，针对个案实际，有重点地叙写。

（1）绝对不起诉。写这类不起诉决定书，其重点内容是叙清《刑事诉讼法》第16条规定的六种法定不起诉的情形。这类不起诉又分为两种情况：①侦查机关移送起诉认为行为构成犯罪，检察机关审查后认为行为情节显著轻微、危害不大，不认为是犯罪，符合《刑事诉讼法》第16条规定的第一种情形而决定的不起诉。②行为已构成犯罪，本应追究行为人的刑事责任，检察机关经审查后认为，符合《刑事诉讼法》第16条规定的第二种至第六种的情形之一，因而决定不起诉。

绝对不起诉的案件事实，可以分两层来写：①根据侦查机关的起诉意见，概写起诉意见书认定的事实和证据；②重点写人民检察院审查起诉中发现的符合《刑事诉讼法》第16条规定的六种情形中的一个具体情形。

如果检察机关与侦查机关认定事实一致，则应当概括叙述侦查机关移送审查起诉意见书认为的犯罪事实；如果是检察机关的自侦案件，则不写这部分；如果检察机关与侦查机关认定事实不一致，则应当具体叙述检察院认定的事实；如果检察机关与侦查机关认定的事实一致，而性质看法不一，则不起诉决定书应当重点写明"不认为是犯罪"或者"不追究刑事责任"的事实和证据，以充分反映法律规定的内容及相关证据。

（2）相对不起诉。写这类不起诉决定书，其重点内容是被不起诉人具有的法定情节，检察机关酌情作出不起诉决定的理由和事实。同时要将认定事实的证据写清楚。证据不足的事实，不能写入不起诉决定书。相对不起诉的案件事实，其内容应当包括作出不起诉决定所根据的事实和证据。

关于事实。以承接语"经本院依法审查查明："开头，写明检察院审查认定的事实和证据，重点内容是有关被不起诉人具有的法定情节及检察机关酌情作出不起诉决定的具体理由的事实。不必写侦查机关移送起诉意见书时认定的事实。要注意写出符合相对不起诉条件的事实特征，即"犯罪情节轻微，依照刑法规定不需要判处刑罚或者免除刑罚的"。因此，写事实既要分清罪与非罪的界限，又要与绝对不起诉、存疑不起诉的事实相区别。

关于证据。在叙述完事实之后，应当将相应的证据名称和证明作用简明写出，特别要将证明"犯罪情节"的各项证据一一列出，形成证据链，以增强事实和证据之间的联系，阐明犯罪情节如何轻微，表示所述事实的客观性和准确性。

（3）存疑不起诉。写这类不起诉决定书，其重点内容应写明案件经退回补充侦查仍然证据不足，不符合起诉条件的情形。

存疑不起诉的案件事实，也分两层写：①概括写明侦查机关认定的事实；②简要写明经退回补充侦查仍然证据不足、事实不清，因而不符合起诉的条件。这类不起诉决定书的事实，可以高度概括叙述。

2. 不起诉理由、法律依据和决定事项。这部分通过论证作出结论。要用概括的语言分三个层次写明：①不起诉的理由，要概述行为性质、情节、法律责任等。绝对不起诉，应简要概括行为性质或者重点阐明不追究其刑事责任的理由及法律依据；相对不起诉，应概括写明所认定的犯罪事实，并依照"犯罪情节轻微，依照刑法规定不需要判处刑罚或者免除刑罚"的规定，写出令人信服的结论意见；存疑不起诉，应写明本案经退回补充侦查，检察机关审查以后，仍然认为事实不清、证据不足。②不起诉的法律依据。在阐明理由后，要引用相应的法律依据：绝对不起诉的，引用《刑事诉讼法》第 16 条、第 177 条第 1 款；相对不起诉的，应先引用所触犯的刑法条款，再引用不需要判处刑罚或者免除刑罚的刑法条款，最后引用决定不起诉的依据是《刑事诉讼法》第 177 条第 2 款；存疑不起诉，引用《刑事诉讼法》第 175 条第 4 款。③决定事项，统一表述为"决定对×××不起诉"。

3. 告知事项。告知事项，是指告知被不起诉人、被害人不服不起诉决定有权申诉的事项等。不起诉决定书应交代被不起诉人享有申诉权。具体表述为："被不起诉人如不服本决定，可以自收到本决定书后七日内向本院申诉。"根据《刑事诉讼法》第 180 条的规定，凡是有被害人的案件，应交代被害人享有申诉权和起诉权。具体表述为："被害人如不服本决定，可以自收到本决定书后七日以内向×××（上一级）人民检察院申诉，请求提起公诉；也可以不经申诉，直接向×××人民法院起诉。"

不起诉决定书的告知事项应当统一按被不起诉人、被害人的顺序排列，写明其享有的申诉权和自诉权。

（三）尾部

尾部写明以下两项内容：署名和日期并加盖院印。署名要统一署人民检察院院名，制发日期应当是签发日期。

三、制作与运用中应当注意的问题

1. 注意文书的制作与运用。不起诉决定书是针对被不起诉人作出的。本文书应当以被不起诉人一人为单位，而不能以案件为单位制作。对同案多个被告人不起诉的，应当每人制作一份不起诉决定书。不起诉决定书应当有正副本之分，其中正本一份归入检察正卷，副本发送被不起诉人和他的所在单位、辩护人、侦查机关、被害人或近亲属及其代理人各一份。

2. 注意引用法条的准确与具体。阐述不起诉的理由和法律依据时，要准确引用作出不起诉决定的三种情形所适用的相应法律条款，同时，还要具体完整。例如，绝对不起诉，在引用《刑事诉讼法》第 16 条时，应具体到第×项。否则，该文书反映不出真实情形，反映不出被不起诉人是因为已过追诉时效期限不起诉，是经特赦令免除刑罚不起诉，还是因为情节显著轻微、危害不大不认为是犯罪而不起诉。这样，可能会对被害人的申诉、检察机关的复议及将来的复查带来麻烦。

3. 注意用语的合法与规范。不起诉决定书不具有定罪的效力。《刑事诉讼法》第 12 条规定："未经人民法院依法判决，对任何人都不得确定有罪。"在制作本文书对案件事实进行叙述时，应避免在结论或者决定部分使用"构成犯罪""犯罪"等字眼。

4. 不应当叙述行政处罚内容。对被不起诉人需要给予行政处罚的，人民检察院不应当在不起诉决定书中叙述，必要时可以出具"检察意见书"，连同不起诉决定书一并移送有关主管机关处理。

第五节　刑事抗诉书

一、概念和功用

刑事抗诉书，是人民检察院认为人民法院的刑事判决或裁定确有错误，依法向有管辖权的人民法院提出抗诉的法律文书。

《刑事诉讼法》第 228 条规定："地方各级人民检察院认为本级人民法院第一审的判决、裁定确有错误的时候，应当向上一级人民法院提出抗诉。"《刑事诉讼法》第 254 条第 3 款的规定："最高人民检察院对各级人民法院已经发生法律效力的判决和裁定，上级人民检察院对下级人民法院已经发生法律效力的判决和裁定，如果发现确有错误，有权按照审判监督程序向同级人民法院提出抗诉。"这是制作刑事抗诉书的法律依据。

由于刑事抗诉所依据的法律有两个，刑事抗诉可以分为两种：以《刑事诉讼法》第 227 条为依据的按二审程序的抗诉和以《刑事诉讼法》第 254 条第 3 款为依据的按审判监督程序的抗诉。不论哪种程序的抗诉，都必须制作刑事抗诉书，送达人民法院，以引起人民法院第二审或再审的法定程序。

刑事抗诉书是人民检察院行使审判监督权的重要工具，对于纠正人民法院确有错误的刑事判决和裁定，保证法律正确实施，起着十分重要的作用。

二、结构、内容和制作方法

刑事抗诉书为文字叙述式文书。一般分首部、正文、尾部三部分。

（一）二审程序适用的刑事抗诉书

1. 首部。首部要写明三项内容：标题、编号、原审判决或裁定的情况。

（1）标题。无论是二审程序适用的抗诉还是审判监督程序适用的抗诉，一律依次分行居中写明提起抗诉的检察机关名称和文书名称：第一行居中写"×××人民检察院"，再另起一行居中写"刑事抗诉书"。

（2）编号。在标题右下方写编号"×检刑抗［××××］××号"，用"×"号分别表示人民检察院简称、年度、文书顺序号。

（3）原审判决或裁定的情况。二审程序适用的刑事抗诉书不写被告人的基本情况，径写原审判决或裁定情况，具体表述为："×××人民法院以××号刑事判决书（裁定书）对被告人×××（姓名）××（案由）一案判决（裁定）……

（判决、裁定结果）。"

2. 正文。正文由三部分内容组成：审查意见；抗诉理由；结论性意见、法律依据、决定和要求事项。

（1）审查意见。直接写明人民检察院对原审判决或裁定的审查意见，指出其错误所在，告诉法院抗诉的重点是什么，要观点鲜明、简明扼要，具体表述为："本院依法审查后认为（如果是被害人及其法定代理人不服地方各级人民法院第一审的判决而请求人民检察院提出抗诉的，应当写明这一程序，然后再写'本院依法审查后认为'），该判决（裁定）确有错误（包括认定事实有误、适用法律不当、审判程序严重违法），理由如下："。

（2）抗诉理由。这是刑事抗诉书的核心。根据我国《刑事诉讼法》的规定和抗诉工作的实践经验，抗诉理由主要应根据实际情况，从以下五个方面阐述：①原判决或裁定认定事实有错误，例如，遗漏罪行、遗漏罪犯、应该依法认定的事实没有认定等；②原判决或裁定适用法律有错误，例如，定性（罪与非罪）不当、定罪（此罪与彼罪）不当、不处刑或免除刑罚不当等；③原判决或裁定量刑不当，例如，罪刑不相适应，刑罚过轻或过重，具有法定从重或从轻、减轻情节却未依法准确量刑，适用缓刑不当，无正当理由未依法判处刑罚等；④原判决或裁定违反法律规定的诉讼程序，影响准确判决的；⑤原裁定将犯罪事实清楚、证据确凿的案件，错误地裁定为事实不清、证据不足等。鉴于上述几种情况，写作抗诉理由时应针对上述几种错误中的一种、几种或兼而有之分别阐述。制作时，一般分两个层次写：①写明检察机关认定的事实和情节；②指出原审判决、裁定的错误所在。如果人民法院认定的事实是错误的，则应针对其认定事实的错误所在，提出纠正意见。在叙述检察机关认定的事实时，可有针对性地列举证据，以确实、充分的证据，从犯罪构成理论阐明足以认定的事实。如果法院适用法律不当，则要针对犯罪行为的本质特征，从罪状出发，阐述量刑情节，再论述如何认定行为性质，从而正确适用法律。如果法院审判程序严重违法，则要依据有关法律先论述原审法院违反法定程序的事实情况，再写影响公正判决的情况，并从正面阐明法律规定的正确诉讼程序。

抗诉理由的写作虽然无定法，但在司法实践中形成了一些常用的论证方法，可以借鉴：①分段列叙法，即在审查意见后，将抗诉理由按一定的逻辑关系，加序号分几个自然段论述。此论证方法适用于抗诉理由论点较多的案件。②综合分析法，即将抗诉理由分层次地在一个自然段内集中论述。此论证方法适用于抗诉理由论点较少的案件。③分人叙述法，即在共同犯罪的抗诉案件中，根据不同的被告人各自的犯罪事实，分段论证抗诉理由。此种论证方法适用于有两名以上原审被告人的抗诉案件。

（3）结论性意见、法律依据、决定和要求事项。这一部分应以"抗诉理由"为基础，依次写明三个方面的内容：①提出抗诉的结论性意见，综合概括抗诉理由。②法律依据，包括论证原判决裁定错误、抗诉理由正确的法律依据，即属于实体问题的，如定性、定罪、量刑等，要引用刑法等实体法相应的条款；属于程序问题的，如违反法律程序、错误的裁定等，要引用刑事诉讼法等程序法的相关条款；法律依据还包括据以提出抗诉的法律依据，即《刑事诉讼法》第 228 条。③决定和要求事项。在引用的法律根据后，把决定和要求事项表述为："特提出抗诉，请依法判处。"总之，上述三项内容总的表述结构为："综上所述，……（概述上诉理由），为维护司法公正，准确惩治犯罪，依照《中华人民共和国刑事诉讼法》第二百二十八条的规定，特提出抗诉，请依法判处。"

3. 尾部。尾部要写明三项内容：致送法院名称、检察院署名、发文日期。居中写"此致"之后，另起一行空两格写明受理抗诉的法院名称，即上一级法院名称全称；在右下方署检察院院名，并加盖检察院院印；最后写出发文年、月、日。

在全文最后还有附项内容，在"附:"后另起一段，写上：①被告人×××现羁押于×××（或者居住于×××）；②其他有关材料。

（二）审判监督程序适用的刑事抗诉书

按审判监督程序提起的抗诉，由于审判所经历的程序比较复杂，与生效判决或裁定的间隔时间相对长一些，审理期限也比较长。因此，审判监督程序适用的刑事抗诉书的写法，与二审程序适用的刑事抗诉书在内容结构大体相同的情况下有以下区别：

1. 首部。首先写明原审被告人的基本情况。在标题和编号下面依次写明：原审被告人姓名、性别、出生年月日、民族、出生地、职业、单位及职务、住址，服刑情况（写明现在何处服刑，刑满释放或者假释的具体日期）。

其次要写明诉讼过程、生效判决或裁定情况。这一段具体表述为："××××人民法院以×号刑事判决书（裁定书）对被告人×××（姓名）××（案由）一案判决（裁定）……（写明生效的一审判决、裁定或者一审及二审判决、裁定情况）。经依法审查（如果被告人及其法定代理人不服地方各级人民法院的生效判决、裁定而请求人民检察院提出抗诉的，或者有关人民检察院提请抗诉的，应当写明这一程序，然后再写'经依法审查'），本案的事实如下:"。

2. 正文。正文也包括三项内容，但侧重点有所不同。①对生效判决或裁定的审查意见（含事实认定）。应概括叙述检察机关认定的事实情节。要根据具体案件事实、证据情况，围绕刑法规定该罪的构成要件特别是争议问题，简明扼要地加以叙述。对于原审判决、裁定中认定的事实或新发现的事实、证据，应该做比较详细的介绍。紧接着要写检察机关对原判决（裁定）的审查意见，目的是明确指出原判决（裁定）的错误所在，告知再审法院，检察院抗诉的重点是什么。②抗诉理由。针对事实确有错误、适用法律不当或审判程序严重违法等不同情况，阐述抗诉理由。③结论性意见、法律依据、决定和要求事项。这部分引用法律与二审程序适用的刑事抗诉不同。审判监督程序的刑事抗诉书的法律依据，应引用我国《刑事诉讼法》第254条第3款的规定。行文为："综上所述……（概括抗诉理由），为维护司法公正，准确惩治犯罪，依照《中华人民共和国刑事诉讼法》第二百五十四条第三款的规定，对×××法院×××号刑事判决（裁定），提出抗诉，请依法判决。"

3. 尾部。主送人民法院级别不同。审判监督程序的刑事抗诉书，写受理抗诉的人民法院名称，应该是同级人民法院。

附项内容与二审程序适用的刑事抗诉书相同。

三、制作与运用中应当注意的问题

1. 把握好抗诉的条件。制作刑事抗诉书应把握好抗诉的条件。凡是有影响定罪量刑的事实和情节，都应该提出抗诉并制作刑事抗诉书。但是，在对原审被告人量刑问题上，如果检察院与法院意见不一致，只要法院的判决不超出法定量刑幅度，检察院不必提出抗诉。

2. 有针对性地阐述抗诉的意见和理由。刑事抗诉书，重在阐述抗诉理由。在论证时，要有针对性地运用事实和证据，具体指出原审判决或裁定的错误，充分论证检察机关抗诉理由的正确性。尤其是审判监督程序的抗诉，由于生效判决或裁定情况比较复杂，刑事抗诉书要从实际出发，有针对性地阐述抗诉的意见和理由。如果认为一审判决或裁定准确，而二审改判的判决或裁定确有错误时，其抗诉理由应一方面论证一审判决或裁定的准确性，另一方面论证二审改判的错误所在。如果认为一审、二审判决或裁定都确有错误时，应当分别分析一审、二审判决或裁定的错误之处，运用事实、证据和法律，论证检察院抗诉理由的正确性。

3. 注意送达和归卷要求。刑事抗诉书，以案件或被告人为单位制作。正本送达人民法院，副本送达被告人及其辩护人，检察内卷要附留一份副本。上诉程序的刑事抗诉书，应由提出起诉的人民检察院在法定期限内将刑事抗诉书正本和送达被告人及其辩护人的副本，一并送达原审人民法院，原审人民法院再分别向上一级人民法院移送和向被告人及辩护人送达。审判监督程序的刑事抗诉书，应将正本和给被告人及辩护人的副本，一并由有权提出抗诉的人民检察院向终审法院的上一级人民法院呈送。

4. 搞清报送检察院的级别。刑事抗诉书报送人民检察院，应根据抗诉程序的不同而有所区别。上诉程序的刑事抗诉书，要抄报上一级人民检察院；审判监督程序的刑事抗诉书，要抄送原提起公诉和提请抗诉的人民检察院。

第六节　民事（行政）抗诉书

一、概念和功用

民事（行政）抗诉书，是人民检察院对人民法院已经发生法律效力的民事（行政）判决、裁定，符合法定情形之一的，按照审判监督程序，向人民法院提出抗诉时所用的法律文书。

《民事诉讼法》第 14 条规定："人民检察院有权对民事诉讼实行法律监督。"《民事诉讼法》第 215 条第 1 款规定："最高人民检察院对各级人民法院已经发生法律效力的判决、裁定，上级人民检察院对下级人民法院已经发生法律效力的判决、裁定，发现有本法第二百零七条规定情形之一的，或者发现调解书损害国家利益、社会公共利益的，应当提出抗诉。"《民事诉讼法》第 207 条规定人民法院应当再审的情形为：①有新的证据，足以推翻原判决、裁定的；②原判决、裁定认定的基本事实缺乏证据证明的；③原判决、裁定认定事实的主要证据是伪造的；④原判决、裁定认定事实的主要证据未经质证的；⑤对审理案件需要的主要证据，当事人因客观原因不能自行收集，书面申请人民法院调查收集，人民法院未调查收集的；⑥原判决、裁定适用法律确有错误的；⑦审判组织的组成不合法或者依法应当回避的审判人员没有回避的；⑧无诉讼行为能力人未经法定代理人代为诉讼或者应当参加诉讼的当事人，因不能归责于本人或者其诉讼代理人的事由，未参加诉讼的；⑨违反法律规定，剥夺当事人辩论权利的；⑩未经传票传唤，缺席判决的；⑪原判决、裁定遗漏或者超出诉讼请求的；⑫据以作出原判决、裁定的法律文书被撤销或者变更的；⑬审判人员审理该案件时有贪污受贿，徇私舞弊，枉法裁判行为的。《民事诉讼法》第 219 条规定："人民检察院决定对人民法院的判决、裁定、调解书提出抗诉的，应当制作抗诉书。"《行政诉讼法》第 11 条规定："人民检察院有权对行政诉讼实行法律监督。"《行政诉讼法》第 93 条规定："最高人民检察院对各级人民法院已经发生法律效力的判决、裁定，上级人民检察院对下级人民法院已经发生法律效力的判决、裁定，发现有本法第九十一条规定情形之一，或者发现调解书损害国家利益、社会公共利益的，应当提出抗诉。地方各级人民检察院对同级人民法院已经发生法律效力的判决、裁定，发现有本法第九十一条规定情形之一，或者发现调解书损害国家利益、社会公共利益的，可以向同级人民法院提出检察建议，并报上级人民检察院备案；也可以提请上级人民检察院向同级人民法院提出抗诉。"以上诸条法律，是检察机关要求法院对确有错误且生效的民事、行政判决、裁定进行再审从而制作民事（行政）抗诉书的法律依据。

民事（行政）抗诉书，是民事、行政检察工作中最重要的文书，体现了检察机关依法对民事审判、行政诉讼实施法律监督的职能。民事（行政）抗诉书启动审判监督程序，直接引起人民法院对民事（行政）案件再审的程序，是人民检察院对民事、行政审判活动进行法律监督的有效工具。

二、结构、内容和制作方法

《人民检察院法律文书格式（样本）》对民事抗诉书、行政抗诉书的格式分别作了规定。本教材将两者合二为一综合讲解。民事（行政）抗诉书分首部、正文、尾部三部分内容。

（一）首部

首部要分别写明以下三项内容：标题、编号、案件来源及审查过程。

1. 标题。标题包括两项内容：提起抗诉的人民检察院名称和文书名称。检察院名称，在第一行居中写明，第二行居中写文书名称："民事抗诉书"或"行政抗诉书"。

2. 编号。依次写明以下五个方面的内容：检察院名称简称、部门简称、文书名称简称、发文年度、文书顺序号。例如，民事抗诉书为"×检民抗［××××］××号"，行政抗诉书为"×检行抗［××××］××号"。顺序号应按决定抗诉的时间先后统一编号。

3. 案件来源及审查过程。案件来源有四种：①当事人不服原判决、裁定，直接向人民检察院申诉，经审查决定提出起诉的。这种情况具体表述为："×××（申诉人）因与×××（对方当事人）××（案由）纠纷一案，不服×××人民法院××（生效判决、裁定文号）民事（行政）判决（或裁定），向我院提出申诉。"②由下级人民检察院提请抗诉的案件，即当事人向下级人民检察院提出申诉，下级人民检察院审查后又提请上级人民检察院抗诉的。这种情况具体表述为："×××（申诉人）因与×××（对方当事人）××（案由）纠纷一案，不服×××人民法院×××（生效判决、裁定文号）民事（行政）判决（或裁定），向×××人民检察院提出申诉，×××人民检察院提请我院抗诉。"③由检察机关自行发现的案件，可表述为："我院对×××人民法院对×××（原审原告）与×××（原审被告）×××（案由）纠纷案的×××（生效判决、裁定文号）民事（行政）判决（或裁定）进行了审查。"④由案外人提出申诉，可表述为："我院受理×××（申诉人）的申诉后，对×××人民法院对×××（原审原告）与×××（原审被告）××（案由）纠纷案的×××（生效判决、裁定文号）民事（行政）判决（或裁定）进行了审查。"然后写本院审查该案的过程。行文如:"我院对该案进行了审查……(简述审查过程,如查阅了原审卷宗、进行了调查等),现已审查终结。"

(二)正文

正文要写明审查认定的事实、诉讼过程、审查意见和抗诉理由、抗诉决定及请求等四项内容。

1. 审查认定的事实。这一项是分析判断判决、裁定正确与否的基础,是抗诉理由的根据。在"现已查明"之后,写清检察机关认定的案件事实的时间、地点、行为、情节、后果等要素。如果人民检察院与人民法院认定一致,案件事实可以略写;如果人民检察院与人民法院认定不一致,应详细叙述,并简要列明认定事实的证据,为下文阐述抗诉理由打基础。写完检察机关审查认定的事实后,最后写明原审中由原告×××提起诉讼。

2. 诉讼过程。该部分写明一审法院、二审法院判决、裁定的作出日期、文号、理由、主文及诉讼费负担,如果法院判决、裁定与检察机关认定事实有不同之处,要在该部分简要写明。如果经过了再审,还要将再审情况写明。

3. 审查意见和抗诉理由。以"本院认为"开头,从本案实际出发,用简洁的文字,观点鲜明地分析、论证原判决、裁定的错误之处。要根据事实和证据,依照法律,对原审裁判在认定事实、采信证据、适用法律、诉讼程序等方面的错误之处,进行法理和逻辑事理分析。对裁判存在多种错误的,应当有针对性地分层次展开评议,逐一分析。

4. 抗诉决定及请求。这部分内容先要综述抗诉的结论性意见,再引用据以抗诉的法律依据(民事诉讼法或行政诉讼法的有关条款),最后写明本院抗诉的决定和请求。行文如下:"综上所述,×××人民法院(作出生效判决、裁定的法院)对本案的判决(或裁定)……(指出生效判决、裁定存在哪几个方面的问题)。经本院第×届检察委员会第×次会议讨论决定(未经检察委员会讨论的,可不写),依照《中华人民共和国民事诉讼法》第二百一十五条第×项(行政案件引《行政诉讼法》第九十三条)的规定,向你院提出抗诉,请依法再审。"

(三)尾部

尾部写明四项内容:致送法院名称,决定抗诉的年、月、日并加盖院印,加盖"本件与原本核对无异"印章,最后在附项中写明随案移送的卷宗及有关材料情况。

三、制作与运用中应当注意的问题

正本加盖"正本"印章,副本加盖"副本"印章,正本送同级人民法院,同时按当事人人数送副本。副本存检察副卷,还要报同级人大和上级人民检察院备案。

第七节　公诉意见书

一、概念和功用

公诉意见书，是指公诉人出席刑事第一审法庭，在法庭调查结束、法庭辩论开始时，就证据和案件情况结合法庭调查，代表检察机关发表综合性意见时使用的法律文书。《刑事诉讼法》第189条规定："人民法院审判公诉案件，人民检察院应当派员出席法庭支持公诉。"《刑事诉讼法》第198条第2款规定："经审判长许可，公诉人、当事人和辩护人、诉讼代理人可以对证据和案件情况发表意见并且可以互相辩论。"以上诸条法律，都是公诉人出庭发表公诉意见的法律依据。因此，公诉人在做出庭准备时，要制作好公诉意见书（即庭上发言稿）。

公诉意见书是人民检察院代表国家进一步揭露、指控、论证被告人所犯罪行的综合性发言。一篇好的公诉意见书，是对起诉书指控被告人罪行和适用法律的进一步阐发和论证，为法庭查清犯罪事实、准确定罪量刑、作出公正判决提供重要的参考意见，也是对旁听群众进行法制宣传教育的生动教材。

二、结构、内容和制作方法

在刑事诉讼法修改后，最高人民检察院印发的《人民检察院法律文书格式（样本）》对公诉意见书中的结构、内容作了统一的规定，制定了相应的规范格式。公诉意见书作为一种检察法律文书，应认真撰写，并存卷备查。

公诉意见书是一种带有演讲稿性质的文字叙述式文书，由首部、正文、尾部组成。

（一）首部

首部要写明四项内容：标题、被告人姓名、案由、起诉书号。标题要居中分行列写，写法与起诉书同，其余项目要一一另起一行空两格列写。

（二）正文

正文写四部分内容：称呼语、前言、具体的公诉意见、结束语。

1. 称呼语。空两格写称呼"审判长、审判员（人民陪审员）"，以表示对法庭的尊敬，引起法庭组成人员的注意。

2. 前言。紧接着称呼语直接表述："根据《刑事诉讼法》第一百八十九条、第一百九十八条、第二百零四条和第二百零九条之规定，我受×××人民检察院的指派，代表本院，以国家公诉人的身份，出席法庭支持公诉，并依法对刑事诉讼实行法律监督。现对本案证据和案件情况发表如下意见，请法庭注意。"

3. 具体的公诉意见。根据文书格式要求，结合本案特点，重点阐述以下问题：①根据法庭调查的情况，综合概述法庭质证的情况，各证据的证明作用，并运用各证据之间的逻辑关系证明被告人的犯罪事实清楚，证据确实、充分。②根据被告人的犯罪事实，论证应适用的法律条款并提出定罪及从重、从轻、减轻处罚的意见。③根据庭审情况，在揭露被告人犯罪行为的社会危害性的基础上，作必要的法制宣传和教育工作。

以上三个方面是公诉意见书的基本内容，但是，在制作中不能平均使用力量，要根据实际情况，有针对性地加强重点部分的论述。对可能出现争议的地方，公诉意见书要重点论证；对某些以法定条件为犯罪构成要件的案件，公诉意见书要对被告人犯罪行为具备有关法定条件的事实和证据进行重点论证；对需要从重或从轻、减轻处罚的，要详细分析从重、从轻、减轻的法定理由；对有法制宣传意义的案件，应重点剖析犯罪原因、思想根源、社会根源，以收到减少和预防犯罪，促使被告人悔过自新的效果。

4. 结束语。在论证结束后归纳概括，阐明人民检察院对本案被告人依法定罪量刑的意见。具体表述为："综上所述，起诉书认定本案被告人×××的犯罪事实清楚，证据确实、充分，依法应当认定被告人有罪，并应（从重、从轻或者减轻）处罚。"

（三）尾部

尾部应当写明两项内容：公诉人姓名，另起一行写××××年××月××日当庭发表。

三、制作与运用中应当注意的问题

1. 概念的准确性。在制作和发表公诉意见书时，注意与起诉书、答辩提纲观点保持一致但又要有所区别。公诉意见书是起诉书的补充与发挥，但不必简单重复起诉书的内容，通过对事实、证据的分析、综合，达到论证起诉指控和法制宣传、教育的目的；公诉意见书与答辩提纲也不同，在法庭辩论中公诉意见侧重立论，答辩提纲侧重驳论。

2. 内容的选择性。公诉意见书是否进行法制宣传，要因案而异。如果案件罪与非罪的论辩激烈且被告人不认罪，则法制宣传可以省去；如果旁听群众多，且案件事实清楚、指控成立，就要以案说法，教育群众。

3. 文书的可变性。公诉意见书是公诉人在出庭前拟写好的文书，但使用时可以因情况变化和论辩的需要而进行改动。要对庭审中出现的新情况、新问题予以适当概括、补充或评析。

4. 语言的流畅性。公诉意见书要在庭审中面向听众口头讲述，因此，其语言除应当具有义正词严、简练生动等特点以外，还应做到通俗易懂、明快流畅，对深奥的法律名词、概念应做深入浅出的解释，让人听得明白。

此外，还要注意在法庭上发表公诉意见书时，只讲述从称呼语到结束语的内容，标题及署名等内容不必宣读。

思考与实践

1. 立案决定书、起诉书、不起诉决定书、刑事（民事、行政）抗诉书，其各自的概念、功用，制作的法律依据是什么？叙写案件事实各有什么不同侧重点？

2. 起诉书与起诉意见书有哪些异同？

3. 公诉意见书的主体部分应包括哪些内容？

4. 民事、行政抗诉书，一般应写明案件来源，根据格式与有关法律规定，案件来源一般有哪些方面？

5. 下面是一份不起诉决定书中的"不起诉的理由、法律依据和决定事项"，请针对其存在的问题加以改正。

综上所述，根据调查经科学有效的××医科大学的法医鉴定，我院认为，被告人关××打刘两记耳光，是一种侵犯公民人身权利的违法行为，但不构成犯罪。根据《刑事诉讼法》第一百七十七条第二款的规定，决定对被告不起诉。

6. 阅读下列材料，拟制作一份起诉书。

女青年王×花于2016年8月到×市×区食品一条街最北端的一家小饭店求职，饭店老板崔×亮见王×花身材匀称、眉目清秀，收她为本店的服务员。言明工作时间为上午10时至晚11时，月工资1800元，管吃管住，试工1个月。

9月10日晚上10点多钟，来了一位男"顾客"，由王×花领入包间餐厅。这位顾客要了许多酒菜，喝了两瓶啤酒，见店内老板刚刚出去，且店内无其他顾客，便凶相毕露，趁王×花不备，猛用事先系好活扣的尼龙提包背带套住王×花的脖子，并用事先准备好的刀子威逼王×花交出抽屉里的钱款。王×花不从并大喊"救命"，这个"顾客"就猛勒已套在王×花脖子上的尼龙提包背带，王×花因窒息死亡。这位"顾客"撬开抽屉，拿走现金3642元，又搜去死者衣兜里的现金136元后逃走。次日凌晨4时许被公安机关抓获归案。

经公安局的调查取证，查明这个"顾客"叫武×柱，系×市×区的无业游民，被公安机关抓获后，开始他对罪行百般抵赖，后在人证物证面前，才供认了自己的罪行。×市公安局于同年×月×日经×市人民检察院批准，武×柱被逮捕。此案经×市公安局侦查终结，移送×市人民检察院审查起诉。

×市人民检察院经过审查，认定该案的主要证据有：①武×柱供认，从王×花颈部提取的提包背带是他的提包背带，并且是他用这个背带勒死被害人王×花的。②经科学技术鉴定，被告人武×柱裤子上的血迹和提取背包背带上的血迹与王×花的血型相同。③饭店老板证明武×柱确曾在出事当晚在本饭店吃过饭而且是王×花招待了他。

武×柱，男，19岁，×市人，无业，捕前住×市×区×胡同×号。

武×柱被逮捕后，他聘请了×市×区×律师事务所任×东律师担任辩护律师。

王×花，女，19岁，×省×县人，×市食品一条街饭店临时工，住××食品公司集体宿舍。

证人崔×亮，男，45岁，××饭店老板，住××饭店。

7. 根据下列材料，制作一份公诉意见书。

201×年×月，被告人姚×云，女，出生在北京市一个教师家庭，24岁，自幼在北京市上小学、中学，20××年高中毕业到×县农村插队，20××年分配到北京市出租汽车公司开车。因没有完成当月的任务，车队开会作出了扣发姚×云当月奖金的决定。姚×云不服，找有关领导谈话，问题不但没有解决，反而使矛盾激化。201×年×月×日上午，姚×云又找到有关领导要求解决问题，与领导大吵大闹。经同志们劝解后姚×云到办公室休息。十分钟后，正好有一辆"华沙"车进站，停在院里，司机去业务室报班，姚×云见车上有钥匙，将车擅自开走。

201×年×月×日，腊月的北京市，天寒地冻，雄伟的天安门广场上，老人、孩子在漫步，旅游宾客在拍照留影，一切是那样的欢乐、祥和、平静……上午11时许，姚×云驾驶一辆米黄色的"华沙"牌小轿车（该车的车速在10多秒钟内可加快到每小时60公里，最高时速可达每小时80公里~90公里），由金水桥驶向广场西侧路，闯入广场，又从纪念碑西侧直对金水桥方向开足马力向密集的人群猛冲。据在场目击者证实，汽车开得非常快，车速不低于每小时70公里，人们躲闪不及，有的人被挑了起来，有的人被撞飞了，更多的人被刮伤碰伤躺倒在地上。顷刻之间广场旗杆下边死伤多达20余人。轿车驶过后，现场惨不忍睹，一片狼藉。旗杆附近血迹斑斑，受害者的衣物被撞飞后散落一地。最后，汽车在金水桥汉白玉栏杆上翻倒毁坏。金水桥西侧汉白玉栏杆被撞坏，汽车被撞出2米多远。

惊恐过后的群众渐渐平静下来，大家一拥而上，将正用头猛撞挡风玻璃、满脸是血的肇事凶手姚×云从汽车里拉出来，迅速送交赶到的警察。北京市人民检察院以"以危险方法危害公共安全罪"对姚×云提起公诉。

姚×云被交付司法机关后，警察把受伤的群众分别急送首都医院、同仁医院、北京医院等进行抢救。结果解放军战士张××、陈××以及张×丽、魏××

等4人被撞得血肉横飞，当即死亡。解放军战士农××因伤势极其严重，送医院抢救无效，也于×日死亡。伤19人，其中重伤17人，至×年×月×日止，仍有9人因伤势过重住院治疗，在这9个人中，有的脑受损伤，有的肾损坏，其余大部分都造成骨折，有的是开放性骨折，有的是粉碎性骨折，有的仍然时而昏迷，伤势很严重。在死亡的5人中，有解放军战士3人，老工人1人，女青年1人；在19名受伤者中有解放军战士11人，工人6人，农民2人；伤亡的24人中，居住在北京地区的5人，其余人员分别来自内蒙古、新疆、辽宁、西藏、河北、黑龙江、江苏、广西等地。他们当中年龄最大的56岁，最小的16岁。

死者张×丽，女，现年26岁，家住新疆石河子垦区，20××年进×师范学院学习，今年刚大学毕业。这次同未婚夫万×一起，从山东途经北京回新疆，准备购买结婚物品，在"五一"节前结婚。当这对恋人在天安门广场照相留影时，张×丽被姚×云驾车撞死，万×被撞伤。

被撞死的北京卫戍部队某班战士张××，今年18岁，他学习努力，积极要求进步，是班里的骨干，曾两次受到部队嘉奖。×日，他和部队战友到天安门广场照相留影，被姚×云驾车撞出近10米远，当即死亡。他的父母悲愤地说："如果张××为保卫祖国而牺牲，我们感到光荣；如果他因公牺牲也是值得的；可是他却无缘无故死在一个亡命徒手里，真是叫人痛心。"张××的战友无限愤慨，要求司法机关严惩凶手。

第六章

人民法院刑事裁判文书

┌
　✣学习目的与要求

　　裁判文书是司法公正的最后载体。刑事裁判文书因关系到当事人的毁誉沉浮乃至生命予夺而更令人瞩目。本章要求首先掌握这类文书的概念、功用、分类和制作运用的基本要求，并要求掌握各审级的刑事判决书、裁定书的概念、结构和内容等主要内容。对第一审刑事判决书等最基础的重要文书，还要熟练掌握正确的制作技艺。

第一节　概　　述

一、人民法院刑事裁判文书的概念和功用

　　人民法院刑事裁判文书，是指人民法院依照刑事诉讼法规定的程序，在审判刑事案件过程中，就案件的实体问题和程序问题依法制作的具有法律效力的法律文书。

　　人民法院刑事裁判文书具有十分重要的作用：①刑事裁判文书是正确实施国家法律的重要工具，保证刑事法律的具体实施；②刑事裁判文书是衡量办案质量的重要标志，是司法公正的最终载体；③刑事裁判文书是刑事诉讼活动的真实记录，如实记录审理案件的全过程；④刑事裁判文书是法制宣传、教育的生动教材，刑事裁判文书是教育公民自觉遵守法律，宣传社会主义法制的一种好形式；⑤刑事裁判文书是考察法官素质的重要尺度，是法官政治素质和业务素质的综合反映；⑥刑事裁判文书是国家重要的专业档案，由包括刑事裁判文书在内的各种诉讼文书构成的诉讼档案，是国家重要的专业档案之一；⑦刑事裁判文书是指导审判业务不可缺少的案例，经最高人民法院认可，并在《中华人民共和国最高人民法院公报》上发布案例，是协调全国审判工作的一种重要形式。

二、人民法院刑事裁判文书的分类

　　刑事裁判文书有 45 种，分类如下：

　　1. 按所处理案件的性质分类，可以分为：刑事判决书、刑事附带民事判决

书、刑事裁定书、刑事调解书。

2. 按诉讼程序分类，可以分为：第一审程序刑事裁判文书、第二审程序刑事裁判文书、死刑复核程序刑事裁判文书、审判监督程序刑事裁判文书、执行程序刑事裁判文书。

三、人民法院刑事裁判文书制作与运用的基本要求

人民法院制作的裁判文书是司法公正的最终载体。维护司法公正，必须进一步提高办案质量，而提高裁判文书的质量正是提高办案质量的重要途径。为此，必须做到：

1. 精心研究，掌握规律。由于刑事裁判文书的种类不同，各自的性质和适用的程序不同，在内容和写法上有不同的要求。只有精心研究每一种刑事裁判文书的内容和特点，才能掌握它的规律，制作出合乎要求的刑事裁判文书。

2. 改进文风，一丝不苟。刑事裁判文书的文风一定要端正。刑事裁判文书的文风，要符合准确性、明确性、务实性的要求，其中准确性又是首要的、关键的。所谓准确，就是刑事裁判文书要客观地叙述经过法庭查证所认定的案情事实，正确理解和适用有关的刑事法律和政策，做到定罪准确，量刑恰当。所谓明确，就是对任何刑事案件的认识、推断应当是明确的。对什么行为构成犯罪，什么行为不构成犯罪等要判别得一清二楚。所谓务实，就是叙述案情和论述理由要坚持从实际出发，忠于事实真相，具体案件，具体分析，要针对具体事实、证据，援用贴切的法律，以法服人。

第二节　第一审刑事判决书

一、概念和功用

第一审刑事判决书，是第一审人民法院依照刑事诉讼法规定的第一审程序，对审理终结的刑事案件，根据已经查明的事实、证据和有关法律规定，确认被告人有罪还是无罪，构成何种罪，并确定科以刑罚、免除处罚或者宣告无罪时所制作的书面处理决定。

我国《刑事诉讼法》第 200 条规定："在被告人最后陈述后，审判长宣布休庭，合议庭进行评议，根据已经查明的事实、证据和有关的法律规定，分别作出以下判决：（一）案件事实清楚，证据确实、充分，依据法律认定被告人有罪的，应当作出有罪判决；（二）依据法律认定被告人无罪的，应当作出无罪判决；（三）证据不足，不能认定被告人有罪的，应当作出证据不足、指控的犯罪不能成立的无罪判决。"最高人民法院的司法解释也有关于人民法院对第一审公

诉案件审理终结后依法作出刑事判决的相关规定。这些都是制作第一审刑事判决书的法律依据。

准确、及时、合法地制作第一审刑事判决书，对于有效地制裁犯罪，保障无罪的人不受刑事追究，完成宪法和法律赋予人民法院的刑事审判任务，具有极其重要的意义。

二、结构、内容和制作方法

第一审刑事判决书，由首部、正文（包括事实部分、理由部分、判决结果）和尾部组成。以下就第一审公诉案件（包括自然人犯罪案件和单位犯罪案件）刑事判决书，说明第一审刑事判决书的结构、内容。

（一）首部

1. 法院名称和文书名称。法院名称一般应与院印的文字一致，但是基层人民法院应冠以省、自治区、直辖市的名称。如果是涉外案件，则各级人民法院均应冠以"中华人民共和国"的全称，例如"中华人民共和国北京市第二中级人民法院"。文书名称写在法院名称之下，单列一行，即"刑事判决书"。法院名称与文书名称均应在各行居中。

2. 文书编号。文书编号由立案年度、制作法院、案件性质、审判程序的代字和案件顺序号组成，可以表述为"（××××）×刑初字第×号"。案号写在标题中文书名称的下一行右端，最后一字与下面正文的各行看齐，案号上、下各空一行。

3. 公诉机关。公诉机关一项写明"公诉机关×××人民检察院"，在"公诉机关"与"人民检察院"之间不用冒号，也不用空格。

4. 被告人。依次写明被告人的姓名、性别、出生年月日、民族、出生地、文化程度、职业或者工作单位和职务、住址。同时还要写明因本案所受强制措施情况（应写明被拘留、逮捕等羁押时间，以便于折抵刑期），是否在押，现在何处。表述时应注意以下问题：①被告人的称谓后直接写其姓名，如"被告人×××"。被告人如果有与案情有关的别名、化名或者绰号的，应在其姓名的后面用括号加以注明；被告人系外国人的，应注明其国籍、外文译名和护照号码。②被告人的职业，一般应写工人、农民、个体工商户等，如果有工作单位的，应写明其工作单位和职务。③被告人的出生年、月、日，一般应按公历写明。出生年、月、日确实查不清的，也可以写实足年龄，但对于犯罪时不满18周岁的未成年被告人，必须写明出生年、月、日。④被告人曾经受过刑事处罚，或者又在以上限制人身自由的期间内逃跑，可能构成累犯或者有法定、酌定从重处罚情节的，应写明其事由和时间。⑤因本案所受强制措施情况，应写明被刑事拘留、逮捕等羁押时间的起止日期；如果有变更强制措施的，则也应写明，以便折抵刑期。⑥被告人的住址，应写住所所在地；住所所在地和经常居住地不一致的，写经常居住地。⑦同案被告人为2人或2人以上的，按判决结果所确定的主从关系或者判处刑罚的重轻的顺序列项书写。

5. 辩护人。辩护人项一般只写姓名、工作单位和职务，例如，"辩护人×××，×××律师事务所律师"。辩护人是人民团体或者被告人所在单位推荐的，写明姓名、工作单位和职务；辩护人如果是被告人的监护人、亲属，则还应写明其与被告人的关系；辩护人如果是人民法院指定的，则写为"指定辩护人×××，×××律师事务所律师"，并在审判经过段落和"控辩主张"部分作相应的变动。同案被告人有2人或2人以上并各有辩护人的，他们的辩护人分别在各被告人项下单独列项写明。

6. 案件的由来、审判组织、审判方式和审判经过。其具体表述如下：

人民检察院以×检×诉［××××］×号起诉书指控被告人×××犯××罪，于×××年××月××日向本院提起公诉。本院依法组成合议庭，公开（或者不公开）开庭审理了本案。×××人民检察院指派检察员×××出庭支持公诉，被害人×××及其法定代理人×××、诉讼代理人×××，被告人×××及其法定代理人×××、辩护人×××，证人×××，鉴定人×××，翻译人员×××等到庭参加诉讼。现已审理终结。

写好这一段需要注意以下四个方面：

（1）起诉日期。修订后的格式样本（最新版）在"说明"中明确规定，起诉日期为法院签收起诉书等材料的日期。

（2）公诉人。除"检察员"出庭支持公诉的以外，当出庭支持公诉的检察人员分别为检察长、副检察长或者助理检察员时，则应当分别表述为×××人民检察院"检察长"或"副检察长"或"助理检察员"。起诉书上署名的检察员与出庭支持公诉的检察员不一致时，应以出庭支持公诉的检察员为准。

（3）对于经二审法院发回重审的案件，原审法院重审以后在制作判决书时，应在"审理了本案"一句之后增写以下内容："本院于×××年××月×日作出（××××）×刑初字第×号刑事判决，被告人×××提出上诉（或×××人民检察院提出抗诉），×××人民法院于×××年××月××日作出（××××）×刑终字第×号刑事裁定，撤销原判，发回重审。本院依法另行组成合议庭，公开（或不公开）开庭审理了本案。"

（4）对于本院曾经以"证据不足，×××人民检察院指控的犯罪不能成立"而宣告"被告人×××无罪"后，又经检察机关重新起诉的案件，原判决不予撤销，应在案件审理经过段"×××人民检察院以×检×诉［××××］×号起诉书"一句前，增写"被告人×××曾于×××年××月××日被×××

人民检察院以犯××罪向本院提起公诉，因证据不足，被本院宣告无罪。"一段文字。

（二）正文

1. 事实部分。事实是判决的基础，是判决理由和判决结果的根据。制作判决书，首先要把事实叙述清楚。

按文书样式规定，事实部分包括四个方面内容：①人民检察院指控被告人犯罪的事实和证据；②被告人的供述、辩解和辩护人的意见；③经法庭审理查明的事实；④据以定案的证据。在表述时按两个层次分四个自然段书写，以体现控辩式的审理方式。

（1）对控辩主张的表述。公诉机关的指控，以"×××人民检察院指控"开头，引出下文，包括三个方面：①公诉机关指控被告人犯罪的事实，应按照《刑事诉讼法》第186条关于"有明确的指控犯罪事实"的规定进行表述；②指控被告人犯罪的证据，主要以公诉机关起诉时附有的证据目录、证人名单和主要证据复印件或者照片为限；③公诉机关对本案适用法律条款的意见，包括对被告人的定性意见、量刑情节和具体适用法律条款的意见。

被告方的辩护以"被告人×××辩称"开头，引出下文，包括两个方面：①被告人的供述、辩解和自行辩护的意见。首先，对被告人的供述与公诉机关的指控一致的，可以简略地表述为"被告人×××对公诉机关的指控供认不讳"。其次，如果对指控的事实有不一致或者完全否认的，则应具体写明其供述部分的内容、对未作供述部分的辩解和提出的相关证据。最后，写明被告人自行辩护的意见，主要针对公诉机关的指控，陈述有关适用法律方面的意见。②辩护人的辩护意见和有关证据。对辩护人的辩护意见应当进行高度的概括，原则上应以与公诉机关指控的事实、证据和适用法律意见有分歧的内容作为叙述的重点，切忌平铺直叙，面面俱到。

对控辩双方没有争议的证据，在控辩主张中可以不予以表述，而在"经审理查明"的证据部分具体表述，以避免不必要的重复。

（2）"经审理查明"部分是法院认定的事实和证据，是制作判决书的重点。这部分包括三项内容：①经庭审查明的事实；②经举证、质证定案的证据及其来源；③最后对控辩双方有异议的事实、证据进行分析、认证。

叙述经审理查明的事实。应写明案件发生的时间、地点，被告人的动机、目的、手段，实施行为的过程、危害结果和被告人在案发后的态度等，并以是否具备犯罪构成要件为重点，兼叙影响定性处理的各种情节。叙述事实，要根据具体案情采用恰当的叙述方法。一般可以采用时间顺序法，着重写清主要情节；一人犯数罪的，可以采用突出主罪法；一般共同犯罪的，可以采用突出主犯法；集团犯罪的，可以采用先总后分法。

写明用作定案的证据。用作定案的证据需要注意以下几个方面：①必须是经庭审举证、质证，查证属实的；②对证据之间有矛盾或者主要根据间接证据定案的，还应当进行分析、论证，不能只列举证据种类，而不对各类证据进行分析；③必须与被证明的事实之间具有必然的、内在的联系；④能够互相印证，环环紧扣；⑤要写明证据的来源，即写明某项证据是控辩双方哪一方提供的；⑥要尽可能写得明确、具体，不能抽象、笼统。证据的写法，一般应在写完事实之后，另起一段，写明认定事实的证据。案情简单或者控辩双方没有异议的，可以集中表述；案情复杂或者控辩双方有异议的，可以在叙述事实时进行分析论证；一人犯数罪或者共同犯罪案件，可以分罪或者逐人逐罪表述证据或对证据进行分析论证。

对控辩双方有异议的并与本案的定性处理有关的事实和证据，无论是肯定的，还是否定的，都应当进行分析论证并作出是否予以认证的结论。对公诉机关指控的犯罪事实经审理确认其中全部或部分因证据不足而不能成立的，应当写明其指控缺乏证据或者证据不足。

2. 理由部分。理由是判决的灵魂，是将犯罪事实和判决结果有机地联系在一起的纽带。其核心内容是针对案情特点，运用有关刑事法律规定和犯罪构成原理，分析论证公诉机关指控的犯罪是否成立，被告人行为的性质及其法律后果，为判决打好基础。在阐述理由时，应力求有针对性，说理透彻，逻辑严密，语言精练。在书写时，以"本院认为"开头，引出下列各项内容：

（1）根据查证属实的事实、证据和有关法律规定，论证公诉机关起诉的犯罪是否成立。

（2）确定其罪名，即犯了什么罪。应以刑法分则规定的罪状和《最高人民法院关于执行〈中华人民共和国刑法〉确定罪名的规定》为依据，确定罪名。一人犯数罪的，一般先定重罪，后定轻罪；共同犯罪案件，应在分清各被告人在共同犯罪中的地位、作用和刑事责任的前提下，依次确定首要分子、主犯、从犯或者胁从犯、教唆犯的罪名。

（3）应否从轻、减轻、免除刑罚或者从重处罚。如果被告人具有法定或者酌定从重或者从轻、减轻、免除处罚等情节中的一种或数种的，应当分别或者综合予以认定。

（4）对控辩双方所持主要论点和理由，以及适用法律方面的意见，应当有理、有据地作出分析论证，应当明确表明是否予以采纳并阐明理由。

（5）对适用《刑事诉讼法》第 200 条第 3 项宣告被告人无罪的，应在理由部分写明"证据不足，×××人民检察院指控的犯罪不能成立"。

（6）判决的法律根据，应当包括司法解释在内。引述法律条文要做到以下几点：

第一，准确、完整、具体。准确，就是需要引述的法律条文应恰如其分地符合判决结果；完整，就是要把用以定性处理的法律规定和司法解释全部引用；具体，就是要引出刑法分则条文外延最小的规定，即凡条下分款、分项的，应写明第几款、第几项，有的条文只分项不分款的则应写明第几条、第几项。

第二，要有一定的条理和顺序。应当引用两条以上法律条文的，先引述有关定性处罚的条文，后引述有关处罚情节的条文；判决结果既有主刑，又有附加刑内容的，先引用适用主刑的条文，后引用适用附加刑的条文；某种犯罪需要援引其他条款的法定刑处罚的（即援引法定刑）的，应当先引用本条条文，再按本条的规定，引用相应的他罪条文；一人犯数罪的，应逐罪引用法律条文；共同犯罪案件，既可以集中引用有关的法律条文，在必要时也可以逐人逐罪引用法律条文。

第三，引用法律依据时，对既适用法律规定又适用司法解释的，应当先引用法律规定，再引用相关的司法解释。同时，适用修订前、后刑法的，对修订前的刑法，称"1997年《中华人民共和国刑法》"，对修订后的刑法，称"《中华人民共和国刑法》以下简称《刑法》"。

3. 判决结果。判决结果是人民法院依照法定程序审理案件后，依照有关法律的具体规定，对被告人作出的定性处理的结论。写明判决结果，分三种情况：

（1）定罪判刑的，表述为：

"一、被告人×××犯××罪，判处……（写明主刑、附加刑）。（刑期从判决执行之日起计算。判决执行以前先行羁押的，羁押一日折抵刑期一日，即自×××年××月××日起至×××年××月××日止）。

二、被告人×××……（写明决定追缴、退赔或者发还被害人、没收财物的名称、种类和数额。没有的不写此项）。"

（2）定罪免刑的，表述为：

"被告人×××犯××罪，免予刑事处罚（如有追缴、退赔或者没收财物的，续写第二项）。"

（3）单位犯罪定罪判刑的，表述为：

"一、被告单位××犯××罪，判处罚金××元……（写明缴纳期限）；

二、被告人××犯××罪，判处……（写明主刑、附加刑）。

（刑期从判决执行之日起计算。判决执行以前先行羁押的，羁押一日折抵刑期一日。即自×××年××月××日起至×××年××月××日止）。"

如有追缴、退赔或者发还被害人、没收财物的，应在以上各项之后续项写明。

（4）单位犯罪定罪免刑的，表述为：

"一、被告单位××犯××罪，免予刑事处罚；

二、被告人×××犯××罪，免予刑事处罚。"

如有追缴、退赔或者发还被害人、没收财物的，应在以上各项之后续项写明。

（5）宣告无罪的，无论是适用《刑事诉讼法》第200条第2项还是第3项，均应表述为：

"被告人×××无罪。"

单位犯罪案件宣告无罪的，则表述为：

"一、被告单位×××无罪；

二、被告人×××无罪。"

在书写判决结果时，应注意以下七个方面：

第一，判处的各种刑罚应按法律规定写明全称。既不能随意简化，也不能"画蛇添足"。

第二，有期限的刑罚应当写明刑种、刑期和主刑对羁押时间的折抵办法以及起止日期。例如，"被告人×××犯××罪，判处有期徒刑二年（刑期自判决执行之日起计算，判决执行以前先行羁押的，羁押一日折抵刑期一日，即自×××年××月××日起至×××年××月××日止）"。该刑期不足2年的"差距"，实际上就是已经折抵的羁押时间。在一审判决后，如果经二审、复核审或者再审改判的，对刑期的起止时间再作相应的变动。由于修订后的样式系按照判处有期徒刑、拘役的模式设计的，如果是判处死刑缓期二年执行或者管制的，则应当分别表述为："死刑缓期二年执行的期限，从高级人民法院核准之日起计算"，另行写"（刑期从判决之日起计算。判决执行以前先行羁押的，羁押一日折抵刑期二日，即自×××年××月××日起至×××年××月××日止）"。

第三，对未成年人、精神病人和被告人死亡的三类特殊案件判决结果的表述。根据《最高人民法院关于适用〈中华人民共和国刑事诉讼法〉的解释》第295条第6、7、10项之规定，对被告人因未达到刑事责任年龄不予刑事处罚和被告人是精神病人在不能辨认或者不能控制自己行为的时候造成危害结果不予刑事处罚的，应在判决结果中宣告"被告人不负刑事责任"；对于被告人死亡的案件，根据已经查明的案件事实和认定的证据材料，能够认定被告人无罪的，也应在判决结果中宣告"被告人×××无罪"。

第四，对于因证据不足，适用《刑事诉讼法》第200条第3项宣告被告人无罪的，应将"×××人民检察院指控的犯罪不能成立"作为判决的理由，而不应作为判决的结果。判决结果上仍只写"被告人×××无罪"。

第五，追缴、退赔和发还被害人合法财物，一般应在判决结果中写明其名称和数额。财物多、种类杂的，也可以只在判决结果上概括表述种类和总额，对具体名称和数量另列清单写明，作为判决书的附件。

第六，数罪并罚的应当分别定罪量刑（包括主刑和附加刑），然后按照刑法总则关于数罪并罚的规定，决定执行的刑罚。对于数罪中有判处无期徒刑或者死刑的，也应按分别定罪量刑的原则判处，切忌"估堆"量刑。

第七，同案被告人为2人以上的，应以罪责大小和判处刑罚的重轻为序，逐人分项定罪判处，并与首部被告人的排列顺序相一致。

（三）尾部

1. 如果适用《刑法》第63条第2款的规定在法定刑以下判处刑罚的，应当在交代上诉权之后另起一行写明"本判决依法报请最高人民法院核准后生效"。

2. 上诉事项。书面上诉的，应写明提交上诉状的副本的份数，根据最高人民法院的规定，一般为两份；如果是一案多人的，则每增加一名同案人，增加一份副本。

3. 署名。署名应由参加审判案件的合议庭组成人员署名。合议庭成员中有人民陪审员的，署名为"人民陪审员×××"；合议庭的成员如果是助理审判员的，则署名为"代理审判员"；助理审判员担任合议庭审判长的，与审判员担任合议庭审判长一样，均署名为"审判长×××"。

4. 注明年、月、日。判决书尾部的年、月、日为当庭宣判的日期或者签发判决书的日期。

5. "本件与原本核对无异"的印戳，由书记员将正本与原本核对无异之后，加盖在正本末页的年月日的左下方、书记员署名的左上方。

三、制作与运用中应当注意的问题

1. 对控辩主张的内容不仅仅限于起诉书和辩护词。公诉机关的指控，还包括公诉人在法庭上发表的有关增加或者放弃某些指控内容的意见；被告人的供述原则上应以在法庭上的陈述为限，对其辩解、自行辩护意见和辩护人的辩护意见，则不仅仅限于书面形式，对法庭上的口头发言，如果与本案的定性处理有关，则也应在控辩主张中概述。

2. 关于避免和减少控辩主张与"经审理查明"的事实内容相重复的问题。需要做到对控辩主张都进行不失原意的概述，而对"经审理查明"的事实则要求具体叙述。

3. 《法院刑事诉讼文书样式（样本）》中新增加的有关单位犯罪用的第一审刑事判决书，是适用于按普通程序审理的有关单位犯罪的公诉案件。适用于单位犯罪的第一审刑事判决书与自然人犯罪的第一审公诉案件刑事判决书相比较，在制作时应注意以下四个方面：

（1）由于立法规定对单位犯罪实行"双罚制"，因此，该文书样式首部中应写明被告单位及被告人的基本情况：①被告单位，写明单位名称、住所地。此项下面还需要列诉讼代表人，写明姓名、工作单位和职务。②被告人，作为单位犯罪的直接负责的主管人员和其他直接责任人员的被告人的基本情况与其他自然人犯罪的被告人项的内容相同，但要突出其在所在单位的任职情况，以表明其行为与职务有关。③诉讼代表人，应是代表被告单位出庭参加诉讼的单位的法定代表人或者主要负责人。法定代表人或者主要负责人被指控为单位犯罪中直接负责的主管人员的，应当由单位的其他负责人作为被告单位的诉讼代表人出庭参加诉讼。被告单位的诉讼代表人与被指控单位犯罪直接负责的主管人员是同一人的，人民法院应当要求人民检察院另行确定被告单位的诉讼代表人出庭参加诉讼。④人民法院审理单位犯罪案件，被告单位被注销或者宣告破产，但单位犯罪中直接负责的主管人员和其他直接责任人员应当负刑事责任的，仍应在首部写明被告单位的基本情况，并增加其被注销或者被宣告破产的内容，然后再写明其他被告人的基本情况。

（2）事实部分。控辩主张部分包括三个方面的内容：①人民检察院指控被告单位和被告人犯罪的事实、证据和适用法律的意见；②被告单位的供述、辩解、自行辩护的意见和有关证据，辩护人的辩护意见；③被告人的供述、辩解、自行辩护的意见和有关证据，辩护人的辩护意见。以上三个方面内容，原则上应用三个自然段分别进行表述。

（3）理由部分。根据查证属实的事实、证据和法律规定，论证公诉机关指控的单位犯罪是否成立，被告单位及其直接负责的主管人员、其他直接责任人员的行为是否构成犯罪，犯的什么罪，是否应实行"双罚制"，是否应从轻、减轻、免除处罚或者从重处罚。

（4）判决结果。应写明单位犯罪的"单位"和"直接负责的主管人员和其他直接责任人员"定罪判刑、定罪免刑或者宣告无罪的判决结果，以体现对单位犯罪实行"双罚制"的原则和制作判决结果的明确性要求。对单位被注销或者宣告破产，但在单位犯罪中直接负责的主管人员和其他直接责任人员应当负刑事责任而继续审理的，判决结果的第一项写"对被告单位终止审理"，并在理由部分阐明终止审理的理由；第二项写对被告人（直接负责的主管人员或者其他直接责任人员）作出的判决，即定罪处刑的意见。

第三节　第二审刑事判决书

一、概念和功用

第二审刑事判决书，是第二审人民法院在受理因当事人不服第一审判决提出上诉或者公诉机关提出抗诉的刑事案件后，依照刑事诉讼法规定的第二审程序，对第一审人民法院没有发生法律效力的判决进行审查后，依法改判时作出的书面决定。

我国《刑事诉讼法》第 236 条第 1 款第 2 项规定，第二审人民法院对不服第一审判决的上诉、抗诉案件，经过审理后，"原判决认定事实没有错误，但适用法律有错误，或者量刑不当的，应当改判"。第 236 条第 1 款第 3 项规定："原判决事实不清楚或者证据不足的，可以在查清事实后改判……"上述规定以及《最高人民法院关于适用〈中华人民共和国刑事诉讼法〉的解释》中的有关规定都是制作第二审刑事判决书的法律依据。

第二审程序是诉讼程序的重要一环。第二审人民法院制作判决书，可以及时有效地纠正一审判决的错误，这对切实保证国家法律的贯彻执行，保障诉讼当事人的合法权益，保证审判质量，保证人民法院正确行使审判权，都具有十分重要的作用。

二、结构、内容和制作方法

第二审刑事判决书，亦由首部、正文（包括事实、理由和判决结果）和尾部组成，但有其自身的特点。

（一）首部

与第一审刑事判决书不同的是：

1. 文书编号。在标题的右下方写"（2021）×刑终字第×号"。案号用"刑终"字，表示第二审人民法院适用第二审程序作出的终审的即发生法律效力的判决。

2. 抗诉机关和上诉人的称谓及身份事项（分以下几种情况）：

（1）检察机关提出抗诉的，第一项写"抗诉机关"，第二项写"原审被告人"。

（2）公诉案件的被告人提出上诉的，第一项写"原公诉机关"；第二项写"上诉人"，并用括号注明是"原审被告人"。

未成年被告人的法定代理人提出上诉的，第一项写"原公诉机关"；第二项写"上诉人"，并在姓名之后用括号注明其与被告人之间的关系；第三项写"原审被告人"。

被告人的辩护人或者近亲属经过被告人同意提出上诉的，上诉人仍为原审被告人，但应当在审理经过段中将"原审被告人×××不服，提出上诉"一句，改为"原审被告人×××的近亲属（或者辩护人）×××经征得原审被告人×××的同意，提出上诉"。

（3）自诉案件的自诉人提出上诉的，第一项写"上诉人（原审自诉人）"，第二项写"原审被告人"；被告人提出上诉的，第一项写"上诉人（原审被告人）"，第二项写"原审自诉人"；自诉人被告人都提出上诉的，第一项写"上诉人（原审自诉人）"，第二项写"上诉人（原审被告人）"。

自诉案件的当事人的法定代理人提出上诉的，第一项写"上诉人"，并用括号注明其与被代理人的关系；第二项写被代理人，如"原审自诉人"；第三项写"原审被告人"。

（4）共同犯罪案件中的个别或者部分被告人提出上诉的，第一项写"原公诉机关"，第二项写"上诉人"，并用括号注明其在原审中的诉讼地位，如"上诉人（原审被告人）"；没有提出上诉的，在第三项写"原审被告人"，以便二审对全案进行审查，一并处理。

（5）人民检察院和当事人同时提出抗诉和上诉的，根据最高人民法院的解释，应按抗诉程序进行审理。因此，第一项写"抗诉机关"，第二项写"上诉人"。

（6）附带民事诉讼的当事人提出上诉的，第一项写"上诉人"，第二项写"被上诉人"，即对方当事人，并分别在括号内注明其在原审中的诉讼地位。

附带民事诉讼当事人的法定代理人提出上诉的，与自诉案件当事人的法定代理人的书写相同。

上列当事人的身份事项和被拘留、逮捕日期，与第一审刑事判决书的书写相同。

3. 辩护人的称谓和身份事项，与第一审刑事判决书的书写相同。无辩护人的，此项不写。

4. 案件由来、一审处理结果、提出上诉或者抗诉的主要理由，具体可表述为："×××人民法院审理×××人民检察院指控原审被告人×××（写明姓名）犯××罪一案，于×××年××月××日作出（××××）×刑初字第×号刑事判决，决定×××犯××罪，判处××刑罚。原审被告人×××不服，提出上诉（如果检察机关提出抗诉的，可写为：×××人民检察院不同意原判，向本院提出抗诉）。本院依法组成合议庭，公开（或者不公开）开庭审理了本案。×××人民检察院指派检察员×××（姓名）出庭履行职务（如未出庭，此项不写；如系抗诉案件，则应表述为：'出庭支持抗诉'）。上诉人（或者原审被告人）×××及其辩护人×××、证人×××、鉴定人×××等到庭参加诉讼。现已审理终结。"

在书写案件由来和审理经过段时，应当注意：①如果被害人及其法定代理人请求人民检察院提出抗诉，人民检察院根据《刑事诉讼法》第229条的规定决定抗诉的，应当在审理经过段中的"原审被告人×××不服，提出上诉"一句之后，续写："被害人（或者其法定代理人）不服，请求×××人民检察院提出抗诉。×××人民检察院决定并于×××年××月××日向本院提出抗诉。"②第二审人民法院根据《刑事诉讼法》第234条第2款的规定，决定不开庭审理，应当将在"本院依法组成合议庭"之后、"现已审理终结"之前的内容，改写为："经过阅卷、讯问被告人、听取其他当事人、辩护人、诉讼代理人的意见，认为事实清楚，决定不开庭审理。"③按照《最高人民法院关于进一步做好死刑第二审案件开庭审理工作的通知》（已失效）的要求，凡死刑上诉案件，在审理经过段，均应表述为："依法公开开庭审理了本案。"

（二）正文

1. 事实。叙写事实分成两个层次：

（1）第一个层次包括以下内容：①概述原判决认定的事实、证据、理由和判处结果。②写明抗诉、上诉、辩护的意见。③概述人民检察院在二审中提出的新意见。

（2）第二个层次，在"经审理查明"开头之后，引出以下内容：①写明经二审审理查明的事实。②写明二审据以定案的证据。③针对上诉理由中与原判决认定的事实、证据有异议的问题进行分析、认证。

2. 理由。在阐述理由时，在"本院认为"开头之后，根据二审查明的事实、证据和有关法律规定，论证原审法院判决认定的事实、证据和适用法律是否正确。对于上诉人、辩护人或者出庭履行职务的检察人员等在适用法律、定性处理方面的意见，应当有分析地表示是否予以采纳，并阐明理由。最后写明二审判决所依据的法律条款。

在书写事实和理由部分时，应注意以下四个方面：

（1）第二审刑事判决书写作事实和理由部分的重点，应针对"一审判决中的错误"以及"上诉、抗诉的意见和理由"进行叙事和说理。要防止按照写作第一审刑事判决理由的写法来写作第二审刑事判决书，即仍把理由部分的重点放在对原审被告人的行为是否构成犯罪的分析论证上。

（2）对诉辩各方有分歧的事实和理由部分要详写，没有分歧的事实和理由部分可以略写。对上诉、抗诉意见无论是否采纳，都应当进行分析论证，并阐明是否予以采纳的理由。对于不采纳的意见，只需客观地表述"不予采纳"即可，不必进行批驳。

（3）为避免二审判决书同一审判决书的有关内容在文字上的不必要的重复，对二审判决认定的事实和证据与一审相比没有变动的，可以重点叙述原判认定的事实和证据，对二审"经审理查明"的事实和证据则可以概括叙述。

（4）判决理由中的"法律依据"包括程序法和实体法。在具体引用时，应当先引用程序法的有关规定，再引用实体法的有关规定。如果适用司法解释的，则应在其后一并引用。在引用程序法时，对原判决适用法律不当，予以改判的要引用我国《刑事诉讼法》第 236 条第 1 款第 2 项；对原判决事实不清楚或者证据不足，予以查清事实后改判的，则要引用我国《刑事诉讼法》第 236 条第 1 款第 3 项。

3. 判决结果。写明判决结果，分两种情况：

（1）全部改判的，表述为：

"一、撤销×××人民法院（××××）×刑初字第×号刑事判决；

二、上诉人（原审被告人）×××……（写明改判的具体内容）。

（刑期从……）。"

（2）部分改判的，表述为：

"一、维持×××人民法院（××××）×刑初字第×号刑事判决的第×项，即……（写明维持的具体内容）。

二、撤销×××人民法院（××××）×刑初字第×号刑事判决的第×项，即……（写明撤销的具体内容）。

三、上诉人（原审被告人）×××……（写明部分改判的具体内容）。

（刑期从……）。"

在书写判决结果时，应注意以下两个方面：①判决结果应当根据对原审判决结果的改判情况作相应的改动。如果原审判决结果未分项表述，第二审人民法院依法对该判决结果作部分改判的，其表述方法见上述第（2）项内容。②第二审人民法院对原审判决认定事实清楚、证据充分，只是认定的罪名不当的，在不加重原审判决刑罚的情况下，可以判决变更罪名。

（三）尾部

1. 交代判决的法律效力，另起一行表述。根据不同的案情，有以下两种表述方式：

（1）如果本判决书的制作机关是高级人民法院（包括中国人民解放军军事法院，下同），并且改判的结果中有判处死刑缓期二年执行的，根据最高人民法院有关司法解释，在判决书的尾部仍只写明"本判决为终审判决"即可。

（2）如果本判决书的制作机关是高级人民法院，并且改判的结果中有判处死刑的，依照《刑事诉讼法》第 246 条和第 247 条第 2 款的规定，由于判决并未发生效力，因此，应当在判决书尾部写明，"本判决由本院依法报送最高人民法院核准"，不写"本判决为终审判决"。

2. 审判人员、书记员署名和注明年、月、日等写法，与第一审刑事判决书的写法相同。

三、制作与运用中应当注意的问题

1. 对于二审将一审判处的徒刑缓刑予以撤销或者补充宣告缓刑和补充判决附加剥夺政治权利等附加刑的，均属"改判"性质，所以，应制作刑事判决书，而不是刑事裁定书。

2. 对于共同犯罪案件，只有部分被告人提出上诉，二审法院在决定对上诉部分予以改判的同时，发现没有上诉部分也有错误应予以改判的，可以在二审程序中一并改判，无须再发回原审法院重审。但这种改判仍必须符合"上诉不加刑"的原则。

第四节　再审刑事判决书

一、概念和功用

再审刑事判决书，是人民法院对于已经发生法律效力的刑事判决和裁定，依照审判监督程序对案件重新审判后，就实体问题作出改判的书面决定。

我国《刑事诉讼法》第 256 条第 1 款规定："人民法院按照审判监督程序重新审判的案件，由原审人民法院审理的，应当另行组成合议庭进行。如果原来是第一审案件，应当依照第一审程序进行审判，所作的判决、裁定，可以上诉、抗诉；如果原来是第二审案件，或者是上级人民法院提审的案件，应当依照第二审程序进行审判，所作的判决、裁定，是终审的判决、裁定。"

《最高人民法院关于适用〈中华人民共和国刑事诉讼法〉的解释》第 472 条规定："再审案件经过重新审理后，应当按照下列情形分别处理：（一）原判决、裁定认定事实和适用法律正确、量刑适当的，应当裁定驳回申诉或者抗诉，维持原判决、裁定；（二）原判决、裁定定罪准确、量刑适当，但在认定事实、适用法律等方面有瑕疵的，应当裁定纠正并维持原判决、裁定；（三）原判决、裁定认定事实没有错误，但适用法律错误或者量刑不当的，应当撤销原裁决、裁定，依法改判；（四）依据第二审程序审理的案件，原判决、裁定事实不清、证据不足的，可以在查清事实后改判，也可以裁定撤销原判，发回原审人民法院重新审判。原判决、裁定事实不清或者证据不足，经审理事实已经查清的，应当根据查清的事实依法裁判；事实仍无法查清，证据不足，不能认定被告人有罪的，应当撤销原裁决、裁定，判决宣告被告人无罪。"这些规定，对再审刑事判决书的优化、改革和细化，有指导意义。

我国《刑事诉讼法》第三编第五章专章规定了刑事审判监督程序。刑事审判监督程序，亦称刑事再审程序，是指人民法院、人民检察院对于已经发生法律效力的刑事判决和裁定，发现在认定事实上或者在适用法律上确有错误，依法提起并由人民法院对案件进行重新审判的诉讼制度。依照审判监督程序制作的再审刑事判决书，体现和贯彻了实事求是、有错必纠的方针，充分发挥了刑事审判监督的职能作用。

二、结构、内容和制作方法

最高人民法院下发的《法院刑事诉讼文书样式（样本）》中，提供和规范了三种再审刑事判决书的样式，即按第一审程序再审改判用刑事判决书、按第二审程序再审改判用刑事判决书和再审后的上诉、抗诉案件第二审改判用刑事判决书。下面重点讲述按第一审程序再审改判用刑事判决书的结构、内容和制作方法。

按第一审程序再审改判用刑事判决书，是指各级人民法院对本院已经发生法律效力的第一审刑事判决，经提起再审程序后，依照刑事诉讼法规定的第一审程序重新进行审理，根据再审查明的事实、证据和有关法律规定，确认原判在认定事实上或者在适用法律上确有错误而作出改判的书面决定。

按第一审程序再审改判用刑事判决书，由首部、正文（包括事实、判决理由、判决结果）、尾部组成。

（一）首部

与第一审刑事判决书首部的内容基本相同。有所不同和需要注意的问题是：

1. 文书编号。为了体现案件是按照第一审程序再审的，可以在"刑初"字之间增加再审程序的代字，即"再"字，例如，"（××××）×刑再初字第×号"。

2. 抗诉机关和当事人的身份事项。

（1）按第一审程序再审的，如系公诉案件，第一项写"原公诉机关×××人民检察院"，第二项写"原审被告人"，身份事项同一审刑事判决书；由上级检察机关提出抗诉的，第一项写"抗诉机关"，第二项写"原审被告人"。如系自诉案件，第一项写"原审自诉人"，第二项写"原审被告人"。

（2）按第二审程序再审的，除写明"原公诉机关×××人民检察院"以外，应当根据不同情况写明：原来是第一审的，写明原审时的称谓，如"原审被告人"；原来是第二审的，写明原二审时的称谓，如"原审上诉人（原审被告人）"；未上诉的，写"原审被告人"。

3. 原审处理结果、再审的提起和审理经过。

（1）按照第一审程序审理的，可表述为：

"×××人民检察院指控原审被告人×××犯××罪一案，本院于××××年××月××日作出（××××）×刑初字第×号刑事判决。该判决发生法律效力后，本院于××××年××月××日作出（××××）刑监字第×号再审决定，对本案提起再审［上级人民法院指令再审的，写为：×××人民法院于××××年××月××日作出（××××）×刑监字第×号再审决定，指令本院对本案进行再审；人民检察院按照审判监督程序提出抗诉的，写为：××××年××月××日，×××人民检察院按照审判监督程序向本院提出抗诉］。本院依法另行组成合议庭（上级人民法院指令再审的和上级人民检察院按照审判监督程序提出抗诉的，表述为：本院依法组成合议庭），公开（或者不公开）开庭审理了本案。×××人民检察院检察员×××出庭履行职务。被害人、原审被告人×××及其辩护人×××等到庭参加诉讼（没有辩护人的，此项不写）。现已审理终结（未开庭的写为：本院依法另行组成合议庭，审理了本案，现已审理终结）。"

（2）按照第二审程序审理的，可表述为：

"×××人民检察院指控被告人×××犯××罪一案，×××人民法院于××××年××月××日作出（××××）×刑初字第×号刑事判决，本院于××××年××月××日作出（××××）×刑终字第×号刑事判决（或者裁定）。上诉裁判发生法律效力后，本院又于×××年××月××日作出（××××）×刑监字第×号再审决定，对本案提起再审［上级人民法院指令第二审人民法院再审的，写为：×××人民法院于××××年××月××日作出（××××）×刑监字第×号再审决定，指令本院对本案进行再审；上级人民法院提审的，写为：本院于××××年××月××日作出（××××）×刑监字第×号再审决定，提审了本案；人民检察院按照审判监督程序向本院抗诉的，写为：×××人民检察院于××××年××月××日按照审判监督程序向本院提出抗诉］。"

以下审理经过段的写法与按第一审程序审理的写法相同。

（二）正文

1. 事实。事实部分应分四个自然段写明：

（1）概述原审判决认定的事实、证据、判决理由和判决结果。再审案件是以原判为前提的。因此，再审刑事判决书的事实部分应当首先客观地反映原判的内容。这里需要明确两点：①要高度概括原判的内容，但不要照抄原判内容；②概述原判内容要与再审内容前后照应。

（2）概述再审被告人的辩解和辩护人的辩护意见。再审刑事判决书的事实部分写明被告人的辩解和辩护人的辩护意见，是刑事诉讼控辩式庭审方式的需要，是保障原审被告人行使诉讼权利的需要，是加强针对性、提高刑事判决书质量的需要。这一内容的叙述，既要精练，又要全面反映辩解和辩护的意见。

（3）再审中人民检察院提出的意见，也应当在事实部分加以概述。如果是自诉案件，自诉人在再审中的意见同样应一并写明。

（4）以"经再审查明"开头之后，写明再审认定的事实和证据，并就诉讼双方对原判有异议的事实、证据作出分析、认证。这是事实部分的重点，应当写得比较详细。再审认定的事实，应当是有证据充分证明的事实；证据，应当写明证据的来源、证据的种类和名称、证据的内容及其所要证明的事项。证据的写法，应根据各案的情况，以能够充分证明案件的事实为写好证据的标准。例如，证人证言可以表述为："证人×××出庭作证称，……（概括写明证言内容），上述证言可以证明被告人×××将被害人×××打伤的事实。"又如，鉴定结论可以表述为："×××公安机关指纹鉴定结论证明，现场所留指纹，系被告人×××右手中指指纹，该鉴定结论可以证明本案系被告人×××所为。"再如，勘验笔录可以表述为："×××公安机关现场勘验笔录所记载的内容，可以证明被告人×××破窗入室行窃的事实。"以上再审认定的事实和证据可以分为两个自然段书写。

2. 判决理由。在"本院认为"之后，阐明理由部分，应写明两个方面的内容：①根据再审查明的事实、证据和有关法律规定，对原判和诉讼各方的主要意见作出分析，阐明改判的理由；②改判所依据的法律。

（1）应当根据案件的不同情况论述改判的理由，要有较强的针对性和说服力。

第一，宣告无罪的，分为绝对无罪和存疑无罪两种情况：①依据法律认定被告人无罪的，应当根据再审认定的事实、证据和有关的法律规定，通过分析论证，具体说明被告人的行为为什么不构成犯罪，原判为什么错误，并针对被告人的辩解和辩护人的辩护意见表示是否予以采纳；②证据不足，不能认定被告人有罪的，应当根据再审认定的事实、证据和有关法律规定，通过分析论证，具体说明原判认定被告人构成犯罪的证据不足，犯罪不能成立。

第二，定罪正确，量刑不当的，应当根据再审认定的事实、证据和有关的法律规定，通过分析论证，具体阐明原判为什么定罪正确，但量刑不当，以及根据本案情节对被告人为什么应当从轻、减轻、免除处罚或者从重处罚，并针对被告人的辩解和辩护人的辩护意见表示是否予以采纳。

第三，变更罪名的，应当根据再审认定的事实、证据和有关的法律规定，通过分析论证，具体阐明为什么原判定有误，但被告人的行为仍构成犯罪，以及犯何罪，并根据本案情节是否应从轻、减轻、免除处罚或者从重处罚，并针对被告人的辩解和辩护人的辩护意见表示是否予以采纳。

人民检察院在再审中提出的意见，理由部分还应表示是否予以采纳。如果再审是自诉案件，对于自诉人的意见在理由部分也应表示是否予以采纳。

（2）改判的法律依据。在援引判决所适用的法律时，应先引用程序法，后引用实体法。

3. 判决结果。判决结果就表现形式而言，可以分为两种：①全部改判；②部分改判。

（1）全部改判的，可以表述为：

"一、撤销本院（××××）×刑初字第×号刑事判决；

二、原审被告人×××……（写明改判的内容）。"

（2）部分改判的，可以表述为：

"一、维持本院（××××）×刑初字第×号刑事判决的第×项，即……（写明维持的具体内容）；

二、撤销本院（××××）×刑初字第×号刑事判决的第×项，即……（写明部分撤销的内容）；

三、原审被告人×××……（写明部分改判的内容）。"

如果再审判决对原判结果中某一项的内容部分改判的，可以表述为：

"一、维持本院（××××）×刑初字第×号刑事判决第×项中……（写明维持的内容）；

二、撤销本院（××××）×刑初字第×号刑事判决第×项中……（写明撤销的内容）；

三、被告人×××……（写明部分改判的内容）。"

（三）尾部

按第一审程序再审的案件，再审改判的判决书应交代上诉、抗诉权利。对本院已经发生法律效力的判决进行再审的，合议庭成员的署名应当符合"另行组成合议庭"的要求。除此以外，再审刑事判决书的尾部制作方法与第一审刑事判决书相同。

三、制作与运用中应当注意的问题

1. 制作再审刑事判决书时，要注意处理好事实部分中原判内容、当事人再审中的意见和再审认定的事实之间的关系。对原判内容、当事人再审中的意见，应概括写明，再审认定的事实应详细写明。

2. 要努力写好证据。有些再审刑事判决书在制作时，只是简单地罗列证据，证据与判决认定事实之间的关联性没有反映出来。因此，要针对每个案件的具体情况采用写好证据的最佳方法，充分发挥证据在判决书中的重要作用。对于诉讼双方有争议的事实、证据，要逐一进行分析甄别，写明再审认定的根据。

3. 理由部分的论证要充分、透彻。为此，要做到：①要根据再审查明的事实，从犯罪构成上论证被告人的行为是否构成犯罪，犯了什么罪；根据其犯罪情节，论证对其是否应当或者可以从轻、减轻、免除处罚或者从重处罚。②针对原审法院判决，指出错误所在，从而阐明改判的理由。③针对原审被告人在再审中的辩解和辩护人的辩护意见进行分析，正确的表示采纳，不正确的不予以采纳。

第五节　刑事附带民事判决书

一、概念和功用

刑事附带民事判决书，是指人民法院对于人民检察院提起公诉，且附带民事诉讼原告人提起附带民事诉讼的刑事附带民事案件，按照刑事诉讼法的规定，同刑事案件并案审理终结后，在确定被告人是否承担刑事责任的同时，附带解决被告人对于被害人所遭受的物质损失是否承担民事赔偿责任时作出的书面决定。

制作刑事附带民事判决书的法律根据有《刑法》第 36 条、第 64 条，《刑事诉讼法》第一编第七章"附带民事诉讼"的规定等。

根据《刑事诉讼法》第一编第七章有关"附带民事诉讼"的规定，这种诉讼程序具有下列特征：①提起附带民事诉讼的根据，必须是由于刑事被告人的犯罪行为，使被害人遭受物质损失，或者是使国家财产和集体财产遭受损失的。②附带民事诉讼的提起：被害人遭受物质损失的，由被害人提起（被害人死亡或者丧失行为能力的，被害人的法定代理人、近亲属有权提起附带民事诉讼）；公有财产遭受损失的，可以由人民检察院提起。③提起附带民事诉讼的时间，必须是在刑事诉讼过程中。④附带民事诉讼应当同刑事案件一并审判，为了防止刑事案件的过分迟延也可以在刑事案件审理后，由同一审判组织继续审理。⑤对于刑事附带民事诉讼案件，按照第一审程序审理后所制作的判决书是第一审刑事附带民事判决书，可以上诉、抗诉；按照第二审程序审理后所制作的判决书是第二审刑事附带民事判决书，是终审判决书。

刑事附带民事判决书，适用于由于被告人的犯罪行为而使被害人遭受经济损失的案件。刑事附带民事诉讼有利于简化诉讼程序，正确、及时地处理案件，同时也有利于更好地保护国家、集体及公民的合法权益不受侵犯。

二、结构、内容和制作方法

刑事附带民事判决书有第一审刑事附带民事判决书、第二审刑事附带民事判决书。第一审刑事附带民事判决书，又分为一审公诉案件适用普通程序用的刑事附带民事判决书和一审自诉案件的刑事附带民事判决书。本节讲授一审公诉案件适用普通程序用的刑事附带民事判决书。

刑事附带民事判决书，由首部、正文（事实、理由、判决结果）、尾部组成。

（一）首部

与第一审刑事判决书不同的是：

1. 文书名称为"刑事附带民事判决书"。

2. 在公诉机关之后列附带民事诉讼原告人。依次写明其姓名、性别、出生年月日、民族、出生地、文化程度、职业或者工作单位和职务、住址。附带民事诉讼原告人是本案被害人的，在"职务、住址"之后接写"系本案被害人"。附带民事诉讼原告人系本案被害人的监护人或者亲友的，在"职务、住址"之后接写"系本案被害人×××的××"。

附带民事诉讼原告人有委托代理人的，在"附带民事诉讼原告人"项后应单列"委托代理人"项，依次写明其姓名、工作单位和职务。委托代理人与附带民事诉讼原告人有亲属关系的，在"单位和职务"后接写"系本案附带民事诉讼原告人×××的××"。

3. 被告人。依次写明被告人的姓名、性别、出生年月日、民族、出生地、文化程度、职业或者工作单位和职务、住址以及因本案所受强制措施情况、现在何处。被告人同时又是附带民事诉讼被告人的，在"被告人"项后括号注明"附带民事诉讼被告人"。

4. 附带民事诉讼被告人。除"被告人"外，如果还有独立的附带民事诉讼被告人的，应单列"附带民事诉讼被告人"项，依次写明姓名、性别、出生年月日、民族、出生地、文化程度、职业或者工作单位和职务、住址。附带民事诉讼被告人与本案被告人或者附带民事诉讼原告人有亲属关系的，在"职务、住址"之后接写"系本案被告人（或者附带民事诉讼原告人）×××的××"。

如果附带民事诉讼被告人有诉讼（法定）代理人的，则在"附带民事诉讼被告人"项后应单列"诉讼（法定）代理人"项，依次写明其姓名、工作单位和职务。

5. 辩护人。辩护人如果是被告人的监护人、亲属，则还应写明其与被告人的关系。辩护人如系人民法院指定的，写为"指定辩护人"，并在审判经过段和"控辩主张"部分作相应的变动。同案被告人有2人以上各有辩护人的，他们的辩护人分别在各被告人项下单独列项写明。

6. 案件由来、审判组织、审判方式和审判经过。

（1）公诉案件的表述为："×××人民检察院以×检×诉［××××］×号

起诉书指控被告人×××犯××罪，于××××年××月××日向本院提起公诉。在诉讼过程中，附带民事诉讼原告人向本院提起附带民事诉讼。本院依法组成合议庭，公开（或者不公开）开庭进行了合并审理。×××人民检察院指派检察员×××出庭支持公诉，附带民事诉讼原告人×××及其法定（诉讼）代理人×××，被告人×××及其法定代理人×××、辩护人×××，证人×××，鉴定人×××，翻译人员×××等到庭参加诉讼。现已审理终结。"

（2）自诉案件的表述为："自诉人×××以被告人×××犯××罪，并由此造成经济损失为由，于××××年××月××日，向本院提起控诉。本院受理后，依法由审判员×××独任审判（或者组成合议庭），公开（或者不公开）开庭进行了合并审理。自诉人×××及其诉讼代理人×××，被告人×××及其辩护人×××，证人×××，鉴定人×××等到庭参加诉讼。现已审理终结。"

（二）正文

1. 事实部分。

（1）对控辩主张的表述，包括以下内容：①以"×××人民检察院指控"引出公诉机关指控被告人犯罪的事实、证据和适用法律的意见。这既是被告人承担刑事责任的客观基础，也是被告人承担民事责任的客观基础，必须逐项进行叙述。如果公诉机关在进行刑事指控的同时一并提起附带民事诉讼的，对有关附带民事部分的事实、证据和适用法律的意见，则应当一并叙述。②以"附带民事诉讼原告人诉称"引出附带民事诉讼原告人的诉讼请求和有关证据。在绝大多数情况下，附带民事诉讼是由附带民事诉讼原告人依法提起的，它既依附公诉机关提起的刑事指控，又不完全等同于刑事指控，而是相对独立的民事诉讼。因此，在判决书中有必要对附带民事诉讼原告人的诉讼请求和有关证据单独列项叙述，以体现其同时具备的从属性和相对独立的特点。③在"被告人×××辩称"后写出被告人对公诉机关指控的犯罪事实和附带民事诉讼原告人的诉讼请求予以供述、辩解、自行辩护的意见和有关证据，在"辩护人×××提出的辩护意见是"之后写出辩护人的辩护意见和有关证据。

叙述上述控辩主张的方法应当因案而异。原则上可以公诉机关的指控为主线，对于被告人及其辩护人、附带民事诉讼当事人及其诉讼代理人的供述、辩解、辩护和陈述的意见，凡与公诉机关的指控一致的，可以略述；不一致的，则可详述。但对涉及定性处理的意见和有关具体的诉讼请求，则必须叙述清楚、完整，不得遗漏。

（2）"经审理查明"的事实和证据的表述。写明经法院审理查明的事实，既包括是否构成犯罪的事实，也包括有关附带民事部分的事实，包括损害的事实有无及其大小、危害行为与损害的结果之间有无因果关系、被告人（包括附带民事诉讼被告人）主观上有无过错，等等。

写明据以定案的证据及其来源。无论证明是否构成犯罪，是否因犯罪行为造成经济损失的，都要写定案的证据以及证据的来源。这既是认定案件事实的依据，也是最终作出判决的客观基础。

写明对控辩双方有异议的事实、证据进行分析论证的意见。当控辩双方对案件事实及其证据有异议时，判决书除正面表述"经审理查明"的事实和证据外，还应当针对控辩双方的异议表明是肯定还是否定，是部分否定还是全部否定。但是，如果控辩双方对事实和证据无异议时，则此部分可以省略。

2. 理由部分。①论证公诉机关对被告人犯罪的指控是否成立，能否认定被告人有罪，被告人犯什么罪，是否应追究刑事责任。②必须论证被害人是否由于被告人的犯罪行为而遭受经济损失，被告人（包括附带民事诉讼被告人）对附带民事诉讼原告人的经济损失是否应承担民事赔偿责任；应否从轻、减轻、免除处罚或者从重处罚。③对控辩双方适用法律方面的意见，应当有分析地表示是否予以采纳，并阐明理由。④写明适用法律的依据，即判决所依据的刑事法律和民事法律的条、款、项，包括刑法、刑事诉讼法、民事法律法规、民事诉讼法等。

3. 判决结果。根据不同的判决结果，具体的表述也有所不同：

（1）被告人被定罪判刑并应当赔偿经济损失的，表述为："一、被告人×××犯××罪，……（写明主刑、附加刑）。（刑期从判决执行之日起计算。判决执行以前先行羁押的，羁押一日折抵刑期一日，即自×××年××月××日起至×××年××月××日止）。二、被告人×××赔偿附带民事诉讼原告人×××……（写明受偿人的姓名、赔偿的金额和给付的日期）。"

（2）定罪免刑并应当赔偿经济损失的，表述为："一、被告人×××犯××罪，免予刑事处罚；二、被告人×××赔偿附带民事诉讼原告人×××……（写明受偿人的姓名、赔偿的金额和给付的日期）。"

（3）宣告无罪但应当赔偿经济损失的，表述为："一、被告人×××无罪；二、被告人×××赔偿附带民事诉讼原告人……（写明受偿人的姓名、赔偿的金额和给付的日期）。"

（4）宣告无罪且不赔偿经济损失的，表述为："一、被告人×××无罪；二、被告人×××不承担民事赔偿责任。"

（三）尾部

1. 上诉事项。对于刑事附带民事诉讼案件，书面上诉的，应当提交上诉状正本一份，副本若干份。

2. 署名及注明年、月、日等，与第一审公诉案件刑事判决书相同。

三、制作与运用中应当注意的问题

1. 对附带民事诉讼部分在审理过程中达成调解协议的，既可以制作刑事附带民事调解书，也可以不制作文书，记入庭审笔录即可。记入庭审笔录后对达成调解协议这一法律事实（不包括调解协议内容），可以在判决书中表述。

2. 刑事部分先结案、附带民事部分后结案的，如果需要制作刑事附带民事调解书，则也应当对刑事部分已经判决这一"法律事实"（不包括判决内容）作交代。

3. 对"经审理查明"的事实和证据中有关附带民事部分的内容，视案情具体情况，既可以单独列项进行表述，也可以在叙述刑事案件部分的事实和证据时一并表述，要避免重复。

4. 对附带民事部分判决不服提出上诉的期限，仍适用对刑事判决不服的上诉期限 10 日，而不按有关民事诉讼法的规定单独确定上诉期限。

5. 依照《最高人民法院关于适用〈中华人民共和国刑事诉讼法〉的解释》第 199 条关于"人民法院审理附带民事诉讼案件，不收取诉讼费"的规定，在尾部不应出现有关对附带民事部分收取诉讼费的内容。

第六节　刑事裁定书

一、概念和功用

刑事裁定书，是指人民法院对刑事案件在审理和执行过程中的程序问题和部分实体问题，依照我国刑法、刑事诉讼法的规定作出的书面决定。

刑事裁定书，从内容上分，有解决程序问题的裁定和解决实体问题的裁定（如维持原判、核准死刑、减刑、假释、减免罚金）；从程序上分，有第一审裁定、第二审裁定、死刑复核裁定、再审裁定、中止审理裁定和终止审理裁定。

本节讲授第一审刑事裁定书。

第一审刑事裁定书，是指第一审人民法院在审理刑事案件过程中，依照刑事诉讼法规定的第一审程序，对有关程序问题作出的书面决定。

第一审刑事裁定书适用的范围，包括自诉刑事案件、准许撤诉或者按撤诉处理案件、终止审理案件、中止审理案件、补正裁判文书失误案件等。

（一）驳回自诉用刑事裁定书的概念和功用

驳回自诉用刑事裁定书，是指基层人民法院在受理自诉案件后，经审查发现自诉人对被告人的控告缺乏证据，且提不出补充证据，又不愿撤回自诉，或者被告人的行为不构成犯罪，决定驳回自诉作出的书面决定。

制作该裁定书的法律根据是：①《刑事诉讼法》第 211 条第 1 款第 2 项关于人民法院对于自诉案件进行审查后，对于"缺乏罪证的自诉案件，如果自诉人提不出补充证据，应当说服自诉人撤回自诉，或者裁定驳回"的规定。②《最高人民法院关于适用〈中华人民共和国刑事诉讼法〉的解释》第320条第2款第2项关于"缺乏罪证的"，符合同条"应当说服自诉人撤回起诉；自诉人不撤回起诉的，裁定不予受理"的规定。

（二）准许撤诉或者按撤诉处理用刑事裁定书的概念和功用

准许撤诉或者按撤诉处理用刑事裁定书，是指基层人民法院在受理自诉案件后，在审理过程中准许自诉人撤诉或者按撤诉处理，或者对公诉案件准许撤诉时作出的书面决定。

制作该裁定书的法律根据是：①《刑事诉讼法》第211条第1款第2项关于"说服自诉人撤回自诉"和第211条第2款关于"自诉人经两次依法传唤，无正当理由拒不到庭的，或者未经法庭许可中途退庭的，按撤诉处理"，以及第212条关于"自诉人在宣告判决前，可以同被告人自行和解或者撤回自诉"的规定。②《最高人民法院关于适用〈中华人民共和国刑事诉讼法〉的解释》第296条关于"在开庭后、宣告判决前，人民检察院要求撤回起诉的，人民法院应当审查撤回起诉的理由，作出是否准许的裁定"的规定。

（三）终止审理用刑事裁定书的概念和功用

终止审理用刑事裁定书，是指各级人民法院在刑事审判过程中，因被告人死亡，或者犯罪已过追诉时效期限，并且不是必须追诉的或者经特赦令免除刑罚，决定终止审理案件作出的书面决定。

制作该裁定书的法律根据是：①《刑事诉讼法》第16条规定，"有下列情形之一的，不追究刑事责任，已经追究的，应当撤销案件，或者不起诉，或者终止审理，或者宣告无罪：（一）情节显著轻微、危害不大，不认为是犯罪的；（二）犯罪已过追诉时效期限的；（三）经特赦令免除刑罚的；（四）依照刑法告诉才处理的犯罪，没有告诉或者撤回告诉的；（五）犯罪嫌疑人、被告人死亡的；（六）其他法律规定免予追究刑事责任的。"②《最高人民法院关于适用〈中华人民共和国刑事诉讼法〉的解释》第295条第10项规定，人民法院对于"被告人死亡的，应当裁定终止审理；但有证据证明被告人无罪，经缺席审理确认无罪的，应当判决宣告被告人无罪"。

因此，对于人民法院正在审理过程中的刑事案件被告人死亡的，应当终止审理，并相应地制作决定终止审理的刑事裁定书。

（四）中止审理用刑事裁定书的概念和功用

中止审理用刑事裁定书，是指人民法院在刑事审判过程中，出现自诉人、被告人患精神病或者其他严重疾病，致使案件无法继续审理等情形时，作出中止审理裁定时制作的书面决定。

制作该裁定书的法律根据是《刑事诉讼法》第 206 条第 1 款的规定："在审判过程中，有下列情形之一，致使案件在较长时间内无法继续审理的，可以中止审理：（一）被告人患有严重疾病，无法出庭的；（二）被告人脱逃的；（三）自诉人患有严重疾病、无法出庭，未委托诉讼代理人出庭的；（四）由于不能抗拒的原因。"

（五）补正裁判文书失误用刑事裁定书的概念和功用

补正裁判文书失误用刑事裁定书，是指各级人民法院对于在本院发出的刑事判决书、刑事裁定书等文书中，发现有个别错误或者遗漏字句，予以改正、补充时制作的文书。

该裁定书适用于改正刑事判决书、刑事裁定书或者刑事调解书中个别文字上的错误和遗漏。

刑事裁定书是人民法院常用的文书之一，与刑事判决书一样，既是人民法院行使审判权、适用刑事法律、保护人民、惩罚犯罪的有力武器，又是宣传法制、教育公民遵守法律的生动教材。

二、结构、内容和制作方法

（一）驳回自诉用刑事裁定书的结构、内容和制作方法

1. 首部。

（1）标题与案号。文书名称写"刑事裁定书"，其他同一审刑事判决书。

（2）在当事人基本情况项目中，先写自诉人后写被告人，基本情况同一审刑事判决书。如果自诉人有委托代理人、被告人有辩护人的，则应当在相应的项下写明；如果是反诉案件，则应在本诉的"自诉人"和"被告人"之后分别括号注明"反诉被告人"和"反诉自诉人"。

（3）在案件由来等部分表述的案由，仍为自诉人（反诉自诉人）自诉（反诉）的案由，表述为："自诉人×××以被告人×××犯××罪，于××××年××月××日向本院提起控诉。"

2. 正文。

（1）事实部分。制作本裁定书一般可以不写事实和证据，但对于因缺乏罪证且提不出补充证据或者当事人要求写明事实和证据的，也可以据实表述控辩双方的主张和事实根据，并对双方举证、质证的内容进行认证。

（2）理由部分。在阐述驳回起诉的具体理由时，应注意围绕驳回起诉刑事裁定书的适用范围，有针对性地讲明道理，尤其是因被告人的行为不构成犯罪而驳回自诉人的自诉时，更应注意从某一犯罪的构成要件上阐明理由，不能简单地以"被告人的行为不构成犯罪"一语一笔带过。然后写明裁定的法律根据。

（3）裁定结果部分。应写明"驳回自诉人×××对被告人×××犯××罪的控诉"。

对反诉案件，还应写明"驳回被告人对自诉人×××犯××罪的反诉"。

3. 尾部。

（1）交代上诉事项，表述为："如不服本裁定，可在接到裁定书的第二日起五日内，通过本院或者直接向×××人民法院提出上诉。"书面上诉的，应当提交上诉状正本一份，副本×份。

（2）署名及注明年月日。审判人员署名、注明年月日、书记员署名、盖"本件与原本核对无异"的印戳。

（二）准许撤诉或者按撤诉处理用刑事裁定书的结构、内容和制作方法

1. 首部。

（1）标题和案号。同驳回自诉用刑事裁定书。

（2）自诉人、被告人基本情况，亦同驳回自诉用刑事裁定书。

（3）在审判经过段中，应注意以下两点：①由于准许撤诉或者按撤诉处理的情形既可能发生在法庭审理过程中，也可能发生在开庭以前或者闭庭以后，因此，对审判经过段应表述为："本院受理后，在诉讼过程中"；②对于"自诉人申请撤诉"或者"法院按撤诉处理"的事由，既要据实表述，又要高度概括，并要符合法律规定的适用范围。

具体表述为："自诉人×××以被告人×××犯×××罪，于××××年××月××日向本院提起控诉。本院受理后，在诉讼过程中……（简述自诉人申请撤诉或者法院按撤诉处理的事由）。"

2. 正文。

（1）事实部分。由于该文书只是从程序上解决"诉"的问题，因此，对事实和证据无须单独叙述。

（2）理由部分。以"本院认为"开头后，①简明扼要地阐明是否准许撤诉或者按撤诉处理的理由，无论是准许撤诉还是不准许撤诉，抑或是按撤诉处理，都要阐明理由；②写明裁定所适用的法律依据，包括刑事诉讼法的规定和有关的司法解释。

（3）裁定结果部分。写裁定结果，按不同的情况分别写明：①准许自诉人申请撤诉的，表述为："准予自诉人×××撤诉"；②按撤诉处理的，表述为："对自诉人×××的控诉按撤诉处理"；③对公诉案件准予撤诉的，表述为："准予×××人民检察院撤回起诉"。

3. 尾部。写法同驳回自诉用刑事裁定书。

（三）终止审理用刑事裁定书的结构、内容和制作方法

1. 首部。

（1）标题和案号。同驳回自诉用刑事裁定书。

（2）公诉机关、被告人的基本情况，同一审公诉案件适用普通程序用的刑事判决书，被告人情况写到工作单位和职务为止。

（3）在审判经过段，无论人民法院是否将案件交付审判都无须表述"审判组织"的情况。具体表述为："×××人民检察院××××年××月××日以×检×诉［××××］×号起诉书，指控被告人×××犯××罪，向本院提起公诉。"

但是，对于已经一审、二审的案件，在二审或者死刑复核过程中被告人死亡的，则应在审判经过段中将原审法院、原判时间和原判结果表述清楚，以正确、全面地反映案件的来龙去脉。

2. 正文。

（1）事实部分。这类案件因"终止审理"的原因是特定的，所以，无须表述诉辩主张和"经审理查明"的具体犯罪事实和证据。但对"已过追诉时效期限"和"经特赦令免除刑罚"的内容，则应当写明，使终止审理的裁定具有合法性。

（2）理由部分。直接写明："依照《中华人民共和国刑事诉讼法》第16条第（二）项、第（三）项或者第（五）项的规定，裁定如下："。

（3）裁定结果部分，表述为："本案终止审理"。

3. 尾部。

（1）写明"本裁定送达后即发生法律效力"。

（2）署名及注明年、月、日。审判人员署名、注明年、月、日、书记员署名、盖"本件与原本核对无异"的印戳。

（四）中止审理用刑事裁定书的结构、内容和制作方法

中止审理用刑事裁定书与终止审理刑事裁定书的内容和制作方法基本上相同。只是在制作时要根据案件的具体情形据实写明"中止审理"的事由。

（五）补正裁判文书失误用刑事裁定书的结构、内容和制作方法

除首部标题和案号、尾部内容外，该裁定书内容包括两部分：

1. 案件由来、审理经过和补正理由，可以表述为："被告人×××（写明姓名和案由）一案，本院于××××年××月××日作出（××××）×刑×字第×号刑事判决书（裁定书或者调解书）。现发现其中有错误（遗漏）字句，特此补充裁定如下："。

2. 写明原裁判文书中有哪些错误，如何进行补充、改正，可以表述为："原××书……（写明错漏的字句及其所在页次和行数）；现更正为……（写明补充、改正的字句）"。写这部分内容应做到清楚、明确，如果补正的内容较多时，可以分项表述。

三、制作与运用中应当注意的问题

（一）制作和运用驳回自诉用刑事裁定书应当注意的问题

1. 驳回起诉的刑事裁定书样式适用于有附带民事诉讼内容的自诉案件时，除文书名称改为"刑事附带民事裁定书"外，其他部分应作相应的增减。

2. 在制作该裁定书时，注意参照第一审自诉案件用的刑事判决书的制作方法。

（二）制作和运用准许撤诉或者按撤诉处理用刑事裁定书应当注意的问题

1. 该文书样式只是解决对刑事部分的自诉或者公诉案件是否准许撤诉或按撤诉处理问题，附带民事诉讼案件在准许撤诉或者按撤诉处理时，对附带民事诉讼部分一般不作表态，仍可以由基层人民法院的同一审判组织继续审理，除非当事人一并撤回附带民事诉讼。

2. 对不准撤诉的案件，可以口头予以裁定，不另行制作裁定。

（三）制作和运用终止审理用刑事裁定书应当注意的问题

1. 该文书样式是按公诉案件设计的，如果是自诉案件，则在有关部分应作相应的变动。

2. 该文书样式是按第一审程序设计的，如果是第二审程序或者死刑复核程序，除审判经过段应作相应的变动外，其余部分，例如"公诉机关""被告人"等称谓也应作相应的变动。

3. 该文书样式是按一人一案设计的，如果是共同犯罪案件，则应将"指控被告人×××犯××罪"，改为"指控被告人×××在共同犯罪中犯有××罪"，与此相适应，应将裁定结果中"本案终止审理"，改为"对被告人×××终止审理"。

4. 如果是因被告人死亡而终止审理的，鉴于被告人已经死亡，因此，本刑事裁定书应向公安机关，被告人的辩护人、近亲属送达。

5. 如果案件有附带民事诉讼内容的，除在相关部分增加有关附带民事诉讼内容外，在裁定结果部分应写明"有关附带民事诉讼部分，另行审理"。

（四）制作与运用中止审理用刑事裁定书应当注意的问题

1. 该文书样式是按一人一案的公诉案件适用第一审程序设计的，如果条件发生变化，则应在样式有关部分作相应的变动。

2. 对于中止审理的原因消失后恢复审理的，则应当参照本样式制作恢复审理用刑事裁定书。主要是写明中止审理原因消失的具体情形，因而依法裁定恢复审理。

（五）制作和运用补正裁判文书失误用刑事裁定书应当注意的问题

1. 该文书样式的案号应与被补正的裁判文书案号相一致。

2. 该文书样式仅限于被补正的裁判文书已经送达后适用。如果在文书尚未送达前即已经发现文字上有错漏的，则应当重新打印，不宜与被补正的裁判文书同时递送。

3. 按该文书样式制作的裁定书，送达范围与被补正的裁判文书送达范围相同。

思考与实践

1. 最高人民法院 1999 年对刑事诉讼文书样式作了哪些修订？修订的重点是什么？

2. 简述刑事裁判文书的概念和功用。

3. 了解第一审刑事判决书的结构、内容和制作方法，并学会制作该文书。

4. 简述第二审刑事判决书的概念和功用。

5. 第一审刑事附带民事判决书的理由部分应当阐述哪些内容？

6. 第一审刑事裁定书的概念及使用的范围是什么？

7. 根据下列案情，制作一份第一审刑事判决书。

被告人张×立，男，36 岁，汉族，××省××县人，无业，住××省××市××街×号。

被告人刘×江，男，32 岁，汉族，××省××县人，原为××省××工厂工人，住××省××市××街×号。

被告人吴×军，男，30 岁，汉族，××省××县人，原为××公司职员。

上述三被告人于 2015 年×月，在我国云南边境××县结识。由被告人张×立主谋贩卖毒品并出资 10 万元，到我国云南边境，购得海洛因 2000 克，分装在 20 个塑料袋内，混在自带的行李中，于 2015 年×月×日乘成昆铁路××次火车运往四川××市。其中被告人吴×军于中途××县下车，携 5 包海洛因，在贩卖时，被我公安机关抓获。经讯问，吴供出同案犯张×立、刘×江已将其余 15 包毒品带至××市销售。公安机关经与四川省××市公安部门联系，并派员前往协助××市公安机关于 2015 年×月×日于××旅店中将张、刘二犯抓获，并起获毒品 10 包（已卖出 5 包），连同赃款 5 万元一并收缴。后经××市公安局对三犯罪嫌疑人审查后移送××市检察院审查起诉（途中吴×军亦由××县公安机关移送××市公安机关一并审查）。经××市中级人民法院开庭审理，三被告人对所犯罪行供认不讳。在审理中，刘×江、吴×军均供称此案中张×立系主犯，购买毒品一事由张主谋，并由他出资，所卖赃款应由张分得 1/2。但张×立对此不予以承认。此案有缴获的毒品，赃款及××市公安机关抓获的李××等 3 名吸毒者

（另案处理）的供词证实张、刘贩卖毒品的犯罪事实，足以认定。

此案经××市中级人民法院一审判决，认定张×立、刘×江、吴×军三犯共同犯走私、贩卖毒品罪，且数额较大，危害严重，应予以重惩。判处主犯张×立死刑，剥夺政治权利终身；判处从犯刘×江死刑，缓期2年执行，剥夺政治权利终身；判处从犯吴×军无期徒刑，剥夺政治权利终身。

第七章

人民法院民事裁判文书

❖ **学习目的与要求**

　　人民法院民事裁判文书包括各审级的判决书、调解书、裁定书和决定书等种类。通过本章的学习，要求掌握关于民事裁判文书的概念、功用、分类、制作和运用的基本要求等基本理论，还要掌握一些重要文种的基本知识和制作方法。其中，第一审民事判决书是本章学习的基点和重点。要求在熟习一审判决书的基础上带动其他审级（二审、再审）判决书的学习，再用判决书带动裁定书等其他文种的学习和制作。

第一节　概　　述

一、人民法院民事裁判文书的概念和功用

　　人民法院民事裁判文书，是指人民法院行使国家审判权，适用民事法律，在审理民事案件（包括经济纠纷案件、知识产权纠纷案件和海事案件）过程中，就案件的实体问题和程序问题依法制作的具有法律效力的非规范性法律文件。

　　民事裁判文书是法院办案质量的集中体现，是当事人正当民事权益的有效保障。它可以维护社会经济秩序，解决国内和涉外的一切民事、商事、海事纠纷。它是衡量司法文明的重要标尺，反映国家声誉的重要窗口，体现了国家的司法公正和法院的形象。

　　人民法院的民事裁判文书，作为确认当事人之间的民事权利义务关系、制裁民事违法行为、解决民事权益争议的载体，对维护权利人的合法权益，增强人民内部团结，保证民事法律、法规的正确实施，加强社会主义民主与法治建设，促进市场经济的发展，都具有重要的作用。特别是我国加入世贸组织后，对涉外民事裁判文书的制作要求更高，要与国际接轨。所以必须高度重视，认真制作好民事裁判文书。

二、人民法院民事裁判文书的分类

　　人民法院的民事裁判文书从不同的角度可以有不同的分类。

1. 根据所要解决案件问题的性质不同,可以划分为两类:①解决案件的实体问题,即民事诉讼当事人之间民事权利义务争议的问题,如婚姻纠纷、继承遗产纠纷、权属纠纷、合同纠纷等。根据我国《民事诉讼法》的规定,解决实体问题的民事裁判文书,为民事判决书。②解决案件的程序问题,即解决诉讼权利义务问题,如有关管辖、受理、财产保全、中止或终结诉讼等解决程序问题的民事裁判文书,为民事裁定书。

2. 根据所要解决案件纠纷的方式不同,可划分为民事判决书和民事调解书。这是人民法院在处理民事、经济纠纷案件过程中,根据经常使用的两种不同的审案方式而制作的文书类型。

3. 根据所要解决案件的裁判方式不同,可划分为民事判决书、民事裁定书、民事调解书、民事决定书和民事制裁决定书。

4. 根据所要解决案件所适用的程序不同,法院民事裁判文书又可划分为第一审民事判决书、民事调解书、民事裁定书;第二审民事判决书、民事调解书、民事裁定书;再审民事判决书、民事调解书、民事裁定书;非讼程序的民事判决书、民事裁定书;督促程序的民事裁定书;公示催告程序的(除权用)民事判决书、民事裁定书;企业法人破产还债程序的民事裁定书;执行程序的民事裁定书等。

三、人民法院民事裁判文书制作与运用的基本要求

1. 制作民事裁判文书,必须坚持公正、公开、公平等现代司法理念,认真制作,一丝不苟,讲究文书质量。

2. 叙事必须清楚、准确,层次分明,是非责任必须明确。这是人民法院正确作出裁判的客观基础。

3. 制作必须符合法律的规定,文书的格式、事项必须规范、齐全。用格式的规范得体保证和促进内容要素的完备、合法。

4. 说理充分有力,针对性强,适用法律恰当,裁判结论明确。这是保证人民法院制作的裁判文书公平公正、取信于民的关键所在。

5. 语言准确规范,表述科学周密,结构严谨匀称,这是民事裁判文书在语言表述、谋章运篇技术上的客观需要。

第二节　第一审民事判决书

一、概念和功用

第一审民事判决书,是第一审人民法院对所受理的民事案件,根据国家民事、经济法律、法规和最高人民法院的司法解释，依照民事诉讼法规定的第一审程序（包括普通程序、简易程序和特别程序）审理终结后，就案件的实体问题作出处理决定时使用的法律文书。

我国《民事诉讼法》第155条规定："判决书应当写明判决结果和作出该判决的理由。判决书内容包括：（一）案由、诉讼请求、争议的事实和理由；（二）判决认定的事实和理由、适用的法律和理由；（三）判决结果和诉讼费用的负担；（四）上诉期间和上诉的法院。判决书由审判人员、书记员署名，加盖人民法院印章。"这是制作第一审民事判决书的法律依据。

一审民事判决书是民事裁判文书中最常见最重要的文种之一，也是人民法院使用频率最高的民事裁判文书。制作好一审民事判决书，对于及时处理各类民事、经济纠纷案件，明确当事人之间的民事权利、义务，恰当地调整民事法律关系，正确运用法律保护当事人的合法权益，具有重要的作用。

二、结构、内容和制作方法

根据最高人民法院制定下发的《民事诉讼文书样式》（2016年版）的规定，一审民事判决书整体结构中的首部、正文和尾部三部分的具体内容和制作方法如下：

（一）首部

首部应当依次写明：标题、案号、诉讼参加人基本情况、案件来源和审理经过等。

1. 标题。标题由法院名称和文书名称这两项内容组成。此两项内容分上下两行居正中书写。法院名称，其写法应与制作文书的法院院印的文字相一致。文书名称统一写为"民事判决书"。专门人民法院制作的民事判决书，应写明法院的类别。海事法院的名称应冠以所在地的名称，涉外民事案件的判决书，还应冠以国名。

2. 案号。即文书的案件编号，它分别由年度和制作法院、案件性质、审判程序的代字以及案件的顺序号组成。具体表述为：（××××）×民初字第×号。其中年度和案件的顺序号中的数字，应用阿拉伯数字来书写。如果是经济纠纷案件，案件性质代字为"商"字；如果是知识产权纠纷案件，案件性质代字写为"知"字。

3. 诉讼参加人基本情况。诉讼参加人包括当事人和诉讼代理人。当事人的称谓，应为原告、被告和第三人。诉讼代理人的称谓，视其性质的不同，应为法定代理人和委托代理人。

（1）当事人的基本情况：①当事人是自然人的，写明当事人姓名、性别、出生年月日、民族、工作单位和职务或职业、住所。②当事人是法人或者其他组织的，写明名称和住所；另行写明法定代表人或者主要负责人及其姓名、职务。③当事人是不具备法人条件的组织或起字号的个人合伙经营的，首先要写明其名称或字号和所在地址；其次再写明其代表人的姓名、性别和职务。此两项内容要分两行来书写。④当事人是个体工商户的，要写明业主的姓名、性别、出生年月日、民族、住址；起有字号的，在其姓名后以括号注明"系……（字号）业主"。⑤被告提出反诉的，可在本诉诉讼人称谓后用括号注明其反诉的称谓，如"原告（即反诉被告）""被告（即反诉原告）"。⑥有第三人的，在原被告称谓及基本身份情况写完后，写上第三人的姓名及身份情况或第三人的名称、所在地址。

（2）诉讼代理人的基本情况。在当事人的基本情况之后，另起一行来写明诉讼代理人的基本情况。要写明到底为哪一种代理人（即是法定代理人还是委托代理人），然后写明其姓名、性别、职业或工作单位和职务、住址，并在法定代理人和指定代理人姓名后用括号来注明其与当事人间的关系。如果委托代理人是当事人的近亲属的，也应在其姓名后用括号注明其与当事人之间的关系。如果委托代理人是律师，只需写明其姓名、工作单位和职务。如果法定代表人又委托了诉讼代理人的，应先写法人名称，后写法定代表人，再写委托代理人的情况。

4. 案件来源和审理经过。根据《法院诉讼文书样式（试行）》（已失效）的规定与要求，这一内容应当这样来表述："……（写明当事人的姓名或名称和案由）一案，本院于×××年××月××日立案后依法适用普通（简易）程序，公开/因涉及……不公开开庭进行了审理。……（写明本案当事人及其诉讼代理人等）到庭参加诉讼。本案现已审理终结。"这一部分的内容应客观地表明原告与被告之间发生了什么性质的纠纷，案件受理日期、审判组织形式和审判方式，以及当事人及其诉讼代理人等是否到庭参加了诉讼的情况。因为这些内容在我国《民事诉讼法》中都有明文规定，必须客观地予以表明。写这一部分内容的目的，主要就是对案件审理的主要过程有一个客观、全面的反映，使判决结论的合法性能完整充分地显示出来。为此，对案件审理过程中出现的遇有当事人主体变更、追加的情况以及合议庭成员变更、超审限等情况，以及对案件的受理过程中出现的需要交待的情况、财产保全的措施以及对本案管辖权异议的处理等内容，都必须表述清楚，这样才会使判决程序合法性得到最大限度的反映，以利于自觉接受社会公众的监督，同时也能充分体现法官实事求是、依法办案的公正、公开、公平的办案态度，规范办案程序，杜绝违规操作和损害当事人行使诉权的情况发生。当然，反映审判程序的内容，要抓住主要关键去写，不必展开叙述各程序的具体内容，力戒喧宾夺主，写得啰嗦、冗长。

总而言之，民事案件的种类繁多，案情错综复杂，判决书的样式规定只是要式的，不可能规定得十分详尽周全，因此首部中的内容在制作时一定要注意灵活运用规定的样式，不能因拘泥格式而千篇一律。

（二）正文

一审民事判决书的正文，是由事实、理由和判决结果这三项内容组成的。正文是民事判决书的主体，即核心部分。制作时必须做到事实清楚，证据确实，论理透彻，判决合法合理。

1. 事实。事实是确认当事人间是否存在民事法律关系的依据，也是解决民事案件的基础。一审民事判决书的事实部分，应当写明当事人的诉讼请求，争议的事实和理由以及法院认定的事实及证据。这是我国《民事诉讼法》第 155 条对判决书中如何写事实，所作的明文规定。

（1）当事人的诉讼请求、争议的事实和理由。这部分应当写明原告通过诉讼，要解决什么争议的问题，解决的意见及其提供的案件事实和理由是什么；被告针对原告的诉讼请求和理由是如何答辩的；如有第三人的，还应写明第三人的陈述意见。这些内容是通过原告、被告或第三人的诉辩主张及陈述来反映与表述的。制作时以"×××向本院提出诉讼请求：1. ……；2. ……（明确原告的诉讼请求）。事实和理由：……（概述原告主张的事实和理由）""被告辩称""第三人诉/述称"的程式来表述。对原告、被告、第三人的陈述内容（即原被告主张的事实、理由、请求，适用法律的建议、对权利的处分意见以及第三人的参诉意见）都不能漏写、少写，而应当完整、平等、全面地来反映当事人的诉称、辩称内容。这主要是由民事诉讼法律关系的特点所决定的。民事案件是基于当事人之间的民事权益发生的争议，当事人的诉讼地位是平等的，为此人民法院要依法保障当事人平等地行使诉讼权利，并将他们的意见客观地反映在判决书上。语言表述上力求准确简明，用第三人称来表述。在当事人诉辩称内容表述完后，还应当完整地列举出当事人支持其主张的证据，以充分体现民事诉讼"谁主张，谁举证"的举证责任原则。证据的写法，既可以结合事实来写，即在叙述事实的同时一并列举或提出，也可以自成一段列举，但是不管用哪一种方法都要对证据进行分析和论证，并且要注意，列举证据时要保护当事人的隐私和声誉，同时也不得泄露国家机密。对于当事人的诉讼请求及争议的事实和理由（即诉称、辩称部分）的写作，应当注意重点反映当事人的争议焦点，突出体现当事人对焦点辩论的对立性，而对双方互认的事实内容，完全可以在归纳提炼之后一笔带过，不必浪费笔墨。关于这一部分的写法，2016 版样式已改变了过去诉称一段、辩称一段的老套路，力求把案件事实经过、辩论的焦点和质证的过程有条理性地综合归纳清楚，将双方当事人争议的事实、焦点呈现在人们面前，为下面法院查明事实的叙述做好铺垫。

（2）证据和事实认定。这部分有一种程式化的表述方式："当事人围绕诉讼请求提交了证据。对当事人无异议的证据，本院予以确认并在卷佐证。对有争议的证据和事实，本院认定如下：1.……；2.……（写明法院是否采信证据，事实认定的意见和理由）。"对当事人没有争议的证据予以确认，对有争议的证据，要写明争议证据的名称及法院对争议证据的认定意见和理由；对有争议的事实，也要写明认定的意见和理由。对于人民法院调取的证据、鉴定意见，经庭审质证后，按照是否有争议分别写明。

2. 理由。

（1）对诉讼请求支持与否的理由。以"本院认为"为起始语，写明理由。应当针对当事人的诉讼请求，依据认定的事实和相关法律，逐一评判并说明理由。先列述争议焦点，再一一分析认定，最后综合分析认定；没有列述争议焦点的，直接写明裁判理由。被告认可原告全部诉讼请求，且不违反法律规定的，径写："被告承认原告的诉讼请求，不违反法律规定。"经审判委员会讨论决定的，在法律依据引用前写明："经本院审判委员会讨论决定，……"

（2）裁判依据。分述说理后，另起一段，以"综上所述"起始，综述对当事人诉讼请求是否支持的总结性评价，后接法律依据，以"判决如下"引出判决主文。若在上段说理部分已经总结完毕，无须再对诉讼请求进行总结评价的，直接用"综上所述"起始，另段援引法律依据，引出判决主文。援引法律依据，应当依照《最高人民法院关于裁判文书引用法律、法规等规范性法律文件的规定》处理。法律文件的引用顺序是：先基本法律，后其他法律；先法律，后行政法规和司法解释；先实体法，后程序法。实体法的司法解释可以放在被解释的实体法之后。

3. 判决结果。判决结果，是人民法院对案件的实体问题依法处理的结果，也是当事人执行判决的依据。它要用确切具体、明白无误的语言，来确认当事人之间的民事权利义务，从而最终解决民事权益纠纷。它在判决书上的行文位置，是在判决所依据的法律条文之后，用"判决如下"引出并另起一段列述。

判决结果的表述一定要明确、具体、完整。所谓明确，就是语意要明白，让人看了就明白其中的含义，不致产生误解，这就要求文字通顺，用语准确，不能有歧义。所谓具体，就是对当事人必须履行的具体事项所作的结论，应具体如何履行，何时履行。所谓完整，就是一个案件，凡是应当由当事人履行的问题，都必须全部交代清楚，做到事项完整，解决本诉中当事人的所有争端。对于当事人不合法、不合理的诉讼请求，也应当依法予以驳回。

判决结果的语言须准确、明晰，只能作单一解释，不能产生歧义。另外，判决结果的内容还要具体可行，切忌笼统、含混，致使其无法实施。

判决结果的内容有多项的，应当按事项的逻辑分类，分条或分项叙写，并排列有序。给付的财物，品种过多的，可以概写，详情另附清单。

对被认定为无效合同或必须终止履行合同的经济案件，应当在判决结果的第一项首先写明，然后再分项写明当事人间应承担的其他责任。

（三）尾部

一审民事判决书的尾部，应当写明迟延履行的责任告知、诉讼费用的负担、当事人的上诉权利、上诉期限和上诉法院名称，以及审判人员的姓名和判决日期等内容。

1. 迟延履行的责任告知。判决主文包括给付金钱义务的，在判决主文后另起一段写明："如果未按本判决指定的期间履行给付金钱义务，应当依照我国《民事诉讼法》第260条规定，加倍支付迟延履行期间的债务利息。"

2. 在写完判决结果后，另起一行，写明本案诉讼费的负担内容。

3. 交代上诉事项。这部分主要应写明上诉权利、上诉期限和上诉法院的名称。在这里要注意一点，按样式规定的要求，"如不服本判决，可在判决书送达之日起××日内……"这是一个期间的计算问题。"送达之日起……"有人认为应该从送达之日起开始计算。但是我国《民事诉讼法》第85条第2款规定，"期间开始的时和日，不计算在期间内"。《最高人民法院关于适用〈中华人民共和国民事诉讼法〉的解释》第125条也规定，"……民事诉讼中以时起算的期间从次时起算；以日、月、年计算的期间从次日起算"。故根据上述规定，计算上诉期间时，应当从次日起算。

4. 依照特别程序审理的案件，实行一审终审，可写明"本判决为终审判决"字样。

5. 审判人员署名。组成合议庭的，由审判长和合议庭的其他审判人员（按审判长、审判员、代理审判员、人民陪审员的顺序分别）署名；独任审判的，由审判员一人署名。助理审判员参加合议庭或者独任审判的，署"代理审判员"。书记员署名在判决日期的下一行。

6. 写明判决日期。审判人员署名后，另起一行写明文书制作的年、月、日。与此同时，由书记员经过核对无误后，在判决日期的另一边加盖"本件与原本核对无异"的印戳。

三、制作与运用中应当注意的问题

1. 不要漏列和错列当事人。漏列和错列当事人就剥夺了当事人的诉讼权利。具体来说，需注意以下几个方面：要注意把符合条件的未成年人列为当事人；不要把已死亡的人再列为当事人；共同诉讼的案件，不要遗漏了共同诉讼人；不要把不符合条件的第三人错列为第三人；起诉或应诉的人如果不符合当事人条件的，不能列为当事人。

2. 要准确归纳当事人的诉辩主张，突出争议焦点，为法院认定事实和阐述判决理由做好铺垫。但叙述时也要注意方式，对当事人无争议的观点和事实可一笔带过，而对有分歧和争议的观点和事实，应详细列举，写明各自主张的事实、请求的权利、证明的证据、适用法律的建议、对权利处分的意见等。

3. 叙述法院查明认定的事实和证据时，要突出重点，掌握关键，条理清晰。重点要对有争议的焦点所涉及的事实及情节进行证据论证和事实认定，把有争议的事实讲清讲透。在查明事实的层次上还应当反映案件发生的逻辑过程，为法官最后作出判决做好事实上的铺垫。

4. 民事判决书中应当反映当事人举证、质证情况和法院认证的意见。文书中对于当事人争议的每一个事项，都应当写明当事人的主张及其举证、质证意见和合议庭的认证意见，使得证据论证的全过程能真正落到实处，在程序公开的基础上作出公正的判决。

5. 判决主文的内容应写得规范、明晰，便于执行。对认定当事人应承担连带责任的，在主文中不要漏判。

6. 不能把诉讼费用负担的决定，作为正文的一项写在主文里。因为诉讼费不是双方当事人争议的标的，诉讼费用负担的决定不是判决主文的内容。当事人不服一审判决有权提起上诉；但当事人不得单独就人民法院关于诉讼费用的决定，提出上诉。

7. 不公开开庭、缺席判决的案件，既要引用实体法，又要引用程序法，缺一不可。

8. 当事人不服一审民事判决的上诉期限为 15 天。这与不服刑事判决的上诉期限不同。在中华人民共和国领域内没有住所的当事人，上诉期限为 30 天。

9. 诉讼代理人的称谓写法要明确、具体。不能将诉讼代理人统写为"代理人"。用"代理人"这一称谓，容易混淆民事代理和民事诉讼代理的界限。这毕竟还是不一样的。另外，写诉讼代理人时，应具体写明哪一种诉讼代理人。因为诉讼代理分为法定代理和委托代理两种。这两种诉讼代理人的性质、诉讼地位和代理权限都不完全相同。是当事人委托的，就应写为"委托代理人"，是法定代理的，就该写成"法定代理人"。

第三节　第二审民事判决书

一、概念和功用

第二审民事判决书，是第二审人民法院根据当事人的上诉，依照我国《民事诉讼法》规定的第二审程序，对第一审人民法院尚未发生法律效力的民事判决进行审理后，依法作出的维持或者改变第一审民事判决的书面决定。

我国《民事诉讼法》第175条规定："第二审人民法院应当对上诉请求的有关事实和适用法律进行审查。"同法第177条第1～4项则规定了第二审民事判决书的适用范围及处理结果。该法第181条又规定："第二审人民法院审理上诉案件，除依照本章规定外，适用第一审普通程序。"这些法律上的规定都是制作第二审民事判决书的法律依据。

人民法院对二审民事案件的审理，必须围绕着上诉人上诉请求的有关事实和法律来进行，然后在查明事实、分清是非的基础上，正确适用法律，作出改判或维持原判的决定。因此，第二审民事判决书的功效有两点：①可以避免错误判决的发生，以保障民事诉讼当事人的合法权益；②可以使正确的判决得以坚持，以保障国家法律的正确实施。

二、结构、内容和制作方法

第二审民事判决书的总体结构、内容与一审民事判决书相仿。但在具体内容和写法上，有它自身的特点。

（一）首部

第二审民事判决书首部中的内容包括标题，案号，当事人的称谓和基本情况，案由、案件来源和审理经过这四项内容。

1. 标题。写法与一审民事判决书相同。

2. 案号。注意文书编号中反映审级的代字与第一审民事判决书不同。一审为"初"字，二审为"终"字，以体现二审为终审程序。至于二审案号的写法，其事项、顺序与一审的写法是一样的。

3. 当事人的称谓和基本情况。第二审程序一般是由于当事人不服一审判决，提起上诉而发生的诉讼，提起上诉的当事人（不论是原审原告、原审被告，或者是第三人）一律称为"上诉人"。提起上诉的对方当事人，则称为"被上诉人"。如果双方当事人和第三人都提起上诉的，目前司法实践中列写为"上诉人"，而不写"被上诉人"。笔者认为，在各方当事人均提起上诉的第二审民事判决书中，将当事人分别列为"上诉人兼被上诉人""被上诉人兼上诉人"，似乎更为合理。原审有第三人的，除提起上诉的应列为"上诉人"外，不提起上诉的，仍写为"第三人"。为了反映二审当事人在第一审中的诉讼地位，应当在"上诉人"和"被上诉人"的称谓后面，用括号注明其在第一审中的诉讼地位，如"上诉人（原审被告）""被上诉人（原审原告）"等。至于上诉人和被上诉人及其诉讼代理人的基本情况的写法，与第一审民事判决书相同。

4. 案由、案件来源和审理经过。二审民事判决书中与一审民事判决书中这一段的写法有所不同。第二审民事判决书在案件的由来中首先要交代清楚上诉人不服一审判决而提起上诉的情况。根据最高人民法院《民事诉讼文书样式》（2016 年版）中的要求，这一部分中的案由和案件来源表述为："上诉人×××（姓名）因与被上诉人×××/上诉人×××及原审原告/被告/第三人×××……（写明案由）一案，不服×××人民法院（××××）×民初字第×号民事判决，向本院提起上诉。"而后的案件审理经过段的内容，应根据实际的庭审情况来写："本院于××××年××月××日立案后，依法组成合议庭，开庭/因涉及……（写明不开庭的理由）不开庭审理了本案。上诉人×××及其诉讼代理人×××、被上诉人×××及其诉讼代理人×××、原审原告/被告/第三人×××、证人×××……到庭参加诉讼。本案现已审理终结。"不开庭审理的，可表述为："本院依法组成合议庭审理了本案，现已审理终结。"

（二）正文

正文包括事实、理由和判决结果三部分内容。

1. 事实包括三个部分：

（1）二审中当事人各方主张的事实和理由，依次表述为："×××上诉请求：……（写明上诉请求）。事实和理由：……（概述上诉人主张的事实和理由）。""×××辩称，……（概述被上诉人答辩意见）。""×××述称，……（概述原审原告/被告/第三人陈述意见）。"

（2）一审法院的判决情况，表述为："×××向一审法院起诉请求：……（写明原告/反诉原告/有独立请求权的第三人的诉讼请求）。"另起一段概括写明一审判决书的事实、理由和主文："一审法院认定事实：……（概述一审认定的事实）。一审法院认为，……（概述一审裁判理由）。判决：（写明一审判决主文）。"

（3）二审认定的事实，表述为："本院二审期间，当事人围绕上诉请求依法提交了证据。本院组织当事人进行了证据交换和质证（当事人没有提交新证据的，写明：二审中，当事人没有提交新证据）。对当事人二审争议的事实，本院认定如下：……（写明二审法院是否采信证据、认定事实的意见和理由，对一审查明相关事实的评判）。"

2. 理由。第二审民事判决书的理由与第一审民事判决书的理由写法有所不同。第二审的判决理由应针对上诉人上诉的情况及原审判决认定的情况来阐明二审法院自己的观点及看法。因此，二审民事判决书的理由，应当写明：①对原审判决认定事实和适用法律是否正确作出评论。②上诉人的上诉理由是否成立，上诉请求是否应予支持。③对被上诉人的答辩是否有理进行论析。通过①～③阐明二审法院维持原判或者予以改判的理由。④写出第二审民事判决的法律依据。

第二审民事判决书的理由不能照抄原判决的理由或者只说些公式化的套话，而应当根据不同的案情进行论述：①对原判正确，上诉无理的，要指出上诉理由的不当之处。②对原判不当，上诉有理的，则应阐明原判决的错误之处，上诉请求和理由的合理之处（即上诉请求和理由符合什么法律或法规的规定），并要写明改判的理由是什么。③对原判决部分正确，或上诉部分有理的，则应具体阐明原判决和上诉的意见，分别对在哪里错在哪里，应当如何正确判决，以及最后改判的理由是什么。理由部分要论述的内容较多时，可以从不同层次、不同方面分点进行论证。

上述内容写完之后，应根据不同情况，准确地引用相关的法律条文，来作为二审民事判决的依据。在援引法律条文方面，对驳回上诉，维持原判的，只需援引我国《民事诉讼法》第 177 条第 1 款第 1 项即可；对于部分改判、全部改判或者维持原判并加判的，除援引我国《民事诉讼法》的有关条文外，还应引用改判或加判所依据的实体法条文。

3. 判决结果。第二审民事判决书的判决结果是对当事人争议的实体问题作出的终审处理结论。按照最高人民法院《法院诉讼文书样式（试行）》（已失效）的规定，第二审民事判决的判决结果有四种情况：维持原判；全部改判；部分改判；维持原判，又有加判内容的。四种不同的判决结果分别表述如下：

（1）维持原判的，表述为：

"驳回上诉，维持原判。"

（2）全部改判的，表述为：

"一、撤销××××人民法院（××××）×民初字第×号民事判决；

二、……（写明改判的内容，内容多的可分项书写）。"

（3）部分改判的，表述为：

"一、维持××××人民法院（××××）×民初字第×号民事判决的第×项，即……（写明维持的具体内容）；

二、撤销××××人民法院（××××）×民初字第×号民事判决的第×项，即……（写明撤销的具体内容）；

三、……（写明改判的具体内容，内容多的可分项书写）。"

（4）维持原判，又有加判内容的，表述为：

"一、维持××××人民法院（××××）×民初字第×号民事判决；

二、……（写明加判的内容）。"

在写判决结果时必须注意以下几点：①要对原审判决作出明确表示，写明维持原判或者是撤销原判，或者维持哪几项，撤销哪几项。②要对改判或加判的内容，作出明确、具体的处理决定，但不需使用"改判""加判"等字样。③如果原判在认定事实和适用法律上均无错误，二审根据案件的具体情况，只对原判某一项具体数额或履行方式上有所变动的，不必先撤销原判第×项，而直接表述为"变更××××人民法院（××××）×民初字第×号民事判决第×项的……

为……"即可。

主文（即判决结果）之后，应另起一行写明本案诉讼费用的负担内容。第二审民事判决书中有关诉讼费用负担内容的写法，应当区分两种情况来分别对待：①驳回上诉，维持原判的，只需写明第二审法院的案件受理费由谁来负担即可；②改判的，应当根据《诉讼费用交纳办法》的有关规定，除写明第二审诉讼费用由谁来负担的内容之外，还应将变更一审诉讼费用负担的决定一并写明。

（三）尾部

与第一审民事判决书不同的是：

1. 在诉讼费用负担内容的左下方，写明"本判决为终审判决"的字样。

2. 依照我国《民事诉讼法》第 176 条关于"第二审人民法院对上诉案件应当开庭审理"的规定，判决书上应由审理此案的合议庭组成人员署名。因此，第二审民事判决书中不存在由独任审判员署名的问题。

三、制作与运用中应当注意的问题

1. 在共同诉讼的案件中，当事人提出上诉的，列为上诉人，没有提出上诉的，以其在原审中的诉讼地位名称（如原告、被告）一并列出，不可遗漏。

2. 对于第一审所认定的事实，第二审判决书不可照搬、照抄，而是要抓住有争议的部分进行概括。对于上诉人提出的上诉理由、被上诉人的答辩和第三人的意见，要进行整理归纳、概述其要点。对一审中认定事实清楚的部分可作简单概括；对有争议及第一审中认定不清的事实，则应详细地综合认证。第二审认定的事实主要应侧重详写当事人有争议、原判决有错误的部分。

3. 二审民事判决书中事实部分的认定，目前有两种比较新颖的写法：①从二审法院自己查明或确认的案件事实出发，注意吸纳原审法院认定事实的内容，而不单独列段来列叙一大段原审法院所认定了的事实。这种表述，实际上有两大好处：其一，可以防止因大段叙述原审所认定的事实而淡化二审法院的审理活动；其二，以二审法院为主体来吸纳与确认原审法院所认定了的事实，有利于提高二审法院审判工作及文字组织表述的主动权和二审裁判文书制作风格的统一性。②以当事人对原审法院查明事实争议的焦点，以及当事人对自己所提出上诉主张所举证的内容为主线来进行叙述。

4. 二审判决所阐述的理由，一定要有针对性和说服力，要从本案的实际情况出发，抓住重点，不必面面俱到，而要善于把握本案主要矛盾和上诉的关键，对症下药，做到有的放矢、以理服人。切忌用公式化的陈套来论述。

5. 第二审判决书的首部也应全面反映从第一审到第二审的诉讼过程。除应具备最高人民法院《法院诉讼文书样式（试行）》（已失效）所规定的基本要素以外，还应注意对第二审中出现的新情况，如当事人主体变更、追加当事人、上诉人诉请的变更、财产保全、委托鉴定等内容的表述。但应抓住主要关键，语言简洁，不必陈述这些程序的具体内容。

6. 改判的案件，判决结果的表述要规范。从司法实践看，有两个问题需要注意：①撤销原判和改判的内容应分项书写；②某些判决书的判决写为"撤销……民事判决书"，这种表述是错误的。因为第二审法院撤销的是第一审人民法院的民事判决，而并非整个民事判决书。

7. 二审理由中引用判决所适用的法律、法规和司法解释要求准确、全面，不能不引、少引、多引、乱引。

8. 制作第二审民事判决书，还要注意各部分内容详略繁简恰当安排，应避免重复或苟简。

第四节　再审民事判决书

一、概念和功用

再审民事判决书，是指人民法院依照民事诉讼法规定的审判监督程序，对已经发生法律效力的民事判决、裁定和调解协议，发现确有错误，经重新审理后，就案件实体问题作出处理决定的法律文书。

《民事诉讼法》第十六章对审判监督程序作出了专章规定。《民事诉讼法》第207 条规定："当事人的申请符合下列情形之一的，人民法院应当再审：（一）有新的证据，足以推翻原判决、裁定的；（二）原判决、裁定认定的基本事实缺乏证据证明的；（三）原判决、裁定认定事实的主要证据是伪造的；（四）原判决、裁定认定事实的主要证据未经质证的；（五）对审理案件需要的主要证据，当事人因客观原因不能自行收集，书面申请人民法院调查收集，人民法院未调查收集的；（六）原判决、裁定适用法律确有错误的；（七）审判组织的组成不合法或者依法应当回避的审判人员没有回避的；（八）无诉讼行为能力人未经法定代理人代为诉讼或者应当参加诉讼的当事人，因不能归责于本人或者其诉讼代理人的事由，未参加诉讼的；（九）违反法律规定，剥夺当事人辩论权利的；（十）未经传票传唤，缺席判决的；（十一）原判决、裁定遗漏或者超出诉讼请求的；（十二）据以作出原判决、裁定的法律文书被撤销或者变更的；（十三）审判人员审理该案件时有贪污受贿，徇私舞弊，枉法裁判行为的。"此条法律对再审的条件作了更为全面、合理的规定，是制作再审民事判决书的重要法律依据之一。

《民事诉讼法》第 218 条又规定："人民检察院提出抗诉的案件，接受抗诉的人民法院应当自收到抗诉书之日起三十日内作出再审的裁定……"第 208 条规定："当事人对已经发生法律效力的调解书，提出证据证明调解违反自愿原则或者调解协议的内容违反法律的，可以申请再审。经人民法院审查属实的，应当再审。"上述法律规定都是制作再审民事判决书的法律依据。

再审程序不是审判程序的必经阶段，而是诉讼上的一种救济措施。其目的在于使已经发生法律效力的判决、裁定和调解协议，在确有错误的前提下，依照法定程序予以纠正，以保证人民法院判决的正确性和合法性，保护公民、法人和其他组织的合法权益。

再审案件原为一审者，仍按一审程序审理，所作出的再审判决，当事人可以上诉；如原为二审或者是提审的，按第二审程序审理，所制作的再审判决书，属于终审判决书。

二、结构、内容和制作方法

再审民事判决书也是由首部、正文和尾部三大部分所组成。

（一）首部

再审民事判决书的首部也是由标题，文书案号，当事人的基本情况，案由、案件来源、审判组织及审判经过四项内容组成。

1. 标题。再审民事判决书的标题，应写明制作机关的名称及文书名称，其格式及写法要求，与一、二审民事判决书基本相同。

2. 文书案号。再审民事判决书的文号，其中的审级代字与一、二审中的写法不同，为了反映再审这一特殊程序，其审级代字应写上"再初"字或"再终"字。

3. 当事人的基本情况。

（1）当事人、案外人申请再审的，列为"再审申请人"；各方当事人均申请再审的，均列为"再审申请人"；再审申请书载明的被申请人列为"被申请人"；未提出再审申请或者未被列为被申请人的原审其他当事人按照其在一审、二审、再审中的地位依次列明，如"一审原告、二审被上诉人"；对不予受理裁定再审申请的案件，只列再审申请人。

（2）"再审申请人""被申请人"后的括号中按照"一审原告、反诉被告（或一审被告、反诉原告），二审上诉人（或二审被上诉人）"列明当事人在一审、二审中的诉讼地位；案外人申请再审的，括号中列明"案外人"。

（3）当事人名称变化的，在名称后加括号注明原名称。

（4）诉讼地位与当事人姓名或名称、代理人姓名之间用冒号隔开。

4. 案由、案件来源、审判组织及审判经过。对此，根据不同的情况可作如下表述：

（1）当事人申请再审经审查符合再审条件，分为以下三种情形：

第一种，由上级法院提审的，表述为：

"再审申请人×××（简称×××）因与被申请人×××（简称×××）……（案由）一案，不服×××人民法院（××××）×民××号民事判决（裁定或调解书），向本院申请再审。本院于××××年××月××日作出（××××）×民××号民事裁定，提审本案。本院依法组成合议庭，开庭审理了本案。×××（写明当事人及其诉讼代理人）到庭参加诉讼。（未开庭的写明：本院依法组成合议庭审理了本案。）本案现已审理终结。"

第二种，指令（或指定）下级法院再审。下级法院依一审程序再审的，表述为：

"再审申请人×××因与被申请人×××/再审申请人×××……（案由）一案，不服本院（或×××人民法院）（××××）×民××号民事判决（裁定或调解书），向×××人民法院申请再审。×××人民法院于××××年××月××日作出（××××）×民××号民事裁定，指令（或指定）本院再审本案。本院依法另行组成合议庭（受指定再审的不写'另行'），开庭审理了本案。×××（写明当事人及其诉讼代理人）到庭参加诉讼。本案现已审理终结。"

第三种，指令（或指定）下级法院再审。下级法院按二审程序再审的，表述为：

"再审申请人×××因与被申请人×××/再审申请人×××……（案由）一案，不服本院（或×××人民法院）（××××）×民××号民事判决（裁定或调解书），向×××人民法院申请再审。×××人民法院于××××年××月××日作出（××××）×民××号民事裁定，指令（或指定）本院再审本案。本院依法另行组成合议庭（受指定再审的不写'另行'），开庭审理了本案。×××（写明当事人及其诉讼代理人）到庭参加诉讼。（未开庭的写明：本院依法组成合议庭审理了本案。）本案现已审理终结。"

（2）人民法院依照职权再审案件，分为以下三种情形：

第一种，对本院案件按一审程序再审的，表述为：

"原审原告×××与原审被告×××……（案由）一案，本院（××××）×民××号民事判决（裁定或调解书），已经发生法律效力。经本院审判委员会讨论决定，于××××年××月××日作出（××××）×民监××号民事裁定，再审本案。本院依法另行组成合议庭，开庭审理了本案。×××（写明当事人及其诉讼代理人）到庭参加诉讼。（未开庭的写明：本院依法组成合议庭审理了本案。）本案现已审理终结。"

第二种，对本院案件按二审程序再审的，表述为：

"二审上诉人×××与二审被上诉人×××、原审第三人×××……（案由）一案，本院于×××年××月××日作出（××××）×民终××号民事判决（裁定或调解书），已经发生法律效力。经本院审判委员会讨论决定，于×××年××月××日作出（××××）×民监××号民事裁定，再审本案。本院依法另行组成合议庭，开庭审理了本案。×××（写明当事人及其诉讼代理人）到庭参加诉讼。（未开庭的写明：本院依法组成合议庭审理了本案。）本案现已审理终结。"

第三种，上级法院依职权提审的，表述为：

"二审上诉人×××与二审被上诉人×××、原审第三人×××……（案由）一案，××××人民法院于××××年××月××日作出（××××）×民××号民事判决（裁定或调解书），已经发生法律效力。经本院审查于×××年××月××日作出（××××）×民监××号民事裁定，再审本案。本院依法组成合议庭，开庭审理了本案。×××（写明当事人及其诉讼代理人）到庭参加诉讼。（未开庭的写明：本院依法组成合议庭审理了本案。）本案现已审理终结。"

（3）人民检察院抗诉再审案件，分为以下三种情形：

第一种，下级法院按一审程序再审的表述为：

"×××（简称×××）因与×××（简称×××）……（案由）纠纷一案，不服本院（××××）×民××号民事判决（或裁定），向检察机关申诉。×××人民检察院作出×××号民事抗诉书，向×××人民法院提出抗诉。×××人民法院于×××年××月××日作出（××××）×民××号民事裁定，指令本院再审本案。本院依法另行组成合议庭，开庭审理了本案。×××人民检察院指派检察员×××出庭。×××（写明当事人及其诉讼代理人）到庭参加诉讼。本案现已审理终结。"

第二种，下级法院按二审程序再审的，表述为：

"申诉人×××因与被申诉人×××及×××（写明原审其他当事人诉讼地位、姓名或名称）……（案由）一案，不服本院（××××）×民××号民事判决（或裁定），向×××人民检察院申诉。×××人民检察院于××××年××月××日作出×××号民事抗诉书，向×××人民法院提出抗诉。×××人民法院作出（××××）×民××号民事裁定，指令本院再审本案。本院依法另行组成合议庭，公开（或不公开）开庭审理了本案。×××人民检察院指派检察员×××出庭。×××（写明当事人及其诉讼代理人）到庭参加诉讼。（未开庭的写明：本院依法组成合议庭审理了本案。）本案现已审理终结。"

第三种，上级法院提审的，表述为：

"申诉人×××因与被申诉人×××及×××（写明原审其他当事人诉讼地

位、姓名或名称）……（案由）一案，不服×××人民法院（××××）×民××号民事判决（或裁定），向××××人民检察院申诉。××××人民检察院作出×××号民事抗诉书，向本院提出抗诉。本院作出（××××）×民××号民事裁定，提审本案。本院依法组成合议庭，公开（或不公开）开庭审理了本案。×××人民检察院指派检察员×××出庭。×××（写明当事人及其诉讼代理人）到庭参加诉讼。（未开庭的写明：本院依法组成合议庭审理了本案。）本案现已审理终结。"

（4）案外人申请再审案件。撤销侵害案外人权利判决用，表述为：

"×××与×××……（案由）一案，本院于××××年××月××日作出（××××）×民××号民事判决（裁定或调解书），已经发生法律效力并强制执行。×××（写明案外人的姓名或名称）对裁定不服，认为判决/调解书错误，向本院申请再审。本院于××××年××月××日作出（××××）×民申××号民事裁定，再审本案。本院依法另行组成合议庭，开庭审理了本案。×××（写明当事人及其诉讼代理人）到庭参加诉讼。（未开庭的写明：本院依法组成合议庭审理了本案。）本案现已审理终结。"

（二）正文

正文部分由事实、理由和判决结果三部分组成。

1. 事实。再审民事判决书中的事实，首先，写明一审原告的起诉理由、请求，被告的答辩情况；二审上诉人上诉的理由、请求，被上诉人的答辩。其次，概括写明第一审、第二审判决所认定的主要事实、证据、理由和判决结果；再次，简述当事人在再审中所提出的请求；最后，在"本院再审查明"部分写明再审所认定的事实和证据。

另外，当事人申请再审的案件，一定要写明当事人申请再审的主要理由和请求；对于人民检察院提出抗诉的案件，还应当写明检察院抗诉的理由。

制作中应当注意：如果原判决所认定的事实不清或有错误的，再审认定的事实应具体而又详细地予以叙述；如果原判决所认定的事实清楚无误，那么，再审认定的事实则可以简述。

2. 理由。再审民事判决书中的理由应重点针对当事人在再审中的诉辩主张、争议焦点进行阐述。要根据再审查明的事实，着重论述原审生效判决是否正确，阐明应予改判或者应当维持原判的理由。但具体制作时，应当根据再审案件的不同情况，有针对性地写好再审的判决理由：

（1）人民法院决定再审的案件，应根据再审查明的事实，针对原审判决定性处理是否正确作出评判，并阐明改判或者维持原判的理由及其适用的法律依据。

（2）当事人申请再审的案件，应着重论述申请人提出的理由是否成立，原判决是否正确，并阐明改判或维持原判的理由及其适用的法律依据。

（3）由人民检察院抗诉引起再审的案件，应着重论述抗诉理由是否有理，原判决是否正确，并阐明改判或维持原判的理由及其适用的法律依据。

（4）原判认定事实完全错误或有部分错误，阐述理由时，主要应指出由于认定事实上的错误，导致了适用法律不当和判决结论的错误。

（5）原判所认定的事实正确，但由于适用法律不当，造成判决结论错误的，要引用相关法律的具体规定来加以阐述，有理有据地指出原判在使用法律上的不当之处是什么。

（6）对当事人的申诉内容，是全部有理还是部分有理、部分无理，在其理由的论述中都必须加以论证。对有理的部分，法院应予采纳；对无理的部分，法院应实事求是地予以批驳。

（7）在理由的法律依据部分，须注意先引用程序法方面的有关条文，后引用实体法的条文。

3. 判决结果。再审民事判决书的判决结果，与二审民事判决书的判决结果基本相同，在写法上可参照书写。其判决结果有四种情况，即维持原判、全部改判、部分改判、维持原判又有加判内容的，在书写判决结果时应当注意的是，无论是按照一审还是按照二审程序再审的案件，如改变原判决的，在判决结果中，应当一并撤销原审生效判决、裁定的全部或者某一部分，然后才写改判的内容。

（三）尾部

再审民事判决书的尾部，应根据其是适用一审程序进行再审还是适用二审程序进行再审的不同情况来写明有关内容。

按一审程序再审的，其尾部中首先应写明上诉事项；而按二审程序进行再审的，其尾部写上"本判决为终审判决"的字样。

三、制作与运用中应当注意的问题

1. 根据《民事诉讼法》的有关规定，再审案件应一律依法另行组成合议庭进行审判，所以再审民事判决书的尾部中不可能存在独任审判员署名的情况。

2. 根据最高人民法院发布的《诉讼费用交纳办法》第32条的规定，再审民事判决书的判决结果写完之后，不写诉讼费用的负担。但对改判的案件，要对原判决的诉讼费用的负担进行重新认定。

3. 根据我国《民事诉讼法》第209条的规定："当事人对已经发生法律效力的解除婚姻关系的判决、调解书，不得申请再审。"但对其中关于子女抚养、财产分割问题的处理，若确有错误的，也可以进行再审。

4. 经调解结案的案件，只有具备以下条件的方可进行再审：①调解书已经发生法律效力；②调解违反自愿原则；③调解协议的内容违反法律规定的。

第五节　民事调解书

一、概念和功用

民事调解书，是人民法院在对审理中的民事案件依法主持调解，在双方当事人自愿、合法达成解决纠纷的协议后，予以认可而制作的具有法律效力的法律文书。

我国《民事诉讼法》第96条规定："人民法院审理民事案件，根据当事人自愿的原则，在事实清楚的基础上，分清是非，进行调解。"该法第100条规定："调解达成协议，人民法院应当制作调解书。调解书应当写明诉讼请求、案件的事实和调解结果。调解书由审判人员、书记员署名，加盖人民法院印章，送达双方当事人。调解书经双方当事人签收后，即具有法律效力。"该法第179条又规定："第二审人民法院审理上诉案件，可以进行调解。调解达成协议，应当制作调解书，由审判人员、书记员署名，加盖人民法院印章。调解书送达后，原审人民法院的判决即视为撤销。"这些法律上的规定，都是人民法院制作民事调解书的法律依据。

法院调解是我国人民司法工作的优良传统和成功经验。人民法院对民事案件进行调解，有利于彻底解决纠纷，增强人民内部团结，并可降低诉讼成本。法院调解作为我国《民事诉讼法》的一项基本原则和人民法院审理民事案件的重要方式，具有广泛的适用性。从案件性质上说，凡属于民事权利义务争议而引起的民事案件，都可以适用调解方式来解决；从诉讼程序上来说，在普通程序、简易程序，第二审程序乃至审判监督程序中，都可以适用法院调解。所以，从程序上分，民事调解书可分为第一审民事调解书、第二审民事调解书和再审民事调解书三类。上述三种民事调解书的基本内容和制作方法，除首部和尾部稍有差别外，其他基本相同。

二、结构、内容和制作方法

民事调解书的结构和内容，也是由首部、正文和尾部三个部分组成的。其制作方法与民事判决书相似，但是内容相对简单。

（一）首部

民事调解书的首部，由标题、案号、当事人的身份等基本情况、案由部分（案由、案件来源和审判方式）四项内容组成。

1. 标题。在文书上方居中分两行写明人民法院名称和文书名称，即××××人民法院民事调解书。注意：不论是一审民事调解书，还是二审和再审的民事调解书，都只写明"民事调解书"这一文书名称即可。

2. 案号，即文书编号。其写法与同审级的民事判决书的写法相同。一审的审级代字为"初"，二审的审级代字为"终"，再审的审级代字为"再"。

3. 当事人的身份等基本情况。各审级的民事调解书，当事人的身份等基本情况的写法与各审级的民事判决书中的写法相同。

4. 案由部分，包括案由、案件来源和审判方式。各审级的民事调解书在这一部分上的写法还是有区别的，分叙如下：

（1）第一审民事调解书的写法。按 2016 民事诉讼文书样式，表述为："原告×××与被告×××、第三人×××……（写明案由）一案，本院于××××年××月××日立案后，依法适用普通程序，公开/因涉及……（写明不公开开庭的理由）不公开开庭进行了审理（开庭前调解的，不写开庭情况）。"

（2）第二审民事调解书的写法："上诉人×××因与被上述人×××/上诉人×××、第三人×××……（案由）一案不服××××人民法院（××××）×民初字第×号民事判决，向本院提起上诉。本院于××××年××月××日立案后，依法组成合议庭审理了本案（开庭前调解的，不写开庭情况）。"

（3）再审民事调解书案由、案件来源及提起再审的情况。

在《民事诉讼文书样式》（2016 年版）中，制定了供人民法院在适用审判监督程序再审案件过程中，当事人自行和解达成协议请求人民法院确认或者人民法院主持调解达成协议后的民事调解书样式。其中对案由、案件来源和审判方式是这样表述的："再审申请人×××因与被申请人×××/再审申请人×××及原审×××……（写明案由）一案，不服××××人民法院（××××）……号民事判决/民事裁定/民事调解书，申请再审。××××年××月××日，本院/×××人民法院作出（××××）×民××号民事裁定，本案由本院再审。本院依法组成合议庭审理了本案。"

对于依职权、依抗诉等再审案件适用上述样式时，需要对当事人诉讼地位和案件由来等事项以及案件审理过程部分进行相应调整。

（二）正文

民事调解书的正文应由事实部分和协议内容两项组成。

1. 事实部分。可以写成两项内容：①当事人的诉讼请求；②案件的事实。

当事人的诉讼请求，是当事人向人民法院提出并请求予以保护的事项，包括原告、被告及第三人的诉讼请求及答辩意见。

案件的事实是指当事人双方发生争议的事实和人民法院查明的事实，可以根据不同的情况叙写。如果案件在开庭审理和查清事实的前提下，经法院主持调解，双方当事人自愿达成协议的，案件的事实部分可以写法院确认的事实。如果案件在法院受理后，经审查后认为法律关系明确，事实清楚，征得双方当事人同意而调解达成协议的，这部分可写当事人争议的事实。这部分的行文可以简明、概要一些。

当事人在各审级的民事调解书中应分别写明原告（或上诉人、原审原告、被申请人）的诉称，即概括简述一下起诉的事实、理由及其诉讼请求；被告（或被上诉人、原审被告、被申请人）的辩称，即概括简述一下他们答辩的主要内容；第三人的述称，即概述一下第三人的主要意见。然后再另起一段，写明人民法院查明的事实内容。但叙述案件事实，都应简明、概括，不必像民事判决书那样写得详细、具体。

2. 协议内容。调解达成协议的内容，是当事人自愿协商的结果，也是人民法院对案件的处理结论，是民事调解书的主体部分。具体写法是：在事实部分写完后，另起一行，"本案在审理过程中，经本院主持调解，双方当事人自愿达成如下协议："。然后再另起一段分别写明具体的协议内容。如果自愿达成的协议内容不止一项的，应当分项列写；如果有的协议内容的项目已经执行的，也应在其后以括号加以注明。如果根据《诉讼费用交纳办法》第 31 条的规定，诉讼费用的负担是由双方当事人协商解决的，可以作为调解协议的最后一项内容予以写明，不需再在协议内容之后另起一行书写。

在调解协议的具体内容写完以后，应另起一行写明法院对协议内容的确认内容，即"上述协议，不违反法律规定，本院予以确认"的字样。

（三）尾部

民事调解书尾部应写明：

1. 如果诉讼费用的负担是由法院作出决定的，应在尾部中一开头予以写明。

2. 写明本调解书的生效条件和效力。即写上"本调解书经各方当事人签收后即具有法律效力"的字句。

3. 审判人员、书记员署名，调解成立时间，加盖院印；调解书的正本上，在书记员署名的左上侧位置，也应盖上"本件与原本核对无异"的印章。其与各审级民事判决书的制作方法一致。

三、制作与运用中应当注意的问题

1. 协议达成的内容中如果有给付内容的，还须把给付的名称、数量、时间、地点和方法等一一写清楚，以便执行。

2. 调解协议的内容，完全出于双方的自愿，在表述时必须反映出自愿的语气，不能出现"必须""限令"等带有强制性口吻的判决用语。

3. 根据我国《民事诉讼法》第 101 条的规定，调解达成协议可以不制作调解书的案件，应当把协议内容记入笔录，由双方当事人、审判人员、书记员签名或盖章后，即具有法律效力。

4. 根据我国《民事诉讼法》第 179 条的规定，第二审程序中经调解达成的协议，必须制作调解书。

5. 上诉审或再审的调解案件，在调解书上都不必写"原判决予以撤销"的字样。

第六节　民事裁定书

一、概念和功用

民事裁定书，是人民法院在民事案件审理和民事判决的执行过程中，为解决诉讼程序方面的问题而依法作出的书面决定。

我国《民事诉讼法》第 157 条第 1 款对民事裁定书的适用范围作了具体规定，第 3 款规定："裁定书应当写明裁定结果和作出该裁定的理由。裁定书由审判人员、书记员署名，加盖人民法院印章。口头裁定的，记入笔录。"以上规定是法院制作民事裁定书的法律依据。

民事裁定书与民事判决书一样，是人民法院在诉讼过程中作出的具有法律效力的决定，其功用则是为了保障民事审判工作的顺利进行。

二、第一审民事裁定书

按照《民事诉讼法》第 157 条的规定，第一审民事裁定书主要适用下列范围：①对起诉不予受理；②对管辖权有异议的；③驳回起诉；④保全和先予执行；⑤准许或不准许撤诉；⑥中止诉讼或者终结诉讼；⑦补正判决书中的笔误；⑧中止执行或者终结执行；⑨撤销或者不予执行仲裁裁决；⑩不予执行公证机关赋予强制执行效力的债权文书；⑪其他需要裁定解决的事项。

第一审民事裁定书，是人民法院适用一审普通程序或者简易程序，在审理民事案件的过程中，就解决诉讼程序方面的问题依法作出的书面决定。

民事裁定书，在内容和制作要求上，比民事判决书内容简单，篇幅短小。但就其总体结构而言也是由首部、正文和尾部三部分组成。

（一）首部

首部包括标题、案号、诉讼参加人的基本情况、案由和案件来源四项内容组成。

1. 标题。写明"×××人民法院民事裁定书"即可。法院的名称和文书的名称分上、下两行来书写。

2. 案号，即文书编号。其写法与各审级的民事判决书的写法相同，可参考之。但是应当注意，再审民事裁定书中的案件性质代字用"监"字。

3. 诉讼参加人的基本情况。诉讼参加人的写法，第一审、第二审或再审民事裁定书，分别与其相应审级的民事判决书的写法相同，可予参考。但某些民事裁定书中对当事人的称谓有不同提法。如不予受理起诉的裁定书中的当事人应称为"起诉人"而不写作"原告"；诉前财产保全的，称"申请人"和"被申请人"。其余一审裁定书中的当事人都称作"原告"与"被告"，当事人的基本情况写法同第一审民事判决书。

4. 案由和案件来源。根据不同的案情，其内容有不同的表述。现择要分述如下：

（1）对起诉不予受理的裁定，案由可写为：

"××××年××月××日，本院收到×××的起诉状，……（写明起诉的理由）。"

（2）对管辖权提出异议的裁定，案由可写为：

"原告×××与被告×××、第三人×××……（案由）一案中，×××（姓名）在提交答辩状期间对管辖权提出异议认为……（写明异议的内容和理由）。"

（3）对驳回起诉的裁定，案由可写为：

"原告×××诉被告×××……（案由）一案，本院于××××年××月××日立案后，依法进行了审理。"

（4）对诉前财产保全的裁定，案由可写为：

"申请人×××于××××年××月××日向本院申请诉前财产保全，请求对被申请人×××……（写明申请采取财产保全措施的具体内容）。申请人×××/担保人×××以……（写明担保财产的名称、数量或数额、所在地点等）提供担保。"

（5）对诉讼财产保全的裁定，案由可写为：

"……（写明当事人及案由）一案，申请人×××于××××年××月××日向本院申请财产保全，请求对被申请人×××……（写明申请采取财产保全措施的具体内容），申请人×××/担保人×××以……（写明担保财产的名称、数量或者数额、所在地址等）提供担保（法院依职权采取财产保全的，把'申请人×××……'一段删去，改为写明依职权采取诉讼保全的理由）。"

（6）对先予执行的裁定，案由可写为：

"……（写明当事人及案由）一案，申请人×××于××××年××月××日向本院申请先予执行，请求……（写明申请先予执行内容），申请人×××/担保人×××向本院提供……（写明担保财产的名称、数量或者数额、所在地点等）作为担保（不提供担保的，此句不写）。"

（7）对补正判决书中笔误的裁定，案由可写为：

"本院××××年××月××日对……（写明当事人的姓名或名称和案由）一案作出的（××××）×民×字第×号民事××书中存在笔误，应予补正。"

（二）正文

正文部分包括事实、理由、适用法律、裁定结果等内容。

民事裁定中的事实，是民事案件在程序上发生或者客观上出现的事实，也是需要人民法院予以解决的问题。例如，原告申请财产保全、诉讼中一方当事人死亡、执行中案外人提出了异议等，就是裁定的事实。民事裁定书中的事实问题一般只能是程序上的事实问题。

民事裁定中的理由，是指人民法院依法作出裁定的理由。例如，在诉讼中，被告人提出了管辖权异议，不论该异议能否成立，人民法院在作出裁定时，均需说明理由。理由是人民法院作出裁定的法律依据。

民事裁定中的裁定结果，是人民法院根据一定的事实，依照法律规定而作出的判定。例如，驳回起诉，发回重审，驳回管辖权异议等。

民事裁定书的正文内容，即事实、理由和适用法律，在司法实践中，一般与首部中的案由部分连写在一起合成一个自然段。而把正文中的裁定结果即主文，写成另一自然段。由于民事裁定适用的范围非常广泛，需要作出裁定的事项又有所不同，故每一种具体的民事裁定书的正文部分的内容与写法各不相同，择要分述如下：

1. 对起诉不予受理的，正文部分可表述为：

"本院经审查认为，……（写明对起诉不予受理的理由）。

依照《中华人民共和国民事诉讼法》第一百二十二条、第一百二十六条的规定，裁定如下：

对×××（姓名）的起诉，本院不予受理。"

2. 对管辖权提出异议的，正文部分可表述为：

"本院经审查认为……（写明异议成立或者不成立的根据和理由）。

依照《中华人民共和国民事诉讼法》第×条，第一百三十条第一款规定，裁定如下：

×××对管辖权提出的异议成立，本案移送×××人民法院处理（若异议不成立的，则写：驳回×××对本案管辖权提出的异议）。"

3. 对驳回起诉的，正文部分可表述为：

"……（简述原告的起诉理由和诉讼请求）。

本院认为，……（写明驳回起诉的理由：根据案件的不同情况，分别写明原告的起诉请求不属于人民法院管辖，或者虽属于人民法院管辖但依法在一定期限内不能起诉，或者原告的起诉不符合《民事诉讼法》第一百二十二条规定的起诉条件，或者原告是不符合条件的当事人，或者被告是不符合条件的当事人等）。依照《中华人民共和国民事诉讼法》第一百二十二条/第一百二十七条第×项、第一百五十七条第一款第三项、《最高人民法院关于适用〈中华人民共和国民事诉讼法〉的解释》第二百零八条第三款规定，裁定如下：

驳回×××的起诉。"

4. 对诉前财产保全的，正文部分可表述为：

"本院经审查认为，……（写明采取诉前财产保全措施的理由）。依照《中华人民共和国民事诉讼法》第一百零五条和第一百零六条第一款规定，裁定如下：

查封/扣押/冻结被申请人的……（写明保全财产名称、数量或者数额、所在地址等），期限为……年××月××日（写明保全的期限）。"

5. 对诉讼财产保全的，正文部分可以表述为：

"本院经审查认为，……（写明系取财产保全措施的理由）〔法院依职权采取的改为'本院为了……（写明依职权采取诉讼保全的理由）'〕。依照《中华人民共和国民事诉讼法》第一百零三条、第一百零五条、第一百零六条第一款的规定，裁定如下：

查封、扣押、冻结被申请人的……（写明保全财产名称、数量或者数额、所在地点等），期限为……年××月××日（写明保全的期限）。"

6. 对先予执行的，正文部分可表述为：

"本院经审查认为，申请人×××的申请符合法律规定。依照《中华人民共和国民事诉讼法》第一百一十条规定，裁定如下：

……（写明先予执行的内容及其时间和方式）。"

7. 对补正判决书中笔误的，正文部分可表述为：

"依照《中华人民共和国民事诉讼法》第一百五十七条第一款第七项、《最高人民法院关于适用〈中华人民共和国民事诉讼法〉的解释（2014年12月18日通过）》第二百四十五条的规定，裁定如下：

（××××）……民×……号……（写明被补正的法律文书名称）中'……'（写明法律文书误写、误算，诉讼费用漏写、误算和其他笔误）补正为'……'（写明补正后的内容）。"

8. 对终结某些非讼程序的，正文部分可表述为：

"因……（写明终结特别程序的理由。如发现本案属于民事权益争议，或者申请宣告失踪、宣告死亡的事实不能得到确认等）。依照《中华人民共和国民事诉讼法》第××条第××款第××项的规定，裁定如下：

本案终结审理。"

（三）尾部

民事裁定书尾部的写法，与各审级的民事判决书中尾部的写法相同，写作时可予以参考，应当注意的是：

1. 对驳回起诉、按撤诉处理、准许撤诉、中止或终结诉讼的裁定，要写明诉讼费用的负担。写在裁定结果的下一行中。

2. 对于不予受理、管辖权异议、驳回起诉的裁定，要交代上诉权，即写："如不服本裁定，可在裁定书送达之日起十日内，向本院递交上诉状，并按对方当事人的人数提出副本，上诉于×××人民法院。"

3. 对财产保全和先予执行的裁定，还要交代申请复议权，表述为："如不服本裁定，可以自收到裁定书之日起五日内向本院申请复议一次。复议期间不停止裁定的执行。"

三、第二审民事裁定书

第二审民事裁定书，是中级以上人民法院依照《民事诉讼法》规定的第二审程序，在审理二审民事案件过程中，就解决诉讼程序方面的问题依法作出的书面决定。下面对几种常用的二审民事裁定书主体部分的写法进行讲授。

由于二审民事裁定书的内容和写法都比较简单，所以一般将案由部分一并放在正文中连写。第二审民事裁定因案件的不同，其案由及正文部分的表述也各不相同，下面择要介绍一下：

1. 对二审维持不予受理的案件的裁定，可表述为：

"上诉人×××（姓名）因……（写明案由）一案，不服×××人民法院（××××）×民×字第×号民事裁定，向本院提起上诉。本院依法组成合议庭对本案进行了审理。

上诉人×××上诉请求：……（写明上诉请求）。事实和理由：……（概述上诉主张的事实和理由）。

本院认为，……（对上诉人的上诉请求及相关事由和理由进行分析评判，阐明一审裁定不予受理正确、上诉请求应予驳回的理由）。

综上，×××的上诉请求不能成立，一审裁定认定事实清楚、适用法律正确，本院依照《中华人民共和国民事诉讼法》第一百七十七条第一款第一项、第一百七十八条的规定，裁定如下：

驳回上诉，维持原判决。"

2. 对第二审发回重审的案件的裁定，可表述为：

"上诉人×××因与被上诉人××××/上诉人×××及原审原告/被告/第三人×××……（案由）一案，不服×××人民法院（××××）×民初字第×号民事判决，向本院提起上诉。本院依法组成合议庭对本案进行了审理。

本院认为，……（概括写明发回重审的理由，原判决认定基本事实不清，或者严重违反法定程序的问题）。依照《中华人民共和国民事诉讼法》第一百七十七条第一款第×项规定，裁定如下：

一、撤销×××人民法院（××××）×民初字第×号民事判决；

二、发回×××人民法院重审。"

3. 对二审准许或不准许撤回起诉的案件的裁定，可表述为：

"上诉人×××因与被上诉人×××/上诉人×××及原审原告/被告/第三人×××……（案由）一案，不服×××人民法院（××××）×民初字第×号民事判决（或裁定），向本院提起上诉。本院依法组成合议庭对本案进行了审理。

本院审理过程中，……（简要写明一审原告提出撤回其起诉的情况，包括时间、理由等内容）。

本院认为，……（简述准许撤回起诉或不准许撤回起诉的理由）。依照《中华人民共和国民事诉讼法》第一百五十七条第一款第五项、《最高人民法院关于适用〈中华人民共和国民事诉讼法〉的解释》第三百三十六条规定，裁定如下：

……［写明裁定的结果。分两种情况：①准许撤回起诉的，写为：'一、撤销×××人民法院（××××）×民初字第×号民事判决/裁定；二、准许×××（写明原审原告的姓名或名称）撤回起诉。……（另起一行再写明诉讼费用的负担。）'②不准撤回起诉的，写为：'不准许×××（写明原审原告的姓名或名称）撤回起诉，本案继续审理'］。"

诉前财产保全、先予执行、中止或终结诉讼、补正判决书中笔误的第二审民事裁定书，正文部分的写法与一审民事裁定书相同。

四、民事审判监督程序民事裁定书

再审民事裁定书，是人民法院依照《民事诉讼法》规定的审判监督程序，对已经发生法律效力的民事判决、裁定或者调解协议，依照法律规定决定再审过程中就程序问题使用的具有法律效力的书面决定。

与民事审判监督程序的判决书、裁定书相适应，裁定书按其提起申诉的渠道不同，亦可以分为当事人申请再审案件裁定书（15 种）、人民法院依职权再审案件裁定书（5 种）、人民检察院抗诉案件再审案件裁定书（4 种）和案外人申请再审案件裁定书（3 种）共四类裁定书。按最高人民法院《法院诉讼文书格式样本》（最新版）的规定，民事审判监督程序民事裁定书共有 27 个具体文种。下面列举数例，以说明民事审判监督程序裁定书主体部分的写法。

1. 上级人民法院依当事人再审申请指令再审用裁定书，表述为：

"再审申请人×××因与被申请人×××/再审申请人×××及×××（写

明原审其他当事人诉讼地位、姓名或名称）……（案由）一案，不服×××人民法院（××××）×民××号民事判决（裁定或调解书），向本院申请再审。本院依法组成合议庭，进行了审查。现已审查终结。

×××申请再审称，……（写明再审申请人所依据的法定事由及事实与理由）。

×××提交意见称，……（写明被申请人的意见；未提交意见的，不写）。

本院经审查认为，……（依据认定的事实和相关法律，对再审申请进行分析评判，说明指令再审的理由）。

依照《中华人民共和国民事诉讼法》第二百一十一条、第二百一十三条、《最高人民法院关于适用〈中华人民共和国民事诉讼法〉的解释》第三百九十六条第一款的规定，裁定如下：

一、指令×××人民法院再审本案；

二、再审期间，中止原判决/原裁定/原调解书的执行。"

2. 人民法院依职权对本院案件提起再审用裁定书，表述为：

"二审上诉人/原审原告×××（简称×××）与二审被上诉人/原审被告×××、原审第三人×××……（案由）一案，本院于××××年××月××日作出（××××）×民××号民事判决（裁定或调解书），已经发生法律效力。经本院院长提交审判委会会讨论认为，该判决（裁定或调解书）确有错误，应予再审，依照《中华人民共和国民事诉讼法》第二百零五条第一款、第二百一十三条的规定，裁定如下：

一、本案由本院再审；

二、再审期间，中止原判决（裁定或调解书）的执行。"

3. 人民检察院抗诉案件中止或终结诉讼用裁定书，表述为：

"申诉人×××（简称×××）因与被申诉人×××及×××（写明原审其他当事人诉讼地位、姓名或名称）……（案由）纠纷一案，不服本院（××××）×民××号民事判决（或裁定），向检察机关申诉。×××人民检察院于××××年××月××日作出×××号民事抗诉书，向×××人民法院/本院提出抗诉。×××人民法院/本院于××××年××月××日作出（××××）×民××号民事裁定，指令本院再审/提审本案。

本院再审过程中，……（简要写明导致诉讼中止、终结的事实）。

依照《中华人民共和国民事诉讼法》第二百一十四条第一款、第一百八十一条、第一百五十三条第一款第×项（或第一百五十四条第×项）的规定，裁定如下：

本案中止诉讼/本案终结诉讼。

……（写明诉讼费用的负担）。"

4. 案外人申请再审案件，裁定再审用裁定书，表述为：

"×××与×××……（写明案由）一案，本院于××××年××月××日作出（××××）×民××号民事判决（裁定或调解书），已经发生法律效力并强制执行。×××（写明案外人的姓名或名称）提出执行异议，×××人民法院于××××年××月××日作出裁定，驳回其异议。×××（写明案外人的姓名或名称）对裁定不服，认为原判决/原裁定/调解书错误，向本院申请再审。本院依法组成合议庭对本案进行了审查，现已审查终结。

×××（写明案外人的姓名和名称）申请再审称，……（写明案外人申请再审的事实和法定事由）。

×××辩称，……（概述被申请人的意见）。

本院经审查认为，……（写明本案裁定再审的理由）。依据《中华人民共和国民事诉讼法》第二百一十一条、第二百一十三条、第二百三十四条和《最高人民法院关于适用〈中华人民共和国民事诉讼法〉的解释》第四百二十四条规定，裁定如下：

一、本案由本院［或本案指定×××人民法院（其他下级法院）再审，或本案指令×××人民法院（原审法院）再审］；

二、再审期间，中止原判决（裁定或调解书）的执行。"

五、制作与运用中应当注意的问题

1. 应正确区别裁定和判决的适用范围，两者不能误用。对驳回当事人对程序意义上诉权的行使用裁定，而对驳回当事人对实体意义上诉权的行使则用判决。

2. 民事裁定产生的效力有不同情况，有的可以上诉，有的可以申请复议一次，在民事裁定书的尾部应作出相应的交代。

第七节　民事决定书

一、概念和功用

民事决定书，是指人民法院在审理民事案件过程中，为了保证案件得到公正处理，维护正常的诉讼程序，就案件审判和执行过程中发生的某些特殊事项依法作出决定时所制作的法律文书。

根据我国《民事诉讼法》的有关规定，民事决定只适用于以下范围：①申请回避；②司法罚款；③司法拘留。

人民法院适时地制作各种民事决定书，对有严重妨害民事诉讼的行为人采取一定的强制措施，其目的是及时排除妨害，维护正常的诉讼秩序，这对确保法院各项诉讼活动的正常进行，有重要作用。

我国《民事诉讼法》第 50 条规定："人民法院对当事人提出的回避申请，应当在申请提出的三日内，以口头或者书面形式作出决定……"我国《民事诉讼法》第 119 条第 3 款规定："罚款、拘留应当用决定书……"以上这些法律规定，都是人民法院制作民事决定书的法律依据。

二、结构、内容和制作方法

民事决定书适用范围较小，内容也较简单，其整体结构也是由首部、正文和尾部三部分组成的。

（一）首部

首部包括标题、案号和当事人的基本情况等三项内容。

1. 标题。在文书上方居中的位置分两行分别写明：制作机关"×××人民法院"和文书名称"对申请回避的决定书""罚款决定书"或"拘留决定书""民事制裁决定书"。

2. 案号，即文书编号。写在标题的右下方，一般应列写为"（××××）×民决字第×号"。

3. 当事人的基本情况。此处应写明当事人的称谓及其身份情况。当事人的称谓，应根据文本中内容的不同来确定。如申请回避的当事人称为"申请人"；被罚款的当事人称为"被罚款人"；被拘留的当事人称为"被拘留人"；被民事制裁的当事人称为"被制裁人"；等等。在其称谓后面，再写清他们的姓名、性别等基本情况。

根据规定，拘留和罚款可以合并使用，这种文种名称应写为"司法拘留并罚款用决定书"。

（二）正文

正文包括案由、事实、理由和处理决定四项内容。在写法上一般是将案由、事实、理由三部分合为一段来写，处理决定的内容单独为一段来写。申请回避的可不写事实。

民事决定书的正文部分，内容一般比较简单，形式规范，语言程式化，部分采用填充式，部分是拟制式，制作比较容易。下面就常见的四种民事决定书正文内容的表述，介绍如下：

1. 对申请回避的，其正文可写为：

"本院在审理……（写明当事人及案由）一案中，×××于××××年××月××日申请……（写明被申请人的诉讼地位和姓名）回避。理由是……（概述申请回避的理由）。

本院院长（或本案审判长或本院审判委员会）认为，……（写明准许或驳回回避申请的理由）。

依照《中华人民共和国民事诉讼法》第五十条规定，决定如下：

准许（或者驳回）×××提出的回避申请。"

2. 对妨害民事诉讼人的司法拘留决定书，其正文可写为：

"本院在审理（或执行）（××××）……号……（写明当事人及案由）一案中，查明……（写明被拘留人妨害民事诉讼的事实和予以拘留的理由）。

依照《民事诉讼法》第×条、第一百一十八条第二款、第一百一十九条第一款、第三款的规定，决定如下：

对×××拘留×日。"

3. 对妨害民事诉讼人的司法罚款决定书，其正文可写为：

"本院在审理（或执行）……（写明当事人姓名和案由）一案中，查明……（写明被罚款人妨害民事诉讼的事实和应当予以罚款的理由）。依照《中华人民共和国民事诉讼法》第×条、第一百一十八条第一款、第一百一十九条第一款、第三款的规定，决定如下：

对×××罚款×××元，限在××××年××月××日前交纳。"

（三）尾部

尾部包括交代申请复议事项和写明发出日期、加盖院印等。

1. 交代申请复议事项。

（1）对申请回避的决定，写为："如不服本决定，可以在接到决定书时向本院申请复议一次。"

（2）对拘留、罚款的决定，写为："如不服本决定，可在收到决定书的次日起三日内，口头或者书面向×××人民法院申请复议一次。复议期间，不停止决定的执行。"

（3）对民事制裁的决定，交代复议事项可写为："如不服本决定，可在收到决定书的次日起十日内，向×××人民法院（写明上一级人民法院名称）申请复议一次。复议期间，本决定暂不执行。"

2. 写上发出此决定书的年、月、日，并在年、月、日上加盖法院的院印。

三、制作与运用中应当注意的问题

1. 各种具体的民事决定书，在标题上不应笼统地写为"民事决定书"，而应根据其所决定的具体内容，正确写明文书的名称。

2. 司法拘留决定书一式三份。原本是附卷用的，正本两份分别送达被拘留人和执行拘留的机关（即公安机关）。

3. 对是否准许申请回避的，作出决定时要严格按照程序法的有关规定来办，并在决定书中分别表述清楚。院长担任审判长时的回避问题，由审判委员会决定；审判人员的回避，由院长决定；其他人员的回避，由审判长决定。

4. 对罚款、拘留的决定，必须采用书面形式，决定一经作出，立即发生法律效力，并交付执行。当事人对决定不服，不能上诉，只能申请复议一次，复议期间不停止决定的执行。

思考与实践

1. 制作民事判决书的一般要求是什么？
2. 民事裁定书在民事诉讼中解决哪些问题？
3. 民事裁定书与民事判决书有哪些区别？
4. 民事调解书与民事判决书有哪些区别？
5. 第二审民事判决书的首部与第一审民事判决书的首部有何不同？
6. 第二审民事判决书的事实部分应写明哪些内容？
7. 第一审民事调解书的正文需写明什么内容？
8. 第二审民事调解书的正文需写明什么内容？
9. 不予受理起诉民事裁定书的正文应写明什么内容？
10. 驳回起诉裁定书的理由应怎样写？
11. 民事调解书的理由部分是否该论述当事人各方的观点和断析是非曲直？
12. 民事判决书与民事调解书的案号应如何标示？举例说明之。
13. 制作民事调解书要注意的问题是什么？
14. 请根据下列案情，拟写一份第一审民事判决书。

原告韩×与被告陈×原是邻居与好友，两人过去曾一直在福建兴业证券公司金陵东路证券交易营业部一起炒股票。韩×在证券公司设立了股票账户，账号为×××××××××。2020年9月3日韩×以陈×的名义又在福建兴业证券公司内设立了一股票账户，账号为××××××××××。当天韩还将自己账户内的人民币21 006 300元通过转账的方式划到了陈×的账户内。4个月后的20日，韩×以防万一，曾邀集陈×及她的丈夫张××聚在一起，签订了一份《协议书》，在《协议书》上明确写明："陈×女士在福建兴业证券公司××办事处账号16115××××下的所有人民币金额原持有人是韩×，它与陈×和案外人张××无任何关系。陈×也同意将其账户下的资金择日退回韩×在兴业账下。"但时至今日陈×还未把资金退回到韩×账下。韩×索讨多次毫无效果，遂于2021年4月5日向法院提起诉讼，要求被告陈×将其在福建兴业证券公司账户内的人民币1600万元退还给原告韩×在福建兴业证券公司的账户内并承担本案的诉讼费。

　　韩×在向法院递交诉状的同时，一并向法院提供了原、被告双方及案外人张××于2021年2月20日签订的《协议书》一份，以及韩×在2020年9月3日从福建兴业证券公司取出现金21 006 300元和被告陈×存入现金的凭单等原始证据材料。

　　被告陈×因现居住在美国，经法院传票传唤，未到庭应诉，法院只能作出缺席判决。

　　双方当事人的基本情况：

　　韩×，男，1980年1月24日出生，汉族，住××市东方路1050弄6号1501室。

　　陈×，女，1985年10月7日出生，汉族，住××市东方路1050弄8号1206室。

　　法律依据：《中华人民共和国民法典》第3条（民事权益受法律保护）、第72条（不得滥用民事权利）、第176条（民事义务与责任）、第179条（承担民事责任的方式）。

第八章

人民法院行政裁判文书

✤学习目的与要求

要求了解并掌握人民法院行政裁判文书的概念、功用、分类及制作和运用的基本要求。对于具体文种的掌握，也可以遵循在重点掌握第一审行政判决书的基础上带动其他文书学习的方法。在行政裁判文书的制作和研究中，要突出对被告行政行为合法性的审查和强调被告的举证责任。

第一节 概   述

一、人民法院行政裁判文书的概念和功用

行政裁判文书，是指人民法院依据行政诉讼法的规定，在审理行政案件过程中，就案件的实体问题和程序问题依法制作的具有法律效力的文书。

行政诉讼就其性质而言是解决行政争议的一种法律制度。我国《行政诉讼法》第2条第1款规定："公民、法人或者其他组织认为行政机关和行政机关工作人员的行政行为侵犯其合法权益，有权依照本法向人民法院提起诉讼。"

行政争议的特点是：争议双方中必有一方为国家行政机关，另一方则是这个行政机关行政管理相对人，包括公民、法人或者其他组织。《行政诉讼法》第12条规定了人民法院对公民、法人和其他组织提起行政诉讼的受案范围。《行政诉讼法》第6条规定："人民法院审理行政案件，对行政行为是否合法进行审查。"行政争议的焦点，在于行政机关的具体行政行为是否合法。

认真制作行政裁判文书，对于严肃执法，增强人民群众和国家行政机关及其工作人员的法治观念，发展社会主义民主，健全社会主义法治，保护公民、法人和其他组织的合法权益，维护和监督行政机关依法行使行政职权，都具有重要意义。

二、行政裁判文书的分类

1. 按照裁判案件的方式不同，可分为：行政判决书、行政裁定书、行政赔

偿判决书、行政调解书和行政赔偿调解书。

2. 按照审判适用的程序不同，可分为：第一审行政判决书、第二审行政判决书、再审行政判决书；第一审行政裁定书、第二审行政裁定书、再审行政裁定书。

三、行政裁判文书制作与运用的基本要求

1. 行政诉讼中的原被告必须满足行政诉讼原被告的条件：①原告必须是认为具体行政行为侵犯其合法权益的行政管理相对人。②被告必须是具体行政法律关系中作出具体行政行为的行政机关或被授权的组织。

2. 当事人死亡的，其近亲属可以提起诉讼。我国《行政诉讼法》第 25 条第 2 款规定："有权提起诉讼的公民死亡，其近亲属可以提起诉讼。"这一规定，明确地指出了近亲属在有权诉讼者死亡之后，可以自己的名义提出诉讼，享有原告资格。但应注意的是，近亲属起诉还应受法院判决或裁定的约束：胜诉的，近亲属有权享受其应享受的权利；败诉的，要履行其应履行的义务。

3. 要强调被告的举证责任。在行政诉讼中，作为被告的行政机关应当承担举证责任。如果被告行政机关对自己作出的行政行为的合法性提不出足够的证据，则要承担败诉的后果。在行政裁判文书中，叙述事实、甄别证据、阐明理由各环节均要体现由被告承担举证责任的原则。

第二节　第一审行政判决书

一、概念和功用

第一审行政判决书，是第一审人民法院依照我国《行政诉讼法》规定的第一审程序审理终结，依照法律和行政法规、地方性法规的规定，参照有关行政规章，就实体问题作出的书面处理决定。第一审行政判决书包括一审请求撤销、变更行政行为类行政案件用行政判决书，一审请求履行法定职责类行政案件用行政判决书和一审行政赔偿案件用行政判决书等 9 种样式。

我国《行政诉讼法》第 6 条规定："人民法院审理行政案件，对行政行为是否合法进行审查。"该法第 68 条规定："人民法院审理行政案件，由审判员组成合议庭，或者由审判员、陪审员组成合议庭。合议庭的成员，应当是三人以上的单数。"该法第 63 条第 1 款规定："人民法院审理行政案件，以法律和行政法规、地方性法规为依据。地方性法规适用于本行政区域内发生的行政案件。"该法第 81 条规定："人民法院应当在立案之日起六个月内作出第一审判决……"第一审行政判决书的功用在于对国家行政机关的具体行政行为是否合法作出公正的判决，以确定当事人之间的行政权利义务关系，纠正行政违法行为，调整、稳定行政法律关系；而且还可以依法保障公民、法人和其他组织的合法权益，维护和监督行政机关依法行使职权。

二、结构、内容和制作方法

第一审行政判决书由首部、正文（包括事实、理由、判决结果）和尾部三部分组成。我们把三种类型的第一审行政判决书的结构、内容等加以综合概述。

（一）首部

1. 标题和案号。标题分两行居中写明法院名称和文书名称，文书名称为"行政判决书"。案号由立案年度、制作法院、案件性质、审判程序的代字和案件顺序号组成，例如，"（2021）×行初字第×号"。

2. 诉讼参加人情况，即原告、被告、第三人及其法定代表人（或者代表人）和委托代理人的身份事项，具体表述如下：

（1）原告是自然人的，写明姓名、性别、出生年月日、民族、住址。居民的住址应写住所地，住所地和经常居住地不一致的，写经常居住地。

原告是法人或其他组织的，写明法人或其他组织的名称和所在地址，另起一行列项写明法定代表人或负责人及其姓名和职务等。

如果原告是没有诉讼行为能力的自然人，除写明原告本人的基本情况外，还应另起一行列项写明其法定代理人或委托代理人的姓名等基本情况，及其与被代理人的关系。

委托代理人是律师的，只写明其姓名和××律师事务所律师；不是律师的，应写明其姓名、性别、职业或工作单位和职务、住址等基本情况。

（2）被告应写明被诉的行政主体名称、所在地址；另起一行列项写明该机关的法定代表人姓名、职务和委托代理人的姓名等基本情况。

3. 案件由来、审判组织和开庭审理过程。

（1）请求撤销、变更行政行为类案件具体表述为："原告×××不服××××（行政主体）……（行政行为），于××××年××月××日向本院提起行政诉讼。本院于××××年××月××日立案后，于××××年××月××日向被告送达了起诉状副本及应诉通知书。本院依法组成合议庭，于××××年××月××日公开（或不公开）开庭审理了本案。……（参加庭审活动的当事人、行政机关负责人、诉讼代理人、证人、鉴定人、勘验人和翻译人员等）到庭参加诉讼。……（写明发生的其他重要程序活动，如：被批准延长本案审理期限等情况）。本案现已审理终结。"

（2）请求履行法定职责类案件具体表述为："原告×××因认为被告×××（行政主体）……（写明不履行法定职责的案由），于××××年××月××日向本院提起行政诉讼。本院于×××年××月××日立案后，于××××年××月××日向被告送达了起诉状副本及应诉通知书。本院依法组成合议庭，于××××年××月××日公开（或不公开）开庭审理了本案。……（写明到庭参加庭审活动的当事人、行政机关负责人、诉讼代理人、证人、鉴定人、勘验人和翻译人员等）到庭参加诉讼。……（写明发生的其他重要程序活动，如：被批准延长本案审理期限等情况）。本案现已审理终结。"

如当事人经两次合法传唤未到庭的，应当在这部分最后的"本案现已审理终结"一语的前面写明："×告×××经本院两次合法传唤，无正当理由拒不到庭。"

（二）正文

1. 事实。事实部分应写明当事人行政争议的内容，以及经法院审理确认的事实和证据。

（1）当事人行政争议的事实。各类行政诉讼是以原告不服行政主体的具体行政行为、行政主体不作为或者行政主体的行政行为给原告造成损失为前提的。当事人行政争议的事实，一般应先写被告所作的具体行政行为的内容，举出的证据和所依据的法律、法规及规章；原告已向被告提出相关申请、被告在原告起诉前未作出处理决定；原告是否存在合法权益，该权益是否被侵害等。然后简述原告的诉讼请求和理由，以及被告的答辩；如有第三人参加诉讼的，再简述第三人的意见。在行文上力求简明扼要，如实反映出当事人之间行政诉讼争议的实质问题，避免前后重复和照抄起诉状和答辩状。

（2）法院认定的事实和证据。这是判决书的关键部分。在写完当事人诉争的事实以后另起一行以"经审理查明"为开头，写明法院认定的事实和证据。叙写事实要真实、具体，要把时间、地点、内容、情节和因果关系交代清楚。判决认定的事实要注重证据，强调被告的举证责任，证据要经法庭认证，叙事与举证要紧密结合。

叙事和举证的方法，一般可按案情发展的时间顺序，重点突出争议焦点的关键情节。对于不同类型的案件，在内容上要有不同的侧重，可分为以下四种情况：

第一，原告不服行政处罚或者行政强制措施的案件。要写明受处罚或被采取行政强制措施的公民、法人或者其他组织是否存在应受行政处罚或应被采取行政强制措施的行为，以及该行为发生的时间、地点、相关人物、原因、情节、后果和据以认定该行为的主要证据等。如果不存在违反行政管理法规的行为，或者行政机关认定的事实有重大出入，或者主要证据不足，则应实事求是地分别叙述有关情况。

第二，原告认为行政机关要求其履行义务的决定违法，或者认为行政机关侵犯其经营自主权、人身权利或财产权利的案件。要着重写明行政机关要求原告履行何种义务，原告是否应当履行此项义务，有什么事实根据和法律、法规根据，是否存在着侵犯原告合法权益的行为等，同时写明有关的证据。

第三，原告认为行政机关应该履行某种法定职责而该行政机关拒绝履行的案件。如原告认为符合法定条件申请颁发许可证和执照，行政机关拒绝颁发或者不予答复，即通常所说的不作为的案件。一方面要叙述原告在何时何地向何机关提出什么申请事项，该申请是否符合法定条件，手续是否完备；另一方面，叙述行政机关在接到该项申请后是如何处理的，是否履行了法定职责；如果超过法定期限而未予答复的，亦应如实写明。

第四，原告提起行政赔偿案件的事实，首先要写明被诉行政行为是否违法。原告因事实行政行为提起赔偿诉讼的，应当以被告的举证确定被诉行政行为是否存在；原告对具体行政行为提起行政诉讼时一并提起行政赔偿诉讼的，应当以行政判决书确认的被诉行政行为是否合法为关键点。

此外，行政诉讼案件的取证与其他案件相比，具有以下特殊性：①举证责任倒置。一般案件是谁提出诉讼主张，谁举证，即原告一方负有举证责任。而我国《行政诉讼法》第34条第1款规定："被告对作出的行政行为负有举证责任，应当提供作出该行政行为的证据和所依据的规范性文件。"这是因为行政行为是由被告作出的，原告是属于被管理的一方，而被告则是属于管理的一方，两者所处的地位并不平等。②我国《行政诉讼法》第35条规定："在诉讼过程中，被告及其诉讼代理人不得自行向原告、第三人和证人收集证据。"③行政案件要强调人民法院依职权取证，这样在客观上可以清除有关知情人害怕被告之后报复的心理障碍，以期如实反映情况。

2. 理由。理由以"本院认为"为起始句。理由部分应写明判决的理由（即判决所根据的事理、法理）和判决所依据的法律、法规的条文。

（1）判决的理由。这一部分要根据查明的事实和有关法律、法规和法学理论，就行政主体所作的具体行政行为是否合法，原告的诉讼请求是否有理等，进行分析论证，阐明人民法院的观点。说理要有针对性，具体问题具体分析，讲理讲法，做到恰如其分，合乎逻辑。

（2）判决所依据的法律、法规条款。表述要准确、具体、完整。根据《行政诉讼法》的规定，审理行政案件应以法律、行政法规和地方性法规为依据，参照国务院各部、委以及省、自治区、直辖市人民政府和较大的市人民政府指定、发布的行政规章。引用法律、法规要写到具体的条、款、项、目。既要引用实体法，又要引用程序法。需要参照有关的规章时，应当写明"根据《中华人民共和国行政诉讼法》第五十三条，参照××规章（应写明条、款、项）的规定"。在一审行政判决书中，除适用有关的实体法外，还应分别适用《行政诉讼法》

第 69 条、第 70 条、第 77 条的规定，据以作出相应的判决。

3. 判决结果。判决结果是人民法院对当事人之间的行政诉讼争议作出的实体处理结论。

（1）一审请求撤销、变更行政行为类行政判决书的判决结果可分以下四种情况，分别表述如下：

第一，驳回原告诉讼请求的，表述为：

"驳回原告×××的诉讼请求。"

第二，撤销被诉具体行政行为的，表述为：

"一、撤销被告××××（行政主体名称）作出的（××××）……字第×号……（行政行为名称）；

二、责令被告××××（行政主体名称）在××日内重新作出行政行为（不需要重作的，此项不写；不宜限定期限的，期限不定）。"

第三，部分撤销被诉行政行为的，表述为：

"一、撤销××××（行政主体名称）××××年××月××日（××××）……字第×号……（行政行为名称）的第×项，即……（写明撤销的具体内容）；

二、责令被告××××（行政主体名称）在××日内重新作出行政行为（不需要重作的，此项不写；不宜限定期限的，期限不写）。"

第四，根据《行政诉讼法》第 77 条的规定，判决变更行政处罚的，表述为：

"变更被告××××（行政主体名称）作出的（××××）字第×号行政处罚决定（或行政复议决定或属行政处罚性质的其他具体行政行为），改为……（写明变更内容）。"

（2）一审请求履行法定职责为类的行政案件的判决结果，共分为以下五种情况，分别表述为：

第一，判决驳回原告诉讼请求的，表述为：

"驳回原告×××的诉讼请求。"

第二，判决被告履行法定职责的，表述为：

"一、撤销被告×××（行政主体名称）作出的（××××）……字第××号……（行政行为名称），即……（写明撤销的具体内容；无拒绝性决定的，该项不写）。

二、责令被告×××在××日内（法律有明确规定履行职责期限的，也可写为'在法定期限内'；不宜限定期限的，也可不写）作出……（写明履行法定职责的具体内容）。"

第三，判决被告针对原告的请求重新作出处理的，表述为：

"一、撤销被告×××（行政主体名称）作出的（××××）……字第××号……（行政行为名称），即……（写明撤销的具体内容；无拒绝性决定的，该不写）。

二、责令被告×××（行政主体名称）在××日内（法律有明确规定履行职责期限的，也可写为"在法定期限内"；不宜限定期限的，也可不写）……（可写对原告的申请重新作出处理，也可将原告的申请予以精炼概括并写明原告申请的内容）。"

第四，原告的请求成立，但行政机关已经无法履行或者履行已无实际意义的，表述为：

"一、确认被告（行政主体名称）不履行……（应当履行的法定职责内容）违法；

二、责令被告×××在××日内（不宜限定期限的，也可不写）……（写明补救措施的内容，无法采取补救措施的，该项可不写）。"

第五，原告的请求不成立，但行政机关有违法情形依法应当确认违法的，表述为：

"一、确认被告×××（行政主体名称）……违法；

二、驳回原告×××的诉讼请求（需要判决驳回原告诉讼请求的，予以写明）。"

根据我国《国家赔偿法》《行政诉讼法》和《最高人民法院关于审理行政赔偿案件若干问题的规定》的规定，人民法院在受理当事人单独提起赔偿案件后，按照行政诉讼法规定的第一审程序审理终结，并就案件的赔偿问题作出处理时使用行政赔偿调解书。行政赔偿调解书的判决结果分三种情况：

第一，驳回原告赔偿请求的，表述为："驳回原告×××的赔偿请求。"

第二，判决被告予以赔偿的，表述为："被告×××于本判决生效之日起××日内赔偿原告×××……（写明赔偿的金额）。"

第三，如复议机关因复议程序违法给原告造成损失的，表述为："

被告××（复议机关名称）于判决生效之日起××日内赔偿原告×××……（写明赔偿的金额）。"

（三）尾部

依次写明诉讼费用的负担（行政赔偿诉讼不收取诉讼费用），交代上诉的权利、方法、期限和上诉审法院，合议庭成员署名，判决日期，书记员署名，加盖"本件与原本核对无异"印戳。可参见第一审民事判决书尾部的写法。

三、制作与运用中应当注意的问题

1. 因行政案件举证的特殊性，行政判决书在叙写事实上，要侧重列举并分析被告所举出证据的价值。但是，如果原告的诉讼请求是要求行政机关履行一定的法律职责的，原告则必须承担主要举证责任，以此证明被告不履行一定的法律职责行为的违法性。

2. 《行政诉讼法》规定审理行政案件，一律实行合议制，不存在独任审判员审理的问题。因此，行政判决书的尾部应当由审理该案的合议庭组成人员署名。

第三节　第二审行政判决书

一、概念和功用

第二审行政判决书，是第二审人民法院对于当事人不服一审判决提起上诉的行政案件，依照我国行政诉讼法规定的第二审程序审理终结，就案件的实体问题作出维持原判或者改判的书面处理决定。

我国《行政诉讼法》第 85 条规定："当事人不服人民法院第一审判决的，有权在判决书送达之日起十五日内向上一级人民法院提起上诉……"第二审人民法院对上诉案件的审理，必须全面审查第一审人民法院认定的事实是否清楚，适用法律、法规是否正确，有无违反法定程序，不受上诉范围的限制。第二审人民法院依照第二审程序审理行政案件所作的判决，是终审判决。

第二审行政判决的作用，主要在于纠正第一审行政判决中可能发生的错误，使当事人的合法权益得到保护，同时，也有利于上级法院监督下级法院的行政审判工作。

二、结构、内容和制作方法

第二审行政判决书，由首部、正文（包括事实、理由、判决结果）和尾部三部分组成。

（一）首部

与第一审行政判决书不同的是：

1. 标题中的文书案号应将"初"字改为"终"字，例如，"（××××）×行终字第×号"。

2. 当事人及其他诉讼参加人的列项和基本情况的写法，除当事人的称谓为上诉人（原审××）、被上诉人（原审××）之外，与第一审行政判决书相同。

3. 案由、审判组织和审判方式。根据《行政诉讼法》第 86 条的规定，人民法院对上诉案件，（当事人）没有提出新的事实、证据或者理由，合议庭认为不需要开庭审理的，可以实行书面审理。因此，第二审程序的审理方式有开庭审理和书面审理两种。具体表述如下：

"上诉人×××因……（写明案由）一案，不服××××人民法院（××××）×行初字第×号行政判决，向本院提起上诉。本院依法组成合议庭，公开（或不公开）开庭审理了本案。……（写明到庭的当事人、诉讼代理人等）到庭参加诉讼。本案现已审理终结（未开庭的，写'本院依法组成合议庭，对本案进行了审理。现已审理终结'）。"

（二）正文

1. 事实。事实部分，包括上诉争议的内容以及第二审查明认定的事实和证据。

（1）上诉争议的内容。概括写明原审认定的事实证据和判决的结果，上诉人的上诉请求及其主要理由和被上诉人的主要答辩的内容。叙述要概括、简练，抓住争议焦点，但又要不失原意。

（2）二审查明认定的事实和证据。在"经审查查明"之后，写明二审查明认定的事实和证据。要针对不同的案件情况分别写明：①如果原审判决事实清楚，上诉人亦无异议的，简要地确认原判认定的事实即可；②如果原审判决事实清楚，但上诉人提出异议的，应对有异议的问题进行重点分析，予以确认；③如果原审判决认定事实不清，证据不足，经二审查清事实后改判的，应具体叙述二审查明的事实和有关证据。

2. 理由。在"本院认为"之后，进行论证。理由包括两个方面内容：

（1）维持或者改判的理由。应针对上诉请求和理由，就原审判决认定的事实是否清楚，适用法律、法规是否正确，有无违反法定程序，上诉理由是否成立，上诉请求是否应予支持，以及被上诉人的答辩是否有理等，进行分析论证，阐明维持原判或者撤销原判予以改判的理由。

（2）二审判决所依据的法律条款项。应分别引用《行政诉讼法》第89条第1款第1~3项规定。其中全部改判或者部分改判的，除了先引用行政诉讼法的有关条款外，还要引用有关实体法的条款。

3. 判决结果。《行政诉讼法》第89条第1款规定，人民法院审理上诉案件，按照下列情形，分别处理：①原判决、裁定认定事实清楚，适用法律、法规正确的，判决或者裁定驳回上诉，维持原判决、裁定；②原判决、裁定认定事实错误或者适用法律、法规错误的，依法改判、撤销或者变更；③原判决认定的事实不清、证据不足的，发回原审人民法院重审，或者查清事实后改判；④原判决遗漏当事人或者违法缺席判决等严重违反法定程序的，裁定撤销原判决，发回原审人民法院重审。

第二审人民法院应根据上述规定，作出相应的二审判决。可分以下四种情况具体写明判决结果：

（1）维持原判的，表述为：

"驳回上诉，维持原判。"

（2）对原判决部分维持、部分撤销的，表述为：

"一、维持××××人民法院（××××）×行初字第×号行政判决第×项，即……（写明维持的具体内容）；

二、撤销××××人民法院（××××）×行初字第×号行政判决第×项，即……（写明撤销的具体内容）；

三、……（写明对撤销部分作出改判的内容。无需作出改判的，此项不写）。"

（3）撤销原审判决，驳回原审原告的诉讼请求的，表述为：

"一、撤销××××人民法院（××××）×行初字第×号行政判决；

二、驳回×××（当事人的姓名）的诉讼请求。"

（4）撤销原审判决，同时撤销或者变更行政主体的行政行为的，表述为：

"一、撤销××××人民法院（××××）×行初字第×号行政判决；

二、撤销（或变更）××××（行政主体名称）××××年××月××日（××××）×字第×号……（写明具体行政行为或者复议决定名称或其他行政行为）；

三、……（写明二审法院改判结果的内容。无需作出改判的，此项不写）。"

（三）尾部

1. 写明诉讼费用负担。关于二审诉讼费用负担的问题，要区分具体情况作出决定。

2. 在"诉讼费用的负担"下边，另起一行写明"本判决为终审判决"。

3. 在右下方由合议庭组成人员和书记员署名，并写明年、月、日，加盖院印。

三、制作与运用中应当注意的问题

1. 制作二审行政判决书，应当体现上诉审的特点，强调针对性和说服力。要注意事理分析和法理分析，回答上诉争议的焦点问题，并得出合乎逻辑的公正结论。

2. 关于第二审诉讼费用的负担，要区别具体情况作出决定。对驳回上诉，维持原判的案件，二审诉讼费用由上诉人承担；双方当事人都提出上诉的，由双方分担。对撤销原判依法改判的案件，应同时对一、二两审的各项诉讼费用由谁负担，或者共同分担的问题作出决定，相应地变更一审法院对诉讼费用负担的决定。

第四节　再审行政判决书

一、概念和功用

再审行政判决书，是指人民法院依照我国《行政诉讼法》规定的审判监督程序，对已经发生法律效力的判决、裁定，发现违反法律、法规规定，进行重新审理，就案件的实体问题作出的书面决定。

由于再审案件来源不一，引起再审程序和制作再审行政判决书的法律依据也较多。《行政诉讼法》第90~93条都是制作和运用再审行政判决书的法律依据。《行政诉讼法》第90条规定，当事人对已经发生法律效力的判决、裁定，认为确有错误的，可以向上一级人民法院申请再审。第92条规定，各级人民法院院长对本院已经发生法律效力的判决、裁定，发现有本法第91条规定情形之一，或者发现调解违反自愿原则或者调解书内容违法，认为需要再审的，应当提交审判委员会讨论决定。最高人民法院对地方各级人民法院已经发生法律效力的判决、裁定，上级人民法院对下级人民法院已经发生法律效力的判决、裁定，发现有本法第91条规定情形之一，或者发现调解违反自愿原则或者调解书内容违法的，有权提审或者指令下级人民法院再审。第93条规定，人民检察院对人民法院已经发生法律效力的判决、裁定，发现违反法律、法规规定的，有权按照审判监督程序提出抗诉。从上述法律规定中，可见再审行政判决书的适用范围是：人民检察院对人民法院已经生效的判决提起抗诉的行政诉讼案件；各级人民法院院长认为本院已经发生法律效力的判决、裁定、调解错误，经审判委员会讨论决定而提起再审的案件；上级人民法院发现下级人民法院已经生效的行政判决确有错误，而提审或指令下级人民法院再审的行政诉讼案件；当事人申请再审，原审人民法院或上级人民法院认为申请再审的理由成立，而决定再审的行政诉讼案件。

再审行政判决书，可以使已经生效但确实违反法律、法规规定的判决、裁定，依照法律程序予以纠正，以保证人民法院裁判的正确性和合法性，保障公民、法人和其他组织的合法权益，维护国家法律的统一。

二、结构、内容和制作方法

该文书由首部、正文和尾部三部分组成。

（一）首部

1. 标题和编号。基本上同二审行政判决书的写法，只是将案号中的"终"字改为"再"字。

2. 当事人及其他诉讼参加人的列项和基本情况，除当事人的称谓外，与一审行政判决书相同。当事人称为原审原告（或原审上诉人）、原审被告（或原审被上诉人）。

3. 案由、案件来源、审判组织、审判方式和审判过程，应表述为：

"原审原告（或原审上诉人）×××与原审被告（或原审被上诉人）×××……（写明案由）一案，本院（或×××人民法院）于××××年××月××日作出（××××）×行×字第×号行政判决，已经发生法律效力。……（写明进行再审的根据）。本院依法组成合议庭，公开（或不公开）开庭审理了本案。……（写明到庭的当事人、代理人等）到庭参加诉讼。本案现已审理终结（未开庭的，写'本院依法组成合议庭审理了本案，现已审理终结'）。"

在依照我国行政诉讼法的规定写明对本案进行再审的根据时，可分别按下述四种情况具体表述："①×××人民检察院于××××年××月××日提出抗诉。②本院于××××年××月××日作出（××××）×行监字第×号行政裁定，对本案提起再审。③×××人民法院于××××年××月××日作出（××××）×行申（监）字第×号行政裁定，指令本院对本案进行再审。④本院于××××年××月××日作出（××××）×行申（监）字第×号行政裁定，对本案进行提审。"

（二）正文

1. 事实。再审行政判决书的事实部分，应概括写明原审生效判决的主要内容，当事人的陈述或者申请再审的要点。如果是检察机关提出抗诉的，则应简述检察机关的抗诉理由。然后另起一段在"经再审查明"之后，写明再审确认的事实和证据。

2. 理由。再审行政判决书的理由部分，在"本院认为"之后，着重论证原审生效判决适用法律、法规是否正确，检察机关抗诉或当事人等申诉的理由是否成立，阐明应予改判、如何改判，或者仍然维持原判的理由。然后写明判决所依据的法律条款项。

3. 判决结果。判决结果可分为三种情况，分别表述如下：

（1）全部改判的，表述为：

"一、撤销本院（或××××人民法院）××××年××月××日（××××）×行×字第×号行政判决（如一审判决、二审判决、再审判决均需撤销的，应分项写明）；

二、……（写明改判的内容。内容多的可分项写）。"

（2）部分改判的，表述为：

"一、维持×××人民法院××××年××月××日（××××）×行×

字第×号行政判决第×项，即……（写明维持的具体内容）；

二、撤销×××人民法院××××年××月××日（××××）×行×字第×号行政判决第×项，即……（写明部分改判的具体内容；如一审判决、二审判决均需撤销的，应分项写明）；

三、……（写明部分改判的内容。内容多的可分项写）。"

（3）仍然维持原判的，表述为：

"维持本院或×××人民法院××××年××月××日（××××）×行×字第×号行政判决。"

（三）尾部

1. 诉讼费用的负担。依照审判监督程序进行提审、再审的案件，免交案件受理费。对于再审结果仍然维持原判的，不写诉讼费用负担项目。但因再审改判而变更原审诉讼费用负担的，则要对原判决确定的诉讼费用负担作相应的变更。

2. 按第一审程序审理的再审行政案件，应交代上诉权利、上诉方法、期限和上诉审法院，表述为："如不服本判决，可在判决书送达之日起十五日内，向本院递交上诉状，并按对方当事人的人数提出副本，上诉于×××人民法院。"按第二审程序审理的或上级法院提审的再审行政案件，应写明"本判决为终审判决"。

3. 其他内容同第一审行政判决书尾部。

三、制作与运用中应当注意的问题

1. 制作再审行政判决书，应当贯彻实事求是、有错必纠的原则，并体现再审程序的特点。

2. 理由部分，要有针对性和说服力，要注重事理分析和法理分析，兼顾全面审查和重点突出。针对再审申请请求和理由，重点围绕争议焦点，就原审判决及被诉行政行为是否合法、再审申请理由是否成立、再审请求是否应予支持等，阐明维持原判或者撤销原判予以改判的理由。具体写法可参照二审判决书理由部分。检察院抗诉的，还应对检察院抗诉的请求和理由进行审查。

第五节　第一审行政赔偿调解书

一、概念和功用

行政赔偿调解书是人民法院依照我国《行政诉讼法》的规定，在审理行政赔偿案件的过程中，通过调解，当事人自愿达成解决赔偿争议的协议后而制作的具有法律效力的文书。调解不仅适用于第一审程序，也适用于第二审程序和审判监督程序。因此，因诉讼程序的不同，这种文书可分为第一审行政赔偿调解书、第二审行政赔偿调解书和再审行政赔偿调解书三种。

我国《行政诉讼法》第60条第1款规定："人民法院审理行政案件，不适用调解。但是，行政赔偿、补偿以及行政机关行使法律、法规规定的自由裁量权的案件可以调解。"

行政赔偿调解书，是以调解的方式解决赔偿争议，有利于当事人彻底息讼止纷，密切行政机关与群众的联系；有利于保护公民、法人或者其他组织的合法权益；也有利于人民法院提高办案效率。

二、结构、内容和制作方法

第一审行政赔偿调解书由首部、正文和尾部共三部分组成。

（一）首部

1. 标题和案号。基本上与一审行政判决书相同，只是文书名称为"行政赔偿调解书"。

2. 当事人及其他诉讼参加人的列项和基本情况的写法与一审行政判决书相同。

3. 案由应单独写出。

（二）正文

1. 简要写明当事人的诉讼请求和案件的事实。

2. 记述双方当事人自愿达成的协议。另起一行写"本案在审理过程中，经本院主持调解，双方当事人自愿达成如下协议："，然后写明协议内容。调解应当根据当事人自愿的原则，在有关赔偿问题的事实清楚、是非分清的基础上进行。协议的内容不得违反法律规定。协议内容应明确、具体、便于履行。

写明诉讼费用的负担。诉讼费用的负担，如果是由当事人协商解决的，可以作为协议内容的最后一项；如果是由法院决定的，应另起一行写明。

3. 写明"上述协议，符合有关法律规定，本院予以确认"。

（三）尾部

1. 写明"本调解书经双方当事人签收后，即具有法律效力"。

2. 其他内容同第一审行政判决书。

三、制作与运用中应当注意的问题

1. 用调解方式解决行政赔偿争议，必须坚持以下原则：①双方当事人自愿；②查明事实，分清是非；③符合法律、法规的规定。如果法律、法规明确规定了赔偿数额的范围，人民法院只能在这个范围内进行调解。

2. 第二审和再审的行政赔偿调解书的制作可参考相应审级的行政判决书样式。

3. 按照《行政诉讼法》的规定，调解方式仅适用于行政赔偿争议。

思考与实践

1. 简述行政裁判文书的概念、功用和分类。

2. 简述第一审行政判决书的概念和功用。

3. 第一审行政判决书的事实部分和理由部分应分别写明哪些内容?

4. 简述第二审行政判决书的概念。该文书的尾部应注明哪些内容?

5. 简述再审行政判决书的功用。

6. 制作行政赔偿调解书的法律依据是什么?该文书的正文部分包括哪些内容?

7. 根据下列案情,制作一份第一审行政判决书。

刘×,男,45岁,××市××乡××村农民。刘×原使用宅基地一处,面积0.25亩,有北房4间。2021年4月5日将北房4间拆除,准备建5间。由于原宅基地使用面积小,刘×多次找村民委员会要求向东扩展2.5米。经村民委员会同意并给刘×向东丈量了2.5米,有村民委员会主任张×证明。刘×在施工期间,乡人民政府发现刘×多占宅基地未经乡人民政府批准,即通知刘×停止施工,但刘×不听劝阻,认为向东扩展2.5米是经村民委员会同意的,继续施工将房建成。乡人民政府认为,刘×未经乡人民政府批准,非法使用土地,违反了《中华人民共和国土地管理法》第45条的规定,对其作出××市××乡人民政府2021年×月×日(2021)乡土字第×号处罚决定,限刘×15日内拆除侵占集体土地上的非法建筑,恢复原貌。刘×不服,向××省××市人民法院提起诉讼,要求撤销乡人民政府的处罚决定。《中华人民共和国行政诉讼法》第69条规定:"行政行为证据确凿,适用法律、法规正确,符合法定程序的,或者原告申请被告履行法定职责或者给付义务理由不成立的,人民法院判决驳回原告的诉讼请求。"

下编　其他法律文书

第九章

监狱法律文书

❖学习目的与要求

　　监狱法律文书，是狱政机关实现执行刑罚、矫治罪犯等职能的重要载体。本章除概要阐述这类文书的概念、功用、分类、制作与运用的基本理论外，还择要介绍了五个重要的常用文书。要求重点掌握提请减刑、假释意见书，监狱起诉意见书，对罪犯刑事判决提请处理意见书这三种文书的概念、功用及正文部分的主要内容和制作方法，并要求将监狱起诉意见书和公安机关的起诉意见书进行横向比较，开阔思路。

第一节　概　　述

一、概念和功用

　　监狱法律文书，是指监狱和未成年犯管教所等刑罚执行机关，对被法院判刑后送至监狱或未成年犯管教所的罪犯（或少年犯），在依法执行刑罚和教育改造的过程中，依照法定程序和有关监管法规所制作与使用的具有法律效力或法律意义的文书总称。

　　《中华人民共和国监狱法》（以下简称《监狱法》）第 2 条第 1 款规定："监狱是国家的刑罚执行机关。"该法第 74 条规定："对未成年犯应当在未成年犯管教所执行刑罚。"该法第 10 条又规定："国务院司法行政部门主管全国的监狱工作。"

　　因此，监狱管理机关是我国的刑罚执行机关，也是对罪犯实施惩罚和改造的场所。它隶属于国家司法行政机关，是我国司法机关之一。具体来说，它主要包括：监狱、看守所和未成年犯管教所。

监狱主要监管那些已被法院判处死刑缓期二年执行、无期徒刑和有期徒刑的刑事罪犯。未成年犯管教所则是管教未成年的少年刑事罪犯。

监狱管理机关制作的法律文书，是我国法律文书总体的一个重要组成部分。它在司法实践中的作用和意义是非常重大的，具体说来，主要有以下几点：

1. 监狱法律文书是监狱管理机关严格按照法律的规定进行狱政管理的重要标志之一，有利于依法对罪犯执行刑罚。

2. 监狱法律文书有利于司法机关之间相互配合、相互制约，准确顺利地完成刑罚的执行任务。

3. 监狱法律文书体现了惩罚与宽大、教育与改造相结合的政策，有利于一般预防和特殊预防，实现社会的综合治理。

4. 监狱法律文书充分反映了监狱管理机关的执法情况，有利于维护监狱管理机关的执法权威。

因此，要提高监狱管理工作的质量，做到严格管理罪犯，科学文明治监，必须认真地制作好监狱管理机关的法律文书。

二、监狱法律文书的分类

目前在全国监狱系统通用的执法文书共 48 种格式，这是司法部监狱管理局在 2002 年根据我国《监狱法》《刑法》《刑事诉讼法》的有关规定，结合新形势下监狱刑罚执行工作的需要，对 1982 年 6 月由当时主管全国监狱工作的公安部颁发的《劳动改造机关执行法文书格式》的一次全面修订。修订后的监狱执法文书在原有的 32 种的基础上，取消了 6 种，分裂 4 种为 8 种，新增 18 种，共计 48 种。全面修订后的监狱执法文书种类更加齐全，格式更加规范，包含的内容更加全面，制作也更加简洁方便。由于监狱执法文书有了统一的格式，统一的制作标准，使监狱执法文书在全国监狱系统的运用正逐步向统一、规范的道路迈进。2002 年《监狱执法文书格式（试行）》是司法部监狱管理局对全国监狱系统执法文书格式的一次全面规范，对监狱在新的形势下如何做到准确执法起到了重要的指导作用。其执法的内容大致覆盖了罪犯入监、服刑改造、刑满释放等整个刑罚执行内容的全过程。根据不同的标准，对狱政机关的法律文书有不同的分类，如按法律文书使用的范围可划分为监狱管理机关内部使用的文书和对外公开使用的文书；按法律文书制作的文体格式可划分为表格类文书、填空类文书、文字叙述类文书、函件类文书、笔录类文书和报告类文书等类别；按法律文书的制作内容可划分为收监类执法文书、监狱管理类执法文书、狱内侦查类执法文书和其他类执法文书；等等。目前，司法部监狱管理司正在酝酿制定新的监狱执法文书格式。

三、监狱法律文书制作与运用的基本要求

1. 监狱管理机关法律文书必须依法制作，除了应严格依照《刑事诉讼法》

所规定的各项法定程序外，各种文书在具体的格式、事项方面还要根据《监狱法》以及最高人民法院的相关司法解释和司法部"令"等规范性文件的规定来进行制作，并且依法运用。

2. 必须贯彻"以事实为根据，以法律为准绳"的基本原则，以客观实际存在的事实来正确表述罪犯重新犯罪以及在劳动改造中的表现等情况，切忌主观臆断，不着边际或无事实依据地胡编乱造出一些所谓的事实来，或不顾客观事实，任意夸大罪犯的悔改表现程度。这些都是监狱法律文书在叙事上的大忌。

3. 语言准确，逻辑严密，要规范地遣词造句，正确地运用概念、判断和推理，目的在于使写出来的监狱法律文书，能做到用词、用语的准确、规范，行文层次清晰，结构严谨，逻辑严密。如果用词不当、语法错误、概念混乱，将使监狱法律文书失去其应有的严肃性、权威性和预期的法律实效。

第二节　罪犯入监登记表

一、概念和功用

罪犯入监登记表是监狱、未成年犯管教所收押新入监罪犯时，按照监狱管理法规的有关规定，记载新入监罪犯身份和基本情况的表格类文书。

《监狱教育改造工作规定》（司法部令第 79 号）第二章入监教育第 12 条指出：监狱（监区）应当了解和掌握新收罪犯的基本情况。这是监狱管理机关制作罪犯入监登记表的法律依据。

《罪犯入监登记表》通过多个栏目，记录和反映了新入监罪犯的特定身份事项，是罪犯档案中的一份重要材料。准确填写罪犯入监登记表，使司法警官了解和掌握新入监罪犯的基本面貌和违法犯罪情况，对针对性地开展对罪犯的改造教育工作，有着十分重要的作用。

二、结构、内容和制作方法

《罪犯入监登记表》采用多栏目的表格形式，是一份表格式结构的填制式文书。其内容大致可分为三部分：①罪犯的基本情况；②主要的犯罪事实情况；③家庭成员与主要社会关系的情况。

（一）罪犯的基本情况

这张表格在填写时，首先，要在表格的左上方填清收押罪犯的监狱等刑罚执行机关的名称；在表格的右上方还要填准罪犯入监的时间（即某年某月某日）。其次，在表格内依次应将新入监罪犯的有关身份等基本情况的内容一一填清：

1. 罪犯的基本情况。填清新入监罪犯的姓名、别名、性别、民族、出生时间、文化程度等基本的身份情况，并在表格内的右上角贴上罪犯的近期1寸免冠照片1张。

2. 罪犯受到的强制措施和被处罚的情况。依次应填写清楚新入监罪犯被拘留及逮捕的日期和逮捕机关的名称、判决的日期及判决机关的名称、被判决的罪名、刑种、刑期及刑期的起止日期、剥夺政治权利的年限等。

3. 要将罪犯被捕前的职业、政治面貌、有何特长、籍贯、口音、家庭住址及以往是否受到过惩处等情况填清楚。

4. 罪犯个人的简历。依次将其从上小学读书开始至入监这一时间段内学习和工作的经历填写清楚。有何劣迹，应具体写明有关情况。

（二）罪犯的主要犯罪事实

这一栏目，是罪犯入监登记表中的重点栏目，应根据刑事判决书所认定的犯罪事实来填写，重点填清主要犯罪事实即可。

（三）罪犯的家庭成员与主要社会关系

要依次写明：关系、姓名、年龄、工作单位和职务、住址、政治面貌等项内容。

三、制作与运用中应当注意的问题

1. 表中多个栏目，除了"主要犯罪事实"栏目之外，都是相当简单、容易填制的，难度并不大。但填写时，一定要有认真负责、实事求是的态度，对所填写的内容必须做到准确、无误。填写时，还必须逐栏填写，不得开"天窗"。如果某一栏目确实没有相应的内容可填，可以在该栏内填上一个"无"字，亦可在栏目内画上一条斜线。

2. 对外国籍罪犯，其英文姓名填写在"别名"栏内，国籍填写在"（籍贯）国籍"栏。

3. "原户籍所在地"填写被捕前户口登记所在地。

4. "曾受过何种惩处"填写被捕前受到过行政拘留以上的惩处内容。

5. 填写栏目内容的文字表述，也必须简约、明白，书写要端正、清晰，卷面要整洁。

6. 表格中每一栏目填写的内容，应注意与其他法律文件上（如判决书、结案登记表等）相同栏目的内容一致，不得相互矛盾。另外，对罪名、刑种和刑期的填写，也要符合我国刑法、刑事诉讼法的特定要求，不可以与法律的规定相违背。

第三节　提请减刑（假释）建议书

一、概念和功用

提请减刑（假释）建议书，包括两种文书，即提请减刑建议书和提请假释建议书，是由刑罚执行机关提请人民法院对符合条件的罪犯予以审核裁定减刑或提前释放时制作的执法文书。由于这两种文书提请的主体相同，行文的格式相似，并且在司法实践中，又常把两者连在一起使用，故常把两种文书合并在一起讲授。但是，它们毕竟是两种执法文书，一定要注意区分不同情况正确制作。

提请减刑（假释）建议书，是监狱和未成年犯管教所依法提请人民法院对那些在服刑改造期间确有悔改或立功表现的罪犯，给予减刑或假释时呈请法院予以审核裁定批准时所制作的法律文书。

我国《刑法》第78条规定："被判处管制、拘役、有期徒刑、无期徒刑的犯罪分子，在执行期间，如果认真遵守监规，接受教育改造，确有悔改表现的，或者有立功表现的，可以减刑……"该法第81条规定："被判处有期徒刑的犯罪分子，执行原判刑期二分之一以上，被判处无期徒刑的犯罪分子，实际执行十三年以上，如果认真遵守监规，接受教育改造，确有悔改表现，没有再犯罪的危险的，可以假释……"该法第79条规定："对于犯罪分子的减刑，由执行机关向中级以上人民法院提出减刑建议书……"该法第82条规定："对于犯罪分子的假释，依照本法第七十九条规定的程序进行。非经法定程序不得假释。"这些法律上的规定，都是监狱管理机关制作提请减刑、假释意见书的依据。

提请减刑、假释意见书的功效表现在：

1. 具有向人民法院提出减刑、假释意见，要求依法对具有悔改或立功表现的罪犯予以减刑、假释的作用。

2. 具有向人民法院提供减刑、假释事实依据的作用，同时它也是法院依法审核并作出裁定的依据和基础。

3. 制作这两种意见书，可以在服刑改造的罪犯身上体现出党的"惩办与宽大相结合"的政策，激励罪犯真诚悔改，接受改造。

二、结构、内容和制作方法

《提请减刑（假释）建议书》的整体结构可分为首部、正文和尾部三部分。

（一）首部

首部包括文书标题、文书编号和罪犯的基本情况。

1. 文书标题。应写明制作这份意见书的具体监狱机关的名称和文书的名称。书写时，分上、下两行，居中排列。制作机关名称在上，文书具体名称在下。

2. 文书编号。在标题的右下方予以注明。文号的编排书写顺序，即由年份、机关代字、文书名称代字和文书序号组成。

3. 罪犯的基本情况。用一个自然段来依次写明罪犯的姓名、性别、年龄、民族、原户籍所在地、罪名、作出生效判决的法院名称、判决日期、判决书文号、判处刑罚的种类、刑期、收监日期以及服刑期间刑期变动情况等。

（二）正文

正文由事实依据、法律依据和监狱部门就减刑、假释提出的具体建议所组成。

1. 事实依据。要写明罪犯有悔改或立功表现的具体事实。这一部分的内容是对罪犯提出减刑、假释意见书的客观依据，是全文的重点，也是内容制作上的难点。其制作质量上的高低，将直接影响到文书的优劣，因此要认真制作。

提请减刑、假释意见书在写罪犯悔改表现的事实时，通常采用总分式的写法，即在正文首段先总提事实结论"该犯在服刑改造期间，确有悔改表现，具体事实如下："，然后再从罪犯的认罪服法、思想改造方面，遵守罪犯改造的行为规范方面，积极参加政治文化、技术学习方面和积极参加劳动生产等四个方面，分段叙写罪犯改造表现中的具体事实。在叙写以上几个方面的罪犯改造表现情况时，可以把对罪犯的奖惩情况一并写进去，当然也可以另起一行，独立成段，即明确写明该罪犯计分考核和受到奖励的情况。最后，用"综上所述，……确有悔改表现"来总结上文。但这里要注意，最后这一段总结上文内容的叙述，要运用鉴定式的语言来表述，语言要简练概括、内容要客观全面，语气要肯定、果断。

同样，如果事实依据这一段中，是要写明罪犯具有立功表现时，则应注意从该罪犯是否有检举揭发监内外犯罪分子的犯罪活动、经查证属实的事实；是否有制止他犯逃跑、行凶、搞破坏等犯罪活动的事实；在劳动生产中是否有发明创造、重大的技术革新的事实；在日常生活中是否有舍己救人、在抢险救灾中是否有突出贡献以及其他有利于国家和人民利益的突出事迹等内容上来加以叙写。如有《刑法》第78条第1款规定的6种重大立功表现之一的，则要明确叙写，以作为必然减刑的条件。写法上，同样可视罪犯的表现情况不同而采用总分式、连贯式或主次式的结构形式。

在叙写罪犯悔改或立功表现的具体事实时，要注意观点和材料的有机结合，既要有抽象概括，又要有具体叙述；既要有点上的材料，又要有面上的事实，这样才能增强文书的说服力。同时还要调整好行文的层次结构。

2. 法律依据。要注意写清两个方面的内容：一方面，要写清监狱部门对罪犯提出减刑、假释的理由是什么；另一方面，要写明监狱部门提出减刑、假释意见，提请法院依法审核裁定所依据的法律条款。但是，在援引法律依据时，必须注意有关条款的各自适用范围。在援引法律依据时，既要注意引用实体法，以表明可以减刑、假释的法理上的依据，同时又要注意引用有关的程序法，以表明提请事项符合法定程序。在援引程序法时，也应根据拟对罪犯提请减刑或假释的不同情况，分别引用我国《刑事诉讼法》第273条第2款或是第261条第2款死缓犯的减刑依据。

3. 监狱部门就减刑、假释提出的具体建议。意见书在引用了法律依据后，要明确提出监狱部门予以减刑或假释的具体、明确的建议。建议的提出，不能含糊其辞、模棱两可，一定要明确无误，即写明"建议对罪犯×××予以减刑×年，特提请裁定"或"建议对罪犯×××予以假释，特提请裁定"。

（三）尾部

尾部由致送的机关名称、制作机关的署名、用印和制作日期及附注事项等内容组成。

致送的机关名称，即指该建议书拟移送的人民法院的全称。具体行文上可分上、下两行来安排，上行空格后写"此致"二字，下行再顶格写上"×××人民法院"。

注意致送的法院名称，一定要根据对减刑、假释案件管辖的有关规定书写。

对罪犯被判处死刑缓期 2 年执行期满的减刑意见书和被判处无期徒刑的减刑、假释意见书，它的致送法院应该是当地的高级人民法院。

对判处有期徒刑（包括原判死缓和无期徒刑现已减为有期徒刑的）罪犯，制作的减刑、假释意见书，它的致送法院应当是当地的中级人民法院。

对判处管制、拘役的罪犯，对其提出减刑的意见书，它的致送法院应该是当地的基层人民法院。

附项，可就随本建议书一起移送到法院去审核的有关材料加以说明：罪犯卷宗材料共××卷××册××页。

三、制作与运用中应当注意的问题

1. 监狱在向人民法院提请减刑、假释的同时，应当将提请减刑、假释的建议书副本抄送人民检察院。

2. 在叙写予以假释的对象具有悔改表现的事实时，应综观该犯服刑改造期间的全部表现情况，并说明该犯已服的刑期和所剩的刑期，以说明该罪犯是否已具备了假释的法定条件。还有该罪犯获假释后，"没有再犯罪的危险"这一构成假释的基本条件的内容，也必须在具体叙写其改造表现的事实上充分体现出来。

3. 要注意减刑、假释的提请程序。对判处死缓犯的减刑、无期徒刑犯的减刑或假释，应当由所在监狱先将提请减刑或假释意见书报请省、自治区、直辖市司法厅（局）审核后，再提请当地所属的高级人民法院依法进行审核裁定。对判处管制、拘役、有期徒刑罪犯的减刑或假释，则一律由所在监狱部门提请当地的人民法院进行审核裁定。

4. 附注事项中，所注明要送达的档案材料，指的是罪犯在服刑期间所形成的与减刑、假释有关的档案、证据材料等。具体是指：罪犯评审鉴定表、罪犯奖惩审批表和原审法院的裁判文书。还有罪犯在悔改或立功表现方面的一些证明材料，也要一起移送，以便人民法院全面审核。

5. 要准确理解和把握法律规定。例如，在写提请假释的理由时，就不能写"有立功表现"的内容，因为"立功"不是假释的法定条件。可以提前假释的法定条件是"确有悔改表现，没有再犯罪的危险"。

第四节　监狱起诉意见书

一、概念和功用

监狱起诉意见书，是监狱要求人民检察院对在服刑期间又犯新罪或者对发现了判决时所没有发现的罪行的罪犯，提起诉讼，提出起诉意见，移送人民检察院审查决定是否提起公诉时使用的法律文书。

我国《刑事诉讼法》第 273 条第 1 款规定："罪犯在服刑期间又犯罪的，或者发现了判决的时候所没有发现的罪行，由执行机关移送人民检察院处理。"我国的《监狱法》第 60 条也规定："对罪犯在监狱内犯罪的案件，由监狱进行侦查。侦查终结后，写出起诉意见书，连同案卷材料、证据一并移送人民检察院。"这些规定，都是监狱管理机关制作起诉意见书的法律依据。

监狱起诉意见书的主要作用就在于：①具有向检察机关提出起诉意见，要求检察机关对案件进行审查，并作出处理决定的作用；②该文书也是检察机关审查起诉案件的基础和依据。

二、结构、内容和制作方法

监狱起诉意见书由首部、正文和尾部三部分组成。

（一）首部

首部应写明文书标题、文书编号、罪犯的基本情况、案由和案件来源这些内容。

1. 文书标题由制作文书的监狱全称和文书的名称组成。书写时，监狱全称在上，文书名称在下，分上、下两行居中排列。

2. 文书编号写在文书标题的右下方。它依次由制作文书的年度号、监狱代字、文书名称代字和当年发文顺序号四部分内容组成，如"（××××）×监诉字第×号"。

3. 罪犯的基本情况。要依次写明被提请起诉的罪犯的姓名、性别、年龄（出生年、月、日）、民族、籍贯（出生地）、文化程度及原判法院名称、判决书的文号、原判罪名、刑种、刑期、交付执行的日期及场所等内容。若罪犯在服刑改造期间，刑种、刑期及服刑场所曾有变动的，应在此一一注明。如系共同犯罪的案件，应依照主犯在前、从犯在后的原则，分别将上述内容分段叙述清楚。

4. 案由和案件来源。必须写明本案罪犯是又犯新罪还是被发现了"余罪"。根据统一格式规定，案由部分具体行文为"现经侦查，罪犯×××在服刑期间涉嫌××罪（或发现在判决时所没有发现的应当追究刑事责任的××罪行），主要事实如下："，以转入正文部分。

（二）正文

正文应写明涉嫌犯罪的事实和证据、提请起诉的理由和法律依据这两部分的内容。

1. 涉嫌犯罪的事实和证据。犯罪事实是监狱起诉意见书的重点。在这里，它要求把经过调查核实后罪犯犯有新罪或者隐瞒了的罪行以及这种犯罪行为的时间、地点、动机、目的、情节、手段和结果等，交代清楚，这是叙述犯罪事实的核心。在叙事时，如果罪犯犯有数罪，则可先写主罪，后写次罪，以突出主要犯罪。对于共同犯罪的案件，则应先写明共同犯罪的事实，然后再分别写明各个罪犯的具体犯罪事实，及其在整个犯罪活动中的作用和首要分子、主犯或从犯的地位。

犯罪事实写完后，还要将侦查获得的能够证明犯罪事实存在的主要证据叙写清楚。如物证、书证、证人证言、勘验笔录等。既可以在写清犯罪事实后单列一自然段来列写证据，也可以在列叙犯罪事实时说明证据的情况。

2. 提请起诉的理由和法律依据。在这一部分中，应注意写清两个方面的内容：①要概述事实，写明结论性的意见。②要写明提请起诉的法律依据。首先，要概括并阐明罪犯在服刑改造期间又犯有或者隐瞒了什么罪行，并进一步指明罪犯犯罪的性质、犯罪的动机目的、犯罪的危害程度以及其认罪表现等情况。其次，要写明提请起诉相应的法律依据，即根据罪犯所犯的罪行，援引有关刑法条款和根据法定程序所援引的有关刑事诉讼法的条款来作为移送审查起诉意见的根据。最后，则提出请求人民检察院依法处理的具体意见。具体行文是："为此，根据《中华人民共和国监狱法》第六十条、《中华人民共和国刑法》第×××条、《中华人民共和国刑事诉讼法》第二百七十三条第一款之规定，特提请你院审查处理。"

（三）尾部

尾部应由送达机关名称、移送时间并加盖监狱印章及附注事项的内容组成。

起诉意见书的送达机关名称，分上、下两行来书写。上行空格后写上"此致"二字，下行再顶格写"×××人民检察院"。

附项：①罪犯××档案共××卷××册；②罪犯××涉嫌又犯罪（或发现余罪）的卷宗材料共××卷××册；③注明无法移送的证据材料名称、件数以及存放地点；④其他。

三、制作与运用中应当注意的问题

1. 凡写入起诉意见书中的犯罪事实，必须是经过狱内侦查认定，有充分的证据佐证的，并且触犯了我国刑法分则中某一条款规定的，应当追究其刑事责任的，确已构成本次犯罪的事实材料，绝不能把那些原判决已认定过的事实、历史上受到过刑罚处罚的或者已过了追诉时效的犯罪事实以及罪犯在狱内违反监规、抗拒改造的事实写进起诉意见书中去。

2. 提请起诉意见的理由一定要写得具体、充分，能够反映出本案的个性特点来。语言文字要简练、准确，切忌使用"依法起诉""依法严惩"等超越法定权限的词语。

第五节　对罪犯刑事判决提请处理意见书

一、概念和功用

对罪犯刑事判决提请处理意见书，又称提请复查意见书，是监狱在执行刑罚中，认为判决有错误，或者根据罪犯申诉，认为判决可能有错误的，依照法定程序，提请人民检察院或原判人民法院处理时而制作的一种文书。

我国《刑事诉讼法》第 275 条规定："监狱和其他执行机关在刑罚执行中，如果认为判决有错误或者罪犯提出申诉，应当转请人民检察院或者原判人民法院处理。"我国《监狱法》第 24 条规定："监狱在执行刑罚过程中，根据罪犯的申诉，认为判决可能有错误的，应当提请人民检察院或者人民法院处理，人民检察院或者人民法院应当自收到监狱提请处理意见书之日起六个月内将处理结果通知监狱。"我国的《监狱、劳改队管教工作细则（试行）》第 21 条第 1 款也明确规定："监狱、劳改队有协助法院、检察院复查案件的责任……"上述法律规定，是制作对罪犯刑事判决提请处理意见书的法律依据。

该文书主要有以下几个作用：①它对于狱政机关保护在押犯的法定权利、准确地执行刑罚，维护法律的严肃性有重大的现实意义。②它对于发挥狱政机关对检察、审判机关的制约作用有重要的法律意义。③它也是人民检察院和人民法院对错案进行复查的依据和基础。经复查，可以及时纠正错误，使案件得以正确处理，避免和减少错案。④适时地制作与使用这种文书，对在押罪犯接受改造和认罪服法也具有积极的作用。

二、结构、内容和制作方法

该文书共两联，为填空结合叙述式文书。第一联为存根联，以备存查；第二联为正本联，送提请复查的机关。文书整体结构也包括首部、正文和尾部三大部分。

（一）首部

首部由文书标题、编号和致送机关名称组成。

文书标题统一写为"对罪犯刑事判决提请处理意见书"。文书编号也依次由年度号、制作机关代字、文书名称代字和文书编排的顺序号四部分组成。一般书写成：（××××）××函字第×号的形式。但其文号，具体有"横写"和"竖写"两种：横写，是写在正本联标题的右下方或存根联标题的下方；竖写，则是写在正本联与存根联的骑缝处上。致送机关×××人民检察院或×××人民法院。

（二）正文

正文由三项内容组成：

1. 事由，即发函的事由。具体行文为："罪犯×××经×××人民法院以（××××）×法刑×字第×号刑事判决判处×××（刑罚内容）。在刑罚执行中，我发现对罪犯×××的判决可能与事实有出入。具体理由是：……"

2. 提请复查的具体理由。该文书是复查函的核心内容，包括两个方面内容：①针对原判决在认定事实上存在的问题，阐明提起复查的理由。可以指明原判决在认定事实上的出入、定罪量刑上的问题或错误、刑期计算上存在的问题等；②针对原判决在适用法律上存在的错误，阐明监狱管理机关自己的看法和如何正确适用法律、法规条款。

"具体理由"的写法，应具有很强的针对性。在原判中，有什么问题，就提什么问题；哪一部分有出入，就提哪一部分；全部错了，就提全部错误。对存在的问题和错误，提出时必须要有充分的事实依据和法律、法规依据，要有很强的针对性，那样才有说服力。

3. 提请复查的法律根据和提请事项。在"具体理由"写完以后，应另起一段，援用提请复查的法律依据，并提出要求事项。具体行文为："为此，根据《中华人民共和国刑事诉讼法》第二百七十五条的规定，提请你院对罪犯×××的判决予以复查处理，并请将结果告诉我们。"

（三）尾部

尾部应写明发文的年、月、日，并加盖制作机关的公章。

三、制作与运用中应当注意的问题

1. 该文书为一式两联的文书，对"存根"联上内容的填写，应根据"正本"联上的基本内容，摘要转抄留底。但要逐项填写，不能漏填。

2. 复查的意见一定要写得单一突出，而复查的具体理由则一定要写得有针对性，要抓住关键、突出重点。

第六节　罪犯出监鉴定表

一、概念和功用

罪犯出监鉴定表，是监狱填写的记载出监罪犯服刑改造期间的表现和对其表现作出鉴定结论的一种文书。

对于因服刑期满、裁定假释和裁定释放、依法保外就医或监外执行等需要出监的罪犯，监狱管理机关都必须对罪犯进行鉴定，并填写罪犯出监登记表，制作《罪犯出监鉴定表》。该文书对于罪犯出监后户口所在地的公安机关依法对出监后罪犯进行监督、考察和改造，防止出监人员重新犯罪，具有十分重要的作用；对于完备罪犯出监的法律审批程序、建立健全罪犯服刑改造的档案材料，也有积极作用。

二、结构、内容和制作方法

罪犯出监鉴定表是一种表格类文书，栏目较多，共有封面和 3 页表格、24 个栏目组成。

1. 封面有文书名称"罪犯出监鉴定表"，其正下方填写罪犯的姓名、填表机关名称并加盖公章，还要写上填表时间（年、月、日）。

2. 第一页上填写的内容为：罪犯的姓名、别名、性别、出生年月日、民族、籍贯、健康状况、家庭住址；逮捕机关、逮捕日期、判决机关、判决日期、原判罪名、原判刑期、剥夺政治权利年限（起止时间）、刑期变动情况；出监原因；原有文化程度、现有文化程度、有何特长及技术等级；主要犯罪事实等栏目。

填写本页内容应当注意以下问题：

（1）从姓名至刑期，为罪犯基本情况栏目，填写时凭已有的档案材料转抄即可。但要做到准确无误，不能出现差错，各项内容均必须与该犯刑事判决书、入监登记表以及服刑改造期间所形成的其他案卷材料相一致。其中，"剥夺政治权利年限"一栏，如果罪犯没有被剥夺政治权利，应在此栏中填上"无"字或画上斜线。原判决上有的，则不仅要写明剥夺政治权利的年限，而且要具体写明剥夺政治权利的起止年、月、日。如果服刑期间还受到减刑，其附加刑也随之缩减，当罪犯依法出监时，应依照人民法院的裁定书所裁定的年限，经过认真计算，准确填写剥夺政治权利年限及起止年、月、日。

（2）"刑期变动"一栏，应分别注明加、减刑或改判等情况，并写清附加刑的变动情况。如刑期无变动情况，则填上一个"无"字。

（3）"有何特长及技术等级"一栏，其内容既可以反映罪犯服刑改造的效果，又是出监后社会有关部门对其安置就业的重要依据之一，应如实填写，填写的依据是罪犯出监时的实际技术能力或有关技术部门正式核准的技术特长或等级。如果出监人员入监前便有技术特长或等级的，当然也应包括进去。

（4）"主要犯罪事实"栏的内容，应包括原判罪行、又犯新罪和发现余罪的罪行。上述三种罪行均应以人民法院在判决文书上所认定的犯罪事实为准来填写。

3. 第二页上应填写的内容为：罪犯家庭主要成员的姓名、职业及政治情况、罪犯本人简历和改造表现等栏目。

填写本页内容应当注意以下问题：

（1）"罪犯家庭主要成员情况"一栏，应当根据罪犯出监时家庭主要成员的实际情况如实填写，绝不能照抄档案材料中的原有内容，因为罪犯服刑多年，其家庭成员情况是会发生变化的，照抄照搬原材料内容，很可能与实际不符。

（2）"本人简历"栏的内容，应该是《罪犯入监登记表》中所填的内容，再加上该罪犯在服刑改造期间的这段实际经历，直至服刑期满。在填写时，行文要求简明扼要，时间上要有连续性，不能出现间断。

（3）"改造表现"栏目，是《罪犯出监鉴定表》的重点栏目，也是出监鉴定的重要内容。应根据监狱司法警官所掌握的自罪犯入监到出监的全部服刑改造的情况，全面、准确、客观地进行鉴定。所以，填写的内容力求具体、实际，应注意从"认罪服法、思想改造、三课学习、遵守罪犯行为规范、生产劳动、奖惩情况"等方面，来反映罪犯在服刑改造期间的表现情况，特别是对于某些罪犯有立功受奖、减刑假释、有隐瞒余罪或重新犯罪或者有其他抗拒改造的情况，以及发现个别罪犯出监时有特殊思想表现的，都应当一一予以写明，以便出监后，公安机关和社会有关组织有针对性地对罪犯进行帮助教育。

4. 第三页上应填写的内容为：服刑期间奖惩情况及各级监管改造机关的意见栏目。

填写本页内容应当注意以下问题：

（1）"服刑期间奖惩情况"一栏，应按序逐次填明罪犯在服刑改造期间，每次受到过的奖励或惩罚的情况。受奖的，要写明何时何地何因受到了何种奖励（是表扬、记功、评为劳改积极分子还是发给财物等物质奖励）；对受罚的，也要写明何时何地何因受到何种处罚的具体内容（是警告、记过还是禁闭等）。应避免笼统地写上"入监以来曾多次受奖"之类的话。

（2）"分监区意见"栏，主要填写对出监罪犯的鉴定结论。内容应符合罪犯的改造实际，符合"改造表现"和"服刑期间奖惩情况"栏所肯定的客观事实，语言中肯，分寸得当，文字准确、精当。

（3）"监区意见"和"监狱意见"两栏，应分别对罪犯出监作出是否同意的概括性表态，如"同意释放""同意暂予监外执行""同意假释""同意保外就医"等词语。

三、制作与运用中应当注意的问题

1. 本表制作完毕后，应统一报省、自治区、直辖市的监狱管理局审批。对审批后退回的两份表格，一份留监狱狱政科，装入罪犯档案中，另一份转给出监人员户口所在地的公安机关。

2. 对依法释放的罪犯（包括刑满释放、裁定假释和裁定释放等），监狱必须对他们进行鉴定，将鉴定结论填入罪犯出监鉴定表，并同时签发释放证明书。对依法保外就医或监外执行的罪犯，监狱也要对他们进行鉴定，将鉴定结论填入罪犯出监鉴定表，并同时签发罪犯保外就医证明书或监外执行通知书，但不签发释放证明书。

思考与实践

1. 监狱法律文书有何特点？罪犯从入狱到出监狱有哪些主要文书？

2. 什么是监狱起诉意见书？监狱起诉意见书与公安机关的起诉意见书有哪些区别？

3. 提请减刑意见书和提请假释意见书有何不同？法定条件和法律依据包括哪些？

4. 对死缓罪犯提请执行死刑意见书的正文应写明哪两点内容？

5. 对罪犯刑事判决提请复查函应当如何写明具体理由？

6. 罪犯出狱鉴定表中服刑期间奖惩情况及各级监管改造机关的意见在填写时应注意哪些问题？

7. 根据下列提供的情况材料，拟写一份《提请减刑意见书》（制作要求：态度明朗、事实清楚、重点突出，格式正确，引用法律条款得当，条文整洁、清晰，力求通顺、完美）。

罪犯冯××，男，现年27岁，汉族，××省××市××县人，因受贿罪经××区人民法院于2019年8月11日以（2019）×法刑初字第101号刑事判决，判处有期徒刑8年。2015年×月×日交付××市××监狱执行。该罪犯在监狱关押5年来，能一贯遵守罪犯改造行为规范，积极参加政治、文化和技术学习，在思想认识和生产劳动中都有认罪服法的表现，如能积极参加各项生产劳动，在劳动中吃苦耐劳，积极肯干，劳动态度端正，并能注意节约原材料和多次提前完成紧急生产任务，完成的产品质量好。该罪犯利用已有技术优势的特点，于××××年×月发明的一种大面积减轻生产劳动强度的方法，已报请获得国家发明专利，此项专利两年来已为有关的部门节约了资金一百余万元。另外，该罪犯在服刑改造期间，能以《犯人守则》严格要求自己，曾两次主动制止其他犯人的违纪行为，保障了监管的正常秩序。特别是在××××年×月××日，他所关押的监狱二分管区曾发生火灾，他奋不顾身，救出了两名犯人自己却在救火中被烧伤。为此该罪犯在服刑改造期间曾先后获一等嘉奖 5 次，大队表扬 2 次，监狱记功 1 次，改造生产单项奖项 1 次。最近，监狱根据该犯的表现情况，拟决定对冯×× 提请减刑。

第 十 章

律师实务文书

❖学习目的与要求

　　律师实务文书的制作和运用不仅是律师工作的重要组成部分，也是推动和促进司法公正与效率的重要手段之一。通过本章的学习，要求掌握教材中这些主要代书文书和律师工作文书的概念、结构内容和制作运用要领，特别要求熟练制作与运用民事起诉状、民事上诉状、刑事自诉状等最常用的代书书状，还要了解辩护词、代理词这类带有法庭演讲稿性质的论辩型法律文书自身的特点及其制作和运用的特殊要求。

第一节　概　　述

一、概念

　　律师实务文书是指律师在依法提供法律服务时所制作的具有一定法律效力或者法律意义的法律文书的总称。它属于国家法定的具有法律效力或者法律意义的法律文书总体的一个重要的组成部分。它是律师履行自身职责，维护当事人的合法权益，维护法律正确实施和社会公平正义的重要手段。律师实务文书的制作和运用是律师实务的重要组成部分。

　　根据《中华人民共和国律师法》（以下简称《律师法》）的规定，律师的业务活动主要包括接受公民、法人和其他组织的委托，担任法律顾问；接受民事案件、行政案件当事人的委托，担任代理人，参加诉讼；接受刑事案件犯罪嫌疑人、被告人的委托或者依法接受法律援助机构的指派担任辩护人；接受自诉案件自诉人、公诉案件被害人或者其近亲属的委托，担任代理人参加诉讼；接受委托，代理各类诉讼案件的申诉；接受委托，参加调解、仲裁活动；接受非诉讼法律事务当事人的委托，提供法律服务；解答有关法律的询问，代写诉讼文书和有关法律事务的其他文书。此外，还有参加国内和国际的投资、金融以及企业并购、股权转让等活动。随着我国民主法治建设和社会主义市场经济的不断发展和完善，以及律师业务的不断开拓，律师实务文书的使用范围将会更加广泛，影响也会不断扩大。它的制作与律师实务的成败优劣关系甚大。本章将对主要的律师实务文书予以重点介绍。

二、分类

律师实务文书的种类很多，可以从不同的角度或用不同的标准加以划分。具体地说，可以从以下两个方面进行分类：

1. 从律师业务活动范围的性质来划分，可以分为：①律师参与诉讼活动所制作的文书，如代书的各类诉状、上诉状、答辩状等以及为实现自身职责制作的辩护词、代理词等；②律师参与非诉讼法律事务所制作的文书，如法律意见书、见证书，律师为当事人代写的合同、契约、章程、遗嘱等其他涉及法律事务的文书。

2. 从出具文书的主体来划分，可以分为：①以律师事务所名义出具的文书，如刑事辩护委托合同、民事代理委托合同等；②以律师名义出具的文书，如辩护词、代理词、法律意见书、见证书等；③以律师当事人的名义代写的文书，如起诉状、上诉状、答辩状等。

三、制作要求和作用

律师实务文书的制作要求包括以下几点：①格式要规范，如书状类应按照最高人民法院制发的《法院诉讼文书样式（试行）》（已失效）的规定来制作；②代书诉讼文书前一定要熟悉案情，弄清案件的性质、管辖和法律、法规有关时效方面的规定，以提高工作的质量和效率；③叙述事实应有证据佐证，阐述理由要有法律根据；④书状的请求一定要明确、具体；⑤文书制作中不仅要做到叙事说理有根有据，还要把握分寸，注意以情动人；⑥注意语言文字的运用，力求准确、精炼、朴实，符合法律语言的特征；⑦书写纸张应为 A4 纸，书写工具应用钢笔或毛笔。

律师实务文书种类很多，要求也不尽相同，但它们都有助于宣传和普及法律知识，能有效地预防纠纷的发生，发生诉讼时还可以为诉讼的顺利进行创造条件，最终达到维护当事人的合法权益，保证法律正确实施的目的。

第二节　民事案件律师代书文书

一、民事起诉状

（一）概念和功用

民事起诉状是各民事权利主体，在其民事权益受到侵害或与他人发生民事争议时，为了维护自身的合法权益，依据事实和法律，作为原告就有关民事权利、义务的争议，向人民法院提起诉讼，请求依法裁判所提出的书状。

《民事诉讼法》第123条第1款规定："起诉应当向人民法院递交起诉状，并按照被告人数提出副本。"该法第124条规定："起诉状应当记明下列事项：（一）原告的姓名、性别、年龄、民族、职业、工作单位、住所、联系方式，法人或者其他组织的名称、住所和法定代表人或者主要负责人的姓名、职务、联系方式；（二）被告的姓名、性别、工作单位、住所等信息，法人或其他组织的名称、住所等信息；（三）诉讼请求和所根据的事实与理由；（四）证据和证据来源，证人姓名和住所。"这是制作民事起诉状的法律依据。

《民事诉讼法》第122条规定："起诉必须符合下列条件：（一）原告是与本案有直接利害关系的公民、法人和其他组织；（二）有明确的被告；（三）有具体的诉讼请求和事实、理由；（四）属于人民法院受理民事诉讼的范围和受诉人民法院管辖。"这是人民法院受理案件的必备条件。律师在制作民事起诉状之前，应根据上述事项要求，认真审查案件的全部材料。

民事起诉状适用于民事、经济纠纷案件。任何法人、组织和自然人都依法享有起诉权，都可以制作民事起诉状向人民法院提出维护自身合法权益的请求。当事人向人民法院递交民事起诉状，可以引起民事诉讼程序的发生。民事起诉状是人民法院审查立案、审理和审理终结后判决或调解的依据和基础。

（二）结构、内容和制作方法

民事起诉状由首部、正文（诉讼请求，事实和理由，证据和证据来源、证人姓名和住址）及尾部组成。

1. 首部。首部应依次写明：①文书名称，即"民事起诉状"；②原告和被告的姓名、性别、年龄、民族、职业、工作单位、住所、联系方式。原告是无民事行为能力人或者限制民事行为能力人的，应当在原告项下写明法定代理人的姓名、性别、年龄、职业、工作单位及其与原告的关系。当事人是法人或者其他组织的，应当写明法人或者其他组织的名称、住所和法定代表人或者主要负责人的姓名、职务、联系方式。

2. 正文。正文应写明以下内容：

（1）诉讼请求。诉讼请求应写明通过诉讼要达到什么样的目的，也就是请求法院解决什么问题。请求要明确、具体，如请求离婚、财产继承、履行合同等。有多项具体要求的，可以分项表述，如离婚除诉请与被告离婚外，还应对财产分割、子女抚养等提出明确的要求。

（2）事实与理由：①事实部分要围绕诉讼目的，交待清楚当事人之间民事法律关系的主要内容，写明纠纷事实，即纠纷发生的时间、地点、涉及的人物、起因、发展过程、造成的后果及双方争执的焦点等，并按照案件的不同性质，写明不同事件中的法定要素。如离婚案件一般要写明双方何时结婚，婚前感情基础如何，婚后感情变化情况，什么时间因什么事情关系开始变化，以致发展到感情破裂的地步等，要为法院依法审理提供依据。侵权纠纷应当写明侵权人实施侵权行为的时间、经过、情节和造成的损害后果。叙写事实要实事求是，条理清楚。②理由部分应论证原告诉讼理由和要求的合理性、合法性，并应具体引证相关的法律条款，分清是非，明确责任。

（3）证据和证据来源、证人姓名和住址。这主要是围绕所述案情事实列举相关证据。列举书证要附上原件或复印件，如系摘录或抄件，要如实反映原件本意，并注明材料出处，切忌断章取义；列举物证，要写明什么样的物品，在何处由何人保存；列举证人，要写明证人姓名、住址，他能证明什么问题等。列举证据可以单独列为一项书写，也可以结合叙述案情事实，边叙述边举证。总之，律师要围绕诉讼请求，灵活运用证据。

3. 尾部。尾部依次写明致送人民法院的名称，附项注明起诉状副本份数和提交证据的名称和数量。最后由起诉人签名和盖章，写明起诉日期。

（三）制作与运用中应当注意的问题

1. 起诉人对被告的基本情况不太清楚时，可由律师调查清楚后书写完整。

2. 诉讼请求要明晰、具体，不可混淆案件性质。民事诉状不能意气用事，夹杂刑事自诉状的请求，刑事和民事不分，使法院难以受理。

3. 叙述事实理由要注意人称的前后一致。不能时而用"我"，时而用"原告"。

4. 写事实和理由时，要摆事实、讲道理，努力做到据事论理，以理服人。切忌随意夸大或缩小，捕风捉影，甚至讽刺挖苦，诬蔑谩骂。理由阐述要概括，要避免诉状过长，主旨不清。不要进行过多的分析论证，全面详细的论证分析应由代理词来完成。

5. 民事起诉状所列述的事实与理由应以能够立案为标准，可以在法院将案件正式受理后，根据被告的答辩和庭审调查情况，经权衡利弊，有针对性地适时向法院进行叙述和论析，进一步支持自己的诉讼请求，确保始终掌握诉讼的主动权。

二、民事反诉状

（一）概念和功用

民事反诉状是指民事案件的被告在一审法院审理过程中，为维护自身的合法权益，就与本诉有内在联系的事由，向本诉中的原告提出新的独立诉讼请求，要求人民法院依法将本诉与反诉一并审理的书状。

《民事诉讼法》第54条规定："……被告可以承认或者反驳诉讼请求，有权提起反诉。"同法第143条规定："原告增加诉讼请求，被告提出反诉，第三人提出与本案有关的诉讼请求，可以合并审理。"这些规定是制作民事反诉状的法律依据。

反诉是被告反对原告的一种特殊形式，是民事被告享有的一种诉讼权利。反诉提起后，原告已经提起的诉讼叫"原诉"或"本诉"。在反诉中，反诉人已处于原告的地位，享有原告享有的各种诉讼权利，即使原诉原告撤诉，反诉也不会因此终止。因此，反诉状的功用和民事起诉状的功用是相同的。

（二）结构、内容和制作方法

民事反诉状由首部、正文（反诉请求，事实与理由，证据和证据来源、证人姓名和住址）及尾部组成。其内容和写法与民事起诉状基本相同，但当事人的称谓应表述为"反诉人（本诉被告）""被反诉人（本诉原告）"，请求事项应表述为"反诉请求"，尾部署名称谓应为"反诉人"。在事实与理由部分特别要注意在提出反诉所根据的事实和有关证据材料之后，反诉人要阐明反诉与本诉的相关性。民事反诉是与本诉在诉讼标的、诉讼理由上相互牵连的，因此，反诉人要说明反诉与本诉是两个可以合并审理的案件。

（三）制作与运用中应当注意的问题

1. 反诉必须符合下列条件：①必须是民事案件的被告提出；②反诉的被告只能是提起本诉的原告，而不能是其他人；③只能在原告提出诉讼之后，一审法院未宣告判决之前提出；④必须有独立的诉讼请求，和原告的诉讼请求针锋相对，以抵消、吞并甚至超过本诉的诉讼请求；⑤反诉和本诉受理的法院为同一法院，并可以合并审理。

2. 反诉人负有举证责任。在递交民事反诉状的同时，反诉人也应将有关证据一并提交人民法院。

三、民事上诉状

（一）概念和功用

民事上诉状是民事案件的当事人不服人民法院第一审判决、裁定，在法定期限内向上一级人民法院提起上诉，请求撤销、变更原裁判的书状。

《民事诉讼法》第172条规定，上诉应当递交上诉状。上诉状的内容，应当包括当事人的姓名，法人的名称及其法定代表人的姓名或其他组织的名称及其主要负责人的姓名；原审人民法院名称、案件的编号和案由；上诉的请求和理由。这是制作民事上诉状的法律依据。

民事上诉状是当事人行使上诉权的具体体现，对于维护自身的合法权益具有十分重要的作用。同时，它能引起第二审程序的发生，有利于二审法院对一审法院审判工作的监督，审理好上诉案件，确保办案质量。

（二）结构、内容和制作方法

民事上诉状的内容由首部、正文（上诉请求、上诉理由）和尾部组成。

1. 首部依次写明：①文书名称"民事上诉状"。②当事人身份基本情况，其写法和民事起诉状基本相同，只是在上诉人和被上诉人之后，用括号注明是原审原告还是原审被告，如"上诉人（原审被告）""被上诉人（原审原告）"。共同诉讼的案件，上诉的内容未涉及的当事人，仍沿用原审中的诉讼称谓，而不列为上诉人或被上诉人。③提起上诉的原由，通常表述为："上诉人因××（案由）一案，不服××人民法院××××年××月××日（××××）民初字第×号民事判决（或者裁定），现提出上诉。"

2. 正文（上诉请求和上诉理由）是上诉状的主要内容。上诉请求要具体明确，除要求撤销或变更原裁判外，还要写明上诉人对民事权益的实体或程序的主张，一般主要针对原审在认定事实、定性、适用法律和程序几个方面提出。上诉理由应围绕着上诉请求，针对原审裁判而论，不能把矛头对准对方当事人，这是民事上诉状和民事起诉状在写作对象上的根本区别。上诉理由实质是对原审裁判进行驳论，夹叙夹议，以议为主。叙述事实时，如原审认定事实失实，应列举证据有针对性地详细叙述，并逐一提出原审裁判认定事实的不实之处；对认定事实无异议之处则无须复述。论证时，根据具体情况既可以采用引用原裁判文书中的关键部分的方法，通过摆事实、讲道理分点来驳，也可以采用概括其要点集中辩驳的方法。总之要紧扣上诉请求，做到观点明确、内容精炼、语言准确简明，说理针对性强。要避免文字冗长，观点不明，更不要在无关紧要的枝节问题上大做文章，导致喧宾夺主。

写完上诉理由后，行文一般另起一段写："为此，特提起上诉。请二审法院依法撤销原判决（或裁定），依法改判。"

3. 尾部的内容和写法与民事起诉状相同，只是将"起诉人"改为"上诉人"即可。

（三）制作与运用中应当注意的问题

1. 叙事说明要注意详略，对原审裁判无异议之处可以不提或一笔带过，重点放在不服的内容上。

2. 交待上诉理由时，要注意不服的是原审裁判的结果，要避免写成"不服……民事判决书（或裁定书）"，正确的表述应为"不服……民事判决（或裁定）"。

3. 上诉状必须在法定的时限内递交给原审人民法院或第二审人民法院。

四、民事答辩状

（一）概念和功用

民事答辩状是指民事案件的被告或者被上诉人，针对原告的起诉状和上诉人的上诉状，进行回答和辩驳的书状。

《民事诉讼法》第128条规定："人民法院应当在立案之日起五日内将起诉

状副本发送被告，被告应当在收到之日起十五日内提出答辩状……人民法院应当在收到答辩状之日起五日内将答辩状副本发送原告。被告不提出答辩状的，不影响人民法院审理。"民事答辩状是被告和被上诉人实现诉讼权利、维护自身合法权益的手段，也是诉讼中的一项义务。提出民事答辩状体现了当事人的诉讼地位和权利平等的原则，也有利于人民法院查明案件事实，全面分析案情，正确审理案件。如果被告或被上诉人不提出答辩状，就意味着放弃了这种诉讼权利和应尽义务。

（二）结构、内容和制作方法

民事答辩状由首部、答辩理由和尾部组成。

1. 首部应依次写明：①文书名称"民事答辩状"；②答辩人基本情况，其具体列项和表述与民事起诉状的写法基本相同。

2. 答辩理由先写"因……一案，提出答辩如下："，然后另起一段写答辩理由。答辩应针对原告起诉状或上诉人上诉状中的事实、理由和请求。民事答辩状写作方法上的最大特点就是驳论。叙述事实要客观，要注重"让证据说话"，要运用法律和政策进行论辩，否定对方的诉讼请求，最终阐明自己的主张。

3. 尾部写明受状人民法院名称，附件的名称和份数，由答辩人签名或者盖章，写明答辩日期。

（三）制作与运用中应当注意的问题

1. 答辩状在内容上应注意针对起诉状或上诉状的事实、理由和证据来进行答辩，观点要集中鲜明，论据要充足，论证要充分。

2. 围绕着自己的答辩理由，也可提出相反的事实和理由。答辩人提出反诉的，一审民事答辩状还可以和反诉状结合使用。

五、民事再审申请书

（一）概念和功用

民事再审申请书是指民事案件的当事人在法定期限内，对已经发生法律效力的判决、裁定认为有错误的，或者对已经发生法律效力的调解书，提出证据证明调解违反自愿原则，或者调解协议的内容违反法律规定，依法向上一级人民法院提出再审申请，请求重新审理的诉讼文书。

根据我国《民事诉讼法》第212条的规定，当事人申请再审，应当在判决、裁定发生法律效力后6个月内提出。该法第207条规定，当事人的申请符合下列情形之一的，人民法院应当再审：①有新的证据，足以推翻原判决、裁定的；②原判决、裁定认定的基本事实缺乏证据证明的；③原判决、裁定认定事实的主要证据是伪造的；④原判决、裁定认定事实的主要证据未经质证的；⑤对审理案件需要的主要证据，当事人因客观原因不能自行收集，书面申请人民法院调查收集，人民法院未调查收集的；⑥原判决、裁定适用法律确有错误的；⑦审判组织的组成不合法或者依法应当回避的审判人员没有回避的；⑧无诉讼行为能力人未经法定代理人代为诉讼或者应当参加诉讼的当事人，因不能归责于本人或者其诉讼代理人的事由，未参加诉讼的；⑨违反法律规定，剥夺当事人辩论权利的；⑩未经传票传唤，缺席判决的；⑪原判决、裁定遗漏或者超出诉讼请求的；⑫据以作出原判决、裁定的法律文书被撤销或者变更的；⑬审判人员在审理该案件时有贪污受贿，徇私舞弊，枉法裁判行为的。此外，《民事诉讼法》第 208 条还规定，当事人对已经发生法律效力的调解书，提出证据证明调解违反自愿原则或者调解协议的内容违反法律的，可以申请再审。

民事再审申请书是当事人诉讼权利的重要体现，是引起审判监督程序的重要条件。它有助于人民法院发现并纠正确有错误并已生效的判决和裁定，确保司法公正，使当事人的合法权益得到切实的保护。

（二）结构、内容和制作方法

民事再审申请书的结构内容和制作方法与民事上诉状相似，但其正文部分包括请求事项和事实与理由两部分，文书的名称应写为"民事再审申请书"，当事人的称谓应为"申请人"。

（三）制作与运用中应当注意的问题

申请再审的时限必须是民事判决、裁定发生法律效力后的 6 个月内。另外，《民事诉讼法》第 209 条还明确规定，当事人对已经发生法律效力的解除婚姻关系的判决、调解书，不得申请再审。

第三节　刑事案件律师代书文书

一、刑事自诉状

（一）概念和功用

刑事自诉状是刑事自诉案件的被害人或者其法定代理人，根据事实和法律，直接向人民法院控告犯罪分子的罪行，要求追究其刑事责任，维护被害人合法权益而制作的书状。

根据《刑事诉讼法》第 210 条及有关规定，刑事自诉状适用于人民法院直接受理的告诉才处理的案件和被害人有证据证明的轻微刑事案件，以及被害人有证据证明对被告人侵犯自己人身、财产权利的行为应当依法追究刑事责任，而公安机关或者人民检察院不予追究被告人刑事责任的案件。这些案件主要包括轻伤案件，侮辱案件，诽谤案件，暴力干涉婚姻自由案件，虐待、遗弃家庭成员案件等。《最高人民法院关于适用〈中华人民共和国刑事诉讼法〉的解释》的第316条规定了人民法院受理自诉案件必须符合的条件，第318条规定"提起自诉应当提交刑事自诉状"，第319条规定了自诉状应当包括的内容。这些都是制作和适用刑事自诉状的法律依据。

（二）结构、内容和制作方法

刑事自诉状由首部、正文（案由和诉讼请求；事实和理由；证人姓名和住址，证据名称、来源）及尾部组成。

1. 首部。首部依次写明：①文书名称"刑事自诉状"；②自诉人（代为告诉人）的姓名、性别、年龄、民族、出生地、职业、工作单位、住址、联系方式。如系受害人的法定代理人提起自诉的，还需注明与受害人的关系。被告人的基本情况写法和自诉人相同。

2. 正文。正文应包括以下内容：

（1）案由和诉讼请求。案由即控告的罪名，主要是说明被告人触犯了刑法分则规定的什么罪名，诉讼请求应写明请求人民法院追究被告人的刑事责任。

（2）事实和理由。这一部分是刑事自诉状的核心部分。事实部分应如实写明被告人实施被控犯罪行为的时间、地点、动机、目的、手段、情节、后果等。陈述事实要重点突出，层次分明。理由部分应说明被告人犯罪的性质，造成的危害，并引用有关法律条款，指控被告人已触犯刑律，构成何种犯罪，应当依法追究刑事责任。

（3）证人姓名和住址，证据名称、来源。自诉人对提起诉讼的刑事案件负有举证责任，对所指控的犯罪事实，应当有证据证明。自诉状中应将物证、书证、人证交待清楚，以便人民法院调查核实。

3. 尾部。尾部写明致送法院、自诉人签名或盖章，写明具状的日期，最后的附项包括自诉状副本的份数以及所递交的证据名称及件数。

（三）制作与运用中应当注意的问题

1. 自诉人在自诉状中所指控的事实必须是犯罪事实，不能把道德品质、生活作风等作为犯罪事实来指控。另外，自诉人只有对法定的自诉案件才有权起诉，公诉案件不能自诉。

2. 对所指控的犯罪事实要有法律根据和相应的证据，切忌在事实上臆造杜撰，或在语言上进行人身攻击。

3. 根据《最高人民法院关于适用〈中华人民共和国刑事诉讼法〉的解释》第318条的规定，自诉人同时提起附带民事诉讼的，还应当提交刑事附带民事自诉状。刑事附带民事自诉状除称谓和刑事自诉状相同外，其结构、内容和制作方法可参考民事起诉状。

4. 自诉状中要注意人称上的前后一致。

二、刑事附带民事起诉状

（一）概念和功用

刑事附带民事起诉状是指刑事案件中的被害人及其法定代理人，在刑事诉讼的过程中，为要求被告人承担民事赔偿责任而提出的诉状。

《刑事诉讼法》第101条规定："被害人由于被告人的犯罪行为而遭受物质损失的，在刑事诉讼过程中，有权提起附带民事诉讼。……"《最高人民法院关于适用〈中华人民共和国刑事诉讼法〉的解释》第175条第1款规定，被害人因人身权利受到犯罪侵犯或者财物被犯罪分子毁坏而遭受物质损失的，有权在刑事诉讼过程中提起附带民事诉讼。

刑事附带民事起诉状要求人民法院在依法追究被告人的刑事责任的同时，附带解决被害人由于被告人的犯罪行为而遭受的物质损失，以全面维护自诉人的合法权益。

（二）结构、内容和制作方法

刑事附带民事起诉状由首部、正文（诉讼请求，事实和理由，证据和证据来源、证人姓名和住址）及尾部组成。

1. 首部。首部应写明：①文书名称，即"附带民事起诉状"；②分别写明附带民事诉讼原告人和附带民事诉讼被告人的姓名、性别、出生日期、民族、出生地、文化程度、职业或者工作单位和职务、住址。

2. 正文。正文应包括以下内容：

（1）诉讼请求。除请求人民法院追究被告人的刑事责任之外，还要写明请求判令附带民事诉讼被告人赔偿的项目和具体数额。

（2）事实和理由。事实应当写明附带民事诉讼被告人的犯罪行为给被害人、附带民事诉讼原告人造成的实际经济损失的情况。由于附带民事诉讼是在刑事诉讼的过程中提起的，公诉机关已对被告人（即附带民事诉讼被告人）的犯罪行为提起公诉，因此，在刑事附带民事诉状中，没有必要具体写明被告人的犯罪事实，而主要是写明因被告人的犯罪行为给被害人造成损失的具体情况。理由应当根据法律的有关规定，写明为什么应当由附带民事诉讼被告人承担民事责任等。

（3）证据和证据来源、证人姓名和住址。应将有关经济损失的具体名称、种类及证明的出处——列清。

3. 尾部。尾部应写明：①致送人民法院名称；②附带民事诉讼原告人签名或盖章；③具状的时间；④附项写明附带民事起诉状的副本份数。

（三）制作与运用中应当注意的问题

刑事附带民事起诉状在叙事时要写清附带民事诉讼与刑事犯罪的因果关系，

否则不能提起附带民事诉讼。

三、刑事上诉状

（一）概念和功用

刑事上诉状是公诉案件的被告人或自诉案件的自诉人及其法定代理人，不服地方各级人民法院第一审判决、裁定，依照法定程序和期限，请求上一级人民法院依法撤销、变更原裁判的书状。

根据我国《刑事诉讼法》第 227 条的规定，有权提出上诉的主体主要是刑事案件的当事人和他们的法定代理人；被告人的辩护人和近亲属，经被告人同意，也可以提出上诉；附带民事诉讼的当事人和他们的法定代理人，可以对判决、裁定中的附带民事诉讼部分，提出上诉。

刑事上诉状的提起是法律赋予公民的一种诉讼权利，是二审法院进行审理的依据。它有利于保护刑事案件的当事人的合法权利，有利于防止冤假错案的发生、保证办案质量。

（二）结构、内容和制作方法

刑事上诉状主要由首部、正文（上诉请求和上诉理由）及尾部组成。

1. 首部。标题写明"刑事上诉状"和上诉人身份等基本情况。上诉人的基本情况写法与刑事自诉状基本情况写法相同。上诉人是原审当事人的，用括号注明在原审诉讼中的称谓，如"上诉人（原审自诉人或原审被告人）×××"。刑事上诉状中只写上诉人，没有被上诉人。案由和上诉缘由部分写上诉人所不服判决的原审法院名称、裁判文书名称、文号和制作时间，并作上诉的表示等内容。这一部分的写法是"上诉人×××（姓名）×××（罪名）一案，于××××年××月××日收到×××人民法院×××年××月××日（年度）×字第×号刑事判决（或裁定），现因不服该判决（或裁定）提出上诉。"

2. 正文。正文应包括以下内容：

（1）上诉请求。上诉请求要具体、明确。例如，刑事被告人提出上诉的，写明要求撤销原判、宣告无罪，或者要求减轻处罚；对刑事附带民事诉讼法部分提出上诉的，就民事责任部分提出上诉人的请求，写明是否应当承担经济赔偿及其应承担的具体数额等。

（2）上诉理由。上诉理由主要写明原审判决的不当之处。提出上诉时，上诉人通常指明原审裁判事实不清、证据不足，或者是适用法律错误，定罪量刑不当或是程序严重违法等。针对原审裁判不当之处进行论述，实质上是对不服原审裁判的部分的驳论。可用一段文字概括一审裁判的内容，然后集中反驳，也可以采用逐条列举逐条反驳的方法。总之，我国法律对上诉理由未作出严格限制，要结合一审裁判的内容来具体分析，灵活掌握运用。只要不服一审裁判，就可以依法提出上诉，也必然会引起二审。上诉理由写完之后，写一段简短结束语。一般可写为："综上所述，原审裁判存在××问题，为此，特向你院上诉，请求依法撤销原审判决（或裁定），予以改判（或重新审判）。"

3. 尾部。尾部写明受状的上诉审法院的名称，由上诉人签名或盖章，写明上诉日期，附项写明上诉状副本份数。

（三）制作与运用中应当注意的问题

上诉要有针对性。对一审裁判的内容全面否定或是部分否定，要注意充分运用证据和法律条文来说话。对一审裁判中没有争议的部分，可以如实肯定并一笔带过。上诉理由中切忌笼统含糊，态度偏激，主观臆断，甚至出语伤人。

四、刑事申诉书

（一）概念和功用

刑事申诉书是指刑事诉讼当事人、被害人及其家属，认为已经发生法律效力的刑事判决或裁定确有错误，向人民法院申请再审的书状。

《刑事诉讼法》第 252 条规定："当事人及其法定代理人、近亲属，对已经发生法律效力的判决、裁定，可以向人民法院或者人民检察院提出申诉，但是不能停止判决、裁定的执行。"

刑事申诉书是公民运用特别程序维护其合法权益的文书，是决定是否启动再审程序的因素之一，它对刑事案件的审判工作有一定的监督作用。

（二）结构、内容和制作方法

刑事申诉状由首部、正文（请求事项、事实与理由）尾部构成。

1. 首部。标题写明"申诉书"，申诉人的姓名或名称及其基本情况。再写明案由等，具体行文为："申诉人×××对×××人民法院×××年××月××日（年度）×字第××号刑事判决（或裁定），提出申诉。"

2. 正文。正文应包括以下内容：

（1）请求事项。请求事项要简明提出申诉的目的，如要求撤销或变更原裁判等。

（2）事实与理由。事实和理由是申诉书的核心，一般从原判决、裁定事实不清，证据不足，定性不准，适用法律不当等方面入手，逐一指出原裁判的错误症结，提出新的事实和证据，根据案件的具体情况，引用适当的法律条文，表明自己对本案处理的意见和要求。

3. 尾部。尾部应写明接受申诉书的法院全称，由申诉人签名或盖章，写清申诉的日期，附件的名称和份数。

（三）制作与运用中应当注意的问题

1. 对案件原来的处理经过及最后的处理结果要进行综合叙述，目的是使人了解案情梗概，因此文字要简练，切忌冗长。

2. 申诉状在制作时如遇到附件较多的情形，应尽量将附件的主要内容酌情引述在申诉状的申诉理由中，并注明在哪一个附件的哪一页中，避免在涉及具体论证引述时只提"见附件"，要有利于办案人员迅速把握材料内容，提高办案效率。

第四节　行政案件律师代书文书

一、行政起诉状

（一）概念和功用

行政起诉状是公民、法人或者其他组织认为行政机关和行政机关的工作人员的行政行为或者依法应当履行其法定职责而不作为，侵犯公民、法人或者其他组织的合法权益，按照《行政诉讼法》的规定向人民法院提起诉讼，要求依法裁判的书状。

《行政诉讼法》第 2 条第 1 款规定："公民、法人或者其他组织认为行政机关和行政机关工作人员的行政行为侵犯其合法权益，有权依照本法向人民法院提起诉讼。"该法第 44 条第 1 款规定："对属于人民法院受案范围的行政案件，公民、法人或者其他组织可以先向行政机关申请复议，对复议决定不服的，再向人民法院提起诉讼；也可以直接向人民法院提起诉讼。"按同法第 25 条第 1 款规定："行政行为的相对人以及其他与行政行为有利害关系的公民、法人或者其他组织，有权提起诉讼。"该法第 49 条规定：提起诉讼应当有明确的被告，有具体的诉讼请求和事实根据。这些都是正确制作行政起诉状，提起行为诉讼的法律依据。

行政起诉状是行政诉讼的原告向人民法院提起行政诉讼后，人民法院受理行政案件的主要根据。写好行政起诉状对人民法院了解案情和正确处理行政案件，促进行政机关依法行政具有十分重要的意义。

（二）结构、内容和制作方法

行政起诉状的格式和民事起诉状基本相同。但是由于大多数行政诉讼是对具体行政行为不服引起的，所以行政起诉状在诉讼请求和事实理由的写法上和民事起诉状的写法也有不同之处，需加以注意。对于行政机关不作为引起的行政诉讼，行政起诉状的结构、内容和制作方法与民事起诉状基本相同。这是制作行政起诉状必须明确的问题。

1. 首部。标题写"行政起诉状"，当事人的基本情况写法和民事起诉状相同。

2. 正文。正文应包括以下内容：

（1）诉讼请求。因行政诉讼是原告不服行政机关的具体行政行为而提起的，故诉讼请求一般要写明：原告不服××机关就××（事项）作出的罚款（或其他）处理，请求法院撤销（或部分撤销）具体行政行为，或要求被告重新作出具体行政行为或责令被告在一定期限内履行法定职责（或请求变更行政处罚）。如果由于错误的具体行政行为或不作为侵犯原告合法权益而造成损害的，原告还有权请求赔偿。所以，此项内容不应当笼统地提出"请求人民法院依法判决"。

（2）事实和理由。事实部分要围绕诉讼目的，全面反映行政案件的客观情况。把行政案件发生的时间、地点、人物、实施具体行政行为的行政机关或其工作人员、事件的原因及处理决定等情节，完整、真实地叙述清楚。我国《行政诉讼法》第6条规定："人民法院审理行政案件，对行政行为是否合法进行审查。"原告在起诉状中应紧紧围绕着"行政行为是否合法"这一重点，陈述事实，阐明理由。例如，据以作出具体行政行为的主要证据不足，违背了事实真相，或者适用法律、法规错误，违反法定程序，或者超越职权、滥用职权等。

事实部分一般应先概述引起行政机关作出具体行政行为的事由，然后讲清经哪一级行政机关作出具体行政行为以及具体经过，最后说明具体行政行为的依据和详细内容。如果是行政复议前置的，原告还应把是否申请复议，复议机关是否改变原具体行政行为以及改变的内容交待清楚。

理由部分应着重阐明起诉理由。阐述理由时应概括指出具体行政行为的不合法之处，然后进行分析论述。论述内容包括引用法律、法规和规章的有关条款。行政起诉状中，原告一般可不写证据，但这里需要注意的是，尽管行政诉讼法奉行"被告负有举证责任"原则，这与民事诉讼法"谁主张，谁举证"不同，但是，《行政诉讼法》第37条规定："原告可以提供证明行政行为违法的证据。……"该法第38条规定了原告的举证责任。这并不排除原告向法院提出支持其诉讼请求的有关证据材料，这也是原告的权利。原告如认为行政机关作出的具体行政行为所依据的事实认定有误，可以在理由部分引出相关的证据材料予以澄清，并具体说明案情的原貌。对所引证据应说明出处，以供法院核实。原告认为行政机关作出具体行政行为所适用的法律、法规不当的，应讲明理由并引用贴切的法律、法规或者规章的有关条款加以论证，总之，理由部分要有理有据，不要空发议论，或者凭自己的想象去论理。

3. 尾部。尾部写法和民事起诉状相同。

（三）制作与运用中应当注意的问题

1. 起诉前要认真审查起诉的内容是否属于人民法院行政诉讼的受案范围和受诉人民法院管辖，然后才能撰制。

2. 行政起诉状的制作和提交必须在法定的起诉时间内进行，以免因诉讼时效期间届满而丧失起诉的机会。

3. 列写原告和被告时，应特别注意根据《行政诉讼法》《最高人民法院关于适用〈中华人民共和国行政诉讼法〉的解释》等法律和司法解释所规定的原告资格和不同情形下被告的确定。

4. 行政诉讼的焦点是要审查行政行为的合法性，所以在写诉状的事实和理由部分时，应着力分析具体行政行为是否合法。行政起诉状在写法上以驳论为主，写法可参考民事上诉状的事实与理由部分。

5. 请求履行法定职责的行政起诉状所诉事实涉及行政机关和行政机关工作人员的不作为，则举证责任主要在原告一方，叙述事实和理由的写法和民事起诉状基本相同，可以参考该文种。

二、行政上诉状

（一）概念和功用

行政上诉状是行政诉讼的当事人不服人民法院的第一审行政判决或裁定，在法定期限内，向上一级人民法院提出上诉，请求撤销或者变更第一审行政判决、裁定的书状。

行政诉讼当事人向二审人民法院递交行政上诉状，行使法定的上诉权，为二审人民法院正确、及时审理上诉案件提供了依据和保障，有利于二审人民法院纠正一审裁判中的错误，保护当事人的合法权益，维护社会公共利益，也有利于上一级人民法院对下一级人民法院进行审判监督。

《行政诉讼法》第85条规定："当事人不服人民法院第一审判决的，有权在判决书送达之日起十五日内向上一级人民法院提出上诉。当事人不服人民法院第一审裁定的，有权在裁定书送达之日起十日内向上一级人民法院提起上诉。……"这是制作和运用行政上诉状的法律依据。

（二）结构、内容和制作方法

行政上诉状由首部、正文（上诉请求、上诉理由）及尾部构成。

1. 首部。首部应写明文书名称"行政上诉状"，上诉人和被上诉人的身份等基本情况写法和民事上诉状相同，可以参考。

2. 正文。正文应包括以下内容：

（1）上诉请求。行政案件当事人提出上诉的，除要求撤销或变更原审裁判外，还要写明对原具体行政行为要求予以撤销、变更或者维持的主张。

（2）上诉理由。上诉理由部分应扼要叙述原审原告因什么事由，经原审被告作出了何种具体行政行为，原审原告是否曾申请上级行政机关复议，复议机关是否改变了原具体行政行为，原审原告因何不服提起行政诉讼，原审法院作出判决或裁定的具体内容是什么，上诉人因何不服提起上诉等情况。然后重点阐述上诉的请求和理由。上诉的理由要针对原裁判在认定事实上、适用法律上的主要问题，摆事实、讲道理，并引用有关的法律、法规的规定作依据。上诉理由要求针对性强，逻辑严密，层次清楚，使上诉请求得到充分的支持。理由写完后，要进行总结并再次强调上诉请求。

3. 尾部。尾部写明受状的上诉审法院名称，由上诉人签名或盖章，写明上诉日期，附项写明上诉状副本份数及证据材料件数。

（三）制作与运用中应当注意的问题

1. 行政上诉状上诉理由应当重点突出一审人民法院的裁判认定事实是否清楚，证据是否充分，适用法律、法规是否正确，程序是否合法等，不要在具体行政行为的形成过程上过多叙述，以免文字冗长、条理不清、重点不突出。

2. 行政上诉状的写作应当突出重点、全面完整，作为附件的相关证据材料应当一应俱全，条理分明，并紧紧围绕上诉请求，便于人民法院依法审理。

三、行政申诉书

（一）概念和功用

行政申诉书是指行政案件的当事人认为人民法院已经发生法律效力的行政判决、裁定确有错误，向人民法院要求提起再审所制作的书状。

《行政诉讼法》第90条规定："当事人对已经发生法律效力的判决、裁定，认为确有错误的，可以向上一级人民法院申请再审，但判决、裁定不停止执行。"行政申诉状不一定能引起审判监督程序的开始，但它毕竟为纠正错误的行政判决或裁定提供了可能。所以，行政申诉书的法律功效是不容忽视的。

（二）结构、内容和制作方法

行政申诉书的结构、内容和制作方法和行政上诉状基本相同，可以参考。但文书的名称应写为"行政申诉书"，当事人的称谓应为"申诉人"和"被申诉人"。

（三）制作与运用中应当注意的问题

1. 行政申诉书的申诉理由应针对原生效的行政判决或裁定确有错误之处，从认定事实，适用法律、法规方面和诉讼程序是否有误以及审判人员审理该案时是否存在贪污受贿等行为诸方面进行申辩（参阅《行政诉讼法》第91条"再审事由"）。

2. 请求事项要合理合法，与申诉理由和谐一致。

3. 《最高人民法院关于适用〈中华人民共和国行政诉讼法〉的解释》第110条规定："当事人向上一级人民法院申请再审，应当在判决、裁定或者调解书发生法律效力后六个月内提出。"

第五节　其他律师代书文书

一、授权委托书

（一）概念和功用

授权委托书是当事人及其法定代理人，委托他人代为诉讼时，向法院提交的说明受委托人代理事项和代理权限及代理期限的文书。

我国《民事诉讼法》第 61 条第 1 款规定："当事人、法定代理人可以委托一至二人作为诉讼代理人。"《行政诉讼法》第 31 条第 1 款也有相同规定。我国《刑事诉讼法》第 39 条以及《最高人民法院关于适用〈中华人民共和国行政诉讼法〉的解释》第 31 条也明确规定：当事人委托诉讼代理人，应向人民法院提交授权委托书。这些都是我们制作授权委托书的法律依据。

作为代理人的律师在参加诉讼活动前必须向人民法院提交由委托人签名或盖章的证明委托事项和权限范围的授权委托书，以证明委托行为是真实的、合法的。所以授权委托书是律师行使代理权的前提和依据，也是人民法院据以确定被委托人的诉讼代理人地位的凭证。

（二）结构、内容与制作方法

授权委托书由首部、正文、尾部三部分组成。

1. 首部包括文书名称、委托人和代理人的基本情况。

（1）文书名称，即写明"授权委托书"，居中排列即可。

（2）委托人和受委托人的基本情况，即写明委托人名称、法定代表人（或代表人）姓名、职务。受委托人（代理人）的姓名、工作单位、职务。

2. 正文由委托事项、委托代理权限、委托期限等构成。

（1）委托事项。委托事项写明受委托人的姓名、委托其代为诉讼案件的名称及作为代理人参加本案诉讼的意思表示之内容。委托进行民事活动的，写明："现委托×××（受委托人姓名）作为我（或我方）参加×××（民事活动名称）的委托代理人。"委托参加诉讼活动的，则写为："现委托×××（受委托人姓名）在我（或我方）与×××（对方当事人姓名和案由）一案中，作为我（或我方）参加诉讼的委托代理人。"

（2）委托代理权限。委托代理权限要写明受委托人可以代理委托人行使哪些诉讼权利的内容。代理权限的范围一般是由委托人决定，但应符合法律规定。代理权限分一般代理和全权代理两种：①一般代理，即指在诉讼中不需要对案件的实体问题作出明确表态和决策的代理。案件实体问题的表态和决策由委托人直接行使或者委托人另外委托其他全权代理权限的代理人来行使。一般代理的主要内容为：代理起诉、应诉、申请回避、质证、发表非实体问题的综合性代理意见。在司法实践中，委托人仅委托律师为一般代理而又未委托其他代理人的，则委托人本人必须出庭。②全权代理，也称特别授权或特别代理，是指委托人特别授权被委托律师在诉讼活动中不仅行使上述一般代理的权利，还对案件的实体内容有权表态和决断，但除法律有特别规定的以外。如离婚案件，委托人不能授权受委托人代为表达离还是不离的意思表示。确因特殊情况无法出庭的，必须提交书面意见。委托人向委托律师作特别授权的案件，委托人本人可以不亲自出庭。特别授权的委托代理的权限内容为：代为承认、放弃或变更诉讼请求，进行和解、提起反诉或者上诉等。对上述代理的权限内容，法院要求——写明。

（3）委托期限。委托期限应视具体情况而定，如一次或一事（一案）委托的，可写明："自授权委托之日起，至本次民事活动（或本案）终结之日止。"

3. 尾部。尾部应写明以下内容：

（1）委托人的签名或盖章。委托人应在委托书上签名或盖章，委托人若是法人或其他组织的，除了由单位加盖公章外，还要由其法定代表人或代表人签名或盖章。最后写上委托代理的日期。

（2）附注事项。若委托代理人是公民，在授权委托书上，还要附上代理人的住址、电话等。

（三）制作与运用中应当注意的问题

1. 诉讼代理解除或代理权限发生变更的，当事人应当书面告知人民法院，并由人民法院通知对方当事人。

2. 授权委托书（除刑事案件以外）一般至少要求一式二份，一份由委托人存查，另一份则由委托人交由受委托人递交给人民法院。刑事案件的授权委托书应一式三份，分别由委托人、律师事务所各持一份，另外要交人民检察院或人民法院一份。

3. 行政诉讼的特点决定了行政诉讼当事人之间无权进行和解，故行政诉讼特别授权委托代理中不能向律师授权代为进行和解。但行政赔偿诉讼则可以适用调解。

4. 我国《行政诉讼法》第35条规定："在诉讼过程中，被告及其诉讼代理人不得自行向原告、第三人和证人收集证据。"故作为被告的诉讼代理人的律师，同样也不得向原告和证人收集证据。而行政诉讼中的原告、第三人则可以授权其律师向有关组织和个人进行调查和收集证据。

5. 作为行政诉讼被告的行政机关无权针对原告提起的诉讼进行反诉，也无权授权作为其代理人的律师代为提起反诉。

二、财产保全申请书

（一）概念和功用

财产保全申请书是指一方当事人按照《民事诉讼法》第103条的规定，在民事案件诉讼中或起诉之前，为了有效制止可能因对方当事人一方的行为或其他原因，使判决难以执行或者造成当事人其他损害，而向有管辖权的人民法院提请对其财产采取保全措施的一种请求文书。

提出财产保全申请书后，人民法院可以根据当事人的申请作出裁定，采取限制另一方当事人处分或转移诉讼标的物的措施，同时也保护了当事人的合法权益，可以保证法院日后的判决得以顺利地执行。

（二）结构、内容和制作方法

财产保全申请书的内容分为首部、正文和尾部三部分。

1. 首部由"标题"和"当事人基本情况"两项内容组成。

（1）标题。在首页正上方写"财产保全申请书"，或根据财产保全的两种不同情况，按其类别写明它的标题，如"诉讼财产保全申请书""诉前财产保全申请书"。

（2）当事人基本情况。当事人基本情况要写明申请人和被申请人的基本情况。如系自然人的，应写明其姓名、性别、出生日期、民族、出生地、职业或工作单位和住址；如系法人或其他组织的，应写明名称、所在地址、法定代表人姓名、职务。

2. 正文由"请求事项"和"事实与理由"两项内容组成。

（1）请求事项。请求事项部分要简明扼要地写明对被申请人的何种财产请求人民法院采取何种保全措施。对其中要予以查封或扣押财物的名称、数量，冻结存款的数额等都要写清。

（2）事实与理由。事实与理由部分应主要写明被申请人有转移、处分诉讼标的物可能的事实及依据，不申请财产保全措施将会造成的后果，并引用《民事诉讼法》第103条或第104条作为申请保全的法律依据。最后还要写明申请人为申请财产保全而提供担保的情况。

3. 尾部。尾部要写清：①本申请书所致送的人民法院的全称；②附件名称及份数；③申请人签章；④提出申请的日期。

在这里，附件名称及份数应依次列出证据材料的名称、数量；证人的姓名、住址；有担保的，要列出担保书的名称、份数，担保单位的营业执照副本等。

（三）制作与运用中应当注意的问题

根据我国《民事诉讼法》关于财产保全的有关规定，人民法院采取财产保全措施，可以责令申请人提供担保，申请人不提供担保的，驳回申请；申请有错误的，申请人应当赔偿被申请人因财产保全所遭受的损失；财产保全限于请求的范围，或者与本案有关的财物；利害关系人因情况紧急，在诉前申请财产保全的，申请人必须在人民法院采取保全措施后 15 日内起诉，否则解除财产保全。

三、先予执行申请书

（一）概念和功用

先予执行申请书是指民事案件的当事人追索赡养费、扶养费、抚育费、抚恤金、医疗费用等因情况紧急需要先行执行的案件，按照《民事诉讼法》第 109 条的规定，在法院作出判决前，请求人民法院裁定对方当事人预先给付金钱、财物的一种法律文书。

先予执行申请书既是当事人向法院提出先予执行请求的法律文书，也是人民法院决定采取先予执行措施的依据。法院依法作出先予执行的裁决，可使民事案件的原告或权利人，在判决生效前便能实现部分或全部的实体权利，切实维护当事人的合法权益。

（二）结构、内容和制作方法

先予执行申请书由首部、正文和尾部三部分组成。

1. 首部应由"标题"和"申请人与被申请人的基本情况"两部分内容组成。

（1）文书的标题，即在首页正上方写明"先予执行申请书"。

（2）申请人与被申请人的基本情况的写法与"财产保全申请书"写法相同。

2. 正文应包括"请求事项"和"事实与理由"这两个部分。

（1）请求事项。请求事项应具体而明确地写明申请人请求法院裁定采取何种先予执行措施。其中，对先予执行的金钱、数额或物品的名称、数量都必须写清楚，不能模棱两可。

（2）事实与理由。事实与理由部分应写清楚本案的事实符合法律所规定的先予执行的条件的内容。在具体行文上可分三个层次来展开：①可先写明申请人与被申请人之间存在的明确的权利义务关系的内容，即被申请人有给付赡养费、扶养费、抚育费、抚恤金、医疗费、劳动报酬的义务，而且权利、义务关系清楚、明确。②要写明需要先予执行的紧急情况，若不先予执行将造成的严重后果。③需要写明被申请人是有能力承担先予执行义务的，即被申请人是有给付金钱或财物的能力的。这三个层次的内容写好后引用《民事诉讼法》第 103、104 条等作为提出先予执行申请的法律依据，从而证实提出先予执行的具体请求的合法、合理性。

3. 尾部。尾部应写明以下内容：

（1）致送机关，即在尾页左下方分两行写："此致""×××人民法院"。

（2）申请人签名或盖章，写在尾页右下方。申请人是自然人的，签名或盖章，并注明日期。申请人是法人或其他组织的，写明单位名称，并由法定代表人或主要负责人签名或盖章，注明日期，并加盖公章。

（3）附项。写明附送证据材料的名称、数量，证人的姓名、单位。

（三）制作与运用中应当注意的问题

先予执行的申请限于给付金钱或财物的诉讼，而且提出申请的原告或权利人必须与被告或义务人之间确实存在着赡养、扶养、抚育关系，或确实存在有给付抚恤金、医疗费、劳动报酬等的权利义务关系。凡不具备这些条件的，法院都不会受理这一申请。

四、公示催告申请书

（一）概念和功用

公示催告申请书是按规定可以背书转让的票据持有人，在票据被盗、遗失或灭失的情况下，为了使票据上所标示的权利与实际权利相分离，使自己的合法权益不受侵害，按照《民事诉讼法》第225条的规定，向票据支付地的基层人民法院申请作出公示催告时而制作的法律文书。

公示催告申请书是人民法院运用公示催告程序来确认票据效力的前提。票据持有人通过申请法院公示催告，可以有效地防止财产损失，维护自身的合法权益，同时也有利于票据的正常流通。

（二）结构、内容与制作方法

公示催告申请书的内容由首部、正文和尾部三部分组成。

1. 首部由"文书名称"和"申请人的基本情况"两项内容组成。

（1）文书名称。文书名称写于首页的正上方，居中排列，即写"公示催告申请书"即可。

（2）申请人的基本情况。申请人系自然人的，写明姓名、性别、出生日期、民族、出生地、职业或工作单位和职务、住址。如系法人或其他组织的，则写明其名称、所在地址，法定代表人或主要负责人姓名、职务。

本申请书无对方当事人，只有申请人一栏。

2. 正文由"申请事项"和"事实与理由"两项内容组成。

（1）申请事项。申请事项部分要简明地写明请求法院予以公示催告的要求，如"申请人被盗商业银行汇票×张，票面金额人民币×××元，请予以公示催告"。

（2）事实与理由。这是公示催告申请书的核心部分，可分为三部分来写：①票据遗失、被盗或灭失的事实以及票据不以申请人的意志而丧失的具体经过。②根据上述的事实，围绕着申请要求，来阐明已经丧失的票据如不经公示催告，可能被他人冒领，造成合法权益受到侵害的理由。③申请人应对所述事实进行举证，即在叙述以上内容时，要注意随即举证，用括号注明有关证据及证据的来源、证人证言及证人姓名、地址等信息。最后，申请人应引用我国《民事诉讼法》中关于公示催告程序的法律条款，来重申申请人民法院对已丧失的票据予以公示催告的要求。

3. 尾部。尾部应写明以下内容：

（1）申请书致送的人民法院名称。

（2）附项，即附送有关证据材料的名称、数量。

（3）申请人签名或盖章，如系法人或其他组织的，应写明名称，并由其法定代表人或主要负责人签名并加盖公章。

（4）注明申请书的制作日期（年、月、日）。

（三）制作与运用中应当注意的问题

公示催告申请书应该由该票据丧失前的最后持有人提出，其他人无权提出。公示催告申请人提出申请后，若情况有变化，可以向法院撤回申请。

五、执行申请书

（一）概念和功用

执行申请书是发生法律效力的民事判决、裁定、依法设定的仲裁机构的裁决，公证机构依法赋予强制执行效力的债权文书中确认享有权利的一方当事人，对负有义务的对方当事人拒绝履行规定的义务时，在法定期限内向有管辖权的人民法院申请执行时所递交的法律文书。

执行申请书在整个法律与诉讼活动中的作用表现在以下几个方面：①它有利于法院以强制执行的手段，使已经生效的法律文书中所确定的权利和义务得以实现，以保障当事人的合法权益。②它有利于以强制执行的手段，来维护人民法院裁判文书的权威性，维护国家法律的严肃性。③它有利于教育当事人遵守法律，使他们自觉地履行法院的裁判文书，也能使少数拒绝和逃避履行义务的人，受到应有的法律制裁，以保证胜诉人的权利能够得以真正实现。

（二）结构、内容和制作方法

执行申请书由首部、正文和尾部组成。

1. 首部由"标题""申请人和被申请人的基本情况""案由"三部分内容组成。

（1）标题，即在首页的正上方，写明"执行申请书"即可。

（2）申请人和被申请人的基本情况部分要依次写明他们的姓名、住址。如果是法人或其他组织的，应当写明单位全称、所在地址以及法定代表人或者负责人的姓名和职务。

（3）案由，如"给付货款"等。

2. 正文由"请求目的"和"事实与理由"两项内容组成。

（1）请求目的。请求目的部分要明确提出申请人民法院强制执行的具体要求，如扣押被申请人相应财产的折价或拍卖抵债，或从被申请人的账户上划出相应款项等。

（2）事实与理由。事实与理由部分要写明已发生法律效力的判决书、裁定书等法律文书所认定的被申请人应履行的义务，被申请执行人至今未履行的情况，以及被申请执行人拒不履行义务的原因，不履行哪种义务及被申请执行人的经济状况（主要是要反映被申请执行人是否具有可供执行的给付偿还能力和财产状况）。

3. 尾部。尾部应写明以下内容：

（1）执行申请书所提交的人民法院的具体名称。

（2）申请人姓名及申请书提交的年、月、日。

（3）附项。

（三）制作与运用中应当注意的问题

1. 申请人应当在法定的期限内提出执行申请。我国《民事诉讼法》第246条第1款规定："申请执行的期间为二年。申请执行时效的中止、中断，适用法律有关诉讼时效中止、中断的规定。"期满而不提出执行申请书的，即丧失了申请执行的权利。

2. 申请执行的要求必须具体、明确。申请执行的要求要依据已经发生法律效力的裁判文书的内容来提出，要求的内容必须具有给付性质，要详细写明被申请执行人应当给付申请人的财物种类和数量，或要求被申请执行人付出何种劳务，或要求赔偿损害，或要求退还所有物，以及要求一次给付还是分期给付、分期扣付等等。

六、破产还债申请书

（一）概念和功用

破产还债申请书是债权人或债务人按照《中华人民共和国企业破产法》的规定向人民法院提交，请求人民法院根据债务人因资不抵债等原因不能清偿到期债务的具体情况，宣告债务人破产并将债务人的破产财产依法还债时所制作的法律文书。

宣告破产还债程序，对债权人来说，可以使自己的债权尽可能得到清偿，从而稳定债权、债务关系，有利于企业生产的发展；对债务人来说，也可以在现有全部资产清偿了债务后，对不能清偿的部分不再负有清偿责任。这对于发展社会主义市场经济，稳定社会经济秩序有着十分重要的作用。

（二）结构、内容和制作方法

破产还债申请书由首部、正文和尾部组成。

1. 首部由"标题"和"当事人基本情况"两项内容组成。

（1）标题。在首页的正上方写明"破产还债申请书"。

（2）当事人基本情况。如果是债权人申请，应当写明申请人与被申请人的基本情况，依次写明他们的名称、地址、法定代表人的姓名和职务。如果是债务人申请，则只需写申请人的基本情况，不存在被申请人。

2. 正文。正文包括"请求事项"和"事实与理由"两项内容。

（1）请求事项。请求事项可概括写成："请依法裁定被申请人（或申请人）××××（企业法人的名称）破产还债。"

（2）事实与理由。这是破产还债申请书的核心内容，应围绕"无力清偿到期债务"这一法定条件来写，但是，由于债权人或债务人提出申请的情况不同，故"事实与理由"这项内容在具体写法上还是有所不同的。现分述如下：

若是债权人提出破产还债申请的，应该从以下三个层次展开：首先，要写明申请人与被申请人发生债权债务关系的事实。其次，写明被申请人不能清偿债务的事实及证据。最后，得出被申请人已经破产的结论，并举出申请宣告其破产还债的法律依据，从而提请人民法院对其依法宣告破产还债。

若是债务人提出破产还债申请的，则从以下四个层次展开：首先，对申请人的基本状况作一简单的说明，包括申请人的性质、注册资金，主要经营的业务、经营状况及目前严重亏损的情况。其次，对申请人目前的全部资产情况作一说明，要与所提供的相关会计报表和债权、债务清册中的情况一致。再次，可以对申请人破产的状况作一概述。注意要抓住两个要点的内容来写：一是"到期债务"，即债务人全部债务的清偿已到期；二是"无力清偿"，即自己已经没有清偿能力，已经资不抵债，申请人已经无法再继续经营下去，若不及时宣告破产将给债权人的合法经济权益造成更大的损害。最后，引用我国《中华人民共和国企业破产法》关于企业破产的有关条款，将其作为请求人民法院宣告申请人破产还债的法律依据。

3. 尾部包括以下几项内容：①致送人民法院的名称；②附注事项，即附上有关证据，注明件数；③申请人署名或盖章；④申请日期（年、月、日）。

（三）制作与运用中应当注意的问题

1. 当事人提起宣告破产还债申请，必须具备一定的法定条件：①企业无力清偿到期债务，这是构成破产申请的法律要件；②债务必须是到期债务，未到期债务，即使是负债超过资产，也是无权申请破产的；③无力清偿指不仅没有经济能力，也没有社会信用能力。另外，国有企业作为债务人申请破产的，须经上级主管部门的同意。

2. 债务人申请破产的，在递交申请书时，还应当向法院提供会计报表、企业财产状况明细表和证明有形财产的处所、债权、债务清册等证据材料。

七、合同

（一）概念和功用

合同是平等主体的自然人、法人和其他组织之间设立、变更、终止民事权利义务关系的协议。

合同大量出现在经济活动中并发挥了巨大作用。它的功效主要有以下几个方面：①明确合同双方的权利义务关系；②明确合同双方享有权利、应尽义务的具体方式；③明确合同双方违反义务的责任并为解决双方间纠纷提供依据。

（二）结构、内容和制作方法

合同一般用文字叙述或表格的形式制作。一份完整的合同应包括首部、正文、尾部三部分。

1. 首部。首部应写明合同具体名称、编号、签订日期及地点等。

2. 正文。正文即合同的主要内容，应写明以下各个事项：

（1）标的，包括货物、劳务、工程项目等。

（2）数量和质量，包括货品的规格、型号、牌号和有关的质量要求等。

（3）价款或者酬金，包括单价、总价或酬金的具体数额和交付货款、酬金的方式、次数、时间等。

（4）履行的地点、方式和期限，包括交货和提货的方式、地点、时间、次数以及运输的方式、运费的负担等。

（5）违约责任，包括违约金、赔偿金的给付条件、数额或比例。

（6）解决争议的方法。双方约定当合同履行发生争议时，通过诉讼解决还是通过仲裁解决。若通过仲裁解决，还要约定具体的仲裁机构。

3. 尾部。尾部应写明签订合同的双方姓名或单位全称、地址与邮编、电报挂号并加盖印章及法定代表人或代理人的签名；写明合同文本的份数、生效与终止日期。

（三）制作与运用中应当注意的问题

1. 如果合同中标的物的品种规格很多，订立合同时可以专门附表在合同的文字后面，作为合同的一个组成部分。

2. 合同订立的内容必须明确、具体，对涉及双方权利义务的内容，绝不能模糊含混，否则在履行合同中容易产生纠葛或在发生纠纷时，不能辨清一方或双方的法律责任。

3. 合同中所协议的事项必须齐全，如物品的规格、型号，要不厌其详；交付价款的方式、时间、次数，都要一一写明，甚至于对不符合规格的物品的处理办法、折价标准等也应具体写明。

八、遗嘱

（一）概念和功用

遗嘱是公民生前在法律允许的范围内，按照法律规定的方式处分其个人财产或其他事务，并于其死亡时发生效力的法律行为。

遗嘱是进行遗产继承和分割的重要依据，用遗嘱处理个人财产，有利于减少纠纷和讼争，促进家庭和睦，保持社会稳定，同时也体现了社会主义制度对个人合法财产给予保护的精神。

遗嘱有口头（包括录音）和书面两种形式。

遗书（文书）是遗嘱行为的书面形式，遗书（文书）可由立遗嘱人自行书写，也可以委托律师代书。

（二）结构、内容和制作方法

律师代书的遗嘱目前并无统一的格式，但有以下几项必备的内容：

1. 标题。在文书居中位置写明"遗嘱"二字或在"遗嘱"二字前再加上立遗嘱人的姓名，如"×××遗嘱"。

2. 立遗嘱人的身份情况。该部分要写明立遗嘱人的姓名、性别、年龄、籍贯、职业或单位及职务、住址。

3. 立遗嘱的缘由。该部分要简明叙述一下为什么要立该项遗嘱，如"因年老多病""为防止子女因遗产分割引起争讼"等。

4. 遗嘱的事项内容。该部分要写明对有关遗产的分配主张，当然也可包括对其他事项的处理。涉及遗产的，还应写明财产的名称、数量及分配意见、继承人。

5. 尾部。尾部要写明遗嘱的份数。然后由立遗嘱人、证明人签名或盖章，并写明制作的年、月、日。如属代书遗嘱，代书人应向立遗嘱人和见证人宣读，如无异议，还应写明："经核对内容相同，文字无异。"代书人在最后签名或盖章并写明其工作单位及职务。

（三）制作与运用中应当注意的问题

1. 代书遗嘱要注意遗嘱内容必须合法和立遗嘱人必须出于自愿，否则律师应予以解释并不予代书。

2. 遗嘱人须具有完全行为能力。限制行为能力人和无行为能力人，不具有遗嘱能力，他们所立的遗嘱无效。因此，代书遗嘱时还要注意遗嘱人是否合格的问题。

3. 遗嘱人只能处分属于个人所有的财产，无权处分家庭其他成员的财产。

4. 遗嘱中必须写明遗产的类别、名称、数量等情况和遗嘱人处理财产的具体意见，其中的数据必须准确。

5. 为保证代书人所书遗嘱能确实体现遗嘱人的真实意愿，代书遗嘱时要求必须有 2 个以上无利害关系的证明人在现场进行见证。

第六节　律师工作文书

一、法律意见书

（一）概念和功用

法律意见书是律师接受委托，就公民、法人及其他组织的法律事务或法律事务文书（如合同、章程），经过认真调查、研究之后，根据法律规定撰写的咨询意见。

一个有质量的法律意见书极具参考价值，它可以帮助委托人依法作出有关法律行为，避免纠纷的产生。它同时也是律师向社会各界提供法律帮助的一种重要的方式。

（二）结构、内容和制作方法

法律意见书没有很固定的格式，但大体上可包括下列内容和事项：

1. 首部。首部包括以下内容：

（1）标题。在文书顶端的居中位置写上"法律意见书"。

（2）咨询单位（或人）的称谓。在标题的下一行顶格写明接受文书的单位名称或人的姓名，如"×××公司""×××先生"等。

2. 正文。正文包括以下内容：

（1）引言。这一部分一般应写明两方面的内容：①说明自己回答法律问题的身份；②写明针对当事人提出的何种问题作出解答。

（2）律师提出的法律意见。这部分是法律意见书的主体部分。在这里应写明律师针对当事人提出的法律问题作出解答的内容。律师对当事人提出的问题，应根据现有的政策、法律、法规进行严密论证、科学分析，从而提出并阐明自己的法律意见。在具体行文上，这部分内容既可以综合述写，也可以分为若干个问题一一阐述意见。

3. 尾部。尾部包括以下内容：

（1）结束语。在正文的左下方，用"此复"二字作为全文的结束语。

（2）签名或盖章。如果律师是以个人名义作出回答的，写明"律师×××（姓名）"即可；如果律师是受律师事务所指派来作出回答的，应先写明"律师×××（姓名）"，然后另起一行，再写明"×××律师事务所（盖公章）"。

（3）制作日期。注明年、月、日。

（三）制作与运用中应当注意的问题

1. 律师在向当事人提出法律意见时，一要注意解答内容的合法性，二要注意有针对性，三要注意有具体的操作性。

2. 法律意见书的内容不得与我国现行法律相抵触，同时应尽量符合国际上的通行做法。

3. 法律意见书的作用在于解答客户（委托人）提出的各种各样的具有法律意义的问题，所以律师在予以回答时尽量多使用些法言法语，以表现出法律专业服务人员的法律水平，为客户提供切实的法律服务。

二、律师见证书

（一）概念和功用

律师见证书是律师接受当事人的委托，对一定范围内的法律事实的真实性与合法性进行证明而出具的一种具有法律意义的书面证明文书。

律师见证书的作用在于其不但能够促使当事人认真、严肃地对待所实施的法律行为，增强其责任感，也可以作为委托人享受民事权利，履行民事义务的依据，从而保证双方建立的法律关系的合法性、稳定性，而且也有利于执行。如果事后双方当事人对见证的内容发生争议，见证书就可以作为有关部门进行调解、仲裁、诉讼的证据使用。

（二）结构、内容和制作方法

律师见证书包括首部、正文和尾部三部分。

1. 首部。首部包括"标题""文书编号""委托见证人的身份情况"等内容。

（1）标题。应写明"律师见证书"。

（2）文书编号。文书编号写在标题的右下方，按年度、律师事务所的简称、文书简称以及编号的顺序号排列，如"（××××）××律见字第×号"。

（3）委托见证人的身份情况。该部分分别按委托见证人是自然人、法人或非法人组织来写明委托见证人身份情况。委托见证人是自然人的，应写出其姓名、性别、年龄、民族、出生地、职业及住址等身份情况；如果是法人或非法人组织的，应写出其单位全称和所在地址，并另起一行，写出其法定代表人（或代表人）的姓名和职务。委托见证人不止一人的，应分别情况，逐一书写。委托见证人如有代理人的，还应在紧接着该委托见证人的下一行，写出代理人的姓名、性别、职业、住址以及与该委托见证人的关系。

2. 正文。这部分是律师见证书的主体部分，主要包括"见证事项""见证过程""见证结论""法律依据"四项内容。

（1）见证事项。即委托见证人是因何种民事法律事务来要求律师见证的，可以概述委托见证人的委托情况以及要求见证的具体内容。

（2）见证过程。概述律师从接受委托到办完见证的全过程。这一部分应着重说明自己为确认见证事项的真实性、合法性做了哪些工作，从而顺理成章地过渡到见证结论中去。

（3）见证结论。这是见证书的核心部分，它是指律师对有关见证事项的各种材料进行审查后所作出的结论。见证结论可以与见证事项的法律依据结合在一起写，也可以分开写。

（4）法律依据。应写明见证事项符合现行法律的有关具体规定，以说明见证事项的合法性。

3. 尾部。尾部应依次写明制作文书的律师事务所名称，两名见证律师的签名或盖章，制作见证书的年、月、日，并在注明的年、月、日上加盖律师事务所的公章。

（三）制作与运用中应当注意的问题

1. 在制作见证书时，除了应注意文字准确、明晰外，还应特别注意见证书的真实性与合法性。故律师在见证前必须对见证事项进行全面的审查，以确保作出的见证书在内容上的真实性与合法性。

2. 律师在见证时，必须亲临现场，以其所见所闻来进行客观的证明，不需要进行分析研究、判断推理。律师在见证时，必须尊重客观事实，防止个人主观臆断。

3. 对于法律规定必须强制公证的事项，律师的见证无效。所以，对必须强制公证的事项律师不得进行见证和出具见证书。

三、纠纷调解书

（一）概念和功用

纠纷调解书，亦称非讼调解书，是律师接受当事人的委托，对当事人间已发生的非诉讼的民事（经济）纠纷，以调停人的身份主持调解活动，在达成调解协议后所制作的一种具有法律约束力的文书。

律师在办理非诉讼案件的过程中，采用调解的方式解决双方当事人之间的民事、经济纠纷，对于息讼止纷，维护社会安定、团结具有重要作用。

（二）结构、内容和制作方法

纠纷调解书由首部、正文和尾部组成。

1. 首部。首部应包括标题、双方当事人的基本情况及事由。

（1）标题。应在首页的正上方写明"纠纷调解书"或"调解协议书"。

（2）双方当事人的基本情况。该部分应当分别写明双方当事人的姓名、性别、年龄、民族、工作单位及职务、家庭住址。

（3）事由。事由部分应当写明双方纠纷发生的主要事实及各自应承担的责任。

2. 正文。这是纠纷调解书的核心部分，一般应写明以下几个方面的内容：

（1）调解的时间、地点，参与协助调解的单位负责人及其他人员的姓名、单位、职务、住址等。

（2）达成协议的具体事项。这是纠纷调解书的重点。要把双方当事人自愿达成调解协议的具体内容，各自享有的权利和承诺的义务，一项一项地写清楚。

（3）写明调解协议生效的具体时间。

3. 尾部。尾部主要包括以下内容：①双方当事人的签名或盖章；②主持调解的律师和律师事务所的签名和盖章；③签订纠纷调解协议书的年、月、日。

（三）制作与运用中应当注意的问题

1. 纠纷调解书中达成的协议的内容必须符合法律、法规、政策，不能损害国家、集体和他人的权益。

2. 协议内容要有约束力和执行效力，不能写入无法执行的或无执行意义的内容。协议内容是该文书的关键部分，一定要做到准确、具体、有条理，内容较多者，要分项叙写清楚。

3. 纠纷调解书在遣词造句和语气上要体现自愿自主、民主协商的精神，不要使用祈使或强制的词语。

4. 律师主持调解制作的纠纷调解书，不具有法律上的强制执行力。纠纷调解书送达后，一方当事人反悔或者拒绝履行，另一方当事人即可向人民法院提起诉讼。

四、辩护词

（一）概念和功用

辩护词是在刑事诉讼中，受被告人委托（或法院指定）的辩护人根据事实和法律，为维护被告人的合法权益，针对起诉书的指控，在法庭辩论阶段所发表的提出被告人无罪、罪轻或者减轻、免除其刑事责任的演讲词。

按照《刑事诉讼法》的有关规定，犯罪嫌疑人、被告人有辩护的权利，既可以自己行使辩护权，也可以委托律师和法律许可的其他人员担任辩护人为自己辩护，提出证明犯罪嫌疑人、被告人无罪、罪轻或者减轻免除其刑事责任的材料和意见，维护犯罪嫌疑人、被告人的合法权益。辩护人在法庭上发表的辩护词是被告人实现辩护权的一种体现，是辩护人履行辩护职责的重要手段。它是我国社会主义民主和法治精神的具体体现，表现出国家对人权的尊重，也有助于法庭查清案件事实，正确适用法律，提高办案质量。

（二）结构、内容和制作方法

辩护词主要由标题、称呼语、序言、辩护理由和结论五个部分组成。标题写明"辩护词"或"关于×××（犯罪嫌疑人或被告人姓名）××（案由）一案的辩护词"。在序言之前先写明称呼，写为"审判长、审判员"或"审判长、人民陪审员"，如何称呼视法庭组成人员灵活确定。下面对序言、辩护理由和结论分别说明。

1. 序言。序言部分包括三点内容：①引用法律根据，简要说明辩护人出庭的合法性和出庭任务；②简要说明辩护人开庭前进行活动的情况；③提出对本案的基本看法。

这一部分通常表述为："根据《中华人民共和国刑事诉讼法》第三十三条第一款的规定，我接受×××（被告人姓名）××（案由）一案被告人×××的委托，担任他的辩护人，为其进行辩护。开庭前，我根据××××人民检察院的起诉书所指控的犯罪事实，详细地查阅了本案的全部材料，会见了被告人，走访了有关证人，并进行了必要的调查了解，今天又听取了庭审调查情况，对本案有了更加全面的认识。我认为起诉书指控被告人×××犯罪事实不能成立，现提出以下几点辩护意见。"

2. 辩护理由。辩护理由是辩护词的核心内容，律师的辩护理由要针对起诉指控（二审辩护则要针对一审判决书认定）的犯罪事实、证据、性质、罪名及引用的法律条文，从事实认定、证据效力、适用法律等方面进行辩护，具体阐述被告人无罪、罪轻或应当减轻、免除其刑事责任的理由和有关证据材料；也可以从本案被告人个人的情况（诸如平时表现）、作案的动机、犯罪的后果、认罪态度等进行辩护；还可以从逻辑事理和有关学科科学原理的角度进行辩护。这些方面只要结合具体案情灵活掌握运用，也能起到良好的效果。认定事实应实事求是，对被告不利的事实和证据，不能无根据地否定；对被告人有利的证据要有根有据，理由论述要重点突出，证据充分，有破有立。辩护理由要条理清楚，逻辑严密，语言分寸把握得当，冷静客观中不乏感情。

3. 结论。结论主要是对发言的归纳总结，提出明确、具体的结论性意见。辩护词最后还要署名并写明发表的年、月、日。

（三）制作与运用中应当注意的问题

1. 要尊重事实，忠于法律，严格以本案查清的事实和查证属实的证据作为辩护的基础。

2. 叙事说理要有根有据，观点鲜明，针对性强。

3. 因为辩护词是法庭演讲词，所以要善于把握听众的心理，争取让听众对辩论发言产生共鸣，求得合议庭的认可和采纳。为此，要充分注意利用语言的技巧，增强表达的效果。

4. 先列大纲，结合庭审调查和辩论情况不断进行调整，并在开庭后整理完善，将正式的辩护词呈交法庭。

5. 要准确针对案件事实运用法律专业知识对案件进行分析，提出辩护意见。切忌哗众取宠，脱离案情而大谈法理，或以教训人的口吻向法庭和旁听的人来谈自己的意见，结果给人以卖弄之嫌，招致反感，影响辩护效果。措词表达要刚柔相济，冷静以对，不可意气用事，态度偏激。

五、代理词

（一）概念和功用

代理词是在民事、行政等诉讼中，当事人委托的诉讼代理人在法庭辩论阶段在其代理权限范围内，依据事实和法律为维护被委托人的合法权益所发表的演说词。

代理词是代理人为当事人实现代理职能的重要手段。代理词制作质量的高低直接影响到代理的效果，对维护被代理人的权益影响重大。好的代理词不仅有利于法院审理案件，还往往会缓和当事人之间的矛盾，促成案件的和解，有利于社会的稳定和经济的发展。根据我国相关法律的规定，民事、行政案件的当事人、法定代理人，刑事自诉案件的自诉人，公诉案件的被害人及其近亲属均可委托代理人参加诉讼。因此，代理词的种类，以案件性质来划分，有刑事案件自诉人和被害人的诉讼代理词，有民事和行政案件当事人（原被告和第三人）诉讼代理词；以诉讼程序来划分，有一审各当事人的诉讼代理词和二审即上诉审各当事人的诉讼代理词。在本节，我们以最常用的第一审民事诉讼代理词为例，对代理词进行探讨。

（二）结构、内容和制作方法

代理词的结构与辩护词相似，由标题、称呼语、序言、代理意见和结论构成。

每份代理词都应有一个确切的标题，用以反映案件性质和所代理的当事人在案中的地位，如"民事原告诉讼代理词"等。称呼语为"审判长、审判员"或"审判长、人民陪审员"。下面着重讲解序言、代理意见和结论的撰制方法。

1. 序言。序言部分要写明律师接受案件哪方当事人的委托参加诉讼，并写明出庭的法律依据和出庭前的准备工作，以及对案件的基本看法。

2. 代理意见。这部分是代理词的核心内容，主要是围绕着代理观点充分、详细地进行分析论证。如果是原告的代理人，要陈述起诉的事实，提出证据，说明诉讼请求的合理性、合法性，指出对方的过错及应负的法律责任；如果是被告的代理人，则要针对原告的诉讼请求和所主张的事实、理由，提出新的事实、证据，引用相应的法律条款，反驳对方的观点，阐明被告的观点是正确、合法的。如果是代理二审的上诉人，就应对原审的裁判进行论析，指出其在认定事实、适用法律和诉讼程序等方面的错误，用新的事实和证据进行论证，请求改判。为被上诉方代理，则应围绕着上诉理由进行驳斥，提出原判决正确的事实和法律依据，请求二审法院予以维持。代理意见制作一定要观点鲜明、结构严谨、逻辑严密、说理充分、简洁明了。

3. 结论。对代理意见进行归纳总结，提出结论性意见，以供法庭考虑。最后署名并写明发表时间。

（三）制作与运用中应当注意的问题

1. 代理人只能在代理权限范围内发表代理意见，不能超越代理权限，代理人代为承认、放弃、变更诉讼请求，进行和解，提出反诉或上诉，必须有委托人的特别授权，离婚等案件还须按有关法律的特别规定进行代理。

2. 庭前应准备好代理词的代理要点，在庭审中按新出现的情况进行调整补充，庭审后将代理词修改完善后呈交法庭。应避免在庭前将代理词固定化，否则开庭后对方提出新的观点和证据时，会穷于应对，措手不及。

3. 代理词要抓住案件争议的焦点问题，直奔主题，重点突出。对经过庭审调查已经查清且无争议的事实不再赘述，避免面面俱到，主次不分。

4. 要以理服人，体现出解决问题的诚意。切忌空洞的说教，避免给人故弄玄虚，画蛇添足之嫌。对纠纷的解决，要采取与人为善的态度，动之以情，晓之以理，始终语气平和，切忌尖酸刻薄，讽刺挖苦。

思考与实践

1. 律师实务文书的重要作用和制作的基本要求是什么？

2. 比较行政起诉状和民事起诉状在制作方法上有什么异同？

3. 比较刑事自诉状和人民检察院起诉书在制作上的异同？

4. 制作上诉状时，对一审裁判文书通常应从哪几个方面去分析论证？

5. 拟制经济合同的正文应包括哪些主要事项的内容？

6. 试从文书性质、制作内容及程序、律师所负的责任等方面阐明法律意见书和律师见证书的区别。

7. 辩护词应当包括哪些内容？它的作用是什么？

8. 写出一份好的代理词应当注意哪些方面？

9. 根据下列案情，为原告代书一份民事起诉状。

被告张×甲与原告张×乙系兄妹关系。原告是妹妹，被告是哥哥，妹妹比哥哥小3岁。原、被告自幼由父亲张×与母亲李×抚养成人。原、被告从7岁起，先后在本村小学读书，小学毕业后到本乡中学读书，初中毕业后均在本村务农。

原、被告分别于 2011 年、2009 年成家。结婚后，原告住在丈夫家中，被告住在妻子家中，均与父母分开生活。父母靠工资维持生活，退休后靠退休金养老，在经济上从不要子女资助，原、被告在经济上也不资助父母。原、被告家原住 4 间旧式瓦房，2008 年原、被告父母用多年积蓄下来的钱，将 4 间旧式瓦房翻建成 4 间新瓦房，屋内装修也比较讲究，共花去 4 万元。新瓦房由父母居住。

2015 年 2 月，原、被告的母亲病故，为母亲办理后事所花款项全部由父亲支付，原、被告均未花钱。2016 年 8 月，原、被告父亲突发心脏病住院治疗，原、被告轮流到县医院护理，对父亲关怀备至，尽了子女孝敬父母的义务。父亲住院治疗两个多月，住院费、治疗费、医药费共花去×万元，一部分由父亲单位报销，一部分用父亲存款支付，几乎用尽了父亲全部存款。父亲去世后，原、被告共同负责办理丧事，所花丧葬费由原、被告平均负担。

父亲去世不久，被告张×甲及其家人突然搬回家居住，独占了父母遗留下来的 4 间新瓦房。原告得知这一消息后，对被告独占父母遗产的行为提出了批评，并要求与被告共同等额继承父母遗产 4 间新瓦房，各得 2 间。为了照顾兄长，父亲家中的衣物归被告继承，原告自愿放弃继承的权利。不料原告提出的要求，遭到了被告的断然拒绝。被告说我们乡下向来是儿子继承父母的遗产，哪有女子继承父母遗产之理！嫁出去的女子不能回娘家继承父母遗产，这是几千年的老规矩，不能改变。

原告不服，到×县律师事务所咨询。×××律师听了原告介绍情况后说："你兄长的做法和说法都是不对的，不让女子继承父母遗产的理由荒唐可笑，是封建思想的表现，完全违反了我国现行法律。《中华人民共和国继承法》第 9 条规定：'继承权男女平等'。根据该法第 10 条规定，原、被告都是第一顺序继承人，都有权继承父母的遗产。"律师还指出："你父亲生病住院期间，你和你兄长都尽了照顾老人的义务，而且平均负担了丧葬费，二人所尽的义务大体上相当，根据权利和义务一致原则，继承的权利应当是平等的。"原告认为律师说得有道理，于是就委托×××律师代书一份民事起诉状，于 2016 年 11 月 10 日向×县人民法院提起诉讼。

被告：张×甲，男，38 岁，汉族，×省×县×乡×村农民。

原告：张×乙，女，35 岁，汉族，×省×县×乡×村农民。

代书人：×县律师事务所×××律师。

证据材料：①×乡×村村长王×证明材料一份；②×乡×村×组组长张×丙证明材料一份；③姑母张×丁（住×乡×村）证明材料一份。以上三份材料均能证明原告所叙案情属实。

10. 根据下列事实，为大地公司代书一份民事起诉状。

2016 年 1 月 2 日上午 7 时，甲市大地公司汽车司机王×将公司的一辆小汽车停放在甲市新兴酒店内指定的停车场。王×锁好车门后，准备提水擦车做好出车准备。此时，正在该酒店大厅门前值班的接待员武×向王×索要车门钥匙，欲到车内听录音机，王×未允。武×尾随王某后再三恳求，并保证只听录音绝不开车。王×便将车门钥匙交给武×，然后离去打水。武×进入车内，打开录音机后，又将汽车发动起来。车开动后，武×把握方向不稳，将车撞到酒店营业厅前的水泥柱上。经有关部门鉴定，确认该轿车损坏程度为：①前保险杠断裂；②散热器损坏；③冷凝器已无法使用；④前桥断裂后移。经查，大地公司（车主）尚未向保险公司交纳本年度应为车支付的保险费。为修复该车损坏部件，大地公司共支付修理费8600元（有单证为据）；因汽车损坏不能使用，大地公司支付了出租汽车费2600元。此外，司机王×因汽车损坏，减少奖金收入1150元。

11. 根据下列案情，为被告人郑×写一份辩护词。

被告人胡×（1985年7月出生）与郑×（1989年8月出生）于2015年10月某晚在市郊见一中年男子，肩挑两个大旅行包在他们前面赶路。胡×向郑×提出说："这人是做生意的，我们把他的东西搞来。"郑×说："怎么干？"胡×说："你跟着我来。"两人赶上该男子，胡×就地捡起石头打击该男子头部致其昏倒，这时郑×急忙挑起受害人的东西离开现场。郑×离去后，胡某又用石头多次猛砸受害人的头部，使其当场死亡。胡×赶上郑×后，将抢得的20件毛呢服装藏在离现场约5里的一个稻草堆中，约定第二天分赃。郑×作案回家后十分惧怕，当晚把作案经过告知其父，其父于次日早晨将郑×送往公安机关，郑×在公安机关如实交待了罪行，并检举揭发了胡×的罪行。不久，公安机关根据郑×提供的线索将胡×捕获归案。

检察机关以胡×、郑×两被告共同犯有抢劫罪和故意杀人罪提起公诉。

12. 根据下面内容，为宋×写一份代理词。

2003年6月16日，某电视台报道了"刘×（劳模）沦为罪犯"的消息。该地《劳报》打电话给《河报》记者柳×，约其写这方面的稿件。柳×接到电话后，指使正在《河报》实习的记者沈×执笔，由柳×提供素材。沈×完稿后由柳×修改，二人合作写成了《劳模假，色鬼真》一文，于6月29日发往《劳报》《晚报》等报纸。该文使用真名写道："刘×当了劳模以后增加了无穷魅力""本单位一位名叫宋×的副主任对他更是倾心""两人成双成对，经常在一起鬼混……"《劳报》收到稿件后未加核实，于2003年7月12日在该报周末版原文发表。《晚报》对该文进行了个别文字修改后，于同年8月9日在第6版予以发表。《海报》于同年10月9日在"采风"第6版、《科报》于同年11月1日在第7版、《信报》于同年12月3日在第4版对《劳报》刊登的此文进行了原文转载。

宋×在阅览室看到此文后，当场休克。此后几天，精神恍惚，几度轻生，无法正常工作。2003 年 12 月 12 日，宋×诉至法院，请求：停止侵害，恢复名誉，赔礼道歉，挽回影响，赔偿精神损害 1 万元。

柳×答辩称：此文系沈×执笔书写，各报社刊登，我只是说了说，提供了一些素材，我没有责任，责任应由沈×和报社承担。

沈×辩称：我与宋×素不相识，不存在侵犯其名誉的主观故意，写此文章的素材来源于柳×，文章也是柳×指使我写的，我无过错，不应承担责任。

《劳报》《晚报》辩称：我们发表此篇文章，目的是出于新闻的批评监督职能。作者系记者，懂得新闻报道应客观、真实。根据"文责自负"原则，应由作者承担责任。

《海报》《科报》《信报》等辩称：我们系转载者，不是刊登者，转载不负调查核实责任。如该文对宋×构成名誉侵犯，责任应由发表单位承担。

经查：两作者有关宋×与刘×之间不正当关系的描写纯系捏造，各报社对该文均未进行核实。

第十一章

公证文书

✤ 学习目的与要求

公证文书是公证机构根据当事人申请，依照事实和法律，按照法定程序制作的具有特殊法律效力的证明文书。学习本章，要求在全面了解公证文书的基本内容的基础上，理解并掌握常用公证文书的概念、分类和基本要求，并能结合法律活动，掌握常用的公证文书，包括定式公证书和要素式公证书的结构内容和制作方法。

第一节 概 述

一、公证文书的概念、功用

公证文书是国家公证机构依照《公证法》的规定和当事人的申请，按照法定程序依法证明民事法律行为、有法律意义的事实和有法律意义的文书的真实性、合法性，以保证自然人身份上、财产上的权利和合法利益而制作的各类法律文书的总称。

公证文书具有如下特点：①公证文书的制作主体必须是国家公证机构和公证员。②公证文书具有极强的公信力。公证是由公证机构和公证员进行的一种特殊的证明活动，《公证法》第6条规定："公证机构是依法设立，不以营利为目的，依法独立行使公证职能、承担民事责任的证明机构。"因而公证文书具有极强的公信力。③公证文书具有特殊效力。公证文书是严格按照法律程序出具的证明文件，公证证明活动要按照法律规定的程序进行。为了规范办证程序，保证公证质量，公证文书必须经过严格审查，按照法律程序出具，因而具有国家证明效力和法律效力，有的公证书还具有强制执行效力。④公证文书的标准是具有真实性和合法性。公证文书证明的内容遵循"真实、合法"的原则，公证的标准是真实性、合法性。"以事实为根据，以法律为准绳"是我国社会主义法制的基本原则，也是公证活动必须遵循的基本原则。

公证文书以书面形式如实记载公证活动的全过程，是公证机关活动的结果，是对证明对象进行调查和证明结果的集中反映。它是具有特殊法律效力的证明文书，有的公证文书还具有强制执行效力。

二、公证文书的分类

我国目前公证工作的实际情况表明，公证文书的分类主要有以下几种：

1. 根据公证文书的内容、性质的不同，可分为三大类：民事公证文书、经济公证文书、涉外公证文书。

2. 根据公证文书的制作主体的不同，可分为两大类：公证申请书和公证书。

公证申请书是当事人请求公证机构对一定的法律行为、法律事实或有法律意义的文书予以公证的文书。我国现行的公证申请书有两种：①文字叙述式的公证申请书；②表格式的公证申请表。

公证书是国家公证机构接受当事人的公证申请后，依照法定程序办理公证事项时所出具的确认申请事项真实、合法的证明文件。它具有证据效力、强制执行效力和法律行为成立要件的效力，是公证文书中最为重要的文书。

3. 根据公证机构的业务范围的不同，可分为五大类：①证明法律行为的公证文书；②证明有法律意义事实的公证文书；③证明有法律意义文书的公证文书；④赋予债权文书强制执行效力的公证文书；⑤其他法律事务的公证文书。

4. 仅就公证书而言，按其格式可分为两大类：定式公证书格式和要素式公证书格式。

（1）定式公证书格式。我国司法部在 1981 年制定《公证书试行格式》、1992 年制定了《公证书格式（试行）》的基础上，于 2011 年 3 月，印发《定式公证书格式》，该文件于 2011 年 10 月 1 日起在全国启用。《定式公证书格式》规定了 3 大类 35 式 49 种公证书样式，分别是：第一类，民事法律行为类。这一类包括：第一式，委托；第二式，声明；第三式，赠与；第四式，受赠；第五式，遗嘱；第六式，保证；第七式，公司章程；第八式，认领亲子。第二类，有法律意义的事实类。这一类包括：第九式，出生；第十式，生存；第十一式，死亡；第十二式，身份，包括国籍、监护、户籍注销等 3 种；第十三式，曾用名；第十四式，住所地（居住地）；第十五式，学历；第十六式，学位；第十七式，经历，包括自然人经历、法人经历 2 种；第十八式，职务（职称）；第十九式，资格，包括法人资格、非法人组织资格、职业资格 3 种；第二十式，无（有）犯罪记录，包括无犯罪记录、有犯罪记录 2 种；第二十一式，婚姻状况，包括未婚、离婚或者丧偶（未再婚）、已婚（初婚）、已婚（再婚）4 种；第二十二式，亲属关系，包括亲属关系、用于继承的亲属关系 2 种；第二十三式，收养关系，包括收养关系、事实收养 2 种；第二十四式，抚养事实；第二十五式，财产权，包括股权、知识产权、存款、不动产物权 4 种；第二十六式，收入状况；第二十七式，纳税状况；第二十八式，票据拒绝；第二十九式，选票；第三十式，指纹；第三十一式，不可抗力（意外事件）；第三十二式，查无档案记载。第三类，有法律意义的文书类。这一类包括：第三十三式，证书（执照）；第三十四式，文书上的签名（印鉴）；第三十五式，文本相符。

（2）要素式公证书格式。2000 年 3 月，司法部印发《司法部关于保全证据等三类公证书试行要素式格式的通知》，对保全证据、现场监督、合同（协议）三类公证书试行要素式公证书格式。此格式自 2001 年 1 月 1 日起在全国各公证处全面推行使用。2008 年 12 月司法部又印发《司法部关于推行继承类强制执行类要素式公证文书和法律意见书格式的通知》，并要求启用、实施。

公证文书种类繁多，本教材不能全面讲述，在下面二节中仅介绍定式公证书的通用格式，重点讲述几种常用的要素式公证书，包括合同（协议）公证书、现场监督公证书、保全证据公证书、继承权公证书和强制执行公证书。

三、公证文书制作与运用的基本要求

《公证法》第 32 条第 1 款规定："公证书应当按照国务院司法行政部门规定的格式制作，由公证员签名或者加盖签名章并加盖公证机构印章。公证书自出具之日起生效。"该条规定从法律层面明确了对于公证书的要求。

1. 认真审查出证条件，保证公证书的合法性。办理公证业务首先应当认真审查出具的公证书是否真实、合法。由于公证证明对象不同，其出证条件也不同。法律行为公证的条件是：行为人具有相应的民事行为能力；意思表示真实；行为内容和形式不违反法律、法规、规章及社会公共利益。

有法律意义的事实或文书公证的条件是：该事实或文书与公证当事人具有法律上的利害关系；事实或文书真实无误；事实或文书的内容不违反法律、法规、规章。

文书上的签名、印鉴公证的条件是：签名、印章应当准确属实；文书的内容应当与原本完全一致。

赋予债权文书强制执行效力的公证的条件是：债权文书经过公证证明；债权文书以给付一定货币、物品或有价证券为内容；债权文书中载明债务人不履行义务时应受强制执行的意思表示。

承办公证员应严格把握公证条件，认真完成公证事项的审查工作。

2. 及时草拟公证文书，保证出证效率。要素式公证书格式的推行，无疑使公证文书更具证明力，更充分地体现公证的价值，但随之也大大增加了公证员的工作量。这就要求公证人员要具备相当高的法律素质、业务水平和文书写作水平，调查取证后，要及时起草证稿，保证出证效率。

3. 严格遵循文书格式，保证制作质量。制作公证文书是一项十分严肃、认

真的工作，公证书必须按照司法部制定的定式公证书格式或要素式公证书格式的要求制作，不能草率行事，随意制作。文书从草拟、审批、编号、打印、校对直至装订、盖章，都要符合公证文书的格式要求和技术规范要求，以保证文书制作的质量。

4. 严格把握要素式公证书格式的使用范围。要素式公证书格式是一种全新的公证书格式。目前，在国内使用要素式公证书格式的只有五类：保全证据公证、现场监督公证、合同（协议）公证、继承类公证和强制执行类公证。发往域外使用的涉外、涉港澳台公证书及其他国内公证书，仍使用定式公证书格式。因此，公证人员制作公证书时，要严格遵守相关规定，不要随意扩大要素式公证书格式的适用范围，排斥定式公证书格式。

5. 正确使用本国民族文字，维护国家主权。中国公证机关出具公证文书，按司法部规定，应当一律使用中文，即使外国人申办公证，也要用中文制作。办理国内公证，必要时可以汉语和少数民族语言文字并用，对不通晓当地语言文字的当事人，应当为他们翻译，在少数民族聚居或者多民族杂居的地方，应当用当地通用的文字制作公证文书。

四、公证书制作规范的改革

于 2021 年 6 月 21 日发布并实施《公证书制作规范》（SF/T 0038 - 2021）（以下简称"新规范"），代替了《公证书制作规范》（SF/T 0038 - 2019）（以下简称"旧规范"），两者相比较，除了结构和表述上的一些改变，在公证书用纸、版面、证词等各方面，都有不同程度的调整。旧规范中，对于公证书的版面要求几乎参照了《党政机关公文格式》（GB/T 9704 - 2012），而在新规范中则充分考虑到了公证书的性质和特点，对公证书版面和印刷装订、格式要素的细节做出了调整，使得公证书易用，也让阅读者更一目了然。

其中新规范中的几处调整值得一提：

1. 新规范肯定了公证机构对电子印章的使用。新规范 7.3 要求，公证员签名章电子印章的图形化特征与实物印章的印模完全一致；公证机构电子印章的图形化特征与实物印章的印模完全一致。上述内容的补充，无疑平息了公证机构近年来使用电子印章是否突破《公证书制作规范》的争论，体现了公证书的制作规范也是积极迎合了时代的发展，拥抱了高新技术的变迁。

2. 新规范 7.2.2 中删除了旧规范"公证机构应根据公证事项按照一事一证原则确定公证书编号"并规定"同一宗公证事项，需要办理几件公证书的，应合乎规律地按顺序分别编号"上述内容的变化，也体现了公证书的制作规范的与时俱进，在现阶段的公证事项申请中，同一宗公证事项中会出现若干个公证书要求，很多公证书并无明确的先后顺序，新规范删除此内容显示了公证书的制作规范与现代社会经济发展结合得更紧密，也让公证书更为方便易用，减轻了对公证申请人提供材料的繁琐要求。

第二节　定式公证书

一、概念和功用

定式公证书是指按照固定的格式语言，填充其中的变量撰写的公证文书。它格式固定，篇幅短小，文字简明，印制规范。

司法部《公证程序规则》第42条第1款规定："公证书应当按照司法部规定的格式制作。公证书包括以下主要内容：（一）公证书编号；（二）当事人及其代理人的基本情况；（三）公证证词；（四）承办公证员的签名（签名章）、公证机构印章；（五）出具日期。"

推行定式公证书格式是贯彻实施《公证法》、依法推进公证工作改革的一项重要内容，是进一步完善公证文书制度、提高公证质量和增强公证公信力的重要措施。

二、结构、内容和制作方法

定式公证书虽然种类繁多，但是制作方法有共同之处，即都包括首部、正文（即公证证词）和尾部三个部分。

1. 首部。首部包括标题、公证书编号、申请人（关系人）的基本情况和公证事项四项内容。

（1）标题写明"公证书"。

（2）公证书编号。公证书编号在标题右下方由年份代码、地区代码、公证处代码、证书类别代码和证书顺序代码组成。

（3）申请人（关系人）的基本情况。申请人是自然人的，其基本情况包括姓名、性别、居民身份证号码，可以根据公证的内容增加出生日期、住址、联系方式等情况；申请人为外国人的，还应当写明国籍和护照号码。法人或者非法人组织的基本情况包括组织名称、登记注册地址，另起一行注明法定代表人或者负责人的姓名、性别、居民身份证号码。由代理人代办的公证事项，应当在申请人基本情况后另起一行注明代理人的姓名、性别、居民身份证号码。

（4）公证事项。公证事项是本定式公证文书格式新增加的内容，有助于确定公证文书的类别及其适用的公证规则、出证条件以及公证事项的范围。应单列一行，简明地写明公证证明对象的名称或者类别。

2. 正文（证词）。这是公证书的核心内容，包括公证证明的事项、范围和内容适用的法律、法规等。这部分内容要简明扼要，文字准确，通俗易懂。

3. 尾部。尾部写明如下内容：

（1）公证机构名称和承办公证员的签名（或签章）。

（2）公证机构印章和钢印。

（3）出证日期。出证日期即出具公证书的年、月、日。《公证程序规则》第44条第2款规定："需要审批的公证事项，审批人的批准日期为公证书的出具日期；不需要审批的公证事项，承办公证员的签发日期为公证书的出具日期；现场监督类公证需要现场宣读公证证词的，宣读日期为公证书的出具日期。"

4. 现选择一份常用的定式公证书格式，供学习参考。

第一式　委托公证文书格式［注①］

公证书

（　）××字第××号

申请人：×××（基本情况［注②］）

公证事项：委托

兹证明×××（申请人）于××××年×月×日来到我处［注③］，在本公证员的面前，在前面的"委托书"［注④］上签名［注⑤］，并表示知悉委托的法律意义和法律后果。

×××（申请人）符合《中华人民共和国民法典》第一百四十三条［注⑥］的规定。［注⑦］

中华人民共和国××省××市（县）××公证处
公证员（签名或签名章）
××××年×月×日

注：这是民事法律行为类的一款格式。

①本格式适用于证明单方委托行为。证明委托合同适用合同类要素式公证书格式。证明委托书上的签名（印鉴）属实适用证明文书上的签名（印鉴）公证书格式。

②自然人的基本情况包括：姓名、性别、出生日期、居民身份证号码；申请人为外国人的，还应当写明所持护照种类和护照号码。法人或者非法人组织的基本情况包括：组织名称、登记注册地址，另起一行注明法定代表人或者负责人的姓名、性别、居民身份证号码。有代理人代办的公证事项，应当在申请人基本情况后另起一行注明代理人的姓名、性别、居民身份证号码。

③本公证机构以外的地点办证的，办证地点据实表述。

④引用文书的全名。

⑤签署的形式应当据实表述：仅有签名的，表述为"签名"；签名、印鉴、指纹等几种形式同时存在的，一并予以表述；申办公证时提交了已签署的委托书，且未作修改，表述为"×××（申请人）在本公证员的面前确认，前面的委托书是其真实的意思表示，委托书上的签名（印章）是×××（申请人）本人所为"。

⑥有新法或者专门规定的，表述作相应调整。

⑦根据需要，可以另起一行注明公证书用途，如"本公证书用于办理继承×××在台湾的遗产手续"。

三、制作与运用中应当注意的问题

语言准确，符合规范。公证书用语要规范，严防出现错句、病句。要使用简化汉字，不写繁体字、异体字，更不能写错别字。当事人的姓名要准确，特别是现用名，不能用同音代替。公证书不得涂改、挖补，必须修改的应加盖公证处校对章。

第三节　要素式公证书

所谓要素是指构成事物的必要因素。要素式公证书是指公证文书的内容由规定的要素构成，文字表述等则由公证员酌情撰写的公证文书。

要素式公证书目前主要有五类：合同（协议）公证书、保全证据公证书、现场监督公证书、继承类公证书、强制执行类公证书。随着公证实践的发展，我国今后将逐步扩大要素式公证书的使用，包括强制执行公证书、继承权公证书等。下面，我们将对合同（协议）公证书、现场监督公证书、保全证据公证书、继承权公证书、强制执行公证书等几类公证书进行介绍。

要素式公证书由首部、证词要素（内容）、尾部构成，其中证词要素是构成公证书证词的重要内容，包括必备要素和选择要素两部分。

现介绍几种常用的要素式公证文书。

一、合同（协议）公证书

（一）概念和功用

合同公证书是指公证机构依法证明自然人、法人或其他组织之间签订合同的行为真实、合法所出具的一种证明文件。

《公证法》第11条规定："根据自然人、法人或者其他组织的申请，公证机构办理下列公证事项：①合同；②继承；③委托、声明、赠与、遗嘱；④财产分割；⑤招标投标、拍卖；……"

合同公证书具体适用于《中华人民共和国民法典》规定的 19 类有名合同和其他法律规定的有名合同、协议；无名合同、协议；混合型合同、协议。

合同公证的作用是保证或促使各项经济活动的依法进行，如果出现非正常情况，人民法院应当直接将合同公证书作为证据采用，从而较为便捷地化解或解决各种经济矛盾。

（二）结构、内容和制作方法

目前，合同公证书的格式有三种：适用于一般合同或者协议的通用格式；适用于土地使用权出让或者转让合同的格式；适用于商品房买卖合同的格式。本教材仅举一例：通用合同格式。

合同公证书由首部、证词内容（即要素）、尾部三部分构成。证词内容又包括必备要素和选择要素两部分。

1. 首部。首部包括四部分内容：标题、编号、申请人的基本情况和公证事项。

（1）标题。标题居中，直接写"公证书"。要素式公证书名称要统一使用"公证书"字样。公证类别代码为"国内民事""国内经济""涉外民事""涉外经济""涉港澳台"等，办证量较少的公证处可以不用公证类别代码，办证量较大的公证事项可以采用专门代码。例如，"京证融字""京证房字"分别表示北京市公证处办理的金融公证和房产公证。

（2）编号。参照定式公证书格式的编号。

（3）申请人的基本情况。申请人，即申请公证的双方当事人、关系人及法定代理人。如果申请人是自然人的，写明姓名、性别、出生日期、居民身份证号码，外国人应写明所持护照种类及号码；如果申请人是法人或非法人组织的，要写明全称、住所地、法定代表人或代理人的姓名、性别、出生日期等。

（4）公证事项。公证事项应单列一行，写明合同（协议）的名称或类别，例如，"公证事项：××合同"。

2. 正文。正文即证词部分，由必备要素和选择要素构成。

（1）必备要素。必备要素主要包括以下几项：①申请人全称或姓名、申请日期及申请事项。如"甲、乙双方于××××年×月×日向本处申请办理前面的《××合同》公证"。②公证处查明的事实。这是公证结论的前提，应写明如下几个方面内容：当事人的身份、资格及签订合同的民事权利能力和行为能力；代理人的身份及代理权限；担保人的身份、资格及担保能力；当事人签订合同的意思表示是否真实，是否对合同的主要条款取得了一致意见；合同条款是否完备，内容是否明确、具体，可以简述合同的关键性内容，是否履行了法律规定的批准或许可手续（不需经批准或许可的，不写此内容）。③公证结论。公证结论写明以下几方面内容：签约的日期、地点、方式，签订合同行为的合法性，合同内容的合法性，当事人签字或盖章。

公证结论具体表述为："根据上述事实，兹证明×××（甲方名称）的法定代表人×××与×××（乙方姓名）的委托代理人×××于×××年×月×日在××（合同签订地点），在本公证员面前签订了前面的《×××合同》。双方当事人的签订行为符合《中华人民共和国民法典》第一百四十三条的规定，合同内容符合《中华人民共和国民法典》的有关规定，合同上双方当事人的签字、印鉴属实。该合同自双方签字、盖章（公证或××部门批准或登记）之日起生效。"

（2）选择要素。选择要素是根据公证证明的实际需要或当事人的要求，酌情在公证书证词中写明的内容。

合同公证书的选择要素一般是根据情况选择下列内容：①合同标的物的权属情况及相关权利人的意思表示。②当事人对合同内容的重要解释或者说明。③当事人是否了解了合同的全部内容。在签订格式合同时，此点特别重要。④合同生效日期及条件等。如法律规定合同需经登记或者批准方能生效的，公证书中应予注明。⑤公证员认为需要说明的其他事实或者情节。⑥附件。附件的名称、顺序号应在公证证词中列明。

3. 尾部。尾部应写明如下内容：①公证机构名称和承办公证员的签名（或签章）；②公证处印章和钢印；③证明日期。

（三）制作与运用中应当注意的问题

1. 认真审查合同及相关的材料。合同中存在担保的情况时，担保人名称或者姓名、担保方式、担保的范围和承诺的时间、地点等应在证词中列明。应当审查当事人的行为能力和签订合同的意思表示是否真实。还要对合同本身进行审查，只有合同内容和形式的真实、合法，不违背社会公共利益的，才能依法制作证书。

2. 完善合同的内容。为了保证质量，预防纠纷，公证员应当帮助当事人完善合同内容，使当事人了解各合同条款的含义、自己的权利义务和可能引起的法律后果。

3. 精心制作文书要做到以下几点：

（1）首部格式要规范统一。合同公证书属于要素式公证书格式，其标题名称要统一使用"公证书"三个字，不再写具体名称。年度和编号都用阿拉伯数字，公证处和公证类别代码要准确写明，如"沪证房字"表示上海公证处办理的房产公证。编号应当以年度为单位编排，同一公证处在同一年度办理的同类公证的编号必须按出证的时间连续下去，不得间断，也不得重复。公证事项是新增内容，切记不要遗漏。

（2）正文用语要简明流畅。要素式公证书的文字布局既要相对集中，又要保持适度的空间。公证员要根据被证明的合同的特点，对证词要素进行必要的、适当的调整。这就要求制作者对事实表述要清楚明白，对相关内容要注意时间顺序和逻辑关系，用语要规范、简明、流畅，切忌冗长累赘。

4. 装订公证书。被证明的合同、协议及其附件应当装订在公证书证词页之前。合同及合同的附件是公证文书的组成部分。

二、现场监督公证书

（一）概念和功用

现场监督公证书是公证机构依法办理招标、拍卖等现场监督公证所出具的公证文书，包括招标公证书、拍卖公证书、有奖活动公证书、抽签（号）活动公证书、公司创立大会公证书等。

招标、拍卖、有奖等活动是特定人与社会上不特定多数人的活动，具有社会影响大、无法恢复原状的特点。因此，现场监督公证是一类特殊的公证活动，公证人员必须亲临招标、拍卖等活动现场进行法律监督，并当场宣读公证词，然后根据现场公证词制作公证书。现场监督公证是维护公开、公平、公正原则，保护相对人合法权益的重要法律手段。

（二）结构、内容和制作方法

目前，现场监督公证书在格式上主要有以下几种：适用于拍卖的公证书格式；适用于招标的公证书格式；适用于股份公司创立大会的公证书格式；适用于股票认购证抽签的公证书格式等。现举一例：拍卖公证书格式。

现场监督公证书是现场公证词的书面表现形式。《拍卖公证书》包括首部、正文和尾部三个部分。

1. 首部、尾部与合同（协议）公证书相同，从略。

2. 正文（证词）部分。证词内容包括必备要素和选择要素。

（1）拍卖公证书证词的必备要素：①申请人全称或者姓名、申请日期及申请事项。②对委托人、拍卖人、拍卖师及竞买人资格的审查情况。委托人、拍卖人、拍卖师的资格应符合《中华人民共和国拍卖法》（以下简称《拍卖法》）第三章的规定，竞买人的资格应符合拍卖公告的规定。③拍卖标的的基本情况及对其所有权或者处分权的审查结果。④拍卖公告及拍卖标的的展示情况。⑤对拍卖规则内容的审查结果。⑥拍卖活动是否得到有关部门的批准或者许可。批准指与拍卖标的有关的主管部门或监管部门的批准，如文物管理机构、国有资产管理机构、海关、人民法院等。许可是指其他权利人的许可，如抵押权人、拍卖标的的共有人等。⑦承办公证机构名称、承办公证人员姓名及公证的法律依据。法律依据是《拍卖法》及有关法规等。⑧拍卖的时间、地点及拍卖过程（含拍卖方式、竞价形式）是否符合拍卖规则。拍卖方式指拍卖标的有无保留价，是往上拍还是往下拍；竞价形式指采用何种方式报价，如举牌报价、口头报价、电话报价等，竞价单位和币种。⑨拍卖结果及公证结论。这部分应包括以下内容：当事人的资格是否合法，意思表示是否真实；拍卖程序是否真实、合法；对拍卖结果的确认，包括买受人姓名、拍卖成交价格、成交标的物名称、成交时间等。

（2）拍卖公证书证词的选择要素：①申请人提供的主要证据材料的真实性、合法性。②拍卖人对拍卖标的来源、瑕疵及相关责任的说明。③如有调查取证情节，可根据查证时间对查证认定的事实在公证书中逐项列出。④拍卖活动有见证人的，应将其民事主体资格状况连同"见证人×××、×××在场见证"字样一并在公证书中加以表述。⑤公证员认为需要认定的其他事实或者情节。⑥公证生效日期。公证员在拍卖现场宣读公证词的日期。⑦附件。附件包括成交确认书、中标通知书、拍卖现场获取的重要证据材料等。附件的名称、顺序号应在公证证词中列明。

（三）制作与运用中应当注意的问题

1. 现场监督公证一般应当有两名以上公证人员共同办理，其中至少有一名是公证员，现场公证词、公证书和公证活动的记录中，对此应有所反映。

2. 现场监督公证时，公证员要亲自到招标、拍卖、有奖活动现场，对活动的各个环节进行法律监督。活动内容和程序真实、合法的，公证员应当场宣读公证词，并在活动结束后的 7 日内，根据现场公证词制成公证书。公证从宣读公证词之日起生效。

3. 现场监督公证词的制作应当根据不同的现场情况参考相应格式的证词要素撰写，并要写明"本次×××（现场活动名称，如拍卖、开奖、公司创立大会等）过程及×××（同上）结果的合法有效性，本公证处日后将以书面形式予以确认"的内容。

4. 现场监督公证书是公证机构出具的正式法律文书。公证员必须根据现场公证词来制作，不能全文照抄，要突出本次现场监督的个性，文书要简明、扼要、严谨、规范，充分反映现场公证词的核心内容。

三、保全证据公证书

（一）概念和功用

保全证据公证书是指在诉讼开始之前，公证机构根据自然人、法人或者其他组织的申请，对与申请人权益有关的，日后可能灭失或者难以提取的证据或者行为过程加以验证、提取，以保持它的真实性和证明力所出具的公证文书。

公证机构保全证据可以有效地防止证据的灭失，为人民法院和行政机关及时解决纠纷和诉讼提供可靠的法律依据。公证机构保全证据的对象包括证人证言、书证、物证、视听资料、意外事件、现场情况等。

（二）结构、内容和制作方法

根据所保全证据的种类、性质、特点，目前主要适用的是如下几种要素格式：保全证人证言（当事人陈述）公证书格式、保全物证（书证）公证书格式、保全视听资料（软件）公证书格式、保全行为公证书格式。

保全证据公证书分为首部、正文（即证词）、尾部三个部分。

1. 首部及尾部与其他要素式公证书相同。

2. 正文（证词）部分则根据保全对象、保全方法的不同而有所不同。

（1）必备要素：①申请人姓名或者全称、申请日期及申请事项。②证人的基本情况（包括自然人的人数、姓名、性别、出生日期、住址、国籍等）及行为能力（即证人的智力、识别判断能力及精神健康状况）。③保全标的的基本状况，包括物证的名称、数量、表状特征等（物证为普通商品时，要注明商品的品牌、型号、生产厂家名称、售价等；物证为房屋等不动产时，要注明位置、坐落、四至、面积、结构、附属物等）；书证的数量、名称、页数、标题、形成时间等；视听资料、软件的名称、数量、表状特征、所有人或使用人、经营人、传播者、实验者的名称，视听资料或软件的播放、销售、使用、制作、运行的地点等；行为的名称、参与人的数量、姓名（名称），活动的起止时间、地点及内容等；物证、书证、视听资料、软件不在公证处的，应注明存放地点。④保全物证、书证、视听资料、软件、证人证言、行为的时间、地点。⑤保全的方式方法。保全证人证言的方式包括自书、他人代书、公证人员记录、录音、录像等，后几种方式的制作人等。保全物证、书证、视听资料、软件的方式包括申请人提交、公证人员提取、公证人员记录、现场勘验、照相、录像、技术鉴定、复制、下载等。保全行为包括现场记录、照相、录像等。⑥保全证据的关键过程。⑦公证结论。

（2）选择要素：①申请保全证据的原因、用途。②办理该项公证的法律依据（公证法规或者有关规章等）。③有书证能够证明物的来源或者存在的，应写明书证的名称。保全行为的性质和法律意义。④保全拆迁房屋时，要写明与该房屋有关的所有权人或使用权人、代管人等。⑤物品、视听资料、软件难以长期保存的，结论中应写明保存期限。已采取变通保存措施的，结论中也应一并写明。⑥公证书的正本和副本。⑦附件。附件的名称、顺序号应在公证证词中列明。

（三）制作与运用中应当注意的问题

1. 给公证书准确定性。保全证据公证书的分类很多，有书证、物证、视听资料、证人证言、当事人的陈述、鉴定结论、勘验笔录、现场笔录、被告人供述和辩解等。在保全证据时，如何给公证书定性，是很关键的地方。如果公证事项这部分涉及多项保全内容，如一项公证中既有对物证的保全，又有对书证的保全，也有对视听资料或行为的保全，则以主要保全内容为准，归纳公证事项。

2. 做好公证前的查证。保全证据公证要重点查明以下事项：申请人的身份和行为能力；保全的证据与申请人的合法权益有哪些关系；保全的证据是否要灭失或者难以取得；需要保全的证据的实际情况，以便确定保全证据的方案。

3. 正确保全证据。保全书证、物证，主要采用照相、封存、复制、勘验和鉴定等方法，对不在公证处的实物，公证人员应进行现场勘验；保全证人证言，公证员要直接询问证人和有利害关系的人，必要时，要用录音机录音；保全视听资料主要采取复制、封存等方法。对保全的书证、物证、视听资料要加强保管，对计算机软盘、录音录像磁带等应制作备份并定期复制，防止证据灭失。

四、继承权公证书

（一）概念和功用

继承权公证书则是指公证机构根据继承人的请求，依法定程序证明继承人具有继承被继承个人合法财产权利的真实性与合法性的法律文件。

继承权公证书是确认该公证书中所指明的人接受继承遗产的事实的正式文件。

（二）结构、内容和制作方法

继承可以分为法定继承公证书格式和遗嘱继承公证书格式。其中法定继承权公证书格式包括普通法定继承权公证书格式、代位继承权公证书格式、转继承权公证书格式。

继承权公证书分为首部、正文（即证词）、尾部三个部分。

1. 首部及尾部与其他要素式公证书相同。

2. 正文（证词）部分。

（1）必备要素：①继承人姓名、申请日期及申请事项。例如，"申请人张××因继承被继承人张全×的遗产，于××××年×月×日向我处申请办理继承权公证"。②当事人提交的证明材料。③公证机构向当事人告知继承权公证的法律意义和可能产生的法律后果。④公证处查明的事实。继承权公证书内应写明如下几个方面内容：被继承人的死亡时间和地点；继承人申请继承被继承人的遗产的情况；经向所有继承人核实，被继承人生前是否立有遗嘱、遗赠抚养协议；被继承人的全体继承人，有无死亡的继承人、继承人与被继承人的亲属关系；代位继承情况及其他继承人；继承人中有无丧失继承权的情况；有无放弃继承权的情况。⑤公证结论。公证结论写明法律事实和理由、被继承人遗留的个人财产为合法财产、被继承人的合法继承人、被继承人的遗产由何人继承、如何继承。

公证结论具体表述为："根据《中华人民共和国民法典》第一千一百二十三条、第一千一百二十四条、第一千一百二十七条的规定，被继承人的遗产应由其配偶、子女、父母共同继承。现被继承人×××的父母均先于被继承人×××死亡，××××××均自愿表示放弃对被继承人×××的上述遗产的继承权，因此，兹证明被继承人×××的上述遗产应由×××继承。"

（2）选择要素：①被继承人的死亡原因。②被继承人提供的主要证据材料的真实性、合法性。③适用遗嘱继承的，当事人是否了解遗嘱的内容。公证机构经向所有继承人核实，用于遗嘱继承的遗嘱为被继承人所立的最后一份有效遗嘱。④对遗嘱的见证人、执行人、遗产的使用人、保管人等事项的说明。⑤根据遗嘱信托办理继承权公证的，应当根据遗嘱的内容，列明受托人应当承担的义务。⑥根据《中华人民共和国公司法》《中华人民共和国保险法》《中华人民共和国合伙企业法》《中华人民共和国个人独资企业法》等有关继承的特别法的规定办理继承权公证的，写明特别法的具体适用。⑦被继承人生前未缴纳的税款和债务情况，继承人对此所作的意思表示。⑧公证员认为需要告知的有关继承的其他法律规定。⑨公证员认为需要说明的其他事实或情节。

3. 尾部。尾部应写明如下内容：①公证机构名称和承办公证员的签名（或签章）；②公证处印章和钢印；③证明日期。

（三）制作与运用中应当注意的问题

1. 认真审查被继承人的亲属关系、遗嘱、遗产等相关情况。被继承人提供材料的真实性是必须审查的，根据相应的材料才能明确被继承人的所有继承人的情况。应当审查所有继承人的行为能力以及对遗产态度表示是否真实。被继承人的遗产是否合法，是否属于其个人财产或者其所占有的份额，均是需要明确的。

2. 公证书内容符合规范，逻辑推理严密，文字避免歧义。从公证书的内部结构逻辑关系来看，证据罗列、事实陈述、结论证明，尽可能保证逻辑推理的严密性，把证据罗列和事实陈述作为结论证明的"因"，结论证明则是证据罗列和事实陈述的"果"。

五、强制执行公证书

（一）概念和功用

具有强制执行效力的债权文书公证书是指公证机构依法赋予债权文书以强制执行力，债务人到期不履行债务时，债权人可以直接向有管辖权的人民法院申请执行的法律文件。《公证法》第 37 条第 1 款规定："对经公证的以给付为内容并载明债务人愿意接受强制执行承诺的债权文书，债务人不履行或者履行不适当的，债权人可以依法向有管辖权的人民法院申请执行。"因此可见，具有强制执行效力的债权文书公证书是法律赋予的有特殊效力的法律文书，债务方违约时，债权方可以不经法院审判，直接请求法院强制执行，这充分体现了公证法律文书的法律保障价值。

（二）结构、内容和制作方法

具有强制执行效力的债权文书分为首部、正文（即证词）、尾部三个部分。

1. 标题为"具有强制执行效力的债权文书公证书"，其余的首部及尾部与其他要素式公证书相同。

2. 正文（证词）部分。

（1）必备要素：①申请人名称或姓名、申请日期及申请公证事项。②公证机构查明的事实，包括：A. 当事人的身份及签订债权文书的民事权利能力与民事行为能力；B. 代理人的身份及代理权限；C. 债权文书所附担保合同标的物的权属情况及相关权利人的意思表示；D. 债权文书所附担保合同标的物的权属情况及相关权利人的意思表示；E. 债权文书主要条款是否完备，内容是否明确、具体；F. 当事人签订债权文书的意思表示是否真实、是否对所有的条款达成了一致意见；G. 当事人是否了解、确认了债权文书的全部内容；H. 是否履行了法律规定的批准、许可或登记手续；I. 公证机构对强制执行公证的法律意义和可能产生的法律后果的告知；J. 债权文书当事人对强制执行的约定及债务人/担保人自愿直接接受强制执行的意思表示；K. 债权文书当事人就《执行证书》出具前公证机构核查内容、方式达成的在先约定。③公证结论：当事人签订债权文书的日期、地点，签订行为的合法性，文书内容的合法性，文书上签字、盖章的真实性，赋予该债权文书强制执行效力，债权文书生效日期、条件等。

（2）选择要素。①双方当事人向公证机构提交的证据材料；②当事人对债权文书的重要解释或说明；③公证员认为需要说明的其他情况；④附件。

（三）制作与运用中应当注意的问题

制作具有强制执行效力的债权文书公证书时，必须审查合同主体是否具有明晰的法律关系，合同标的是否明确、履行事项是否具体、债务人及担保人是否明确承诺可强制执行。因此这些必备要素必须要在文书中一一阐明，体现公证文书的严谨性。

思考与实践

1. 简述公证文书的概念和种类。

2. 公证文书的功用是什么？在诉讼中能起什么作用？

3. 要素式公证书格式与定式公证书格式相比，有哪些特点？

4. 阅读下列案例，回答问题：公证机构办理此项公证时应当从哪几方面予以审查？这个公证书的名称是什么？

某实业有限公司因业务发展需要，拟向中国工商银行某支行贷款人民币80万元，作为流动资金使用。经向银行申请并协商，双方订立了借款合同，约定借款期限为6个月，到期一次还清，逾期加收罚息，还约定由实业公司以其所有的房产作为抵押物进行担保。随后，双方当事人向公证处申请办理具有强制执行效力的债权文书的公证。

第十二章

仲裁文书

┼学习目的与要求

仲裁文书是仲裁机构依照《仲裁法》规定的仲裁程序，在进行仲裁的过程中产生的具有法律约束力或执行效力的法律文书。学习本章，要在全面了解仲裁文书的内容的基础上，理解并掌握常用的仲裁文书的制作方法。这些文书包括仲裁协议书、仲裁申请书、仲裁答辩书、仲裁调解书、仲裁决定书及仲裁裁决书。

第一节 概 述

一、仲裁文书的概念和功用

仲裁文书是仲裁机构、仲裁当事人依照《仲裁法》规定的仲裁程序，在进行仲裁的过程中制作和运用的具有法律效力或者法律意义的法律文件。

仲裁文书真实记录和反映了仲裁活动的全过程，它既具有保证仲裁程序顺利进行的凭证作用，同时对于保证仲裁公正、及时解决纠纷、保护当事人的合法权益也具有重要意义。仲裁文书一旦作出，就要产生一定的法律上的排他性或执行效力。当事人一旦依法达成仲裁协议，就排除了人民法院对纠纷的管辖权，争议只能由仲裁机构裁决。裁决书自作出之日起发生法律效力，当事人应当履行裁决结果，非有法定事由并经法定程序，不得推翻。一方当事人不履行的，另一方当事人可以依照《民事诉讼法》的有关规定向人民法院申请执行。

二、仲裁文书的分类

我国的仲裁机构依据《仲裁法》对仲裁文书的制作提出了规范化的要求，并规定了仲裁文书的种类。仲裁文书种类较多，按不同标准，可作如下分类：

1. 按仲裁程序先后划分，仲裁文书可分为仲裁程序开始前的文书和仲裁程序开始后的文书。前者主要有仲裁协议书、仲裁申请书；后者主要有受理或不受理仲裁申请通知书、仲裁反请求书、仲裁答辩书、仲裁调解书及仲裁裁决书等。

2. 按制作主体划分，仲裁文书可分为当事人制作的仲裁文书和仲裁机构制作的仲裁文书。前者主要有仲裁协议书、仲裁申请书、仲裁答辩书、仲裁保全措施申请书等；后者主要有受理或不予受理仲裁申请通知书、提请人民法院财产保全函、仲裁调解书、仲裁裁决书等。

3. 按法律后果划分，仲裁文书可分为确定当事人财产权利、义务的仲裁文书和不确定当事人财产权利、义务的仲裁文书。前者主要有仲裁调解书、仲裁裁决书；后者主要有除仲裁调解书和仲裁裁决书以外的其他所有仲裁文书。

4. 按文书内容是否反映双方当事人的共同意思表示划分，仲裁文书可分为双方合意的仲裁文书和单方意思表示的仲裁文书。前者主要指仲裁协议书和仲裁调解书；后者主要指仲裁申请书、仲裁反请求书、仲裁答辩书及仲裁裁决书等。

本章主要讲解仲裁协议书、仲裁申请书、仲裁答辩书、仲裁调解书、仲裁决定书及仲裁裁决书等六个文种。

三、制作和运用的基本要求

仲裁文书的类型较多，在具体的制作上也存在一些差异。但从总体上看，仲裁文书制作和运用的基本要求是：

1. 内容的合法性。制作内容符合法律是制作仲裁文书的最基本、最本质的要求。因为只有符合法律的仲裁文书，才可能产生预期的法律后果。内容的合法性要求仲裁文书不仅要符合《仲裁法》的规定，而且也要符合其他有关法律的规定；既要符合实体法的要求，又要符合程序法的要求。

2. 材料的真实性。真实性是仲裁文书的生命所在。真实性要求当事人订立仲裁协议、申请仲裁所提供的事实要真实客观，不能隐瞒真实情况，更不能捏造事实。真实性还要求仲裁机构要实事求是，认真查清事实真相，"以事实为依据"，认真制作各种仲裁文书。一旦发现裁决所根据的证据是伪造的，依照法律规定，当事人可以向人民法院申请撤销该仲裁裁决；如果仲裁裁决认定事实的主要证据不足，人民法院可依当事人的申请，对该裁决不予执行。

3. 语言的明确性。语言的明确性是任何应用文书都必须具备的基本要求。仲裁文书，理应有明确的意思表示，便于当事人的理解与执行。若文书内容不明确，则无法达到预期的法律后果。如订立仲裁协议，如果协议中的仲裁委员会不明确，则无法将纠纷提交仲裁。达不成补充协议的，则该仲裁协议无效。

4. 要素的完备性。制作仲裁文书时，仲裁文书中规定的要素必须完备，尤其必须将法律有明文规定的法定内容全部包容，否则，制作的仲裁文书就会因缺乏必备要素而无效。如仲裁申请书必须具备当事人的基本情况、仲裁请求和所根据的事实、理由、证据和证据来源、证人姓名和住所。此类文书的规定要素如果不完备，仲裁委员会将对案件不予受理。

第二节　仲裁协议书

一、概念和功用

仲裁协议书是合同各方当事人，在纠纷发生前或者发生后，协商达成的将纠纷提交仲裁机构解决的书面协议。

《仲裁法》第4条规定："当事人采用仲裁方式解决纠纷，应当双方自愿，达成仲裁协议。没有仲裁协议，一方申请仲裁的，仲裁委员会不予受理。"该法第5条规定："当事人达成仲裁协议，一方向人民法院起诉的，人民法院不予受理，但仲裁协议无效的除外。"该法第16条第1款规定："仲裁协议包括合同中订立的仲裁条款和以其他书面方式在纠纷发生前或者纠纷发生后达成的请求仲裁的协议。"以上诸规定，是制作仲裁协议书的法律依据。

仲裁协议是双方当事人将有关争议案件提交仲裁委员会进行仲裁的意思表示，也是仲裁机构受理案件并进行仲裁的法律依据；没有仲裁协议，一方申请仲裁的，仲裁委员会不予受理。仲裁协议书使仲裁机构取得对纠纷的管辖权，同时排除了人民法院对有关案件的管辖权。

二、结构、内容和制作方法

仲裁协议书由首部、正文、尾部三部分构成。

（一）首部

首部包括标题、当事人的基本情况两项内容。标题居中写明"仲裁协议书"。双方当事人的基本情况写明当事人的姓名、性别、年龄、职业或工作单位和职务、住址、通信方法。当事人若为法人或其他组织的，应列明其名称、地址和法定代表人（主要负责人）的姓名、职务。如果当事人委托律师或其他人代理进行仲裁活动的，还要写明委托代理人的基本情况。

（二）正文

正文应当写明以下内容：请求仲裁的意思表示；请求仲裁的事项；双方议定的仲裁委员会。这三个方面的内容是一个仲裁协议所不可缺少的，缺少任何一个内容都将导致该仲裁协议无效。具体表述时，可分两层：

第一个层次写明请求仲裁的意思表示和议定的仲裁委员会。其规定格式为填空式："甲、乙双方因×××合同发生争议，协商未果。根据《中华人民共和国仲裁法》之规定，甲、乙双方协商约定，将此争议提交×××仲裁委员会裁决，并订立以下条款共同遵守。"

第二个层次写明仲裁事项。依照法律规定，只有合同纠纷或财产权益性纠纷，才能通过仲裁加以解决。对于这类纠纷，当事人有权选择其中一部分或全部进行仲裁。因此，仲裁协议必须写明仲裁事项。表述时，可紧接上段，用明确完整的语言、分条款将仲裁事项一一写明。另外对仲裁地点、仲裁机构、仲裁费用的负担等事项，都要分项明确表述。

（三）尾部

尾部写明两项内容：双方当事人的名称及法定代表人（或主要负责人）签字；签订的时间、地点。

三、制作与运用中应当注意的问题

1. 约定事项要明确。仲裁协议书对约定的仲裁事项和仲裁委员会应当明确写出。《仲裁法》规定，只有合同纠纷或财产权益纠纷，才能通过仲裁加以解决，但这些纠纷也并非全部要由仲裁来解决，当事人可选择其中一部分进行仲裁。所以，仲裁事项必须要写明确。由于仲裁不实行级别管辖和地域管辖，完全取决于当事人在仲裁协议中的选择。所以，仲裁协议中一定要明确选定某一特定的仲裁委员会。如果这一项被忽略，则仲裁协议无效。

2. 约定内容要合法。仲裁协议约定的仲裁事项必须符合法律的规定，否则，仲裁协议无效。这就要求：①约定仲裁的事项不能超出法律规定的仲裁范围。如婚姻、监护、扶养、继承等纠纷和依法应当由行政机关处理的行政争议等，均不属于仲裁范围。②当事人具有完全民事行为能力是仲裁协议生效的必要条件。无民事行为能力和限制民事行为能力的人订立的仲裁协议无效。③遵循当事人意思自治原则，一方当事人采取胁迫手段迫使对方订立的仲裁协议无效。

第三节　仲裁申请书

一、概念和功用

仲裁申请书是指平等主体的公民、法人和其他组织之间发生合同纠纷或者其他财产权益纠纷，当事人根据双方达成的仲裁协议，向约定的仲裁委员会提出申请，请求仲裁机构通过仲裁解决纠纷的法律文书。

《仲裁法》第21条规定："当事人申请仲裁应当符合下列条件：（一）有仲裁协议；（二）有具体的仲裁请求和事实、理由；（三）属于仲裁委员会的受理范围。"该法第22条规定："当事人申请仲裁，应当向仲裁委员会递交仲裁协议、仲裁申请书及副本。"该法第23条规定："仲裁申请书应当载明下列事项：（一）当事人的姓名、性别、年龄、职业、工作单位和住所，法人或者其他组织的名称、住所和法定代表人或者主要负责人的姓名、职务；（二）仲裁请求和所根据的事实、理由；（三）证据和证据来源、证人姓名和住所。"这些都是制作仲裁申请书的法律依据。

仲裁申请书是当事人申请仲裁的意思表示，也是仲裁机构受理争议案件、开展仲裁活动的依据。当事人达成仲裁协议，表明有可能申请仲裁。只有一方或双方当事人向约定的仲裁委员会提交仲裁申请书，仲裁程序才会被实际启动。

二、结构、内容和制作方法

按《仲裁法》第 23 条的规定，仲裁申请书首部、正文、尾部各部分内容如下：

（一）首部

首部要写明标题、当事人的基本情况和仲裁案由三方面的内容。

1. 标题。标题居中，写明"仲裁申请书"。

2. 当事人的基本情况。当事人，即申请人和被申请人。先写申请人及其委托代理人的基本情况，再写被申请人及其委托代理人的基本情况。列写时，当事人为自然人的，应依次写明其姓名、性别、年龄、职业、工作单位和住所；当事人为法人或其他组织的，应写明其名称、住所，另起一行写明法定代表人或者主要负责人的姓名、职务。

当事人有委托代理人的，要另起一行写明委托代理人的姓名和基本情况。

3. 仲裁案由。仲裁案由即提起仲裁申请的事由，应简明扼要地写明申请人提请仲裁申请的根据、争议性质和要求以及收受该申请书的仲裁机构名称。

（二）正文

正文应分别写明仲裁请求事项，事实和理由，证据和证据来源、证人姓名和住所三方面的内容。

1. 仲裁请求事项。这一项应言简意赅、明确具体地写明请求仲裁委员会解决的具体争议，是确认某种法律关系、变更某种法律关系，还是请求被申请人返还某种权益或财物。

2. 事实和理由。事实部分要重点叙述争议的事实，可以从以下四个方面依次叙述：①简要写明申请人与被申请人之间的法律关系；②详细写明双方纠纷产生的时间、地点、起因、经过、后果及后果的严重程度；③写明双方争执的焦点及争执的内容，要与上述的仲裁请求事项相呼应；④写明被申请人应负责任的理由。理由要以事实为根据，以法律为准绳，紧扣仲裁请求进行论述，证明仲裁请求的合理、合法。阐述理由时，首先要根据上述事实，论证纠纷的性质及双方的是非曲直，阐明由于对方的行为造成自己的损失，对方理应承担的责任，以及提出仲裁请求的合理性。最后，引用有关的法律条文，说明自己所提出的仲裁请求的合法性、合理性。

3. 证据和证据来源、证人姓名和住所。申请人对自己提出的事实负有举证责任，必须在这部分写明自己提供的证据名称及其来源。提供证人的，则应写明证明人的姓名和住所。

（三）尾部

尾部应依次写明四个方面内容：致送机关的名称，申请人的署名，制作文书的年、月、日，附项。

1. 致送机关名称。第一行空两格写"此致"，第二行顶格写"×××仲裁委员会"。

2. 申请人署名。在致送机关名称的右下方写"申请人×××"，并盖章。

3. 制作文书的年、月、日。在申请人下方写明制作本文书的年、月、日。

4. 附项。另起一行顶格写"附项"字样，再依次分项列写本申请书副本的份数，有关物证、书证的名称、件数，证人的姓名及住所。

三、制作与运用中应当注意的问题

1. 随交仲裁协议。制作仲裁申请书，一定要写明将纠纷提交仲裁所依据的仲裁协议并随交该仲裁协议书。因为这是仲裁委员会取得对案件管辖权的依据，必不可少。

2. 明确请求范围。仲裁请求只能在仲裁协议所约定的范围内提出，同时不能超出仲裁委员会有权裁决事项的范围。因此，写仲裁申请书的请求事项，要特别注意请求范围。

3. 在仲裁时效内提出。仲裁申请书必须在法律规定的仲裁时效届满前提出。

第四节　仲裁答辩书

一、概念和功用

仲裁答辩书是仲裁案件的被申请人收到由仲裁委员会送达的仲裁申请书副本后，为维护自己的权益，针对仲裁申请书所提出的仲裁请求及其所依据的事实、理由，作出的书面答复和辩驳的法律文书。

《仲裁法》第25条第2款规定："被申请人收到仲裁申请书副本后，应当在仲裁规则规定的期限内向仲裁委员会提交答辩书。仲裁委员会收到答辩书后，应当在仲裁规则规定的期限内将答辩书副本送达申请人。被申请人未提交答辩书的，不影响仲裁程序的进行。"这是制作仲裁答辩书的法律依据。

依法提交仲裁答辩书体现了被申请人行使其法定的答辩权利。依法提交仲裁答辩书是被申请人申诉自己观点与主张、维护自身合法权益的一种有效手段，也有利于仲裁庭在审理中全面了解案情、分清是非，公正合理地作出裁决，以维护各方当事人的合法权益。

二、结构、内容和制作方法

仲裁答辩书由首部、正文和尾部三部分构成。

（一）首部

首部依次写明三项内容：标题、答辩人的基本情况和答辩事由。

标题和答辩人的基本情况可参照"仲裁申请书"制作。

答辩事由主要写明答辩人对哪一个案件的申请进行答辩。其具体表述为"答辩人×××于××××年××月××日收到你处转来的申请人×××提起××（案由）仲裁一案的申请书副本。现提出答辩如下：……"或者直接表述为"答辩人因申请人提起××（案由）一案，现答辩如下：……"。

（二）正文

正文包括两大内容：一是答辩理由，二是答辩主张。

1. 答辩理由。答辩理由是答辩书最关键、最重要的内容。要针对仲裁申请书的仲裁请求，根据事实和法律进行辩驳。具体写作时，可从事实和适用法律两个方面表明答辩意见和阐述答辩理由。

对仲裁申请书中的事实是否符合实际进行答辩一般分两层：①就申请书中的事实表明意见。如果申请书中的事实全部不符合实际就全部否定，部分不符合实际就部分否定。②进行辩驳。要举出反面的证据证明申请书中所述的事实不能成立。

对仲裁申请书中适用法律是否有误进行答辩时，要根据案件实际，有针对性地进行反驳。如果申请书中的事实已被否定，则必然引起适用法律的改变，论证理由可从简；如申请书中的事实正确，而理解实体法条文有出入，则应据理反驳；如果申请书违反《仲裁法》的有关规定或与双方所订的仲裁协议内容不符，不具备引起仲裁程序的条件，则可依仲裁法及仲裁协议的有关内容进行反驳。

2. 答辩主张。在进行了上述答辩之后，紧接着答辩人要提出自己的答辩主张，即阐明对申请人所提请求是完全不能接受还是部分不能接受，并提出自己的主张，请求仲裁庭裁决时予以考虑。

答辩人如果有反请求，可以在答辩书中，在反驳被答辩人的仲裁请求的同时写明反请求的各项内容及其所依据的事实、理由，并附相关证据。反请求也可用反请求申请书（结构、内容与仲裁申请书略同）的方式单独提出。

（三）尾部

尾部要依次写明以下四个方面内容：致送机关名称；答辩人署名；制作答辩书的年、月、日；附项。尾部制作内容和格式同仲裁申请书类似，可参照制作。

三、制作与运用中应当注意的问题

1. 要审查仲裁机关的管辖权。仲裁以双方当事人达成的仲裁协议为前提。制作答辩书之前，答辩人首先应注意申请人提起仲裁是否符合《仲裁法》的有关规定及双方当事人的仲裁协议的约定，即先审查受理案件的仲裁委员会是否有案件管辖权。

2. 要珍惜法律赋予的权利。如果仲裁申请合法，那么提交答辩书是法律赋予的权利。对方当事人应珍惜这一权利，认真答辩。如果被申请人放弃此权利，不提交答辩书，法律并不强制其提交。但作为仲裁案件的被申请人开庭前必须认真准备仲裁答辩书，以备庭审中答辩用。

3. 要有针对性地进行辩驳。仲裁答辩书的答辩理由必须具备较强的针对性和辩驳性，要运用事实和证据，揭示仲裁申请书中的偏颇不当乃至谬误之处，充分论证自己意见的正确性和合法性，从而提出对本案处理的正确主张。

第五节　仲裁调解书

一、概念和功用

仲裁调解书是仲裁庭依照《仲裁法》的规定，在仲裁过程中根据双方当事人自愿原则，通过调解方式处理经济合同纠纷和其他财产纠纷时，对当事人自愿达成的调解协议，依法制作的记载当事人之间调解协议内容并与仲裁裁决书具有同等法律效力的文书。

《仲裁法》第51条规定："仲裁庭在作出裁决前，可以先行调解……调解达成协议的，仲裁庭应当制作调解书或者根据协议的结果制作裁决书。调解书与裁决书具有同等法律效力。"该法第52条第1、2款规定："调解书应当写明仲裁请求和当事人协议的结果。调解书由仲裁员签名，加盖仲裁委员会印章，送达双方当事人。调解书经双方当事人签收后，即发生法律效力。"这些都是制作仲裁调解书的法律依据。

用调解的方式处理合同纠纷和其他财产权益纠纷是仲裁委员会一项重要的工作。按照自愿、合法的原则，在仲裁庭主持下达成协议后制作的仲裁调解书，与仲裁裁决书具有同等的法律效力。因此，合法有效的仲裁调解书是仲裁结果的凭证，是双方当事人自动履行调解协议的凭证。如果一方当事人不履行调解协议，仲裁调解书也会成为对方当事人向有管辖权的人民法院申请执行的凭据。

二、结构、内容和制作方法

仲裁调解书由首部、正文、尾部三部分组成。

（一）首部

首部包括标题、编号、当事人的基本情况、案由四部分内容。

1. 标题。标题居中分两行写明"××××仲裁委员会"和"调解书"。

2. 编号。在标题的右下方写明"（××××）×仲案字第×号"。其内容共四项，顺序如下：①年度，在括号内用阿拉伯数字填写制作文书的年度；②制作文书的仲裁委员会的简称，通常用仲裁委员会所在地名中有代表意义的字加上"仲"字；③用"案"字代表该文书用于案件；④文书顺序号，按本类文书年度内的发文顺序填写。

3. 当事人的基本情况。向仲裁机关申请仲裁的当事人称为"申请人"；对方当事人称为"被申请人"。当事人及委托代理人情况的叙述与仲裁协议书相同。

4. 案由。写明五个方面内容：案件由来，仲裁庭的组成，开庭审理的情况，双方当事人递交有关补充材料与进行答辩的情况，最后以"本案现已审理终结"作结。

（二）正文

正文要写明以下三项内容：

1. 写明双方当事人之间订立合同情况以及所发生的争议事项。

2. 仲裁请求和当事人协议的结果。仲裁请求的事项决定了仲裁审理的范围，而请求事项必须在双方当事人订立的仲裁协议所确定的范围内，而后写协议经过。仲裁调解必须是双方当事人在自愿的条件下进行。只有双方当事人自愿达成了调解协议，才能据此制作调解书。因此，调解达成协议的经过必须写进仲裁调解书中。其具体可表述为："开庭后，在查明事实，分清责任的基础上，征得双方当事人的同意（或当事人自愿申请调解），仲裁庭主持了调解。双方自愿达成如下协议：……"接着写协议内容。这一部分写明双方对实体权利争议所达成的协议内容及有关仲裁费用的分担，具体表述时，要先将双方对解决纠纷达成的一致意见，分项一一写明，以便于履行。

3. 仲裁费用的分担情况。

（三）尾部

尾部要写明五项内容：仲裁庭对调解协议的态度，调解书的法律效力，仲裁员署名，制作日期，仲裁秘书署名。

1. 仲裁庭对调解协议的态度。另起一行写："仲裁庭认为上述调解协议的内容，是双方当事人真实意思的表示，符合有关法律规定，本庭予以确认。"

2. 调解书的法律效力。单列一段写明"本调解书与裁决书具有同等的法律效力，自双方当事人签收之日起生效"。

3. 仲裁员署名。

4. 制作日期。在此写明调解书制作的年、月、日，加盖仲裁委员会的印章。

5. 仲裁秘书署名。

三、制作与运用中应当注意的问题

1. 调解要贯彻当事人自愿原则。制作仲裁调解书，一定要贯彻当事人自愿原则。解决纠纷是否通过调解的方式解决，在调解过程中对某项仲裁请求是坚持还是放弃，仲裁费用如何分担等内容，要完全尊重当事人的意思表示。

2. 内容要符合法律的规定。写入调解书的内容必须是符合法律规定的，不得违背法律、法规、规章和政策，不得损害国家利益、社会公共利益和第三者的权益。

3. 鼓励当事人在仲裁过程中达成和解。为了鼓励和促进当事人化解纠纷，有的国际仲裁中心新增了关于"仲裁庭在仲裁程序进行的任意阶段均应促进双方当事人达成和解"的新规则，并制作"仲裁—调解—仲裁"议定书，制定了仲裁与调解的有效衔接机制，以保障通过调解达成和解协议的可执行性。以上经验，值得借鉴。

第六节　仲裁决定书

一、概念和功用

仲裁决定书是仲裁机构在审理仲裁案件过程中，根据当事人的申请，为解决相关程序问题而作出的书面处理决定。

《仲裁法》第 28 条第 1 款规定："一方当事人因另一方当事人的行为或者其他原因，可能使裁决不能执行或者难以执行的，可以申请财产保全。"在处理案件时，仲裁委员会可以根据当事人的申请，作出保全措施的决定。此类仲裁决定书亦称为"保全决定书"。此外在仲裁过程中，当事人对仲裁协议的效力有异议的，可申请仲裁委员会作出决定；当事人提出回避申请时，由仲裁委员会集体作出决定；当事人有正当理由要求在仲裁规则规定的期限内延期开庭的，由仲裁庭作出是否延期的决定等。对上述种种程序问题的及时解决有利于仲裁活动的顺利进行，也有利于而后的仲裁裁决的执行。而解决上述各种程序问题，均必须制作仲裁决定书。

二、结构、内容和制作方法

仲裁决定书包括首部、正文、尾部三部分。

（一）首部

首部要写明四个方面的内容：标题、编号、双方当事人的基本情况、案由。

1. 标题。第一行居中写"××仲裁委员会",第二行居中写"裁定书"。

2. 编号。在标题右下方写明,写法可参照仲裁调解书。

3. 双方当事人的基本情况。依次写明申请人和被申请人及其委托代理人的基本情况。

4. 案由。写明案件由来和争议焦点。

(二)正文

正文要写明三项内容:事实、理由和决定内容。

1. 事实。事实部分要叙写案情,叙述纠纷发生的过程。案情的记叙应扼要、明确。

2. 理由。这部分主要说明决定理由,可分为两个层次展开:①根据查明的事实、证据,依据有关法律规定,阐明对申请事项的看法,明确表示支持还是不支持;②仲裁决定所依据的法律。引用法律条文必须准确、具体。理由应针对所要解决的具体问题有理有据地论述,裁定适用的法律应当引用《仲裁法》的有关规定。

3. 决定内容。针对具体情况,用简明、准确的文字写明决定的具体内容,并以"特此决定"作结。

(三)尾部

尾部要首先写明决定书的法律效力。其表述为:"本决定自作出之日起发生法律效力。"接着是仲裁员署名、制作日期、仲裁委员会的印章。

三、制作与运用中应当注意的问题

1. 注意采取保全措施的条件。制作保全决定书,一定首先要注意采取保全措施的条件。依据《仲裁法》的规定,作出保全措施的仲裁裁定,必须以申请人提出申请并提供担保为前提条件,当事人不申请采取保全措施,仲裁委员会无权主动作出财产保全裁定。

2. 要有法律依据。要依照《仲裁法》的规定,对仲裁中的特定程序问题依法作出决定,才能生产预期的法律效力。决定理由也要据事依法、充分论理,使之具有针对性和说服力。

第七节　仲裁裁决书

一、概念和功用

仲裁裁决书是仲裁庭依照《仲裁法》规定的程序对当事人申请仲裁的案件进行审理,根据查明的事实和认定的证据,就案件的实体问题作出的具有法律效力的书面处理决定。

《仲裁法》第54条规定："裁决书应当写明仲裁请求、争议事实、裁决理由、裁决结果、仲裁费用的负担和裁决日期。当事人协议不愿写明争议事实和裁决理由的，可以不写。裁决书由仲裁员签名，加盖仲裁委员会印章。……"这是制作仲裁裁决书的法律依据。

我国《仲裁法》规定，仲裁实行一裁终局制度。裁决书自作出之日起发生法律效力。仲裁裁决书的作出标志着仲裁程序的终结，当事人如果就同一纠纷再申请仲裁或再向人民法院起诉，仲裁委员会或人民法院不予受理。

仲裁裁决书是当事人自动履行义务的依据，也是仲裁权威和公正的最后载体。当一方当事人不履行裁决书所确定的义务时，裁决书也是另一方当事人向有管辖权的人民法院申请执行的有力凭证。

二、结构、内容和制作方法

仲裁裁决书由首部、正文、尾部三部分组成。

（一）首部

首部应依次写明以下事项：标题、编号、当事人的基本情况、案件由来和仲裁庭的产生、组成等情况。

1. 标题、编号、当事人的基本情况与仲裁调解书相似，可参照制作。其中当事人的基本情况一栏，如果被申请人提出反请求的，可在本请求后用括号注明其反请求称谓，如"申请人（反请求被申请人）"。

2. 案件由来和仲裁庭的产生、组成等情况。写明根据申请人与被申请人之间的仲裁协议以及申请人的仲裁申请书受理该案并写明受理该案的案由及受理时间，接着写仲裁庭的组成人员及组成方法，再写开庭审理情况，最后写"本案现已审理终结。仲裁庭在仲裁暂行规则规定的期限内作出裁决（如延长仲裁期限的应予说明）。现将本案事实，仲裁庭意见及裁决结果分述如下：……"。

（二）正文

正文应写明以下三个方面的内容：双方争议的事实、请求和理由，仲裁庭的意见，裁决结果。

1. 双方争议的事实、请求和理由。这部分主要写好三个方面的内容：①叙述双方当事人之间争议产生的简要经过及争议的焦点；②写明申请人的仲裁请求依据的事实及理由；③写明被申请人的答辩意见及答辩主张。

如果在仲裁过程中有增加或者变更仲裁请求，或者提出反请求的，应当一并写明。有反请求的要写明反请求的主要事项及其所依据的事实和理由，反请求的答辩要点以及所依据的事实和理由。

2. 仲裁庭的意见。这部分主要从三个层次来写：①写明仲裁庭经过调查后查明的事实；②写明裁决理由，明确双方各自的责任，对当事人的每一仲裁请求都表明态度，是支持还是不支持；③要引用裁决适用的有关法律，充分阐述对合法有理的仲裁请求予以支持，对不合法的无理仲裁请求不予以支持的理由。

3. 裁决结果。这是对案件实体问题所作的处理决定。要根据确认之请求、变更之请求、给付之请求的不同情况，正确地加以表述。如给付之请求，要写明给付标的物的名称、数量或数额，给付时间及给付方式，逾期给付应承担的责任。

（三）尾部

尾部要依次写明五项内容：仲裁费用的负担，裁决生效的时间，仲裁庭成员署名，裁决日期，仲裁秘书署名。

1. 仲裁费用的负担，应由仲裁庭依法确定。因仲裁费用不属于争议的内容，不应列在仲裁结果事项中。

2. 裁决生效的时间。其具体表述为："本裁决为终局裁决，自作出之日起生效。"

3. 仲裁庭成员署名。由 1 名仲裁员组成仲裁庭的，在右下方写"仲裁员×××"；由 3 名仲裁员组成仲裁庭的，依顺序写明"首席仲裁员×××"，再在首席仲裁员下方分两行分别写明"仲裁员×××""仲裁员×××"。

4. 裁决日期。在仲裁员署名的下方写明制作裁决书的日期，并加盖仲裁委员会印章。

5. 仲裁秘书署名。

三、制作与运用中应当注意的问题

1. 案件由来部分要写明受理该案的依据。仲裁裁决书在案件的由来部分一定要写明受理该案件的依据，即仲裁协议与仲裁申请，没有受理依据，作出裁决也可能经当事人申请而被有管辖权的人民法院撤销。

2. 裁决要贯彻少数服从多数的原则。由 3 名仲裁员组成的仲裁庭，确定仲裁裁决，要贯彻少数服从多数的原则。也就是说，仲裁裁决是按多数仲裁员意见作出的。如果不能形成多数意见，依照法律规定，要按首席仲裁员的意见作出裁决。裁决时，持不同意见的仲裁员可以在裁决书上签名，也可以不在裁决书上签名，这并不影响仲裁裁决书的法律效力。

3. 内容要言简意明，证据充分。制作裁决书与制作诉讼文书一样，要做到言简意明，层次清楚，证据充分，逻辑性强。

4. 发现错误，应当补正。仲裁裁决书直接关系当事人的权利、义务，制作时应当格外认真细致。若事后发现裁决书中的文字、计算有错误，或者仲裁庭已经裁决但裁决书中遗漏的事项，仲裁庭应当补正。

思考与实践

1. 什么是仲裁文书？与其他法律文书相比，仲裁文书有哪些特点？

2. 仲裁活动双方当事人要向仲裁机构递交仲裁申请书或仲裁答辩书。谈谈如何制作好这两种法律文书。

3. 仲裁决定书与仲裁裁决书是两种不同的法律文书，试分析其各自的功用。

4. 什么是仲裁裁决书？仲裁裁决书的正文包括哪些内容？如何充分论证仲裁裁决书的理由？

5. 仲裁调解书与仲裁裁决书中都要写明仲裁费用的负担，仲裁费用负担在这两种不同的文书中各应写在文书中的哪个部分？为什么？

第十三章

行政机关的法律文书

✤学习目的与要求

本章对行政机关的法律文书的基本理论和一些比较常用的文种的制作和运用进行了初步的诠释和探讨。行政机关法律文书种类繁多，且大多文种的样式与内容要素尚处于探讨研究阶段。本章先对目前比较成熟的行政处罚文书中的若干重要文种进行学习研究，并附若干种其他类别的行政机关法律文书样式以供学习参考，举一反三。要求学习者了解行政机关法律文书的概貌和一些常用的行政机关法律文书的制作和运用，并进而关注这类法律文书的规范和建设。

第一节　概　　述

一、行政机关法律文书的概念和功用

行政机关的法律文书是指最高国家行政机关和地方各级国家行政机关依照法律规定的权限，管理全国或本行政区域内的各项行政工作，实现宪法和法律赋予的各项职能，依法制作和运用的具有法律效力或者法律意义的非规范性法律文件。

我国《宪法》第85条规定："中华人民共和国国务院，即中央人民政府，是最高国家权力机关的执行机关，是最高国家行政机关。"根据《宪法》第89条的规定，国务院行使的职权，包括对经济工作和城乡建设和生态文明建设，教育、科学、文化、卫生、体育和计划生育工作，民政、公安、司法行政和监察工作，对外事务，国防建设事业，民族事务等的领导和管理等。

我国《宪法》第105条第1款规定："地方各级人民政府是地方各级国家权力机关的执行机关，是地方各级国家行政机关。"《宪法》第107条第1、2款规定，县级以上地方各级人民政府依照法律规定的权限，管理本行政区域内的经济、教育、科学、文化、卫生、体育事业、城乡建设事业和财政、民政、公安、民族事务、司法行政、计划生育等行政工作；乡、民族乡、镇的人民政府管理本

行政区域内的行政工作。

国家和地方各级行政机关在按照法律赋予的权限管理本区域内的经济、教育、文化、卫生、体育、城乡建设事业等各项工作中，依法制作的各种笔录、审批表、告知书、通告、决定书都属于国家行政机关的法律文书。

国家行政机关的法律文书是履行国家权力、依法行政，保证法律实施的重要工具，是国家权力执行、行政执法管理水平的集中反映，是依法行政、执法公正，实现社会公平正义和效率的有效载体。因此，规范和优化行政机关法律文书的制作和适用对于社会主义民主法治建设，保护人权、改善民生，构建社会主义和谐社会都有不可忽略的重要作用。

二、行政机关法律文书的分类

对于行政机关法律文书，可以从不同的视角进行分类：

1. 从各级行政机关所履行职能的不同和行政机关所实施的行政行为的性质对相应的法律文书进行分类。按照职能的不同，行政机关法律文书可分为行政行为法律文书和行政监督法律文书。其中，行政行为法律文书可按行政行为性质的不同，分为行政许可、行政征收、行政征用、行政确认、行政给付、行政奖励、行政强制、行政裁决、行政调解、行政处罚、行政复议等类别的法律文书。行政行为法律文书又可分为行政执法类文书和行政司法类文书。例如，行政强制、行政处罚法律文书属于前者，行政复议、行政裁决类法律文书则属于后者。行政监督法律文书则包括行政监察文书和行政监督等文书。

2. 按照法律文书制作的格式及其成文后呈现的形态，行政机关法律文书可以分为填空式文书、表格式文书、笔录式文书和文字叙述式文书。填空式文书有送达回证、没收物品清单、鉴定委托书等；表格式文书有案件举报登记表、立案审批表、采取（解除）强制措施审批表等；笔录式文书有询问笔录、陈述笔录、现场检查笔录、听证笔录等；文字叙述式文书有受理案件通知书、案件调查报告、监察情况报告、处罚决定书、复议决定书、行政决定书、行政建议书、行政监察决定书、行政监察建议书等。

3. 按照行政执法、司法或行政监察办案流程阶段的不同，行政机关法律文书大体上可分为立案类、调查取证类、告知类、决定类、执行类、结案类以及其他类文书。立案类文书包括案件举报登记表、立案审批表等；调查取证类文书包括现场笔录、封存（查封、暂扣、扣押）物品通知书等；告知类文书包括行政处罚事先告知书、行政处罚听证通知书等；决定类文书有行政处罚决定书、当场处罚决定书等；执行类文书有延期（分期）缴纳罚款批准书、强制执行申请书等；结案类文书有结案审批表、案件移送函等；其他类文书有责令改正通知书，送达回证等。

三、行政机关法律文书制作与运用的基本要求

1. 依法制作。行政机关法律文书是各级国家行政机关实施法律的依据和凭证，是行政司法、执法公正的有效载体，无论是形式还是内容，都要符合各种行政法律法规以及相关司法解释的规定。行政机关法律文书只有依法制作与运用，使其符合法定要求，遵循法定的程序，才能成为行政司法、执法活动公正合法的载体。为此，制作和运用行政机关法律文书必须首先做到主体合法（一定的文书由特定的主体制作与运用），要从具体的案件事实出发，依据特定的法律法规，得出合理合法的结论并作出唯一合法公正的处理结果。

2. 客观真实。法律事实是处理案件的基础。如在处罚案件中，违法的事实是进行行政处罚的依据。所以写进文书的事实，必须完全客观真实，除了法律规定无需举证的事实，都应该有相关证据佐证。叙事除绝对真实外，还要注意突出关键情节，使时间地点、人物事件、前因后果等要素清晰、齐全。只有这样，行政法律文书才能合格、有效。

3. 格式规范。目前，各级行政执法主管机关已对若干法律文书逐步制定了统一的格式。行政法律文书与其他法律文书在格式事项的规定方面有共通之处，填空式、表格式与笔录式文书比较简便，按规定要求逐项填写、制作即可。对于文字叙述式文书，要逐一熟悉首部、正文、尾部三部分的事项和内容要素及其布列的序次和格局。制作行政文书时要熟悉每种文书的特定体例和程式要求（包括每一部分特定的起始用语和结束用语）。只有了解每种文书的格式事项，遵循格式体例的要求进行制作，才能使该种文书中规中矩，保证能发挥特定的效用。

4. 技术精良。和其他法律文书一样，行政法律文书要求语言准确，表述严谨，还要反映出行政法律文书的特色，包括对行政法律术语、法律概念的精确运用。还有，对标点符号的使用、打印中对字体型号的选用，都要做到精准妥帖。打印后要认真校对，确信语言文字、数字书写、格式体例等准确无误、无懈可击之后才可报送或者送达。

由于行政法律文书种类繁多，在全国，多类文书尚在探索阶段，对其格式体例和内容要素还没有形成统一的规范模式。在本章，我们以相对比较成熟、格式内容要素比较统一的行政处罚法律文书中的立案审批表、案件调查终结审批表、行政处罚听证通知书、结案审批表、行政处罚决定书、强制执行申请书、行政复议申请书、行政复议决定书为讲授内容。最后还附上行政许可申请书、（行政许可事项名称）申请书、准予行政许可决定书、不予行政许可决定书、强制措施审批表、解除强制措施审批表、送达回证等文书的格式，供大家学习参考。

第二节　立案审批表

一、概念和功用

立案审批表是指行政机关的立案承办人员，对初步掌握的违法行为人的违法事实进行审查后，认为依法应追究当事人的法律责任且属于本机关的职权范围，需立案查处，从而报请本机关负责人审核批准时所制作的内部法律文书。立案审批表是在行政机关履行立案审批手续时使用的法律文书。

行政机关发现案件线索，认为需要按照行政处罚一般程序依法查处的，应当立案，但适用简易程序的除外。行政机关履行立案手续后，执法人员以行政机关的名义用法律赋予行政机关的合法手段对外开展调查取证工作。因此，立案是行政机关及其执法人员开展调查取证工作的前提和依据。如果行政执法人员在日常执法检查中发现违法行为的，可以当场予以调查取证，并于事后补办立案手续予以立案。立案审批表是立案的依据和凭证，是一种很重要的行政法律文书。

二、结构、内容和制作方法

立案审批表一般为表格式文书，本文书主要包括三部分内容：①行政机关名称、文书名称及文书编号；②案发时间、案发地点、案件来源、案情简介；③承办人拟办意见、部门负责人审核意见和机关负责人审批意见。其具体内容如下：

1. 文书标题。标题由行政机关名称、文书名称组成，分两行写在文书首部中间位置。

2. 文书编号。文书编号由行政机关简称（一般采用行政机关行文使用的机关简称）、文书简称、年份号和文书顺序号组成。如"东公安立字［2001］第1号"。其中"东公安"表示东海市公安局，"立字"表示文书简称，"［2001］"表示年份号，"第1号"表示文书顺序号。

由于立案后的案件不一定都作出行政处罚决定，因此，立案审批表文书编号中的顺序号与行政处罚决定书文书编号中的顺序号有时并不一致。为了查阅和检索方便，在一起案件中，除行政处罚决定书外，其他文书中的顺序号应当保持一致。

3. 案件来源。案件来源可以分为行政机关通过自身执法检查发现，单位和个人通过来信、来电的形式举报，有关行政部门移送案件和上级部门交办四类：①如果是自身执法检查发现的案件，应当写明案发时间、案发地点；②如果是单位和个人举报的案件，应当写明举报人姓名和联系方式；③如果是接受移送的案件，应当在案情简介栏目中写明移送部门名称和移送时间；④如果是上级部门交办的案件，应当在案情简介栏目中写明交办部门名称和交办时间。上述几种情况，凡是有相关证据材料的，应当将证据材料附在本文书之后，一并呈送领导审阅。

4. 案发时间。应当写明违法行为被发现的具体时间，如×××年××月××日××时。必要时，有的案件可以精确写到"分"，如×××年××月××日××时××分。

5. 案发地点。应当写明违法行为被发现的具体地点。

6. 当事人。当事人是单位的，按照营业执照或者其他能够证明单位身份的许可证件或批准文件上的名称填写；当事人是自然人的，填写姓名。

7. 联系地址、联系电话。当事人是单位的，应当写明其日常经营或办公地址；当事人是个人的，应当写明其经常居住地址。填写这一栏目的目的是便于与当事人保持联系，如送达有关法律文书等。

8. 举报人。应当写明举报人的姓名。如果举报人为单位的，应写明单位名称及联系人。

9. 联系地址、联系电话。举报人是单位的，应当写明其日常经营或办公地址及联系人。举报人是个人的，应当写明其经常居住地址。填写这一栏目的目的是便于与举报人保持联系。

10. 案情简介。应当写明立案的事实根据，因为是案情简单介绍，所以违法事实只需概要叙述即可。

（1）如果是在执法检查中发现的违法事实，应当写明检查方式、违法行为人、违法行为以及违法标的物的名称数量。

如果是单位和个人举报或者是接受移送的案件，应当将举报人、移送机关陈述、介绍的违法事实如实写明；已经进行实地调查的，还应写明调查的情况。

（2）对单位和个人举报、有关部门移送以及上级部门交办的这三类案件中的证据材料，都要经过本机关执法人员调查、核实后才能作为本机关证明违法事实的证据。

11. 立案人员拟办意见。写拟办意见时有几种情况：①建议立案的，立案承办人要写明违法行为涉嫌违反法律的依据和建议立案的法律依据；②建议不予立案的，立案承办人员要写明不予立案及其理由；③建议移送有关行政机关的，立案承办人员要写明建议移送有关行政部门查处的意见及其理由。承办人员还要署名，并写上日期。

12. 部门负责人审核意见。部门负责人拟同意立案的，应当同时明确2名以上的具体承办人员；不同意立案的，应当同时写明"拟不予立案"。最后是部门负责人署名，并写上日期。

13. 机关负责人审批意见。行政机关负责人应当明确写明是否同意立案。最后，机关负责人署名，并写上日期。

三、制作和运用中应当注意的问题

1. 行政机关决定立案的，应当同时具备以下三个条件：①属于本机关的地域管辖范围；②属于本机关的职权管辖范围；③属于本机关的级别管辖范围。

2. 在填写立案审批表时，不应写明作出行政处罚的意见，因为案件尚未查证核实。

3. 在立案审批表的"部门负责人审核意见"和"机关负责人审批意见"这两个栏目在填写中有两种情况：如果本机关没有设部门的，"部门负责人审核意见"这一栏不填，直接报机关负责人审批。如果本机关设立部门的，但机关负责人将立案审批权授权给部门负责人的，可以由部门负责人直接予以审批，决定立案。

4. 应当避免下列常见错误：①在行政执法人员人数较少的行政机关，有的行政机关负责人既是审批人，又是案件的具体承办人，这意味着行政机关负责人指定自己作为案件承办人。这种做法不合适，违反了行政处罚调查与决定相分离的原则。②在实际执法过程中，有的行政机关不立案就对当事人实施行政处罚。这是不符合行政处罚程序规范要求的。

【模板】

（行政机关名称）

立案审批表

＿＿＿＿字〔＿＿＿＿〕第＿＿＿＿号

案件来源：			
案发时间		案发地点	
当事人		联系地址	
		联系电话	
举报人		联系地址	
		联系电话	
案情简介			
承办人员拟办意见	承办人：　年　月　日		

续表

部门负责人 审核意见	
	负责人：　　年　　月　　日
机关负责人 审批意见	
	负责人：　　年　　月　　日

【示例】

××市××区房屋土地管理局

立案审批表

××房地立字［2006］第1号

案件来源	举报		
案发时间	2006年5月6日	案发地点	××镇××村××号
当事人	李××	联系地址	××镇××村××号
		联系电话	5610××××
举报人	江××	联系地址	
		联系电话	13901798×××
案件简介	根据江××来电举报，经调查，李××未经区土地管理部门批准，擅自占用村集体土地约90平方米，正在建造私房3间。目前，房屋的结构框架已经建成。		
承办人员 拟办意见	李××的行为违反了《中华人民共和国土地管理法》第××条的规定，根据该法第××条的规定，建议立案查处。 　　　　　　　　　　　　　　　　王××　2006年5月8日		
部门负责人 审核意见	拟同意立案，由张××、曹×××两人承办。 　　　　　　　　　　　　　　　　朱××　2006年5月9日		
机关负责人 审批意见	同意。 　　　　　　　　　　　　　　　　林××　2006年5月10日		

第三节　案件调查终结审批表

一、概念和功用

案件调查终结审批表是行政机关的执法人员在调查取证阶段结束后，对调查取证的情况作出报告，并由各有关负责人分别作出审批意见的内部文书。案件调查终结审批表在调查取证工作结束后使用。

行政机关的执法人员通过证据的收集，在查清当事人的违法事实后，案件将进入审核、决定阶段。执法人员应当制作案件调查终结报告，将案件的基本事实、争议要点、证据以及拟办意见等内容整理后，送交部门负责人审查。经审核部门审核后，由机关负责人作出处理决定。这种文书有终结案件调查，启动处罚程序的功效。

二、格式、结构、内容和制作方法

案件调查终结审批表属表格式文书。本文书分为两部分：①案件有关情况，主要内容包括案由、当事人姓名或名称、地址、案件基本事实、争议要点和证据等；②行政机关办案人员和负责人的意见。这一部分的栏目是按实际办案的流程来排列的。

1. 文书标题。标题由行政机关名称、文书名称组成，分两行写在文书首部中间位置。

2. 案由。案由部分要求写明违法行为类型。

3. 当事人。当事人部分要求写明当事人的姓名或者单位名称。

4. 地址。地址部分要求写明当事人的联系地址。

5. 案件基本事实。首先，写明违法行为发生的时间、地点。其次，要写明行政执法人员实施调查取证的经过。如"某月某日，向当事人作调查询问""某月某日，到某某（地点）作现场检查"等。对这一部分只需作简单介绍，点到为止。最后，要详细地写明本案的主要事实。其具体内容包括违法行为的内容、违法物品的数量、违法所得的数额（需写明计算方式）、违法行为的后果以及当事人的主观态度等。

6. 争议要点。这部分要写明当事人与行政执法人员对违法行为在定性、定量（违法物品的数量、违法所得的数额）方面的分歧点，当事人对自己的观点提供的理由、证据。当事人与行政机关在案件查处过程中的争议往往是当事人申请行政复议、提起行政诉讼的原因。因此，写明争议要点，通常可以提醒有关负责人和审核部门注意其行政行为的合法性、合理性，避免将来在这些地方发生错误。

7. 证据。在这一栏目中，只需列出各项证据的名称即可，如陈述笔录、询问笔录等。但是，如有多个同类型的证据，则需另外说明，如"证人甲的询问笔录""证人乙的询问笔录"。列出的各项证据应能确实、充分地证明案件事实。

8. 承办人员拟办意见。由承办本案的两名执法人员提出行政处罚建议、理由及其法律依据以及理由，包括在自由裁量的幅度内确定某一具体数额的理由，即从重或从轻处罚的理由等。

9. 部门负责人审查意见。执法人员所属办案部门的负责人提出同意与否的意见。

10. 审核部门审核意见。审核部门一般由法制部门或者其他从事案件审核的部门担任。审核部门从实体、程序两方面审核行政处罚决定的合法性。此外，还需从合理性的角度进行审核。这一内部监督机制可以有效减少案件的差错率。

11. 机关负责人审批意见。在实际操作中，存在两种做法：①经行政机关负责人批准后，行政机关发出行政处罚事先告知书。行政机关听取当事人的陈述、申辩后，如果认为当事人的陈述、申辩理由不成立的，再制作行政处罚决定审批文书，并由机关负责人签发行政处罚决定书。②行政机关负责人将行政处罚事先告知书的签发权授权给办案部门负责人。办案部门负责人批准承办人员的初步意见后，行政机关发出行政处罚事先告知书。行政机关听取当事人的陈述、申辩后，如果认为当事人的陈述、申辩理由不成立的，由机关负责人正式签发行政处罚决定书。

前述 9、10、11 三项内容都应有相关责任人署名，并写明时间。

三、制作和运用中应当注意的问题

1. 执法人员在案件调查终结之前，不应以制作询问笔录等方式告知当事人行政处罚内容。

2. 行政机关的执法人员应当重视当事人的陈述、申辩，不能仅仅将这一程序走过场。

3. 本文书中，执法人员及有关负责人的执法责任较为明确，是行政机关确定、追究执法责任和过错责任的依据之一。

4. 应当避免以下常见错误：①填写当事人的基本情况过于复杂。有的行政机关设计的案件调查终结审批表中，除有当事人的姓名、地址外，还有当事人的性别、年龄、工作单位、职务、联系地址、邮编、联系电话等多个栏目。这是不必要的，因为有些栏目已经在案卷前面的文书（如询问笔录、陈述笔录）中出现了，在后面的文书中就不必再重复。②在涉及自由裁量权的处罚案件中，没有写明确定某一项处罚决定的理由。例如，法律规定对某一项违法行为可以处 500

元以上 2000 元以下罚款，行政执法人员建议罚款 2000 元，但在本文书中没有写明给予从重处罚的理由。

【模板】

(行政机关名称)
案件调查终结审批表

案　由	(案件类型)		
当事人		地　址	
案　件 基本事实	1. 案发时间、地点； 2. 简要地写明调查取证的经过； 3. 详细地写明案件的主要事实。		
争议要点	(行政机关与当事人在事实、理由和依据中的分歧点、当事人提出的异议及理由)		
证　据	(列出执法人员取得的证据名称，如询问笔录、陈述笔录和现场笔录等)		
承办人员 拟办意见	承办人：　年　月　日		
部门负责人 审查意见	负责人：　年　月　日		
审核部门 审核意见	负责人：　年　月　日		
机关负责人 审批意见	负责人：　年　月　日		

【示例】

××市××区卫生局

案件调查终结审批表

案　由	制作不符合卫生标准的食品		
当事人	××市××中学	地　址	××路××弄××号
案　件 基本事实	2006年8月1日，××中学有20名学生在吃完学校提供的午餐后，发生头晕、腹泻症状。当日，承办人员接报后，对该校食堂提供的午餐进行了抽样取证。8月15日，检验报告表明，被检验食品中的大肠杆菌含量严重超过标准。		
争议要点	无。		
证　据	询问笔录20份、陈述笔录1份、现场笔录1份、检验报告1份。		
承办人员 拟办意见	当事人违反了《食品卫生法》第××条的规定，危害后果较为严重，根据《食品卫生法》第××条和《卫生行政处罚程序》第××条的规定，建议对当事人罚款5000元，并发行政处罚事先告知书。 　　　　　　　　　高××、王××　2006年8月17日		
部门负责人 审查意见	拟同意。 　　　　　　　　　　　　　　李××　2006年8月17日		
审核部门 审核意见	拟同意罚款5000元，但根据有关规定，对非经营活动中的违法行为罚款1000元以上的，应当发听证告知书。 　　　　　　　　　　　　　　王××　2006年8月18日		
机关负责人 审批意见	同意，发行政处罚听证通知书。 　　　　　　　　　　　　　　卢××　2006年8月18日		

第四节　行政处罚听证通知书

一、概念和功用

行政处罚听证通知书是指行政机关用来通知当事人举行听证会的时间、地点等内容的法律文书。

按照《行政处罚法》第 64 条第 2 项的规定，行政机关应当在举行听证会的 7 日前，通知当事人参加听证会。向当事人发出听证通知书，是行政机关举行听证的必要手续。行政处罚听证通知书在行政机关告知当事人举行听证会的时间、地点时使用。

二、结构、内容和制作方法

行政处罚听证通知书属填空式文书。

本文书主要包括三部分内容：①行政机关名称、文书名称、文书编号和当事人姓名或者名称；②听证案由、举行听证会的时间、地点、听证主持人和听证员的姓名、当事人前来参加听证会的有关注意事项、行政机关联系人的姓名、联系电话等；③行政机关印章、填发日期等。各部分的制作方法如下：

1. 文书标题。标题由行政机关名称、文书名称组成，分两行写在文书首部中间位置。

2. 文书编号。文书编号由行政机关简称、文书简称、年份号和文书顺序号组成。

3. 当事人。当事人部分要求写明当事人的姓名或名称。

4. 案由。案由部分要求写明违法行为类型。

5. 听证时间。听证时间要求写明举行听证会的具体时间，如某年某月某日某时某分。听证日期应当在听证通知书发出 7 日后。

6. 听证地点。听证地点要求写明举行听证会的具体地点。该地点一般在行政机关办公所在地，或者行政机关指定的其他办公场所。

7. 听证主持人。该部分要求写明听证主持人的姓名。行政机关应当在当事人提出听证要求之后及时确定听证主持人。同时，听证主持人不应是案件调查人员，一般为行政机关的法制工作部门或其他负责案件审核部门的工作人员。

8. 听证员。该部分可以根据需要写明听证员的姓名。听证员的职责是协助听证主持人了解、把握案件的重点，维持听证会的秩序，但并不对行政处罚建议作出判断。因此，听证主持人和听证员的人数之和，可以是奇数，也可以是偶数，没有必要像法院的合议庭一样，为了表决需要，必须是奇数。

9. 要求当事人做好的准备工作。在听证通知书中，应当写明如下事项：通知当事人携带有关材料，由当事人自行通知相关证人出席听证会，询问是否申请主持人回避。

10. 联系人及联系电话。该部分要求写明行政机关负责听证会具体事宜的听证人员的姓名及联系电话，以便于当事人和行政机关联系，如要求主持人回避等。

11. 印章。该部分应当加盖行政机关的印章。

三、制作和运用中应当注意的问题

1. 在本文书中要事先告知当事人听证主持人的姓名，这样有利于当事人及时行使申请回避权。此外，如发生确实需要回避的情形，也能使行政机关及时更换听证主持人选，保证听证会如期举行。

2. 当事人发现听证员、书记员与案件有直接利害关系的也可以申请回避。

3. 注意避免下列常见错误：①有的听证通知书中没有写明听证主持人的姓名；②有的听证通知书上确定的听证会日期与发出听证通知的时间相隔不足 7 日。

【模板】

（行政机关名称）

行政处罚听证通知书

_____ 字〔_____〕第_____号

_____（姓名或者名称）：

因你（单位）就(案由)一案要求听证，现决定于_____年_____月____日_____时，在(具体地点)举行听证。本次听证由(主持人姓名)主持。

请你（单位）或委托代理人凭本通知书准时出席。

参加听证之前，请你（单位）做好如下准备：

1. 携带身份证明和有关证据材料；

2. 委托代理人须持委托书前来；

3. 通知有关证人出席作证，并事先告知本机关联系人；

4. 如申请主持人回避，须及时通知本机关联系人并说明理由。

届时若无故缺席，视为放弃听证。

联系人：_____

电　话：_____

（行政机关印章）

年　月　日

（本文书一式两联。一联存卷，一联交当事人。）

【示例】

××市××区农业局

行政处罚听证通知书

××农听通字［2006］第××号

××××禽产公司：

因你（单位）就<u>违法销售野生动物</u>一案要求听证，现决定于<u>2006</u>年<u>11</u>月<u>10</u>日<u>上午9</u>时，在<u>我局二楼会议室（××路××号）</u>举行听证。本次听证由<u>我局刘××</u>主持。

请你（单位）或委托代理人凭本通知书准时出席。

参加听证之前，请你（单位）做好如下准备：

1. 携带身份证明和有关证据材料；

2. 委托代理人须持委托书前来；

3. 通知有关证人出席作证，并事先告知本机关联系人；

4. 如申请主持人回避，须及时通知本机关联系人并说明理由。

届时若无故缺席，视为放弃听证。

联系人：　<u>张××</u>

电　话：　<u>6210×××</u>

（××区农业局印章）

二〇〇六年十一月二日

（本文书一式两联。一联存卷，一联交当事人。）

第五节　结案审批表

一、概念和功用

结案审批表是指案件处理终结时，由案件承办人员制作的关于案件查处执行完毕，报请行政机关负责人审核批准结案的内部法律文书。对当事人作出行政处罚决定以后，并不意味该案件已经结案。

只有符合下列条件之一的，才是已经处理终结的案件：①当事人自觉履行了规定的义务；②由行政机关或者人民法院强制执行了规定的义务；③因客观原因如当事人死亡或被注销、被解散，经法定程序无法执行规定的义务。在上述情况下，行政执法人员应填写结案审批表，报行政机关负责人审批。经行政机关负责人批准同意，案件方可终结。结案审批表就是在行政机关履行结案审批手续时使用的法律文书。

二、结构、内容和制作方法

结案审批表一般为表格式文书。

本文书主要包括两部分内容：①行政机关名称、文书名称；②案由、案件查处经过、处罚决定内容、处罚决定的执行情况、行政机关有关人员的意见等。分述如下：

1. 文书标题。标题由行政机关名称、文书名称组成，分两行书写在文书首部中间位置。

2. 案由。案由部分要求写明违法行为类型。

3. 立案时间。该部分要求写明行政机关决定立案查处的时间。

4. 办案人员。该部分要求写明行政机关具体办理该案件的执法人员的姓名。

5. 当事人。该部分要求写明当事人的姓名或者名称。

6. 查处经过。该部分要求将实施检查、对当事人或证人作询问等调查取证的时间、方式等过程作简单记载。

7. 处罚决定。该部分要求写明行政处罚决定的种类、数额。

8. 执行情况。该部分要求写明案件终结的以下几种情形：①当事人自觉履行了法定的义务；②当事人未履行法定义务，由行政机关依法强制执行完毕；③当事人未履行法定义务，由人民法院依法强制执行完毕；④当事人死亡或被注销、被解散，经法定程序无法执行相应义务。

9. 承办人员拟办意见。承办人员在本栏目中写明结案理由和建议，如"行政处罚决定已全部执行完毕，拟结案"。

10. 部门负责人审核意见。部门负责人在本栏目中写明对本案的审核意见。

11. 机关负责人审批意见。机关负责人应在本栏目中写明同意与否的意见。

前述 9、10、11 三项内容之后必须有相关责任人员的署名，并注明年、月、日。

三、制作和运用中应当注意的问题

1. 适用行政处罚简易程序的案件，不需要制作结案审批表。

2. 一般情况下，结案批准人应当与立案批准人一致，除非发生原批准人工作变动或外出等情况。

3. 注意避免以下常见错误：不符合结案条件的，却予以结案。例如，有的行政机关在发出处罚决定书而当事人尚未履行法定义务时，就予以结案。

【模板】

（行政机关名称）
结案审批表

案　由	
立案时间	办案人员
当事人	
查处经过	（对当事人违法行为查处的经过，如"×月×日，对××违法行为发生地实施现场检查。×月×日，对当事人××作询问调查，等等"）
处罚决定	（逐项列出作出的处罚决定）
执行情况	（当事人自觉履行法定义务的情况；或未履行法定义务，由行政机关或人民法院通过拍卖、划拨等方式强制执行的情况）
承办人员 拟办意见	（写明结案理由，例如："行政处罚已全部执行完毕，拟结案。"） 承办人：　年　月　日
部门负责人 审核意见	 负责人：　年　月　日
机关负责人 审批意见	 负责人：　年　月　日

【示例】

××市城市交通管理局

结案审批表

案　由	未经批准，擅自从事跨省运营活动		
立案时间	2006 年 3 月 1 日	办案人员	吴××、杨××
当事人	××巴士公司		
查处经过	2006 年 2 月 27 日，在××路××加油站附近发现××巴士司机擅自跨省运营，检查人员当场对其实施调查询问，并取得了当事人的承认和其他证人证言。		
处罚决定	2006 年 3 月 25 日，我局作出行政处罚决定，罚款 5000 元。		
执行情况	当事人已于 2006 年 4 月 1 日将罚款缴至工商银行××储蓄所。		
承办人员拟办意见	行政处罚已全部执行完毕，拟结案。 李××、王×× 2006 年 4 月 20 日		
部门负责人审核意见	拟同意结案。 张×× 2006 年 4 月 22 日		
机关负责人审批意见	同意。 林×× 2006 年 4 月 23 日		

第六节　行政处罚决定书

一、概念和功用

行政处罚决定书是行政机关根据当事人违反法律、法规或者规章的事实和证据，按照《行政处罚法》第 57 条第 1 款第 1 项的规定，决定对当事人实施行政处罚时制作的法律文书。

行政处罚决定书是在对案件当事人实施行政处罚时使用的法律文书，但适用行政处罚简易程序的除外。

行政执法人员对立案的案件调查取证完毕后，认为当事人的违法事实已经全部查清，依法应当给予行政处罚的，报经行政机关负责人批准后，必须制作行政处罚决定书。

行政处罚决定书送达给当事人以后，就对当事人产生了法律效力。当事人收到行政处罚决定书以后，应当履行行政处罚决定书上确定的义务。行政处罚决定书一旦生效，即具有由国家强制力保证实施的法律效力。如当事人不履行行政处罚决定书上所确定的义务，该决定书既是行政机关予以强制执行的依据，也是向人民法院申请强制执行的凭证。

二、结构、内容和制作方法

行政处罚决定书多为文字叙述式文书。案件简单的，也可使用填空式文书。

本文书由首部、正文、尾部三部分组成：首部包括机构代码、行政机关名称、文书名称、文书编号和当事人的基本情况等。正文包括违法时间、违法地点、违法事实、法律依据、处罚内容、履行方式和期限、救济途径和期限等。尾部包括作出行政处罚决定的行政机关、制作日期等。

（一）首部

1. 机构代码。机构代码要按照统一规定的机构代码印制或填写。

2. 文书标题。标题由行政机关名称、文书名称组成，分两行写在文书首部中间位置。

3. 文书编号。文书编号按照统一的编号规则填写。

4. 当事人，即被处罚人。被处罚人是个人的，写明被处罚人的姓名。被处罚人是单位的，写明单位的全称。单位名称应当与工商行政管理部门、社团行政管理部门、编制行政管理部门等国家行政机关在设立该单位时所赋予的法定名称一致。

5. 地址。地址写明被处罚单位有关证照上载明的注册登记地址，或被处罚个人户口所在地或经常居住地。

6. 法定代表人。该部分要写明法定代表人的姓名、职务、住址等基本情况。

（二）正文

1. 违法时间。该部分要求写明违法行为发生的具体时间，违法行为发生后持续一段时间的，要求写明违法行为发生的起止时间。

2. 违法地点。该部分要求写明违法行为发生的具体地点。

3. 违法事实。该部分写明违法的行为以及违法标的物数额等。与当场处罚决定书中的表述相对而言，本文书对违法行为内容的表述应更为具体、详实。此外，还要写明有关证据名称，如现场检查笔录、询问笔录和相关物证名称等。

4. 法律依据。该部分要求写明以下两方面内容：①写明当事人违法行为所涉及的法律、法规和规章的名称及具体条款（写明条、款、项，主要是禁止性或义务性条款）。法律、法规和规章的名称必须写全称，不能写简称或文号。②写明处罚所依据的法律法规和规章的具体条款（主要是法律责任条款）。

5. 处罚内容。该部分要求分项写明处罚决定的种类和具体数额。行政处罚决定中有罚款、没收款的，罚款应当书写在没收款的前面。例如，罚款 5500 元；没收当事人违法所得 1000 元。

6. 履行方式和期限。如处罚决定的种类为罚款的，应写明罚款的履行方式。如处罚决定为吊销证照等其他种类，应写明要求当事人履行该项义务的具体方式、期限，如"当事人应在×××× 年 × × 月 × × 日前，将《× × 许可证》正本交至本机关"。

7. 救济途径和期限。该部分要求写明如当事人不服处罚决定的，可以申请复议的部门或提起诉讼的法院的名称以及申请复议和诉讼的期限。

（三）尾部

1. 盖章。该部分要求加盖具有行政处罚权的行政机关的印章，不能加盖行政机关内设部门和承办机构的印章。

2. 日期。日期要写明处罚决定书的制作日期，该日期一般为行政机关负责人审批同意作出行政处罚决定的文书的签发日期。

三、制作和运用中应当注意的问题

1. 在实际应用中，此文书应按文字叙述式文书的要求打印制作。只有案情较为简单的案件，才可以填写预先印制的行政处罚决定书。

2. 对当事人实施行政处罚的，应当同时责令其改正或者限期改正。

3. 行政处罚决定书一经送达即发生法律效力，行政机关非经法定程序，不得变更处罚决定的内容。当事人拒不执行的，行政机关可以依法强制执行或申请法院强制执行。

4. 行政处罚决定书有罚没款内容的，应当使用机构代码（机构代码的使用请见附件一）。没有罚没款内容的，可以不使用机构代码。

5. 行政处罚决定书有罚没款内容的，应当使用罚没缴分离的法律文书编号（罚没缴分离的法律文书编号的使用见附件二）。没有罚没款内容的，可以不使用罚没缴分离的法律文书编号，而用文字结合数字的文号。

6. 注意避免下列常见错误：①单位违法的，漏写法定代表人的姓名和职务；②有的行政执法人员对违法事实的叙述过于简单，致使事实表述不清；③罚没款金额未用中文大写数字表述；④对当事人同时作出罚款和没收违法所得的行政处罚决定的，未按照规定的顺序将罚款决定项目写在没收违法所得决定项目前面；⑤文书的编号重复，如有的行政执法单位制作的两份行政处罚决定书为同一编号；⑥对适用法律的表述不具体，如未引用到相关法律的条、款、项。

【模板】

机构代码：0000000000

（行政机关名称）

行政处罚决定书

第 0000000000 号

当事人：<u>（单位名称或个人姓名）</u>

地　址：<u>（单位注册地址或个人身份证中的住址等）</u>

法定代表人：<u>（姓名）</u> 职务：_____

　　你（单位）于____年____月____日在<u>(案发地点)</u> 从事<u>(违法事实的具体内容)</u> 的行为，（上述事实有以下证据证明：<u>现场监察笔录、询问笔录等</u>），违反了<u>(法律依据的条、款、项)</u> 的规定，依据<u>(法律依据的条、款、项)</u> 的规定，本机关决定对你（单位）作出以下行政处罚：

　　1._____；

　　2._____；

　　3._____。

　　现要求你（单位）：

　　于____年____月____日（收到决定书之日起十五日）前，携带本决定书，将罚没款交至本市工商银行或者建设银行的具体代收机构。逾期缴纳罚没款的，依据《中华人民共和国行政处罚法》第七十二条第（一）项的规定，每日按罚款数额的3%加处罚款。加处的罚款由代收机构直接收缴。

　　限你（单位）于____年____月____日（合理期限）前履行行政处罚。

　　如你（单位）不服本决定，可以在接到本决定书之日起六十日内，向<u>(本级人民政府)</u> 或者<u>(上一级主管部门)</u> 申请行政复议，也可以在三个月内直接向人民法院起诉。行政复议和行政诉讼期间，行政处罚不停止执行。

　　逾期不申请行政复议也不向法院起诉，又不履行处罚决定的，本机关可以申请人民法院强制执行。

（行政机关印章）

年　月　日

（本文书一式三联。一联存卷，一联交当事人，一联由当事人交代收银行。）

【示例】

机构代码：22133×××××

×× 市 ×× 区卫生局

行政处罚决定书

第 2020020060 号

当事人：××××餐饮有限公司

地　　址：××路××号

法定代表人：李××职务：总经理

　　你（单位）于2006 年 5 月12 日在××路××号在客人食用的火锅内加入罂粟成分的行为，（上述事实有以下证据证明：现场监察笔录、询问笔录、陈述笔录、检验报告等），违反了《中华人民共和国食品卫生法》第××条第××款第××项的规定，依据《中华人民共和国食品卫生法》第××条第××款第××项的规定，本机关决定对你（单位）作出罚款 5000 元的行政处罚。

　　现要求你（单位）：

　　于2006 年7 月17 日前，携带本决定书，将罚款交至本市工商银行或者建设银行的具体代收机构。逾期缴纳罚款的，依据《中华人民共和国行政处罚法》第七十二条第（一）项的规定，每日按罚款数额的 3% 加处罚款。加处的罚款由代收机构直接收缴。

　　如你（单位）不服本决定，可以在接到本决定书之日起六十日内，向××区人民政府或者××市卫生局申请行政复议也可以在三个月内直接向人民法院起诉。行政复议和行政诉讼期间，行政处罚不停止执行。

　　逾期不申请行政复议也不向法院起诉，又不履行处罚决定的，本机关可以申请人民法院强制执行。

（××区卫生局印章）

二〇〇六年七月二日

（本文书一式三联。一联存卷，一联交当事人，一联由当事人交代收银行。）

附件一：有关机构代码的书写和编制说明

（一）书写

有关罚没缴分离的机构代码应印制或加盖在行政处罚决定书的左上角。代码统一设定为 10 位数字。

（二）编制

10 位数字按下列规则编制：

1. 左起前 3 位号码代表各行政机关所属的财政收入预算级次，表明具体代收机构为各行政机关代收的罚款最终将缴入被指定的国库的代码，这 3 位编码选用各级国库开户行交换号的第 3~5 位号码。

2. 左起第 4、5 位号码代表各行政机关所在的行政区域，其中代码为 00 的代表该机关为市级单位，代码为 11~30 的分别代表各行政机关所在本市的 20 个区县代码。

3. 左起第 6、7 位号码代表各行政机关所隶属的行业系统代码。各区、县级行政机关同时隶属于两个系统，则选用前一个系统的代码。

4. 左起第 8、9 位号码代表各行政机关在其所属系统中的具体区分代码，除部分特殊情况外，其中代码为 00 的代表各系统中的一级单位，代码为 01~49 的代表各系统中的直属单位，代码为 51~99 的代表各系统中的地段分支机构。罚没缴分离的机构代码和该代码所代表的行政机关是一一对应的。

附件二：实施罚没缴分离制度中有关法律文书编号的书写和编制说明

（一）书写

为了与计算机运用相配套，实施罚没缴分离制度中涉及的法律文书编号将改变传统的文字与数字相结合的方式，全部采用阿拉伯数字，统一设定为 10 位数字。

（二）编制

10 位数字按下列规则编制：

1. 左起第 1 位数字设定为 1、2、3，分别表示罚没缴分离法律文书的种类，即"1"代表当场处罚决定书；"2"代表行政处罚决定书；"3"代表延期（分期）缴纳罚款批准书。

2. 左起第 2 位数字表示行政机关内部的专业类别或执法机构的代号。这位数字由行政机关自行设定。

3. 左起第 3、4、5、6 位数字表示年份。如 2001 年设定为"2001"，2002 年设定为"2002"，以此类推。

4. 左起第 7、8、9、10 位数字表示法律文书的顺序号。这些数字由行政机关按法律文书出具的顺序排列。

例如：东海市工商行政管理局一份行政处罚决定书的编号为 2120010001。左起第 1 位数字是"2"，表示该文书为适用行政处罚一般程序的行政处罚决定书。左起第 2 位数字是"1"，表示该文书的承办单位是东海市工商行政管理局（或区、县工商分局）的企业登记部门。左起第 3、4、5、6 位数字是"2001"，表示该文字是 2001 年出具的。左起第 7、8、9、10 位数字是"0001"，表示该文书是东海市工商行政管理局在本年度中出具的第一份行政处罚决定书。

此外，部分行政机关一年内的案件数量达到上万件，最后四位数字不能满足需要，可以采用另外一种编号规则：

1. 左起第 1 位数字的编号规则不变。
2. 左起第 2、3 位数字表示行政机关内部的专业类别或执法机构的代号。
3. 左起第 4、5 位数字表示年份，如 2001 年设定为 "01"。
4. 左起第 6、7、8、9、10 位数字表示法律文书的流水号。

第七节　强制执行申请书

一、概念和功用

强制执行申请书是指行政机关对当事人逾期不履行行政处罚决定，又不申请复议或提起诉讼的，按照《行政处罚法》第 72 条第 4 项的规定，在向有管辖权的人民法院申请强制执行时制作的法律文书。

强制执行申请书是在行政机关向人民法院申请强制执行时使用的法律文书。行政处罚决定书生效后，具备相应的法律效力，并由国家强制力保障实施。如当事人不履行行政处罚决定书上确定的义务的，行政机关可以依法予以强制执行，也可以依法申请人民法院强制执行。行政机关依法自行采取强制执行措施的，不必使用本文书。只有在向人民法院申请强制执行时，才使用本文书。因此，这种文书既是行政机关向人民法院申请强制执行的依据和凭证，也是人民法院受理行政强制执行案件的凭据。

二、结构、内容和制作方法

强制执行申请书可为文字叙述式文书，也可为填空式文书。本文书主要包括三部分内容：首部包括文书标题、文书编号、法院名称；正文包括案由、送达时间、当事人申请救济的情况、申请执行的标的、附送材料；尾部包括行政机关印章、制作日期。

（一）首部

1. 文书标题。标题由行政机关名称、文书名称组成，分两行写在文书首部中间位置。

2. 文书编号。文书编号由行政机关简称、文书简称、年份号和文书顺序号组成。

3. 法院名称。法院名称要求写明受理强制执行申请的人民法院的名称，受理法院一般为行政机关所在地的法院；执行标的为不动产的，受理法院为不动产所在地的法院。

（二）正文

1. 案由。案由要求写明违法行为的类型。

2. 送达时间。送达时间要求写明行政机关将行政处罚决定书送达给当事人的具体日期，该日期为行政处罚决定成立的日期。

3. 当事人申请救济的情况。该部分要求写明当事人在法定期限内是否提出行政复议申请、提起行政诉讼或写明行政复议决定、行政判决的有关情况。

4. 申请执行的标的。该部分要求写明当事人应当履行的处罚内容，包括行政处罚决定书中的处罚内容、复议决定书中确认的处罚内容和法院裁决确认的处罚内容。

5. 附送材料。该部分要求写明相关法律文书及法院明确规定需同时附送的材料。

（三）尾部

1. 印章。尾部要求加盖行政机关印章。

2. 文书落款日期。一般在法定起诉期限 6 个月之后，申请执行期限 3 个月日内提出申请。

三、制作和使用中应当注意的问题

1. 行政机关发现当事人既不履行行政处罚决定，又不申请复议或提起诉讼的，应当及时向人民法院提出强制执行申请，以避免发生当事人故意逃避法律制裁的现象。

2. 按照《最高人民法院关于适用〈中华人民共和国行政诉讼法〉的解释》第 156 条的规定，行政机关应当自被执行人的法定起诉期限届满之日起 3 个月内向人民法院提出强制执行的申请。

3. 应当避免的常见错误：①行政机关未在规定的 3 个月内向人民法院提出强制执行的申请。②申请法院选择不当。如向当事人违法行为发生地法院申请；申请执行标的为不动产时未向不动产所在地法院申请。

【模板】

（行政机关名称）

强制执行申请书

＿＿＿＿字［＿＿＿＿］第＿＿＿＿号

（申请机关所在地或不动产所在地）法院：

（当事人姓名或名称、案由）一案，本机关已于＿＿＿年＿＿＿月＿＿＿日将第

0000000000 号行政处罚决定书送达当事人。(在法定期限内当事人未提出复议、诉讼),当事人至今仍未按照行政处罚决定履行相应的义务。

根据《中华人民共和国行政处罚法》第七十二条第(四)项的规定,特向贵院申请强制执行。具体请求如下:

1. _____;
2. _____。

特此申请。

附:(相关法律文书及法院有关规定明确需同时附送的材料)

(行政机关印章)
年　月　日

(本文书一式二联。一联存卷,一联交人民法院。)

【示例】

××市××区城市交通管理局
强制执行申请书
××交强执请字〔2016〕第××号

××区法院:

　　××汽车运输公司未经交通运输管理部门批准,擅自从事货物运输业务一案,本机关已于2006 年5 月28 日将第 2020060056 号《行政处罚决定书》送达当事人。但当事人至今既未提出复议、诉讼,又未按照行政处罚决定履行相应的义务。

　　根据《中华人民共和国行政处罚法》第七十二条第(四)项的规定,特向贵院申请强制执行。具体请求如下:申请执行当事人应当缴纳的罚款5000 元。

　　特此申请。

　　附件一:第 2020060056 号《行政处罚决定书》

　　附件二:×××××

(××区城市交通管理局印章)
二〇〇六年九月一日

(本文书一式二联。一联存卷,一联交人民法院。)

第八节　行政复议申请书

本节内容以公安机关行政复议决定书为例进行讲授。

一、概念和功用

行政复议申请书是公民、法人或者其他组织对行政机关作出的具体行政行为不服，依法书面提出行政复议申请时使用的文书。《行政复议法》第 11 条规定："申请人申请行政复议，可以书面申请，也可以口头申请……"《公安机关办理行政复议案件程序规定》（以下简称《程序规定》）第 18 条规定："书面申请的，应当提交《行政复议申请书》……"以上诸条法律、法规是制作行政复议申请书的法律依据。

行政复议申请书具有申请人要求行政复议机关对行政机关作出的具体行政行为进行复议，维护其合法权益的作用，也是行政复议机关启动行政复议程序的依据。

二、结构、内容和制作方法

行政复议申请书属于文字叙述式文书，其内容结构包括首部、正文、尾部三部分。

（一）首部

首部即文书标题——行政复议申请书。

（二）正文

正文包括申请人和被申请人的基本情况、行政复议请求及申请行政复议的事实和理由。

1. 申请人的基本情况。如果申请人是公民的，应当写清其姓名、性别、出生日期、工作单位、住址、联系方式。申请人有代理人（法定代理人、指定代理人、委托代理人）的，则在申请人的基本情况后写清该代理人的姓名、性别、出生日期、工作单位、住址、联系方式。如果申请人是法人或者其他组织的，则写清法人或者其他组织的名称、地址、法定代表人或者主要负责人的姓名、职务、住所、联系方式。

2. 被申请人的基本情况。被申请人，即作出具体行政行为的公安机关，要写清公安机关的名称、地址、负责人（即公安局局长）的姓名。

3. 行政复议请求。行政复议请求就是申请人对行政复议机关提出的维护自身合法权益的要求，要写得简洁明了。行政复议请求不外乎有以下两种：一是撤销，即申请人认为行政机关的原具体行政行为违法或者不当，请求行政复议机关

（上级行政机关）撤销原不当的具体行政行为或者变更原具体行政行为；二是确认，即申请人认为作出原具体行政行为的行政机关未履行法定职责或者履行不当，撤销、变更原具体行政行为已无意义，请求复议机关确认被申请行政机关的行为违法。

4. 申请行政复议的事实和理由。申请行政复议的事实是指行政机关的具体行政行为及侵犯申请人合法权益的事实。其既包括案件事实，又包括行政机关的具体行政行为侵犯申请人合法权益的事实。案件事实部分要简明扼要写清案件发生的时间、地点、当事人、事件、原因、结果；行政机关的具体行政行为侵犯申请人合法权益的事实部分要写清哪个公安机关何时，依据何种法规，因何种原因作出了何种处理。

申请行政复议的理由，即申请人依据案件事实的客观情况和法律、法规规定作出的结论意见。在申请行政复议的事实之后另起一段，用"综上所述"引领下文，阐述申请人不服行政机关处理、处罚的主观看法。

（三）尾部

尾部要由申请人签名、盖章，注明申请行政复议的日期。有代理人的，也应让代理人签名、盖章。如果申请人是法人或者其他组织的，则在制文日期上加盖公章。

三、制作与运用中应当注意的问题

《程序规定》对《行政复议申请书》载明的内容作了明确规定，但对申请人不具约束力。公安机关不能因申请书内容不符合《程序规定》的要求而拒绝受理申请。

【示例】

行政复议申请书

申请人：张××，男，19××年5月8日生，××市纺织厂工人，现住××市××区××路××号，联系电话：36×××××。

委托代理人：李××，男，19××年×月×日生，××律师事务所律师，现住唐山市××区××街××号，联系电话：136××××××××。

被申请人：××公安分局，地址：××市××区××路××号，负责人：刘××。

复议请求：

请求撤销××公安分局2006年×月×日以×公××字［2006］第×号行政处罚决定书作出的罚款200元的处罚决定。

事实和理由：

2006 年×月×日，申请人骑自行车在上班的路上与迎面过来的林××（逆行）相撞，两人发生争吵，林××自恃身材高大，首先动手打人，申请人无奈被迫还手，双方都有受伤。××公安分局根据《中华人民共和国治安管理处罚法》第四十三条之规定以殴打他人为由，对申请人作出罚款 200 元的治安处罚。

综上所述，林××骑自行车逆行造成与申请人相撞事故，并且先动手殴打申请人张××，但××公安分局只处罚申请人，显然不公正，现请求行政复议机关予以撤销××公安分局的处罚决定。

申请人：张××（签名或盖章）

委托代理人：李××（签名或盖章）

二〇〇六年×月×日

附：申请行政复议的相关材料。

第九节　行政复议决定书

本节内容以公安机关行政复议决定书为例进行讲授。

一、概念和功用

行政复议决定书是行政复议机关受理申请人提出的行政复议申请后，经过全面调查和审查，并经复议机关负责人同意或者集体讨论后而依法作出决定时所制作的法律文书。

《行政复议法》第 31 条第 2 款规定："行政复议机关作出行政复议决定，应当制作行政复议决定书，并加盖印章。"

《程序规定》第 74 条规定："公安行政复议机关作出行政复议决定，应当制作《行政复议决定书》，载明以下内容：（一）申请人、第三人及其代理人的姓名、性别、年龄、职业、住址等，法人或者其他组织的名称、地址、法定代表人等；（二）被申请人的名称、住址、法定代表人等；（三）申请人的行政复议请求；（四）申请人提出的事实和理由；（五）被申请人答复的事实和理由；（六）公安行政复议机关认定的事实、理由和适用的依据；（七）行政复议结论；（八）不服行政复议决定向人民法院提起行政诉讼的期限，或者最终裁决的履行期限；（九）作出行政复议决定的日期。《行政复议决定书》应当加盖公安行政复议机关印章或者公安行政复议专用章。"

上述规定，是制作行政复议决定书的法律依据。

行政复议决定书是在行政复议机关全面调查、审查行政复议申请的基础上产生的，它是经复议机关领导人同意或者集体研究讨论决定的，是行政复议结果的精要表述，是所作结论的科学性、公正性、合法性的体现。行政复议决定书的制作标志着行政复议机关处理行政复议案件工作基本结束或者告一段落，是复议结果的凭证。

二、结构、内容和制作方法

行政复议决定书属于文字叙述式文书，其内容结构包括首部、正文、尾部三部分。

（一）首部

首部包括文书标题和文书字号。其中文书标题分上下两行，第一行为公安行政复议机关名称，第二行为文书名称——行政复议决定书；文书字号为"×公复字〔20××〕第×号"，如石公复字〔2006〕第12号。

（二）正文

根据《程序规定》第74条的规定，行政复议决定书应当写明以下几方面的内容：

1. 申请人、第三人及其代理人的姓名、性别、年龄、职业、住址等，法人或者其他组织的名称、地址、法定代表人等。如果申请人是公民，则写清其姓名、性别、年龄、职业、住址。如果有第三人或者代理人的，也应写清他们的基本情况。如果申请人是法人或者其他组织的，则写清其名称、地址、法定代表人的姓名和职务。

2. 被申请人的名称、住址、负责人等，即写清被申请公安机关的名称、地址、负责人的姓名和职务等。

3. 申请人的行政复议请求。该部分起始语为"申请人称"，首先要写清申请人提出行政复议申请的原由，即不服被申请的行政机关作出的具体行政行为；然后写清申请人提出行政复议申请的日期及行政复议机关受理申请的情况。

4. 申请人提出的事实和理由。该部分要简要写出申请人提出的被申请的行政机关作出的具体行政行为以及侵犯其合法权益的事实和理由，这一部分内容实际上是行政复议申请书内容的压缩。首先写清行政复议案件的事实；其次写明被申请的行政机关作出的具体行政行为事实；最后阐明申请理由，是被申请行政机关作出具体行政行为依据的事实不清，还是程序不规范，还是依据的法律、法规不当。

5. 被申请人答复的事实和理由。在"被申请人称"之后写被申请人答复的事实和理由，即被申请人针对申请人提出的行政复议申请的事实和理由而作出答复、辩驳的内容，从而说明被申请人所作的具体行政行为的正确、合法，同时要列举被申请人当初作出具体行政行为的证据、依据和有关材料。

6. 行政复议机关认定的事实、理由和适用的依据。这一部分是行政复议决定书的关键部分。行政复议机关所认定的事实、理由是在经过受理、审查的基础上来认定的，这是行政机关作出行政复议决定的依据。行政复议机关认定的事实要客观真实，要把时间、地点、人物、事件、原因和结果等要素表述清楚；要根据查明的事实和有关法律、法规，阐明行政复议机关的观点，即申请人提起的行政复议申请是否合理，被申请人作出的具体行政行为是否正确、合法。在"经审理查明"后引出行政复议机关所认定的事实、理由和适用的依据。

7. 行政复议结论。行政复议结论是根据上述事实、理由和依据作出的明确的决定，是对被申请复议的具体行政行为的合法性、适当性作出的最终结论，在"本机关决定如下"之后叙写。根据《行政复议法》第 28 条第 1 款的规定，行政复议机关应视具体情况作出以下复议决定：

（1）具体行政行为认定事实清楚，证据确凿，适用依据正确，程序合法，内容适当的，应当作出维持原裁决的决定意见。

（2）被申请人不履行法律、法规和规章规定的职责的，应当作出要求其在一定期限内履行的决定意见。

（3）具体行政行为所依据的事实不清、证据不足的，适用法律、法规和规章错误的，违反法定程序的，超越或者滥用职权的以及具体行政行为有明显不当的，应当作出撤销、变更或者确认该具体行政行为违法的决定；决定撤销或者确认该具体行政行为违法的，可以作出责令被申请人在一定期限内重新作出具体行政行为的决定意见。

8. 交代诉讼权利或者履行最终裁决的期限。该部分要写明如不服行政复议决定可以向人民法院起诉及其期限等内容；如果是终局行政复议决定，则写明当事人履行的期限。该部分有两种写法：①"如不服本决定，可在接到行政复议决定书之日起十五日内向×××人民法院提起行政诉讼。逾期不起诉又不履行行政复议决定的，依法强制执行。"②"依照×××的规定，本决定为终局裁决，应于×××年××月××日前履行，逾期不履行的，依法强制执行。"

（三）尾部

尾部要注明作出行政复议决定的日期，并加盖行政复议机关印章或者公安行政复议专用章。

三、制作和运用中应注意的问题

1. 行政复议决定书必须在法定期限内制作。行政复议机关应当在收到行政复议申请书之日起 60 日内作出决定，并制作行政复议决定书。法律、法规另有规定的除外。

2. 行政复议机关作出行政复议决定，应当坚持实事求是、依法办案的原则。复议机关与被申请人之间一般都有上下级、主管与被主管部门的"亲缘关系"，人情熟，便于交换意见，越是这样越应当注意可能出现的偏差，当否则否，当纠则纠，写出一纸公正的复议决定书。

【示例】

×× 公安局

行政复议决定书

× 公复字〔2006〕第 16 号

申请人：张××，男，××岁，××市纺织厂工人，现住××市××区××路××号。

委托代理人：李××，男，××岁，××市××律师事务所律师，现住××市××区××街××号。

被申请人：××公安分局，地址：××市××区××街××号，负责人：刘××，该局局长。

第三人：林××，男，××岁，××市××厂工人，现住××市××区××街××号。

申请人张××不服××公安分局 2006 年××月××日以×公××字〔2006〕第××号公安行政处罚决定书作出的罚款 200 元的治安处罚决定，于 2006 年××月××日向本机关申请行政复议。本机关依法受理了该行政复议申请。

申请人称，在上班路上，由于林××骑车逆行与自己相撞。双方发生争执。林××首先动手打人，申请人被迫还手，双方都有受伤，但××公安分局却只处罚申请人，显然不公正，请求行政复议机关予以撤销××公安分局的处罚决定。

被申请人称，申请人与××市××厂工人林××发生争执时，虽然是林××先动手打人，但是申请人向林××胸部猛击数拳，经法医鉴定林××为轻微伤，申请人手部只有轻微划伤。因此，被申请人根据《中华人民共和国治安管理处罚法》第四十三条，对申请人作出罚款 200 元处罚是正确的。

经审理查明，2006 年××月××日，林××骑车逆行与正常行走的张××相撞，两人发生争吵。林××先动手打申请人，可张××自认为有理，遂连击林××胸部数拳，致使林××胸部受到损害。经××市公安局法医鉴定中心鉴定为轻微伤。

上述事实，有申请人张××、第三人林××、证人李××的材料及×公刑鉴定字〔2006〕18号鉴定书等佐证。

本机关认为，被申请人××公安分局根据《中华人民共和国治安管理处罚法》第四十三条对申请作出罚款200元的治安处罚决定正确，但是林××骑车逆行，并且先动手打人，有过错，也应对林××作出相应处罚。根据《中华人民共和国行政复议法》第××条的规定，现决定如下：

一、维持××公安分局2006年××月××日以×公××字〔2006〕第××号公安行政处罚决定书作出的罚款200元的治安处罚决定。

二、××公安分局对林××也应作出相应处罚。

如不服本决定，可在收到行政复议决定书之日起十五日内向××人民法院提起行政诉讼。

××公安局（印）

二○○六年××月××日

附：行政机关其他法律文书样式

（一）行政许可申请书

行政许可申请书

一、申请事项

二、申请人基本情况

（如个人的姓名、性别、出生年月、住址、联系电话、单位的名称、地址、法定代表人或负责人、联系人、联系电话等）

三、已具备的条件

（如人员、资金、场所、设备设施等）

四、提交申请材料的目录

五、其他需要说明的情况

六、申请人承诺

我（单位）知晓申请该许可应当具备的条件以及提交虚假材料应当承担的法律责任，以上提交的申请材料内容真实。

申请人：（签名/盖章）

年　　月　　日

（根据《行政许可法》第29条第1款、第31条的规定设计）

（二）（行政许可事项名称）申请表

【模板】

（行政许可事项名称）申请表

<table>
<tr><td rowspan="6">个人申请</td><td>姓名</td><td></td><td>性别</td><td></td></tr>
<tr><td>出生年月</td><td></td><td>单位</td><td></td></tr>
<tr><td>住址</td><td></td><td>邮编</td><td></td></tr>
<tr><td>身份证号码</td><td></td><td>电话</td><td></td></tr>
<tr><td>文书送达地址</td><td></td><td>邮编</td><td></td></tr>
<tr><td colspan="4">（根据需要，还可增加与许可事项有关的其他选项）</td></tr>
<tr><td rowspan="7">单位申请</td><td>名称</td><td></td><td colspan="2"></td></tr>
<tr><td>地址</td><td>（注册地或营业、办公地址）</td><td>邮编</td><td></td></tr>
<tr><td>法定代表人（负责人）</td><td></td><td>职务</td><td></td></tr>
<tr><td>组织机构代码</td><td colspan="3"></td></tr>
<tr><td>联系人</td><td></td><td>电话</td><td></td></tr>
<tr><td>文书送达地址</td><td></td><td>邮编</td><td></td></tr>
<tr><td colspan="4">（根据需要，还可增加与许可事项有关的其他选项）</td></tr>
<tr><td>申请内容条件</td><td colspan="4">（可依法设定若干选项供当事人填写，一般包括下列要素：一是申请人已具有的条件，如人员、资金、场所、设备设施等；二是申请人拟从事的许可活动的具体内容，如是批发还是零售，施工时间，营运线路，环保措施等；三是申请理由；四是其他要素。如内容较多，可设附表）</td></tr>
</table>

<table>
<tr><td rowspan="4">申请材料</td><td>序号</td><td>名称</td><td>份数</td><td>原/复印件</td><td>备注</td></tr>
<tr><td>1.……</td><td></td><td></td><td></td><td></td></tr>
<tr><td>2.……</td><td></td><td></td><td></td><td></td></tr>
<tr><td>……</td><td>（可根据实际情况设定行数）</td><td></td><td></td><td></td></tr>
<tr><td>承诺</td><td colspan="5">　　我（单位）知晓申请该项许可应当具备的条件以及提交虚假材料应当承担的法律责任，以上提交的申请材料内容真实。
申请人：（签名/盖章）
＿＿＿＿年＿＿月＿＿日</td></tr>
</table>

附：填表说明（根据需要、可附以下内容）

1. 本表的适用范围。

2. 填写要求。

3. 申请人的诚信义务。根据《中华人民共和国行政许可法》有关规定，申请人申请行政许可，应当如实向行政机关提交有关材料和反映真实情况，并对其申请材料实质内容的真实性负责。申请人如违反诚信义务的，应当依法承担相应的法律责任。

4. 其他需要说明的事项。

（根据《行政许可法》第29条第1款、第31条的规定设计）

（三）准予行政许可决定书

【模板】

准予行政许可决定书

编号：

（申请人姓名或名称）于　年　月　日向本机关提出的（行政许可事项名称）申请，经审查，符合法定条件、标准，根据（法律、法规、规章名称）第　条第　款第　项的规定，本机关决定：

（准予行政许可的具体内容）

（从事行政许可事项活动的一些注意事项、技术要求、颁证等事宜的告知）

（行政机关印章）

年　月　日

（根据《行政许可法》第38条第1款、第39条、第40条的规定设计。无论行政机关是否向被许可人颁发许可证件，均应制作本文书，并予以公开，允许公众查阅。但在颁证的情况下，是否还要将本文书送达给被许可人，根据有关法律、法规、规章的规定执行）

（四）不予行政许可决定书

【模板】

不予行政许可决定书

编号：

（申请人姓名或名称）：

你（单位）于　年　月　日向本机关提出的（行政许可事项名称）申请，因（不予许可的具体理由），根据（法律、法规、规章名称）第　条第　款第　项的规定，本机关决定不予行政许可。

如不服本决定，可以自收到本决定书之日起六十日内，依法向（复议机关名称）申请行政复议，也可以在三个月内直接向人民法院提起行政诉讼。

（行政机关印章）

年　月　日

（根据《行政许可法》第 38 条第 2 款、第 78 条的规定设计）

（五）行政处罚案件强制措施审批表

强制措施审批表是指办案机关在查处违法行为过程中，依据法律、行政法规的规定对当事人依法采取扣留、封存财物、暂停支付等行政强制措施之前制作的内部审批文书。

采取强制措施扣留、封存的必须是与违法行为有直接关系的财物，不得扩大财物范围。

注意事项：

1. 强制措施涉及当事人的权利，是可复议、可诉讼的行政行为。在实施强制措施时，必须正确告知当事人的复议权、诉讼权。

2. 所有强制措施通知书应当一式三份，一份存档。

【模板】

××市××××管理局_____

强制措施审批表

领导批示	
案　　由	
当事人	
强制措施类型	
采取强制措施的理由	
采取强制措施的法律依据	承办人签名： 年　月　日
承办部门意见	年　月　日
审核部门意见	（行政机关印章） 年　月　日
注：凡涉及责令暂停销售等事项的，应列明商品名称、数量、单位、规格型号特征、金额或价值等。	

（六）行政处罚案件解除强制措施审批表

解除强制措施审批表是指工商行政管理等机关对已经作出的扣留、封存财物、暂停支付等行政强制措施进行解除而制作的内部审批文书。

注意事项：从采取强制措施的目的划分，强制措施分为取证性的强制措施和执行性的强制措施两种。对取证性的强制措施，经调查取证仍难以定性的，应予以及时解除，以免影响当事人正常的经营等业务活动。

【模板】

×× 市 ×××× 管理局＿＿＿＿＿＿＿
解除强制措施审批表

领导批示			
解除强制措施类型		原强制措施通知书文号	
当事人			
案件性质			
解除强制措施内容及法律依据	承办人： 年　月　日		
办案部门意见	年　月　日		
审核部门意见	（行政机关印章） 年　月　日		

（七）送达回证（各类案件和法律事务通用）

【模板】

送达回证

（各类案件和法律事务通用）

送达文书名称	
送达文书编号	
受送达人	
送达地点	
送达方式	
送达人	
收件人签章及收件时间	
备　注	

注：1. 法律文书的送达依照《民事诉讼法》有关规定执行。

2. 其他人员代收的，由代收人在收件人栏内签名或者盖章，并在备注栏中注明与收件人的关系。

🔍 思考与实践

1. 什么是行政机关法律文书？制作行政机关法律文书有哪些基本要求？

2. 试述立案审批表主体部分的主要内容并阐明在制作和运用中必须注意的事项。

3. 试述行政处罚决定书的概念及其法律效力。

4. 如何制作行政复议申请书的复议请求、事实和理由这两个主要部分？

5. 什么是行政复议决定书？当事人若对复议决定仍然不服应当采取什么措施？

6. 试述行政机关法律文书与民生和构建社会主义和谐社会的密切关系。

第十四章

笔录文书

✤ **学习目的与要求**

　　在诉讼和非诉讼法律事务中，以文字形式如实记录法律活动的文字材料就是笔录。笔录具有一定的法律效力或法律意义。学习本章，要全面了解司法机关常用的各种笔录，理解并掌握常见的笔录的制作方法，学会制作和运用现场勘查笔录、讯问笔录、调查笔录、法庭审理笔录、合议庭评议笔录。

第一节　概　　述

一、笔录文书的概念和功用

　　笔录文书是指在法律活动中以文字形式如实记录法律活动的过程及结果的文字材料。它主要包括公安机关、国家安全机关、检察机关、人民法院、监狱等司法机关以及公证机构、律师事务所、仲裁机构等法律机构在进行诉讼和非诉讼的活动中如实记载的各种文字材料。

　　笔录文书忠实地记载了诉讼和非诉讼活动的实际情况，能够证明某一事实的客观存在，因此具有一定的法律效力或者法律意义；笔录如实反映诉讼案件的全过程，是认定事实的重要依据，也是作出处理决定、制作其他法律文书的重要依据；笔录对检查执法情况、总结执法经验、加强业务建设和完善法制具有重要参考价值。笔录是诉讼卷宗的重要组成部分，是原始的第一手文字材料，具有不可替代的史料价值。重大案件和法律事务的笔录是国家宝贵的历史档案资料。

二、笔录文书的分类

　　笔录文书，种类繁多。按照不同的分类标准，可将笔录分为不同类别：

　　1. 按性质来划分，笔录文书可分为诉讼笔录和非诉讼笔录。诉讼笔录又包括刑事诉讼笔录、民事诉讼笔录、行政诉讼笔录。

　　2. 按制作主体划分，笔录文书包括公安机关笔录、检察机关笔录、审判机关笔录和监狱管理笔录及公证机构、仲裁机构、律师事务所等法律机构的笔录。

3. 按功能划分，笔录文书可分为受理案件笔录、现场勘查笔录、搜查笔录、侦查实验笔录、调查笔录、询问笔录、讯问笔录、法庭审理笔录、合议庭评议笔录、宣判笔录、执行笔录等。

由于篇幅所限，本章仅讲授几种常用的笔录：现场勘查笔录、讯问笔录、调查笔录、法庭审理笔录、合议庭评议笔录。

三、笔录文书制作与运用的基本要求

笔录文书种类繁多，内容格式又千差万别，对每一种笔录的制作要求也不尽相同。但从总体上讲，笔录文书制作都应达到如下要求：

1. 内容真实完整。笔录是对客观真实情况的记录，是办案的重要依据之一，真实性是它的生命。制作时，要把诉讼活动和非诉讼活动的全过程客观、真实地反映出来。应尽量记原话，即使记不下来原话，也要使记录的内容不失原意。在真实的基础上还需做到完整，把需要记录的内容完整地记录下来，不要任意取舍，不要有头无尾，不要丢三落四。

2. 手续合法完备。按照法律规定，笔录必须履行一定的法律手续才有法律效力。因此，诉讼笔录应当依照《刑事诉讼法》《民事诉讼法》《行政诉讼法》及司法机关的有关规定制作，公证员、律师和仲裁机构也应当根据有关法律、法规的规定制作笔录。如讯问笔录制成后，应当交被告人自己阅读或向被告人宣读，在他们补充修改认为笔录无误后，要签名或捺手印；讯问人和记录人也要签名或盖章。只有手续完备，笔录才具有预期的法律实效。同样，笔录修改、补充完毕后，也必须由有关人员签名盖章后才有效。

3. 文字简洁无误。笔录文字要清楚明白，简洁明了，要用规范的语言文字书写，不得任意简化或生造文字、词语。书写要工整清晰，不得潦草，标点符号要正确规范，纸面要干净，不得随意涂改。

4. 格式正确规范。所有的笔录均要求格式统一、规范，包括事项完整、正确。对只适用于特定机关或者特定程序、特定事项的笔录，应当按照有关机关规定的法定格式进行制作。

第二节　现场勘查笔录

一、概念和功用

现场勘查笔录是公安机关、国家安全机关的侦查人员对与案件现场有关的场所、物品、人身、尸体等进行勘验、检查时对勘查过程和在现场提取证据等情况所作的文字记载。"勘查笔录"是公安、侦查机关对"勘验、检查笔录"的简称。

《最高人民法院关于适用〈中华人民共和国刑事诉讼法〉的解释》第 102 条规定："对勘验、检查笔录应当着重审查以下内容：（一）勘验、检查是否依法进行，笔录制作是否符合法律有关规定，勘验、检查人员和见证人是否签名或者盖章。"该条规定是制作现场勘查笔录的法律依据。

第 102 条对勘验，检查笔录的依法制作、内容要素等进行了具体的科学的规定，它是具有法律效力的刑事司法文书。它不仅是搜集罪证、发现线索、揭露犯罪的依据，也是甄别犯罪嫌疑人口供、证实犯罪嫌疑人作案的有力证据。它是公安机关研究犯罪活动情况，制定侦查工作方案，制作有关法律文书的依据。同时，它也是检察机关指控犯罪和审判机关定罪量刑的重要证据材料之一。笔录对于揭露和证实犯罪，查明事实真相，分清罪与非罪，确定刑事责任具有重要意义。

二、结构、内容和制作方法

现场勘查笔录由首部、正文、尾部三部分组成。

（一）首部

首部要写明两项内容：标题和笔录特定项目。

1. 标题。标题一般写明制作机关名称和文书名称，接着在机关名称下一行居中写文书名称"现场勘查笔录"。如果是人民法院制作的勘查笔录，只写笔录文书名称即可，不必再写机关名称。有的标题可直接写明案由和被害人姓名，例如，"刘××被盗案现场勘查笔录"。如果知道犯罪嫌疑人姓名的，标题可写成"×××抢劫案现场勘查笔录"。

2. 笔录特定项目。这一项为填充式，一般已印好，可按项填写。填写的项目依次为：①发现或者报案时间（精确到分）；②现场保护人的姓名、单位、到达现场时间；③勘查时间、地点；④勘查人员及证人基本情况；⑤现场条件（天气温度、湿度、光线条件等）。

（二）正文

正文包括勘查过程和勘查结果两部分。

勘查过程首先要记录清楚发现或者接到报案的情况以及组织人员赴现场勘查情况。然后要重点记载现场和勘查的具体情况，如现场的空间、方位、大小及建筑布局，物体的摆放、成色情况，犯罪工具及其他物证、痕迹的具体位置、种类、分布情况以及提取方法，现场物品损害情况及被害人情况，以及其他变动或异常情况。对于性质不同的案件，要根据不同案件的特点，有针对性地进行勘查，如对于凶杀现场，要记录尸体的具体方位和姿势，周围是否有血迹，周围物品和痕迹的位置和特点以及尸表检查情况等；入室盗窃现场要记录清楚门窗是否关闭，是否完整，有无撬压痕迹，有无指纹、足迹，室内家具有无移动、破坏情况等。

勘查结果主要包括对现场物证、痕迹的处理情况，提取物品的名称、数量、标记和特征，提取痕迹的名称和数量，拍摄现场照片和绘制现场图的种类以及数量。

现场勘查笔录是对案件现场勘查中发现的各种客观情况的记载，侦查人员对现场情况的分析意见不能记录在笔录中。笔录中对各种情况的记载顺序，应当与对现场情况进行实际勘查的顺序相符。笔录的文字一定要准确、清楚，避免使用晦涩难懂或者含混不清的语言，尤其是对现场物体和痕迹的位置、形状、距离、大小等特征的勘查，一定要准确记载。

（三）尾部

尾部要写明两项内容：附记事项、履行签署手续。

1. 附记事项。附记事项一般要写明在现场发现和提取的物证情况，主要包括以下内容：痕迹、物品的名称、质地、重量、数量、尺寸、体积、封存的标记、保存的地点和送检单位、地点，现场照相、绘图、录像的名称种类、数量，专门技术人员对痕迹、物品的意见，见证人对勘查的意见等。

2. 履行签署手续。尾部应按照现场勘查的现场指挥人员、勘查人员、技术人员、见证人、笔录制作人的顺序，依次签名或盖章，并注明年、月、日。

三、制作与运用中应当注意的问题

1. 制作顺序与勘查顺序一致，当场成文。现场勘查笔录的内容先后应当与勘查工作的顺序一致。因此，在勘查过程中要边勘查边记录，当场成文，以免记录内容失实、差误、遗漏、重复和紊乱。

2. 笔录与绘图、照相一致，互相印证。现场勘查笔录与现场勘查记录是既有联系又有区别的两个概念。现场勘查记录包括三个部分：现场勘查笔录、现场照相、现场绘图。现场勘查笔录是文字记录，现场照相和现场绘图是从技术手段方面形象地反映出现场发生的情况，以补充文字记录之不足。现场勘查笔录必须与现场绘图、现场照相一致，使其成为统一的整体，互相印证。三者不能互相矛盾，否则失去了其作为证据的作用。

3. 重点突出，详略得当。不同的案件记录重点也有不同的侧重。凡是对侦破案件有意义的情况，就具体记，详细记；凡是对侦破案件关系不大，或者没有什么关系的情况，就简略记，或者不记。如盗窃案，重点记录犯罪嫌疑人进入盗窃现场的来往路线，撬门工具留下的痕迹及盗窃财物的情况及其去向，遗留在现场的指纹、手印等。

4. 内容客观，如实记录。笔录内容要客观如实地反映实际情况，以保证笔录的证据价值，使笔录在侦破案件中真正起到应有的作用。对勘查结果只作如实客观的记录，不夸大，也不缩小，更不添枝加叶，无中生有，不作任何分析、推断。勘查人员在勘查中的分析、估计、推测的东西，一律不准记录在案，务必保持记录内容的真实性和客观性。

5. 语言准确，不可含混。记录用语的语义要明确，叙述要清楚，要使笔录内容与客观事物本来面貌相一致。数字要具体、准确，物品的大小要表述准确，距离的长短要丈量清楚，如实记载，不能使用概念模糊的语言，如"附近""大概""可能""好像""估计"等。

第三节　讯问笔录

一、概念和功用

讯问笔录是刑事侦查人员为查明案件事实依法对犯罪嫌疑人讯问时制作的记载讯问情况的文字记录。

《刑事诉讼法》第86条规定："公安机关对被拘留的人，应当在拘留后的二十四小时以内进行讯问……"该法第173条第1款规定："人民检察院审查案件，应当讯问犯罪嫌疑人，听取辩护人或者值班律师、被害人及其诉讼代理人的意见，并记录在案……"该法第191条第3款规定："审判人员可以讯问被告人。"该法第122条规定，讯问笔录应当交犯罪嫌疑人核对，对于没有阅读能力的，应当向他宣读。如果记载有遗漏或者差错，犯罪嫌疑人可以提出补充或者改正。犯罪嫌疑人承认笔录没有错误后，应当签名或者盖章。侦查人员也应当在笔录上签名。这些都是制作讯问笔录的法律依据。

讯问笔录是一种具有法律效力的书面材料。它记载的犯罪嫌疑人、被告人的供述和辩解，经查证属实，是《刑事诉讼法》规定的证据之一，可以作为定案和定罪量刑的根据；讯问笔录又客观地记录和反映了讯问犯罪嫌疑人的过程和讯问的情况，对办案人员分析案情、收集证据、最终查清案件事实有着重要意义，也是总结经验教训、检查办案质量的重要依据。

二、结构、内容和制作方法

讯问笔录由首部、正文、尾部三部分组成。

（一）首部

首部要写明两项内容：标题和笔录特定项目。

1. 标题。标题分行写机关名称和文书名称，例如，"×××人民检察院""讯问笔录"。

2. 笔录特定项目。笔录特定项目应分别填写下列内容：在讯问笔录后面写"（第×次）"；再分行分别写明讯问的具体时间、讯问地点、讯问人和记录人的法律职务和姓名、犯罪嫌疑人姓名。

讯问的时间和地点一定要写具体。时间要写明具体起止的时间，不可疏忽不填。例如，"××××年××月××日××时××分至××时××分"。地点要写明具体的房间，如"××县公安局看守所第×讯问室"。

（二）正文

正文写明以下内容：查明犯罪嫌疑人的身份情况、犯罪嫌疑人的诉讼权利义务、犯罪事实（讯问实况）。

1. 查明犯罪嫌疑人的身份情况。第一次讯问，先要查明身份，严防错拘错捕。一般要问清犯罪嫌疑人的姓名、曾用名、化名，年龄或出生日期、民族、出生地、文化程度、现住址、工作单位、职务或职业、家庭情况、主要经历、有无前科等。第二次讯问时，对犯罪嫌疑人的身份情况可简单讯问，问明姓名、单位、职务即可。

2. 犯罪嫌疑人的诉讼权利义务。用送达《犯罪嫌疑人诉讼权利义务告知书》的方式告知相关事宜。

3. 犯罪事实（讯问实况）。这是笔录的重点核心内容，主要记录犯罪嫌疑人自述其实施犯罪的事实。记录内容包括对被讯问人的告知事项，提问内容，犯罪嫌疑人的供述和辩解，讯问中发生的特殊事项等，其中犯罪嫌疑人的供述和辩解是记录重点。

记录时，应当忠实地、全面地记载和反映犯罪嫌疑人当时供述和辩解的全部内容和全部情况。记录的内容要不失原意，要尽可能逐字逐句地记录其原话，对作案的时间、地点、动机、目的、情节、手段、结果及与作案有关联的人和事更应记录得具体、完整、准确、明白。同时，与供述和辩解内容有关的神态、动作也要作必要的反映。

记录时，要边讯问边记录，记录与讯问同步，并用第一人称按照"问"和"答"的先后顺序如实记录。提问和回答的内容，应当分别列段，不能连续记录。记录表述，一律在段首用"问"或"答"表示，不能随意使用其他符号，例如，"?"""："∵"" "∴"。

几种特殊情况的记录方法：

（1）侦查人员使用证据的记录方法。讯问中，侦查人员常利用已有证据迫使犯罪嫌疑人供述犯罪事实。记录员应在笔录中记清楚侦查员在什么情况下使用证据，使用了什么证据，采取什么方法使用，犯罪嫌疑人如何承认或否认。如果将用作证据的鉴定结论告知犯罪嫌疑人时，记录员应详细记明告知犯罪嫌疑人的鉴定结论的种类、内容、编号，告知的时间、地点，告知后犯罪嫌疑人的反映。最后，要让犯罪嫌疑人在笔录上签署意见，签名或盖章、捺手印。

（2）对犯罪嫌疑人无声语言或无理取闹等情形的记录方法。讯问中，有时犯罪嫌疑人对侦查人员的提问不作回答，或无法回答，或故意不答。不论对方属何种情况，记录员都应在笔录上记："答（无语）"，同时兼记犯罪嫌疑人的神态、表情、动作，以利于侦查人员分析研究犯罪嫌疑人的思想动态，制定相应的讯问对策。

（3）对犯罪嫌疑人答非所问的记录方法。犯罪嫌疑人答非所问，一般有三种可能：①犯罪嫌疑人没有听清楚，或没有理解对方的提问；②犯罪嫌疑人只顾陈述犯罪事实，没有考虑侦查人员提问的具体内容；③犯罪嫌疑人故意转移目标，逃避罪责，企图"牵着侦查人员的鼻子走"。对于第一种情况，侦查人员只需重复一下提问或解释提问意思即可，犯罪嫌疑人怎么回答就怎么记。对于第二种情况，只要与犯罪事实有关，则记；无关，则不记。对于第三种情况，记录员不能因为犯罪嫌疑人没有正面回答就不记，应把其答非所问的内容也记上。因为他说出的其他情况，有时可能成为我们需要的情况，如果不记，就可能遗漏重要线索，失去揭露假供、治服犯罪嫌疑人的线索。

（4）对脏话、黑话的记录方法。讯问中，犯罪嫌疑人讲了与作案有关的隐语、黑话，记录员照记原话后，要用同一意思的普通语言注释。

（5）对讯问语言不通的外籍或少数民族犯罪嫌疑人的记录方法。根据我国《刑事诉讼法》的规定，对讯问语言不通的外籍或少数民族犯罪嫌疑人，应当请翻译人员参加。讯问时，侦查人员应问犯罪嫌疑人："你愿意使用哪一种语言？""我们拟请×××当翻译，你是否同意？"如果犯罪嫌疑人逐一回答并同意上面的问题，则可继续讯问。笔录人员应将上述情况记录在笔录中。讯问中，记录犯罪嫌疑人的回答，要按翻译人员翻译的内容如实记载。最后犯罪嫌疑人、讯问员、记录员履行完必备的一般手续后，翻译人员也应写明"由×语译成汉语"，并签名。

（6）讯问聋哑犯罪嫌疑人的记录方法。我国《刑事诉讼法》第121条规定，讯问聋哑犯罪嫌疑人应当有通晓聋哑手语的人参加，并将这种情况详细记录。讯问中，不管有什么人协助，记录人都一定要把犯罪嫌疑人表示的意思弄懂后再记，以免出现差错。讯问结束时，应将讯问笔录交犯罪嫌疑人阅读或由翻译人员翻译给犯罪嫌疑人，直到犯罪嫌疑人完全弄懂并确认笔录准确无误后，再签名或者捺手印。相关人员亦应当签名。

（7）法定代理人参加讯问时的记录方法。《刑事诉讼法》第281条第1款规定，对于未成年人刑事案件，在讯问和审判的时候，应当通知未成年犯罪嫌疑人、被告人的法定代理人到场。无法通知、法定代理人不能到场或者法定代理人是共犯的，也可以通知未成年犯罪嫌疑人、被告人的其他成年亲属，所在学校、单位、居住地基层组织或者未成年人保护组织的代表到场，并将有关情况记录在案。讯问前，侦查人员要向法定代理人讲明参加讯问应注意的问题，询问法定代理人的姓名、职业、住址、工作单位、与犯罪嫌疑人的关系等。记录员要把这些内容记入笔录。讯问中，法定代理人正常插话或者替犯罪嫌疑人无理申辩、指名指事问供、打骂犯罪嫌疑人等表现，记录员也应记录下来。

（三）尾部

尾部应写明两项内容：犯罪嫌疑人核对笔录，讯问人员署名。

犯罪嫌疑人对笔录阅读核对并认为没有异议后，在笔录结束处写"以上笔录我已看过，与我讲的一样"，之后由犯罪嫌疑人签名或盖章；如果犯罪嫌疑人无阅读能力，而是通过宣读了解了笔录内容且无异议，则在笔录结束处写"以上笔录向我宣读过，与我讲的一样"，并由犯罪嫌疑人捺手印。

讯问人和记录人在笔录后签署姓名，并具明年、月、日。

三、制作与运用中应当注意的问题

1. 记录内容，注意准确、清楚。准确、清楚地反映犯罪嫌疑人的实际情况，对提问和回答要不失原意地记载下来，对犯罪嫌疑人在讯问中的表现和回答语气，应作恰如其分的记载，例如，"拒不交代""答非所问""搪塞""说话支吾""沉默不语""冷笑""哭泣"等。

2. 核对笔录，区别笔误与翻供。核对笔录时，应将记录中出现的遗漏和错误与被告人、犯罪嫌疑人的翻供正确区别开来。记录遗漏和错误，应当允许补充和改正；记录无误，而犯罪嫌疑人、被告人要求翻供的，原供记录不得修改，但在笔录结尾处，可以按其要求写明更改的内容和更改理由，最后，应由其签名。

3. 根据法律规定，讯问犯罪嫌疑人、被告人时，侦查人员不得少于2人，少于2人的，其笔录不合法。

第四节　调查笔录

一、概念和功用

调查笔录是司法人员和律师等法律工作者对案件的知情者进行调查访问时制作的文字记录。调查笔录也可称为询问笔录。

《刑事诉讼法》第52条规定："审判人员、检察人员、侦查人员必须依照法定程序，收集能够证实犯罪嫌疑人、被告人有罪或者无罪、犯罪情节轻重的各种证据。严禁刑讯逼供和以威胁、引诱、欺骗以及其他非法方法收集证据，不得强迫任何人证实自己有罪。必须保证一切与案件有关或者了解案情的公民，有客观地充分地提供证据的条件，除特别情况外，可以吸收他们协助调查。"《民事诉讼法》第 67 条第 2 款规定："当事人及其诉讼代理人因客观原因不能自行收集的证据，或者人民法院认为审理案件需要的证据，人民法院应当调查收集。"该法第 132 条规定："审判人员必须认真审核诉讼材料，调查收集必要的证据。"以上诸条法律是司法人员进行调查的法律依据。调查要制作调查笔录。

调查笔录的主要功用表现在以下方面：经过查证属实的调查笔录有证据效力，可以作为认定事实的根据之一，也可以作为制作起诉书、判决书等文书的依据。有些调查笔录能提供有价值的情况，可以作为分析、判断案情的重要参考资料。

二、结构、内容和制作方法

调查笔录由首部、正文、尾部三部分组成。

（一）首部

首部写明两项内容：标题和笔录特定项目。

1. 标题。标题由制作机关名称和文书名称构成，还可以在标题右下方写"（第×次）"字样。具体格式和写法与讯问笔录基本相同。

如制作主体是律师。笔录标题可写为"关于×××诉×××一案调查笔录"。

2. 笔录特定项目。笔录特定项目如实依次写明以下内容：调查的时间、地点；调查人员和记录人员的法律职务和姓名；被调查人的身份情况，写明其姓名、性别、年龄、民族、职业或工作单位及职务、现住址，与当事人之间的关系等。

除记明上述项目外，如果被调查人有某些特殊的生理特征（如聋、哑、盲、结巴、残肢等）也应记写清楚，以作为谈话内容真伪的鉴别依据。

（二）正文

正文要写明下列各项内容：

1. 表明身份。司法人员在对有关证人、被害人进行调查时，应当出示证明文件或者工作证，并在笔录上对此予以记录。

2. 告知事项。这一项要写明调查人向被调查人告知有关的法定义务和应负的法律责任等，记录时应将告知内容记述清楚。

3. 被调查人陈述的内容。这是本文书重要的主体部分，必须记录清楚被调查人陈述的全部内容。

记录时，对被调查人提供的与案件有关的情况要重点记，特别要详细记录关键情节和重要情节，对一般过程和情节，要简略记。但作案的过程不能认为是一般过程，应详细记；与案情没有关系的可不记。

记录的方法一般分两种：①问答式，即依次把调查人的提问和被调查人的回答的内容如实记下来；②综合记录法，即基本上不记问话，而是把被调查人回答的内容连贯起来，加以综合归纳，使其条理化，再分段记录下来。这种记录方法，突出重点，抓住被调查内容的要点，层次清楚，一目了然。实践中，多采用第二种方法记录。

（三）尾部

尾部要履行核对手续和署名等步骤。其写法与讯问笔录基本相同，可参照制作。

有些时候，在调查结束后，调查人可凭借自己的直观感觉，根据被调查人陈述的态度和坦率程度，判断其证言的可信度，并对今后如何进一步开展调查工作提出意见，还可从被调查人与当事人之间的关系及生理、精神状态、辨别是非能力等方面提出判断性意见作为调查笔录的附记。

三、制作与运用中应当注意的问题

1. 注意笔录的合法性。调查时，调查人应当按照《刑事诉讼法》第 124 条第 1 款和《民事诉讼法》第 133 条第 1 款的规定，向被调查人出示工作证件，表示调查的合法性。在调查询问中，要将《刑事诉讼法》第 125 条规定的内容向被调查人交代明白，即告知被调查人"应当如实地提供证据、证言和有意作伪证或者隐匿罪证要负的法律责任"。另外，制作笔录要合法。按照法律规定，调查只能个别进行，因此，笔录也只能以一人为单位制作。

2. 注意笔录的准确性。制作调查笔录，首先应注意准确记录调查经过。其次，对证言中的材料来源也要记录清楚，是被调查人亲眼所见，还是亲耳所闻；是猜测，还是听别人传说，要把真实情况记录明白。另外，对被调查人的确认程度也要准确记录清楚。调查中，被调查的人对所陈述的事实的确认程度往往不一，一字之差或一语之异，会使对案情的肯定和否定程度大不一样，例如，"看得较清""看不很清""肯定是他""是他""像他""有点像他""不太像他"等。记录时，应及时提醒对方准确表达确认程度，并准确记录。

3. 注意询问的技巧。调查首先要处理好调查人与被调查人的情绪关系，尽量避免因对方反感而产生对抗情绪。记录时，重点询问案情中难以弄清的问题。从不同侧面反复提问，对矛盾点，要进行反问，对被调查人有思想顾虑的，要启发教育。但不能指供、诱供，更不能逼供。同时，始终注意问话的方法与语气，不要给对方以审问的感觉，以影响调查效果。

4. 注意笔录的稳定性。调查笔录制作完成，履行必要的手续后，经被调查人认可并签名或盖章后，就应保持它的稳定性，不允许轻易更改。如果被调查人事后又到调查的机关要求改变他原来陈述的内容时，不能在原笔录上修改，而应另行制作笔录存卷。

第五节 法庭审理笔录

一、概念和功用

法庭笔录是人民法院依法开庭审理各种案件时，由书记员当庭记载的法庭审理的全部活动情况的文字记录，过去有庭审笔录、法庭笔录等不同名称，现已统一为法庭审理笔录。

《刑事诉讼法》第 207 条第 1 款规定："法庭审判的全部活动，应当由书记员写成笔录，经审判长审阅后，由审判长和书记员签名。"《民事诉讼法》第 150 条第 1 款也规定："书记员应当将法庭审理的全部活动记入笔录，由审判人员和书记员签名。"以上法律是制作法庭审理笔录的依据。

法庭审理笔录既是增强审判活动的公开性、透明度的一个方面，也是正确认定案件事实，全面客观地审核证据，作出公正裁判、制作裁判文书的重要依据。法庭审理笔录对检查办案质量，加强审判监督，具有其他材料所不能替代的重要作用。

在 2016 年，上海法院系统开始试点，利用智能语音识别、人工智能技术等替代传统的人工输入。这项技术的引进，可以改变庭审笔录的传统记录模式，实现在庭审过程中对法官、检察官，各类案件的当事人、证人等诉讼参与人的语音内容自动实时识别成文字。合议庭评议采用音字转换智能系统，并且借助该系统进行实时会议记录、语言翻译。这样，法庭审理笔录、合议庭评议笔录可以最大限度地还原审判工作原貌，进一步推进司法公开、公正。[1]

二、结构、内容和制作方法

法庭笔录由首部、正文、尾部三部分组成。

（一）首部

首部写明三项内容：标题、笔录特定事项、宣布开庭。

1. 标题。标题写明文书名称，并以括号注明本次法庭审理是第几次开庭："法庭笔录（第×次）"。

2. 笔录特定事项。在标题下行依次填写如下特定事项：庭审的起止时间，庭审地点，案号：如（××××）……民×……号，案由。如果是公开审理的还要写明旁听的人数，主持法庭审理的审判长、审判员、书记员的姓名。

3. 宣布开庭。为说明本次开庭审理在程序上是合法的，应如实记录如下事

---

[1] 参见宋宁华、高远："用智能语音识别提高审判效率"，载《新民晚报》2017 年 2 月 16 日，第 A7 版。

项：书记员核对当事人是否到庭，宣布法庭纪律，审判人员宣布开庭，核对当事人和诉讼参加人的基本信息，刑事案件要传被告人到庭，并核对被告人身份及基本情况，查明被告人收到起诉书副本的日期。宣布审判人员及其他出庭人员名单，告知当事人法定的诉讼权利和义务，告知当事人有权申请审判人员、书记员等回避，刑事被告人有权为自己辩护；询问当事人是否申请回避，如有申请回避的，则应依法作出是否回避的决定，等等。以上诸项均应如实一一记明。

（二）正文

正文是法庭审理笔录的重点内容，要按诉讼法规定的程序，准确、完整地记明如下内容：法庭调查、法庭辩论、合议庭评议、宣告判决等。这里，着重讨论刑事案件庭审笔录正文的制作要点。

1. 法庭调查。该部分要简要记录调查程序，详细记录法庭调查内容。

（1）公诉人宣读起诉书，或自诉人宣读自诉状，或原告陈述诉讼要求。记录时，只记程序即可，如公诉人宣读起诉书，只记"公诉人×××宣读起诉书"，宣读内容因有起诉书附在卷中，故可省略不记。

（2）详细记录法庭调查的具体内容：审判人员、公诉人讯问当事人或发问，当事人的回答，被害人的陈述。记录时，以问答的形式详细记明。

辩护人、当事人等对被告人及其他诉讼参与人的发问及他们的回答，应如实记明。

审判人员告知证人法定的权利与义务，要如实记明。核实证据，出示物证，宣读未到庭的证人证言，出示书证、物证、视听资料、宣读鉴定结论、勘验笔录等以及诉讼各方对出示、辨认的意见和反映，上述活动要如实记入笔录。

根据法律规定，对于当事人依法提出申请通知新的证人到庭，调取新的物证，申请重新鉴定或者勘验等事项，法庭作出是否同意的决定，要如实记明。

2. 法庭辩论。该部分要详细记明诉辩双方争辩的关键性意见，如论点、论据及法律依据、理由等。

（1）公诉人、当事人、辩护人和诉讼代理人的辩论情况。依照《刑事诉讼法》的规定，公诉人、当事人、辩护人、诉讼代理人可以对证据和案件情况发表意见并且可以互相辩论。对上述人员发表的意见，应当依次记明顺序和双方基本观点。依照我国《民事诉讼法》的规定，法庭辩论时，先由原告及其诉讼代理人发言，再由被告及其诉讼代理人答辩，然后是第三人及诉讼代理人发言或者答辩，最后互相辩论。对上述人员的发言、答辩及辩论，也应当依次记明程序和双方基本观点。

（2）被告人的最后陈述和当事人的最后意见。依照我国《刑事诉讼法》的规定，审判长在宣布辩论终结后，被告人有最后陈述的权利。依照我国《民事诉讼法》的规定，法庭辩论终结，由审判长按照原告、被告、第三人的先后顺序征询各方的最后意见。对这些最后陈述和最后意见，应当将其要点情况记明。

（3）如果是民事案件，按照法律规定，法庭辩论终结后，还可以进行调解，记录时，应将是否进行了调解，调解有没有达成协议等记明。

3. 合议庭评议。刑事案件被告人最后陈述后，审判长宣布休庭。这时，合议庭进行评议。民事案件调解不成的，应当及时判决。如果当庭宣判，合议庭应当及时进行评议，因为评议笔录要单独制作，故只需简要记明"合议庭休庭评议"即可。

4. 宣告判决。书记员应将审判长宣布的判决结果逐项记入笔录。当庭判决的，应将宣判后被告人或当事人的意见和态度，是否提出上诉，公诉人有何意见等详细记入笔录。定期宣判的，则另行单独制作宣判笔录。

（三）尾部

尾部应当写明两项内容：当事人和其他诉讼参与人签名或盖章，审判员、书记员签名。

1. 当事人或其他诉讼参与人签名或盖章。闭庭后，可让当事人及诉讼参加人阅看笔录。如果当事人、被告人及其他诉讼参与人认为无误，则写"阅过，无误"等字样，并签名或盖章。拒不签名盖章的，记明情况附卷。

2. 审判员、书记员签名。这一栏在审判长审阅后，由合议庭成员、书记员签名。

三、制作与运用中应当注意的问题

1. 庭前准备，庭内配合。书记员要想做好笔录，首先，要做好庭前的准备工作。开庭前，要仔细阅卷，熟悉案情，对涉案的人物、地名、物品名称、当事人的方言土语等查好备好，抄写在纸上做到胸有成竹，供记录时参考。首部的特定事项，在开庭时一一填好。其次，在庭上与审判人员互相配合、互相照应。书记员应事先了解审判员的庭审提纲，做到心中有数，审判员应照顾书记员的记录速度，如发现书记员记录有困难，可要求当事人重述一遍他（她）说的内容，以便给书记员留有足够的时间记录。书记员应对此心领神会，加快记录，跟上庭审速度。

2. 抓住关键，详略得当。法庭审理笔录的记录，既要全面又要突出重点，要抓住关键，处理好详略。本笔录的记录顺序是按庭审各项活动的顺序进行的，记录时应全面地把法庭进行的各项审判活动一一记录下来，反映全貌。再根据不同案情、不同审判阶段的内容，分析其实质性、关键性的言论，详细具体加以记录，尽量记原话，并做到详略得当。如法庭调查要重点记明对事实和证据的核实、质证，法庭辩论阶段要详细记录双方各自提出的观点、理由和法律依据，当事人、被告人对问题的回答和陈述，应重点记录。对反映程序的事项，起诉书、公诉词等法庭已有的文件应从略。辩护人、代理人对案件的分析和对政策法规的解释等只记要点。

3. 注意程序，完备手续。法庭审理笔录，全面反映了审判活动的全过程。从宣布开庭、法庭调查、法庭辩论到法庭宣判，每一个环节完全是按照程序法进行的，不得违背。如果诉讼参与人或者旁听人员违反法庭秩序，审判长应当警告制止，情节严重者要记入笔录。法庭审理笔录应当当庭宣读或给当事人或其他诉讼参与人阅读，当事人和其他诉讼参加人认为自己的陈述有遗漏或者有差错，经审判长同意后可以补充和修改。书记员应将当事人或诉讼参与人阅读笔录和提出意见的情况在笔录上注明，然后交由当事人在法庭笔录上签名或盖章。

4. 提高素质，适应工作。随着审判方式的改革，刑事、民事案件的审判方式已分别确定为控辩式和诉辩式。审判过程加强了当庭举证、当庭质证、当庭认证的活动，法庭辩论比过去更充分、激烈，这无疑给书记员的记录带来了难度。为了适应工作，书记员要苦练基本功，全面提高自身素质，逐步做到书写迅速、字迹清晰、文理通顺、合乎逻辑、语言规范、标点正确。

第六节　合议庭评议笔录

一、概念和功用

合议庭评议笔录是审判长宣布休庭后，合议庭对经过法庭审理的案件从事实、适用法律和如何处理等方面进行评议时所作的文字记录。

《刑事诉讼法》第 184 条规定："合议庭进行评议的时候，如果意见分歧，应当按多数人的意见作出决定，但是少数人的意见应当写入笔录。评议笔录由合议庭的组成人员签名。"《民事诉讼法》第 45 条规定："合议庭评议案件，实行少数服从多数的原则。评议应当制作笔录，由合议庭成员签名。评议中的不同意见，必须如实记入笔录。"这是合议庭制作评议笔录的法律依据。

凡是组成合议庭审判的案件，评议是必经程序，评议笔录也必不可少。评议笔录记载了评议的情况和结论，是对审理终结的案件的讨论记录。评议结论对案件的最后处理作出的决定是制作裁定书、判决书的依据。如果合议庭无权决定，需报请上级讨论审批的，评议笔录也成为上级审批案件时必须查阅的文字依据。所以，评议笔录是具有法律效力的重要文书，必须认真制作。

二、结构、内容和制作方法

评议笔录由首部、正文、尾部三部分组成。

（一）首部

首部包括三项内容：标题和案号、笔录特定项目、案由。

1. 标题和案号。标题直接写"合议庭评议笔录"，因为本笔录附卷备查，所以标题不必冠以机关名称。案号写在标题右下方："（××××）……民×……号"。

2. 笔录特定项目。在标题下行，分别依次分行写明：评议的起止时间，评议地点，合议庭成员，案件主审人，书记员等。其具体写法如下：

"时间：××××年××月××日××时××分至××时××分

地点：第×审判大楼第××法庭

合议庭成员：审判长×××、审判员/代理审判员/人民陪审员×××、审判员/代理审判员/人民陪审员：×××

书记员：×××"

3. 案由。在书记员下方，另起一行写明两项内容：第一行写"评议（××××）……民×……号……（写明当事人及案由）一案"，第二行写"记录如下："。

（二）正文

正文应记明评议内容和评议结论两个方面的内容。

1. 评议内容。评议内容要分两个层次来写：①要记明主持评议的审判员或审判长说明的评议方法、评议重点和要求；②要详细记录合议庭组成人员依次发言的内容。对刑事案件，主要记明对案件事实、证据的认定和适用法律的意见，要确认被告人是否有罪，有罪则应确定是什么罪名以及有关量刑情节的认定，是科刑还是免于刑事处分，如果是科刑的则科以何种刑罚，有无附加刑，是否数罪并罚，是否适用缓刑等，对赃物、证物如何处理，对附带民事诉讼的请求如何处理等。对民事案件，应记明对案件事实和证据的认定，责任的划分，具体处理意见、理由、法律依据及对先行给付或诉讼保全的处理意见决定，对民事违法行为如何制裁，等等。二审、再审、复核案件的评议，还须记明对原判决、裁定的评议。对上诉或抗诉的理由评议，记录时，要把每个成员发表的意见和讨论意见，一一详细记录清楚。

2. 评议结论。合议庭对案件经过充分的讨论、研究和争论后，由合议庭主持人对讨论的意见作最后的归纳，将多数人的意见作为决议。评议结论要记明四项内容：认定事实、确定性质、适用法律和具体处理意见。对具体处理意见的记录一定要明确、具体，不能模棱两可。

（三）尾部

尾部由合议庭组成人员和书记员签名或盖章组成。

三、制作与运用中应当注意的问题

1. 如实记载评议过程。制作时要按发言顺序如实记录评议过程，特别要抓住案件的事实、证据、定性、处理等重点问题以及评议中的不同意见作详尽记录，以保持发言原意。

2. 平等对待评议发言。合议庭评议案件和作出决定时，各成员享有平等的权利，都可以自由发表意见。对于审判长、审判员或人民陪审员，不论是谁的发言，都要一视同仁地加以记录。对少数人的不同意见及理由亦须如实记入笔录备查，以供上级研究参考。

3. 妥善保管评议笔录。对评议笔录要注意保密，根据有关规定，当事人、诉讼代理人、辩护人均不得查阅评议笔录。笔录制成后，按规定入卷，妥善保管。

思考与实践

1. 什么是现场勘查笔录？它与现场勘查记录有什么联系和区别？

2. 讯问笔录各部分的主要内容是什么？制作讯问笔录有哪些要求？

3. 制作调查笔录应注意什么问题？

4. 如何才能制作好法庭审理笔录？

5. 怎样理解笔录是使用范围最广、使用频率最高的法律文书？

附　录

主要法律文书的规定格式和实例评论

主编说明

附录部分，包括公安机关刑事法律文书，检察机关的法律文书，人民法院刑事、民事、行政等各类裁判文书，律师代书、工作文书，要素式公证书，共44个文书的规定格式、实例及其评论。每篇评论都从具体文种范例的实际出发，从实体、程序、语言表述等多角度展开全方位的阐释论证，力求对学习者的法律文书制作技能和对文书制作的利弊得失的鉴别能力有较大帮助。附录的具体内容，请扫二维码获取。